中国社会科学院学部委员专题文集
ZHONGGUOSHEHUIKEXUEYUAN XUEBUWEIYUAN ZHUANTI WENJI

社会主义市场经济理论问题

刘国光◎著

中国社会科学出版社

图书在版编目(CIP)数据

社会主义市场经济理论问题/刘国光著.—北京：中国社会科学出版社，2013.8

(中国社会科学院学部委员专题文集)

ISBN 978-7-5161-3365-1

Ⅰ.①社… Ⅱ.①刘… Ⅲ.①中国经济—社会主义市场经济—理论研究—文集 Ⅳ.①F123.9-53

中国版本图书馆 CIP 数据核字(2013)第 235635 号

出 版 人	赵剑英	
责任编辑	王　曦	
责任校对	孙洪波	
责任印制	戴　宽	

出　　版	中国社会科学出版社	
社　　址	北京鼓楼西大街甲 158 号 (邮编 100720)	
网　　址	http://www.csspw.cn	
	中文域名:中国社科网　　010-64070619	
发 行 部	010-84083685	
门 市 部	010-84029450	
经　　销	新华书店及其他书店	

印刷装订	北京七彩京通数码快印有限公司
版　　次	2013 年 8 月第 1 版
印　　次	2013 年 8 月第 1 次印刷

开　　本	710×1000　1/16
印　　张	24
插　　页	2
字　　数	381 千字
定　　价	76.00 元

前　　言

哲学社会科学是人们认识世界、改造世界的重要工具，是推动历史发展和社会进步的重要力量。哲学社会科学的研究能力和成果是综合国力的重要组成部分。在全面建设小康社会、开创中国特色社会主义事业新局面、实现中华民族伟大复兴的历史进程中，哲学社会科学具有不可替代的作用。繁荣发展哲学社会科学事关党和国家事业发展的全局，对建设和形成有中国特色、中国风格、中国气派的哲学社会科学事业，具有重大的现实意义和深远的历史意义。

中国社会科学院在贯彻落实党中央《关于进一步繁荣发展哲学社会科学的意见》的进程中，根据党中央关于把中国社会科学院建设成为马克思主义的坚强阵地、中国哲学社会科学最高殿堂、党中央和国务院重要的思想库和智囊团的职能定位，努力推进学术研究制度、科研管理体制的改革和创新，2006 年建立的中国社会科学院学部即是践行"三个定位"、改革创新的产物。

中国社会科学院学部是一项学术制度，是在中国社会科学院党组领导下依据《中国社会科学院学部章程》运行的高端学术组织，常设领导机构为学部主席团，设立文哲、历史、经济、国际研究、社会政法、马克思主义研究学部。学部委员是中国社会科学院的最高学术称号，为终生荣誉。2010 年中国社会科学院学部主席团主持进行了学部委员增选、荣誉学部委员增补，现有学部委员 57 名（含已故）、荣誉学部委员 133 名（含已故），均为中国社会科学院学养深厚、贡献突出、成就卓著的学者。编辑出版《中国社会科学院学部委员专题文集》，即是从一个侧面展示这些学者治学之道的重要举措。

《中国社会科学院学部委员专题文集》（下称《专题文集》），是中国社会科学院学部主席团主持编辑的学术论著汇集，作者均为中国社会科学院学部委员、荣誉学部委员，内容集中反映学部委员、荣誉学部委员在相关学科、专业方向中的专题性研究成果。《专题文集》体现了著作者在科学研究实践中长期关注的某一专业方向或研究主题，历时动态地展现了著作者在这一专题中不断深化的研究路径和学术心得，从中不难体味治学道路之铢积寸累、循序渐进、与时俱进、未有穷期的孜孜以求，感知学问有道之修养理论、注重实证、坚持真理、服务社会的学者责任。

2011 年，中国社会科学院启动了哲学社会科学创新工程，中国社会科学院学部作为实施创新工程的重要学术平台，需要在聚集高端人才、发挥精英才智、推出优质成果、引领学术风尚等方面起到强化创新意识、激发创新动力、推进创新实践的作用。因此，中国社会科学院学部主席团编辑出版这套《专题文集》，不仅在于展示"过去"，更重要的是面对现实和展望未来。

这套《专题文集》列为中国社会科学院创新工程学术出版资助项目，体现了中国社会科学院对学部工作的高度重视和对这套《专题文集》给予的学术评价。在这套《专题文集》付梓之际，我们感谢各位学部委员、荣誉学部委员对《专题文集》征集给予的支持，感谢学部工作局及相关同志为此所做的组织协调工作，特别要感谢中国社会科学出版社为这套《专题文集》的面世做出的努力。

《中国社会科学院学部委员专题文集》编辑委员会

2012 年 8 月

目　　录

三 社会主义市场经济是"社会主义"与"市场经济"的有机统一

四 社会主义市场经济是有计划的

五 社会主义市场经济的制度基础
——初级阶段的基本经济制度

六 社会主义市场经济追求目的：公平与效率并重
更加重视社会公平 实现共同富裕

七 附录

随笔代序:市场经济与社会主义

　　编完《社会主义市场经济理论问题》文集之际,看到一篇文章:"抛弃'唯市场经济论'"①。这篇文章指出,极力鼓吹全面实现市场经济的某些人士,依据强加于邓小平头上的伪市场经济理论,在中国推行实际上以削弱公有制经济为目的,全面实现私有化的市场经济。该文作者用邓小平关于市场经济"最集中、最明确的两处论述"为例,作了分析。第一处是:"社会主义为什么不可以搞市场经济?社会主义也可以搞市场经济。"第二处是:"计划经济不等于社会主义,资本主义也有计划;市场经济不等于资本主义,社会主义也有市场。计划和市场都是经济手段。"从这两处分析,都"得不出社会主义一定要搞市场经济的结论"。"既然计划和市场都是经济手段,而手段不是体制,所谓'建立市场经济体制'是违背邓小平原意的。"

　　该文作者认为,从邓小平上引两处集中论述市场经济的经济话语中,分析不出"社会主义一定要搞市场经济的结论",似乎可以自圆其说。但是,他又说建立市场经济体制是违背邓的原意,则与事实不符。据《邓小平年谱》载,中共十四大前夕,1992 年 6 月 12 日,邓小平"同江泽民谈话,赞成使用'社会主义市场经济体制'这个提法",并说,"如果大家都同意,十四大就以这个为主题。"② 10 月 19 日,"看了中共十四大闭幕的有关报道后说:真是群情振奋!下午和出席十四大的全体代表会面,对江泽民说:这次大会开得很好"。③ 这些情况表明,建立市场经济体制并非违背邓小平的原意,而是在他积极支持下由十四大制定通过的。

　　这里要注意一个不可忽视的要点。即在邓小平所赞成的和十四大提出的

---

① 《思想理论动态参阅》2012 年第 40 期。
② 《邓小平年谱(1975—1997)》(下),第 1347—1348 页。
③ 同上书,第 1355 页。

"市场经济体制"前面，有一个极重要的定语："社会主义"。上述文章的作者也认定，按照小平同志社会主义也可以搞搞市场经济来理解，首要的前提也是"社会主义"，其次才是"市场经济"，其目的是为了发展和完善社会主义，而不是削弱"社会主义"。① 这个理解是正确的，本文作者赞同这一见解。

作为中国经济体制改革的目标，市场经济的前面要不要加上"社会主义"几个字，这不是一个小问题。它关系到我们要建立的市场经济的性质，关系到我们经济体制改革的方向。"十四大提出建立社会主义市场经济体制的改革目标以后，有些人老是提出这样的问题：你们搞市场经济好啊，可是为什么还要在前面加上'社会主义'几个字？他们认为'社会主义'几个字是多余的，总是感到有点不顺眼，不舒服。"这句话是 1994 年 12 月当时一位中央领导人在天津考察工作时讲的，可是到现在，他指出的现象，还在不断地反复。有些人认定，市场经济就是普世的市场经济，没有什么资本主义市场经济和社会主义市场经济之分。中国只要有"市场化改革"就行了，反对市场改革的社会主义方向。还是那次天津讲话正确地指出，"我们搞的是社会主义市场经济，'社会主义'这几个字是不能没有的，这并非多余，并非画蛇添足，而恰恰相反，这是画龙点睛。所谓点睛，就是点明我们市场经济的性质"②。

有些人反对讲姓"社"姓"资"，是打着邓小平的旗号，说什么思想解放就是要从姓"社"姓"资"的思想束缚中解放出来，歪曲了邓小平讲话的原意。邓小平不是不讲姓"社"姓"资"，他只是在提出计划、市场问题时，讲到"资本主义也有计划，社会主义也有市场，都是手段"，意思是在这个问题上，不要纠缠姓"社"姓"资"。仅此而已，哪里是一般地讲不要讲姓"社"姓"资"？在提到"要害是姓'资'还是姓'社'"之后，他接着还特别强调判断改革开放是非的标准，应该主要看是否有利于发展**社会主义**社会的生产力和是否有利于增强**社会主义**国家的综合国力等。在这些原则问题上，邓小平分明是讲姓"社"姓"资"的。他一再强调（据查至少讲

---

① 《思想理论动态参阅》2012 年第 10 期，第 26 页。
② 江泽民：《论社会主义市场经济》，第 202—203 页。

过五次）要坚持社会主义的两个根本原则，即公有制为主体和共同富裕不搞两极分化，他怎么会一般地反对区别姓"社"姓"资"呢。邓小平还尖锐地指出过："有一些人打着拥护改革开放的旗号，想把中国引导到资本主义，他是要改变我们社会的性质。"那些反对在"市场经济"前面加上"社会主义"，反对讲姓"社"姓"资"的人士，不正好可以列入邓这个讲话所指"一些人"的队伍中去么？

以上的随笔，并不是这本文集题外之语。这本文集选辑的文章，围绕的主题，就是要阐明中国经济体制改革中"社会主义"与"市场经济"的关系，即借用市场经济的手段，来完善和发展中国社会主义经济制度。

本专题文集选辑的文章，都是 20 世纪 90 年代以来的作品。最早的两篇写于中共十四大前（1991、1992 年），当时"社会主义市场经济体制"尚未正式提出，或者正在酝酿提出；两篇文章分别以《社会主义商品经济理论问题》和《社会主义市场经济理论的几个问题》为题，具有全书"导论"的味道。这两篇以后的文章，除了第三篇《实现由计划经济向社会主义市场经济的历史转轨》一文以外，其他全部都是 2000 年以后的作品。此时社会主义市场经济体制经过了若干年的试行和发展，其获得的巨大成就与积累的众多问题，已经到了可以初步总结的地步。在对社会主义商品市场理论的确立和社会主义市场经济体制的缘起进行回顾之后，本文集第三篇展开了对社会主义市场经济是"社会主义"与"市场经济"的有机统一这一主题的分析，明确我国市场取向政策的目的是社会主义经济制度的自我完善，而不是演化转变为资本主义。接着在以下诸篇，分解社会主义市场经济（区别于资本主义市场经济）的三个基本特征，逐一分析说明。这三个基本特征是：

第一，在所有制结构上，社会主义市场经济是以公有制经济为主体，多种所有制经济共同发展的社会主义基本经济制度为其制度基础的。

第二，在经济运行机制上，社会主义市场经济是有计划的，即在国家宏观计划调控下，发挥市场在资源配置中的基础性作用。

第三，在追求目标上，社会主义市场经济力求效率与公平并重，更加重视社会公平，最终实现共同富裕。

十分明显，多年来理论界在这三个方面的纷争，与在"市场经济"和"社会主义"要不要结合统一起来这一根本问题上的纷争，是同样的激烈。

同"社会主义市场经济"的上述正好相反,从反对方向来的意见也是三条:第一,反对以公有制经济为主体,主张私有化;第二,反对国家宏观计划调控和政府对经济的监督管理,主张完全的自由化;第三,反对共同富裕,主张两极分化。当然,这是就其实质倾向而言。可想而知,没有人敢于公开提出反对共同富裕,宣扬两极分化的主张。但是确有某种既得利益集团势力及其在政界的代理人和学界的代言人,变相宣扬他们抵制共同富裕和推行两极分化的理论和政策。

针锋相对的理论纷争,当然有理论是非问题,需要辨别清楚。但是更大程度上这是当今中国社会不同利益集团势力的对决。反对市场经济与社会主义相结合、主张私有化、自由化和两极分化的声音,虽然有雄厚的财富和权力的实力背景,但毕竟只代表极少数人的利益。而主张"市场经济"必须与"社会主义"相结合,以公有制为主体,以国家宏观计划调控为指导和以共同富裕为目标的声音,则代表了工农大众和知识分子群体的期望。中国经济改革的前景,不取决于争论双方一时的胜负,最终将取决于广大人民群众的意志。

本书的最后部分附录了九篇文章;其中前五篇反映了改革开放初期(十四大以前)作者对计划与市场关系的理解。后四篇近几年写的文章涉及的问题较为广泛,与本文集主体部分讨论的问题,有密切关系,但不好列入各篇分类标题所属范围。谨附录于此,供研究参考。

一

社会主义商品—市场
经济理论的确立

关于社会主义商品经济理论问题

一　对有计划商品经济的不同理解

　　社会主义商品经济理论是改革以来我国经济理论界最重要的突破性成果，它就是讲社会主义经济是有计划的商品经济，这个理论也是经济改革最重要的理论基础之一。考虑到马克思、恩格斯等经典作家过去曾经设想未来社会主义社会不再有商品经济了，以及几十年社会主义实践当中，在一个相当长的时期里是排斥商品经济的这样一个历史背景，中共十二届三中全会关于经济体制改革的决定，明确地提出社会主义经济是公有制基础上有计划的商品经济的论断，可以说是有划时代意义的。同时，这样一个结论也是得来不易的，是经过长期的理论与实践的探索得来的。这对于统一大家对社会主义性质的认识，统一大家对于经济体制改革方向的认识，是非常重要的。

　　中共十二届三中全会以后，对于究竟什么是有计划的商品经济，人们的理解，包括经济理论界的理解，并不都是一样的。对于"有计划的商品经济"这样一个命题，有的同志强调"商品经济"这一面，有的同志则强调"有计划的"这一面。比如前些年北京大学一位教授在一篇文章当中这样写道："改革的基本思路，社会主义首先是商品经济，然后才是有计划发展的经济。"很明显，他把强调的重点放在商品经济方面，而不是有计划方面，当然他也不否定有计划的这一面。另外中国人民大学一位教授当时也发表了一篇文章，他是这样讲的："计划经济或者计划调节，应该始终在社会主义经济中占主导地位。"他是把重点放在计划经济方面，而不是商品经济方面。强调的重点不同，对社会主义经济的本质特征的理解也会有差异。除了公有制和按劳分配这两个大家公认的社会主义基本特征之外，是不是还有第三个基本特征？如果有，这第三个基本特征是什么？是计划经济，还是商品经济？这就有不同的认识。这个问题的讨论近二三年来还在继续。在 1989 年春夏之交政治风波以前，有一段时期理论界的风向偏向于强调社会主义经济的商品经济这一面。在这以后，理论界的风向又曾偏向到强调计划经济这一面。比如有一篇文章里说，社会主义经济本质上是计划经济，只不过在现阶段还带有某些商品属性罢了。又有文章说，社会主义经济就其本质来说是一种计划经济。这个说法是近二三年来比较典型的一种说法。但是另外一种意见仍然存在，就是仍然坚持商品经济是社会主义经济的实质。比如有一篇文章说，社会主义商品经济同公有制、按劳分配一样，都是社会主义实质所在。双方的论据都没超过前几年，这是一个老问题。

中共十三届七中全会以后，理论界越来越多的同志认识到计划经济与商品经济或者计划与市场，并不是划分资本主义同社会主义的标准，社会主义需要有市场的运转，资本主义也要有政府的计划或干预。所以不少的经济学者倾向于不再把计划经济或者商品经济同社会主义经济的本质或者资本主义经济的本质问题联系在一起。他们认为，把社会主义同资本主义区别开来的基本特征不在这里，还是要按照经典作家讲的两条，一条是所有制，一条是分配制度。社会主义的所有制就是公有制为主体，分配制度是按劳分配为主体。至于计划、市场，这是经济运行机制、资源配置方式的问题，不是本质性的问题。

大家知道，中共十二届三中全会《关于经济体制改革的决定》（以下简称《决定》），对于发展商品经济的定义和作用讲得很清楚。《决定》指出：商品经济的发展是社会主义发展不可逾越的阶段，是实现我国现代化的一个重要的条件。薛暮桥同志在《中国社会主义经济问题研究》这本书的修订版日文译本的跋中发挥了这个思想。他说：没有商品经济的发展就没有社会化的大生产，而没有社会化的大生产，就没有社会主义的生命。

近几年在讨论商品经济的作用当中，针对薛暮桥的这段议论，出现了"批判商品经济神话"的提法。1989 年有一篇文章以《打破商品经济的神话》为题，文章说："商品经济的作用一度被夸大为人类历史发展的决定力量，从而演化出商品经济的神话。"这篇文章作者的主观意图也许是要正确地评价商品经济的作用，但是他提出的一些观点给了人们贬低商品经济的印象。这位作者在今年发表的另外一篇文章里说：商品等价关系跟社会主义本质利益对立。因为社会主义的本质利益关系是马克思讲的等量劳动交换关系，而不是等价交换关系。他还认为，现在的工资不是真正的工资，是"劳动券"。而大家知道，"劳动券"概念是马克思在《哥达纲领批判》中对未来非商品经济社会提出的一种非商品经济的，或产品经济的概念。这种非商品经济的观点现在已经不是普遍为大家所接受的，但理论界仍然存在这种观点，所以这是值得我们研究的。

二　公有制与商品经济的关系

这几年讨论比较多的一个问题，就是公有制同商品经济是不是相容。这个问题好像也是个老问题，从一般意义上来看，似乎已经解决了，因为中共十二届三中全会的《决定》已经确认社会主义经济是以公有制为基础的有计划的商品经济。照这样的提法，公有制同商品经济当然是可以相容的。本来是已经解决的问题，这样一个论点也是普遍被接受的一个论点。但是在前几年也有人从不同的角度一再提出公有制同商品经济互相矛盾，并且得出不同的结论。大致有三种代表性的看法。

第一种是用传统的看法来看这个问题。认为商品经济是私有制的产物，社会主义既然以公有制为基础，就不应该也不可能实行商品经济。这种观点把社会主义经济同商品经济对立起来，口头上仍有流传。

第二种观点从相反的论点来看这个问题。持这种观点的人同样认为公有制同商品经济不能相容，也是认为商品经济只能在私有制基础上。但是他们得出来的结论相反，他们认为要发展商品经济就得把公有制改变为私有制，实际上就是利用公有制同商品经济矛盾的命题，来宣扬私有化的主张。如果说前一种观点是以坚持公有制来反对商品经济，那么后一种观点就是在赞成商品经济的名义下来反对公有制。这两种从相反的角度提出商品经济同公有制存在矛盾，互不相容的观点，当然我们理论界的绝大多数同志都是不能接受的。但是也有一些经济学者认为，不能因此完全否定、完全抹杀公有制同商品经济之间存在着某些矛盾。有的经济学者这样说：改革以来，理论研究的一个进展，就是认识到现在的公有制同发展商品经济之间有矛盾，不仅统包统配的公有制不适合商品经济发展的需要，就是政企不分的有些集体所有制也要改革。改革就是要按照商品经济的要求来构造市场，来构造企业的模式。

应该指出的是，这种观点所讲的与商品经济相矛盾的公有制，指的不是公有制的一般形式，而是现存的公有制的实现形式，也就是公有制的传统的实现形式。这里确实有一些弊病，有一些与发展商品经济要求相矛盾的东西，比如政企不分，两权不分，行政单位的附属物等。这些当然同商品经济不相容，是现存的公有制里的一些弊病，所以需要改革。改革的不是公有制本身，不是否认公有制，而是改革现在的公有制的实现形式，使公有制适应商品经济的发展。这种观点认为，公有制现存的实现形式同发展商品经济有一定的矛盾，所以需要改革。这种观点同主张私有化的观点当然有区别，它还是坚持公有制，完善公有制的。

与此有关的还有一个问题。有些同志认为，如果用按照发展商品经济的要求来改造公有制这样的提法，就产生了一个问题：究竟是所有制决定商品经济，还是商品经济决定所有制？这些同志的看法是，按照发展商品经济的要求来改革所有制是违背马克思主义原理的，马克思主义原理认为所有制更是基础的东西。对于这个提法有的同志也写了文章，作了回答。文章里说：从根本上来说，是所有制决定商品经济，但是商品经济会反过来影响所有制。我们的改革，既然是社会主义制度的自我完善，为什么不可以按照发展商品经济的要求来改革和完善社会主义的所有制关系呢？我个人认为后一种看法还是更有道理一些。

在更广阔的范围上，经济体制改革同发展商品经济的关系问题，我在1986年一次形势报告会上也谈过。当时讲了两条，一条是我们要发展商品经济，就必须对妨碍这种发展的经济体制进行改革；另一条是，我们现在进行经济体制改革，怎么改革？就是要遵循发展商品经济的要求来改革，也就是按照社会主义有计划商品经济的要求来进行经济体制的改革，包括对于所有制结构、企业机制的改革，对于经济运行机制、市场体系以及宏观管理体制的改革。所有制的改革当然要按照发展有计划商品经济的要求来进行。

三　能不能提社会主义市场经济

近来，在社会主义商品经济理论讨论当中有一个问题：就是可不可以把"社会主义的商品经济"叫做"社会主义的市场经济"，或者把"有计划的商品经济"叫做"有计划的市场经济"，人们对这个问题争论的比较多。过去有一些经济学家认为，商品经济同市场密不可分，既然承认社会主义是有计划的商品经济，就无异于承认社会主义经济是有计划的市场经济。这些同志他们各人的说法并不完全相同，但是在承认可以用社会主义市场经济这个概念上他们是相似的。

另外一些同志，主要是一些认为市场经济、计划经济是制度性的概念，市场经济是资本主义、计划经济是社会主义的同志，他们认为"市场经济"并不等于"商品经济"，有"市场"或者有"市场调节"，并不等于就是市场经济，因为据说他们查了字典。有一本《日本经济事典》引用的说法和联合国统计上分类，都把中央计划经济的国家等同于社会主义国家，而把市场经济国家等同于资本主义国家。所以反对用社会主义市场经济概念的同志认为，市场经济是私有制为基础的，社会主义市场经济的提法不科学。有的同志说，只有在资本主义生产方式的条件下，商品经济才是市场经济。混淆市场调节和市场经济的不同性质，必然产生否定计划经济的错误认识。

以薛暮桥同志为代表的不少经济学家还有异议。在 1991 年 1 月 11 日《特区时报》记者采访的时候，暮桥同志说："市场调节跟市场经济是不是不能混淆的两种本质，我看尚待讨论。我认为本质相同，都不能等同于资本主义，只要保持生产资料公有制为主体，就不能说它是资本主义的市场经济。所以还是以公有制来划分，不是以市场、计划来划分。"暮桥同志在答问当中还说："这个问题现在还不成熟，有些还可能看做是理论的禁区，科学研究不应当有禁区，应当允许自由讨论，认真讨论这个问题，而不是回避这个问题。"

这场争论使我回想起已故经济学老前辈孙冶方同志在 50 年代也提出一个问题：能不能提社会主义的利润。当时提出这个问题也引起了一场轩然大波。利润的概念究竟是制度性的概念，还是非制度性的概念？利润是不是资本主义专有的概念？还是跟社会化生产、商品生产共有的概念？争论的曲折和结局我们许多同志都是经历过的。

我还回想起改革的初期，甚至我们在中共十一届六中全会总结新中国成立以来历史经验的时候，当时主导的意见是，对于社会主义社会来说，只能讲存在着商品生产和商品交换，不能把社会主义经济概括为商品经济，如果把社会主义叫商品经济的话，那就会模糊有计划发展的商品经济和无政府状态的资本主义经济之间的差别，模糊社会主义经济和资本主义经济的本质区别。这种观点实际上还是把商品经济等同于资本主义经济。对于这场争论，1984年中共十二届三中全会的《决定》作出了结论，判明了是非。

回顾社会主义经济理论史上类似的争论，再考虑到近来，特别是中共十三届七中全会以来，人们越来越多地把计划和市场的问题认作是资源配置方式、经济运行方式的问题来看待，而不把它看做区别资本主义和社会主义的制度性问题来看待。考虑到所有这些情况，我个人认为对社会主义市场经济或有计划的市场经济这个概念到底能不能在社会主义的经济学理论当中有一席之地，我想这个问题是不难作出预见或者结论的。社会主义市场经济这个概念难以一下子被普遍地接受，正如社会主义商品经济的概念，在当初的社会主义政治经济学当中也并不是一下子站住脚跟的。随着改革的前进，我们不断地刷新理论认识，不断地丰富社会主义经济学的内容。我们逐渐地认识到，社会主义经济是公有制基础上的有计划的商品经济，不能没有市场，不能没有市场调节，需要把市场同计划结合起来，于是出现了种种不同的关于计划和市场关系的研究和提法以及争论，包括对社会主义市场经济概念到底能不能用的讨论。这些讨论都关系到我们对于社会主义经济内涵的正确认识，也关系到我们对于改革方向的正确把握，看来还要继续深入进行下去。

四   怎样理解"市场取向的改革"

关于计划和市场的引导，过去有种种提法，我们现在正式的提法是计划经济与市场调节相结合，理论界对此提法议论不少。但在公开发表的文章当中，还是肯定计划经济和市场调节相结合的这种提法，并且努力给予论证的。特别是强调计划经济是社会主义经济本质特征的同志，他们着重论证这一提法的科学性。比如有的文章这么说：这个提法同以往的"计划经济为主，市场调节为辅"的提法衔接起来了，这表明我们的改革不是削弱和放弃计划经济，而是要在坚持计划经济制度的前提下，实行一定的市场调节。

这种在计划和市场关系问题上反对计划跟市场两者平起平坐，强调计划经济为主，市场调节为辅的"主辅论"，在1984年以后，在中共十二届三中全会的《决定》出来以后有一段时间没有多提了，但最近两三年这种论点重新活跃了起来。对于计划与市场平起平坐从另外一个角度来反对，这样的意见也是有的。前几年有一位学者提出"二次调节论"，认为首先应该是市场调节，市场调节搞不好的地方然后才是政府计划调节。政府的计划调节是用来补充市场调节的不足之处的。他也反对计划和市场平起平坐，但主张首先是市场，然后才是计划。这种观点同主张计划为主、市场为辅的观点正好相反，实际上是主张市场为主、计划为辅。这种观点当时引起不少同志的非议、争论。近年来也有主张市场作为资源配置的主要方式的经济学者。有一位知名学者在文章里这么写："我国经济体制改革的实质就是资源配置机制的转换，就是以市场机制为基础的资源配置方式取代以行政命令为基础的资源配置方式。"持这种主张的学者并不否定国家对资源的行政管理和计划指导的必要性，而是不把国家对资源的行政管理和计划指导放在资源配置的主要位置上，是把市场的调节放在主要位置上。比如在一个杂志上发表的笔谈中有人这样写道："从经济运行状态上说的计划性即自觉地保持平衡，完全可以通过在市场配置的基础上，加强国家的宏观管理和行政指导的办法来实现。"这里并未反对国家宏观管理和行政指导，但其基础是市场配置。这里一方面把市场配置作为资源配置的基础形式，同时也指出加强国家宏观管理和行政指导的必要性。

主张把市场调节作为资源配置主要方式的同志，往往把自己的主张叫做"市场取向"的改革。采用"市场取向"概念的还有不少经济学者，不同的学者对"市场取向"概念赋予的含义不尽相同。而把计划与市场看做制度性概念的经济学家则反对"市场取向"的提法。有的同志甚至把市场取向与非市场取向纳入社资两条道路斗争的范畴中去。究竟应当怎样看待"市场取向"概念呢？有的经济学家把我国的经济体制改革的取向归纳为三种思路：计划取向论、市场取向论、计划与市场结合论。这种归纳给人以简洁明快的印象，但不尽确切，不完全符合经济理论界的实际分野。现在，经济理论界都承认计划与市场可以结合，而且应该结合。照上述的划分，前两种思路似乎不赞成计划与市场的结合，好像只有第三种思路才赞成结合，这是不符合实际的。理论界提出"市场取向"的改革是见诸文字和发言的，但未见哪一位同志明确提出"计划取向"的。文字上见到的和讨论中听到的强调计划的一面是有的，但"计划取向"的提法却是没有的。提出上面三种划分法的同志可能对改革取向的含义有自己特殊的理解，似乎改革取向就是指对改革的目标模式中的计划与市场结合的重点选择问题，计划为主是计划取向，市场为主是市场取向，两者平起平坐就是计划与市场结合论。我认为，改革取向并不是指改革模式目标中计划与市场的重点选择问题，而是指改革的动向或趋向，即改革中新老模式转换方向：作为改革起点的模式与改革目标的模式在转换过程中的转换方向。改革使我国经济体制模式所发生的变化，从本质上说，是从过去自然经济、产品经济为基础的、排斥市场的、过度集中的计划经济的体制，向着引进市场机制并按商品经济市场规律的要求来改造我们的计划机制的方向转化。一方面我们要引进商品经济，扩大市场调节范围；另一方面，我们在对传统的计划机制进行的改造中要更多考虑商品经济、市场规律的要求，以此实现向计划与市场相结合的有计划商品经济或市场经济的新体制过渡。这种由原来排斥市场经济、否定商品经济，到引进市场机制并按照商品经济和市场规律的要求来改造计划经济，简单说就是从排斥、限制市场机制作用到发挥和强化市场机制作用的改革，从一定的意义上讲，不是不可以看做是"市场取向"的改革。改革的成果首先表现在我国计划经济在市场取向上的进步。

我们知道，在改革以前，由于所有制结构的单一化，越大越公、越纯越统就越好。那时经济运行机制主要是实行指令性计划管理和直接的行政控制。这种体制在新中国成立初相当一段时期是必要的，而且是起了积极作用的。但这种体制在本性上是排斥市场和市场机制的作用的。改革以后，我国所有制出现了以公有制为主体的多元所有制结构，公有制内部企业自主权有了扩大，这为企业能按市场规律进行活动提供了一定的条件。同时，我们的市场体系、市场机制也逐步地发育成长，宏观经济管理开始注重间接管理。所谓"间接管理"说到底无非是通过市场、利用市场机制、利用价值杠杆进行管理。经济体制改革的这些变化，表现为改革的进程就是市场取向不断扩大和深化的过程。当然，市场取向不是以私有制为基础的，而是以公有制为基础的；不是取向到无政府主义的盲目市场经济中去，而是取向到有宏观控制、计划管理的市场体系中去。所以，前述的三分法，把市场取向作为与计划相对立的概念，给"市场取向"赋予了反计划的含义，这至少是出于一种不甚精确的理解。至于为什么社会主义经济改革中的市场取向必须是有计划指导和宏观控制的？如何从理论上说明这个问题？我在后面还要讲到。

过去十一二年，我国的改革取得了巨大进展和成就，究竟是加强行政指令计划的结果还是扩大市场作用、参照市场价值规律要求来改造传统计划经济的结果呢？答案可能偏向于后者，并且可能是不错的答案。中国的改革与苏联过去的改革相比，为什么中国取得了成功，而苏联则蜕化变质？除了苏联搞"公开化"搞乱了思想、搞多元化动摇了党的领导之外，很重要的一条是在经济上。中国这些年来进行市场取向的改革，尽管遇到了这样那样的困难，但在改革中取得了真正的进步，而苏联却没有做到。改革以来，中国的经济生活相当地活跃，市场商品十分丰富，人们得到了实惠。苏联改革则没有这些，其经济甚为困难，市场上的商品比过去所谓短缺经济更为匮乏，尽管前几年在经济上提了不少口号，提出加速战略等等，但从来没有认真地搞市场取向的改革。再从我们国内情况看，哪一个地区、部门、企业的市场取向越大，其经济就越活跃。治理整顿后，从1990年3月份起，经济回升。回升比较快、比较早的经济成分、经济部门、经济地区主要是同市场联系比较紧密的部分。而与市场比较疏远、渗入市场比较少的、利用市场比较差的部分的经济回升和发展就比较慢。这些都是明摆着的事实，是不能回避的。因此看来，今后10年，我们的改革还要朝着前十一二年走过的改革道路，即有宏观控制、有计划指导的市场取向改革的方向前进，在已取得相当程度的基础上，把市场取向的改革推向前进，扩大市场作用，按商品经济市场规律的要求进一步改造我们的计划工作，逐步建立起计划与市场有机结合的有计划的商品经济或市场经济新体制。这样看来，改革取向的理论分类可分为两类：一种是主张以上含义的市场取向，一种是反对一切市场取向提法的。在实践中，赞成市场取向改革的人不少。在理论界，反对市场取向提法的人也不少。反对的理由：第一，认为市场取向就是搞市场经济，就是搞资本主义；第二，认为前几年宏观失控和目前经济生活中出现的问题都是直接、间接同强调市场的作用有关系。前一理由是意识形态方面的争论。若我们按小平同志最近讲话精神，不把计划与市场问题同划分资本主义与社会主义问题联系起来，这个问题可以不去讨论。对于第二个理由即经济生活中出现的宏观失控等不正常的现象，有的同志认为这不是市场搞得太多的结果，而是我们现在的市场很不完善（这直接间接地同对传统计划体制改造不够有关），是对旧的计划体制进行市场取向的改革还不彻底、还不配套所致。所以，出路还是继续培育市场机制和改造计划机制，建立计划与市场相结合的社会主义新经济体制。

五　破除迷信，存利去弊

建设计划与市场相结合的经济体制，目的是要把计划与市场两者的长处、优点都发挥出来。计划的长处就是能在全社会的范围内集中必要的财力、人力、物力干几件大事情，还可调节收入，保持社会公正；市场的长处就是能够通过竞争、优胜劣汰来促进技术进步和管理的进步，实现生产和需求的衔接。但是，在实践中，计划与市场往往结合得不好，不是把两者长处结合起来，而是往往把两者短处结合起来了，形成了一统就死、一放就乱的状况。计划与市场结合难度很大。我们主观上要把计划与市场很好地结合起来，但实际生活中出现了既无计划（或有计划贯彻执行不下去），又无市场，优胜劣汰的竞争机制根本运转不起来。有鉴于此，经济学界特别是国外有人认为，计划与市场根本结合不起来。我们认为是可以结合的，但要正确把握计划与市场各自的优缺长短。在讨论建立关于计划经济和市场调节的运行机制问题时，我曾提出两点意见，一是要坚持"计划调控"，但不要迷信计划；二是要推进"市场取向"的改革，但不能迷信市场。总之，要破除两种迷信。首先讲讲不要迷信市场。

所谓市场调节，就是亚当·斯密讲的"看不见的手"，即价值规律的自发调节。我们应当重视价值规律，但不要认为价值规律自己能把一切事情管好，并把一切事情交给价值规律去管。我想，至少有这么几件事情是不能交给或者不能完全交给价值规律去管的。第一件事是经济总量的平衡——总需求、总供给的调控。如果这件事完全让价值规律自发去调节，其结果只能是来回的周期震荡和频繁的经济危机。第二件事是大的结构调整问题，包括农业、工业、重工业、轻工业，第一、二、三产业，消费与积累，加工工业与基础工业等大的结构调整方面。我们希望在短时期内如10年、20年、30年，以比较少的代价来实现我国产业结构的合理化、现代化、高度化。通过市场自发配置人力、物力、资源不是不能实现结构调整，但这将是一个非常缓慢的过程，要经过多次大的反复、危机，要付出很大的代价才能实现。我们是经不起这么长时间拖延的，也花不起沉重的代价。第三件事是公平竞争问题。认为市场能够保证合理竞争，这是一个神话，即使是自由资本主义时期也不可能保证公平竞争，因为市场的规律是大鱼吃小鱼，必然走向垄断，即不公平竞争。

所以，现在一些资本主义国家也在制定反垄断法、保护公平竞争法等。第四件事是有关生态平衡、环境保护以及"外部不经济"问题。所谓"外部不经济"，就是从企业内看是有利的，但在企业外看却破坏了生态平衡、资源等，造成水、空气污染等外部不经济。这种短期行为危害社会利益甚至人类的生存。对这些问题，市场机制是无能力解决的。第五件事是公平与效率关系问题。市场不可能真正实现公平，市场只能实现等价交换，只能是等价交换意义上机会均等的平等精神，这有利于促进效率，促进进步。但市场作用必然带来社会两极分化、贫富悬殊。在我们引进市场机制过程中，这些问题已有一些苗头，有一些不合理现象，引起社会不安，影响一些积极性。政府应采取一定措施，防止这种现象的恶性发展。以上所列举的五个方面，是不能完全交给市场由那只"看不见的手"自发起作用的，必须由看得见的手即国家、政府的干预来解决这些事情。完全的、纯粹的市场经济不是我们改革的方向。所谓完全的、纯粹的市场经济在西方资本主义国家也在发生着变化，通过政府的政策或计划的干预使市场经济不那么完全，不像19世纪那么典型。有些年轻人提出完全市场化的主张，这种主张撇开意识形态方面不妥不说，至少是一种幼稚的想法。我们实行有计划商品经济更不能迷信市场，要重视国家计划、宏观调控的作用，也就是要看到"笼子"的作用。当然，计划管理的"笼子"可大可小，要看部门与产品，根据具体情况而定。"笼子"也可用不同材料如钢、塑料、橡胶等制成，如指令性计划是刚性的，指导性计划是弹性的。总之，实行市场取向改革的时候，不能迷信市场，不能忽视必要的"笼子"即政府管理和计划指导的作用。所谓市场取向的改革本身就包含着计划经济体制的改革，计划要适应商品经济发展，加强有效的计划管理。

另一方面，我们要坚持"计划调控"，但也不能迷信计划，迷信计划同样会犯错误。社会主义经济只是在公有制的基础上提供了自觉地按比例发展的可能性，但不能保证经济按比例发展的必然性，若不考虑客观规律特别是市场供求、价值规律等，同样会出现失控、失误。在这方面，我们有很多经验教训。在过去传统计划经济中，我们不止一次地出现过重大的比例失调，大起大落，如50年代后期的"大跃进"，60年代末的几个突破，70年代后期的"洋跃进"，80年代后期经济过热等。这几年，县以上项目的审批权都在各级政府手里，是各级计划机构审批的。我们现在有160多条彩电生产线，90多条电冰箱生产线，许许多多乳胶手套、啤酒生产线等等，重复上马。有些企业的利用率不到50%—60%。这些生产线的重复引进、盲目上马都是各级政府计划机构审批的，同样发生失误。计划工作是人做的，难免有局限性，有许多不可克服的矛盾。如主观与客观的矛盾，这是计划工作中的一个主要矛盾。第一，由于主观的局限性，对客观形势、客观规律的认识有一个过程。在这方面，我们曾犯过脱离国情、急于求成的错误。第二，由于客观信息本身的局限性，计划工作依靠信息，信息的搜集与传递任何时候都不可能完善、不可能很及时。即使将来计算机经过几次更新换代，性能更高、更普遍化了，也不可能及时搜集、加工、处理所有的经济信息。有些信息等我们加工处理之后，形势已经过去了。第三，在利益关系上，观察问题的立场和角度上有局限性。计划机构、宏观管理机构不是属于这个地区就是属于那个地区，不是属于这个部门就是属于那个部门，不是站在这个角度就是站在那个角度，各自代表一定利益关系，受到一定利益关系的约束。政府领导和计划工作人员都不可能超越这种局限性。综合部门也有不同的角度，它们各自代表一定的利益关系并受其约束。政府领导和计划工作人员都不可能是万无一失的。上述各种局限性使它们的行为不能完全符合却有可能偏离客观规律，甚至有可能大大偏离，造成计划工作和宏观管理上的重大失误。这是我们几十年来不止一次经历过的事情。

因此，坚持计划调控，就要不断提高我们自己的认识水平，不断改进我们的计划工作，使计划工作符合客观规律和客观形势的要求，特别是要考虑市场供求形势及价值规律的要求。

总之，我们要坚持计划调控，但又不能迷信计划；要实行市场取向的改革，但又不能迷信市场。要通过计划与市场的结合，不仅发挥两者的长处和优点，还要克服两者的短处和缺点。这是一个非常复杂的任务，需要做很多方面的探索和研究，需要计划部门、财政部门、银行部门、市场部门、商业部门、物资部门以及中央、地方上上下下等各个方面的共同努力，逐步解决好这一问题。

六 对"国家调控市场,市场引导企业"公式的再认识

经过 12 年改革实践和理论探索，我们对于计划和市场概念的认识已经大大深化了，目前人们更为关心的是从实质上研究探讨计划与市场到底怎样结合，结合的方式、途径是什么样的？要把研讨引到这方面来。

关于计划与市场结合的方式，过去也有多种分析和提法，有的提法着眼于理论的模式，有的提法着眼于管理操作。这些分析和提法在近些年的讨论中都有进展。我这里举几个例子。

过去对于计划与市场结合的不同层次的剖面分析进行了综合。比如，对于国民经济的管理，一方面分为指令性计划、指导性计划和市场调节三个部分；另一方面又把国民经济划分为宏观经济和微观经济两个层次。这两重分析在逻辑概念上还是有交叉重复的。现在有的专家对这两重分析进行了综合，提出所谓"双层次分工结合论"。一方面是在宏观和微观两个层次上的计划与市场的分工和结合，另一方面专就微观经济内部分析计划与市场的分工和结合。前一方面仍然沿用过去那种分析，宏观层次的经济决策主要由政府来进行计划调节，微观层次的经济决策主要由市场调节。这里比较有新意的一点，就是把过去对整个国民经济的管理形式剖析为指令性、指导性和市场调节三块限制在微观层次里。当然，在微观层次里确实有一部分还需要指令，大部分需要指导性，现在还要扩大市场调节这部分。所以说，三分法适用于微观经济。为什么保留指令性计划这一块？为什么不得不实行这种板块

式结合？在理论上进行解释，就是我们的经济是非均衡的市场，特别是一些资源性的产品是短缺的，这种短缺不是用市场调节一下子就能解决的，因此还要保留这部分。还有一点就是我们在管理上还有两重因素，即一方面用价格进行管理，另一方面用数量来管理，对于某些非均衡市场现象，光有价格不行，还需要直接的数量管理，这就是指令管理。

我认为，对于计划与市场的分工和结合所做的这些横剖面的综合分析，有助于加深我们对这一问题的认识。

再从纵剖面看，就是从时间的演化、计划与市场的关系在改革过程中的演变看。过去曾有过这样一种看法，认为我们在计划与市场相结合的种种模式（板块式结合、渗透式结合、有机内在结合），与其说是互相排斥的选择目标，不如说它们是互相衔接的发展阶段。我们改革的整个过程：第一阶段，改革以前是大一统的计划统制模式；第二阶段，是改革初始阶段，开始出现一块作为补充的市场，这个市场发展为计划与市场板块的结合；第三阶段，随着改革的深入，出现了计划与市场两块互相渗透和部分重叠；第四阶段，发展到计划与市场在整个国民经济范围内胶体式地有机结合。这种有机的内在的结合已不是两块，而是一块了。所谓计划与市场都覆盖全社会的说法就是这样出来的。在党的十三大报告中，还表述为"国家调控市场，市场引导企业"这样的公式。上面谈到的几种理论模式，我们与其说选择其中的一种，不如说它们是互相衔接的发展阶段。这样一种关于改革进程的描述，尽管在总体上说是不错的，但是不能过于机械地看待这个进程，就是说不能那样界限分明地划分出发展阶段。比如我们不能认为最后我们建成新的体制时，只有一种覆盖全社会胶体式结合的模式，完全就是国家调控市场、市场引导企业，而板块式、渗透式结合就不复存在了。现在看来，板块式、渗透式两种结合最终都不会完全消失，在一定范围里还会长期存在。诸如某些自然垄断性的东西，供求弹性很小的东西，公益性很强的东西，国家对它们还要实行直接管理。

实行直接的计划管理，当然也要尊重价值规律的要求。从这个意义上说，板块式结合同渗透式结合是分不开的。界限分明的纯板块的结合在过去传统的计划经济里存在过，但经过改革，不会再有了。还要指出，实行直接管理这一块也不可能像一般我们现在所设想的完全按照价值规律要求解决问题，如果真正能够按照价值规律、市场规律解决问题，也就不需要直接计划了，可以直接转变为间接调控了。强制性的行政干预、直接的指令性计划之所以必须存在，就是因为我前面讲的市场调节不是万能的，市场机制有种种缺陷。有些具有长远和全局意义的事情，不可能完全按照市场价值规律的要求去办，否则就会危害社会的利益，这些事情必须要有国家直接干预。国家在直接管理经济的部分，要考虑市场因素，但不是通过市场去管理，它可以直接下命令，让行政机关去管理。从这个意义上说："国家调控市场，市场引导企业"的公式没有覆盖全社会的意义。但是，在将要成为宏观管理主要方式的间接调控的范围内，总是要通过市场进行管理，通过调控市场来引导企业。就这个意义讲，"国家调控市场，市场引导企业"的公式是绕不开的，它在计划经济与市场调节相结合的新经济运行机制中的重要地位是不能忽视的。

（本文系作者 1991 年 10 月 15 日在中央党校作的学术报告的节选。）

关于社会主义市场经济理论的几个问题

　　在学习邓小平同志南方谈话的高潮中，社会主义市场经济是大家热烈讨论和十分关心的一个问题，其实这不是一个新问题。早在 1979 年 11 月 26 日，邓小平同志会见美国不列颠百科全书编委会副主席时就说过："说市场经济只存在于资本主义社会，只有资本主义的市场经济，这肯定是不正确的。社会主义为什么不可以搞市场经济……市场经济，在封建社会时期就有了萌芽。社会主义也可以搞市场经济。"1985 年接见美国企业家代表团时，邓小平同志又重申了这个意思。今年初南方谈话，他对计划与市场问题又作了全面的精辟的阐述，启发我们进一步思考社会主义市场经济问题。邓小平同志关于计划与市场问题的一系列阐述，是建设有中国特色社会主义理论的重要组成部分，我们必须认真学习，反复领会，并在我国社会主义经济的改革和发展的过程中加以贯彻。

　　下面我想讲两个问题：一是介绍一下若干年来对社会主义市场经济有关理论问题讨论的情况，也就是介绍对计划与市场问题（包括对计划经济、商品经济、市场经济等概念）认识的曲折演变过程；二是谈谈我本人学习小平同志南方谈话过程中对社会主义市场经济理论若干焦点问题的理解。

一　对计划与市场认识的曲折演变过程

　　我国的经济体制改革已经进行了 13 年。我们的改革要采取什么样的目标模式，多年来经济理论界一直在讨论。这个问题的核心，是正确认识和处理计划与市场的关系，并涉及对计划经济、商品经济、市场经济的理解。我们对这些问题的认识有一个逐步深化的过程，经过了长期曲折的探索。

关于商品经济、市场经济这些概念，据查阅，马克思、恩格斯都没有讲过，他们只讲过商品生产、商品交换、货币经济；也没讲过计划经济，只讲过在未来社会中"劳动时间的社会的有计划的分配，调节着各种劳动职能同各种需要的适当的比例"。首次使用"商品经济"、"市场经济"和"计划经济"概念的是列宁。列宁在革命胜利初期，多次提出消灭商品经济，资本主义不可避免地要被社会主义取代，这种新社会实行计划经济。但列宁也讲过，无所不包的计划等于空想，这种计划列宁是反对的。在实行新经济政策时期，不但允许发展自由贸易，而且国营企业在相当程度上实行商业原则（即市场原则），给企业在市场上从事自由贸易的自由。到了 20 年代末 30 年代初，斯大林停止了新经济政策，实行了排斥商品经济的计划经济，长期地把商品经济同计划经济对立起来。虽然斯大林也讲过商品生产、价值规律，但他把它们的作用限制在狭小的领域，其主导思想还是认为计划经济同商品经济不相容，同市场经济更是对立的。

过去，社会主义国家在实行计划经济时期，不是没有市场，但市场只处于补充状态，存在于缝隙当中。我国在改革前也是这样，比如大计划、小自由，容许集市贸易，三类物资上市，等等。但总的看是限制市场，不承认商品经济和市场经济。中共十一届三中全会以后开始松动，承认计划和市场可以结合。中共十一届六中全会《关于对建国以来历史经验总结的决议》中，确认社会主义社会存在着商品生产和商品交换，因而要考虑价值规律，但没有提"商品经济"，那时还是认为，商品经济作为整体来说只能存在于以私有制为基础的资本主义社会。中共十二大时，提出了"计划经济为主，市场调节为辅"，前进到了这一步，"商品经济"的概念依然难以提出来。但在这以前，理论界对社会主义商品经济已有讨论，甚至有人提出"社会主义市场经济"的概念。至于邓小平同志 1979 年 11 月 26 日会见美国不列颠百科全书编委会副主席时的谈话，当时大家并不知道。所以在那一段时期，商品经济、市场经济的概念一直是一个禁区。直到1984 年中共十二届三中全会，才在我们党的正式文件《关于经济体制改革的决定》中，第一次提出"社会主义经济是在公有制基础上的有计划的商品经济"。这是社会主义经济理论的一个重大突破。邓小平同志在通过该《决定》的会议上说，中共十二届三中全会的《决定》是马克思主义新的政治经济学，评价极高。的确，这一突破来之不易，考虑到马恩等经典作家过去曾设想未来社会主义社会不再有商品经济，以及几十年社会主义的实践当中长期排斥市场调节这样一个历史背景，中共十二届三中全会关于社会主义有计划商品经济的新论断，可以说是有划时代意义的，它对推进以后我国以市场为取向的改革并获得相当进展，无疑起了巨大的作用。

但是，在中共十二届三中全会的新论断提出来以后，人们对于究竟什么是有计划的商品经济，包括经济理论界的理解还很不一致。对于"有计划的商品经济"这一命题，有的同志强调"有计划"这一方面，有的同志强调"商品经济"这一方面。当然大家对两个方面都承认，但强调的重点不同。强调重点不同，对社会主义经济本质的理解就会有差异，把握改革的方向就会有出入。历来讲社会主义的经济特征，综合起来主要是两大特征："公有制"和"按劳分配"。此外，有没有第三个特征？如果有，那么这第三个特征到底是"计划经济"还是"商品经济"，理论界的争论一直在进行，两种意见都有。一种是强调计划经济为主的，认为计划经济是社会主义经济的一项本质特征；另一种是强调商品经济为主的，则认为商品经济是社会主义的一个本质特征。当然，还有第三种意见，有不少同志想把两碗水端平，计划与市场相结合，半斤八两，平起平坐，结合的范围、方式和程度可因产品、部门、所有制和地区不同而异。不同场合可以这个多一点那个少一点，或者相反。十三大提出"有计划商品经济的体制是计划与市场内在统一的体制"，虽然没有讲哪个为主，哪个为辅，但同时提出"国家调控市场，市场引导企业"的间接调控的公式，实际上重点放在市场方面。这是1989年政治风波以前的情况。在计划经济与商品经济、计划与市场的关系上，理论界的风尚是逐渐向商品经济，向市场方面倾斜。但是在这以后，特别是提出"计划经济与市场调节相结合"的方针后，由于当时治理整顿和稳定局势的需要，有必要多一点集中，多一点计划，这时理论讨论的风尚又向计划经济方面倾斜。当时有一篇文章说，社会主义经济就其本质来说，是计划经济，只不过在现阶段还要有某些商品属性罢了。这种说法是近两三年比较典型的一种认识。但同时另外一种意见仍然存在，即仍然坚持商品经济是社会主义经济的关键所在。例如有一篇文章说，社会主义商品经济同公有制、按劳分配一样，都是社会主义实质所在。对于近几年正式文件中的计划经济与市场调节相结合的提法，理论界也有一些内部议论。有的同志说，计划经济指的是经济制度或体制，市场调节则是一种机制或手段，两者不是属于一个层次的问题，不好说结合在一起。但公开发表的文章中，大家都使用这一提法，有些经济学家论证这一提法的科学性时说：这个提法同以前的"计划经济为主，市场调节为辅"的提法衔接起来了，这表明我们的改革不是削弱和放弃计划经济，而是要在坚持计划经济制度的前提下，实行一定的市场调节。但是不赞成这一提法的同志，认为这一解释实际上退回到中共十三大以前去了。但这是私下的议论。总之，理论界关于计划与市场关系的争论一直不停。这里简单介绍一下关于社会主义市场经济问题的讨论情况。

这个问题的讨论时间延续得很长，从改革开始以来一直在讨论。最近这方面的文章多起来了，但都是正面的东西，看不见不同的意见，而过去长期是不同意见在争论。改革之初，1979年4月在无锡开了一个会——社会主义经济中的价值规律讨论会。在这个会上就有人提出社会主义市场经济的概念。有赞成的，也有不赞成的。那个时候也曾经出现过市场经济与计划经济相结合的提法。到了中共十二届三中全会中央指出我国经济是有计划的商品经济以后，在学习中共十二届三中全会《关于经济体制改革的决定》时，广东有一位老经济学家说，理论上要彻底一些，其实社会主义商品经济也可以叫做社会主义的市场经济。还有同志说，商品经济与市场经济这两个概念没有必要区分，要区分的是社会主义的市场经济和资本主义的市场经济。但与此同时，反对的意见也出来了。当时有一位教授这样讲，市场经济这个概念在西方的文献当中有确定的含义，日本经济学者的著作当中明确指出市场经济制度三原则：第一是私有制财产神圣不可侵犯，第二是契约自由的原则，第三是自我负责的原则。可见按照西方经济文献的解释，典型的市场经济就是资本主义经济。他进而认为"社会主义有计划的商品经济不是市场经济"。这种争论延续了相当长时期，到了1988年，国务院批准广东作为综合改革试验区，广东省的经济学界为了在理论上作超前探索，举行了社会主义初级阶段的市场经济问题讨论会，明确提出了社会主义初级阶段的市场经济问题。会上取得了一个共识，认为世界上有以私有制为基础的资本主义市场经济，也应该有一个以公有制为基础的社会主义市场经济；曾经有过没有计划调控的自由市场经济，也应该有有宏观调控的计划市场经济。我们应该研究和实践社会主义的市场经济。1988 年下半年还召开过两次重要的全国性学术讨论会，一次是 10 月底开的全国经济体制改革理论研讨会，一次是 12 月开的纪念党的十一届三中全会十周年理论讨论会。这两个会上都有人提出要把商品经济的概念进一步发展到市场经济的概念。并且提出我们迫切需要确立社会主义市场经济的理论。这些是 1989 年政治风波以前的事情了。这同前面讲的那时理论界在计划与市场问题上的大致趋向是一致的。当时在理论界两种意见都有，但是越来越多的同志倾向于强调商品经济是社会主义有计划的商品经济的两面中的更重要的一面，而且使用市场经济概念的同志也渐渐多了起来。

1989 年春夏之后，在经济学领域正确开展对于以主张私有化为核心的资产阶级自由化思潮的批判的同时，有一些内部资料上也出现了对于社会主义市场经济观点的批判。一些西方国家把市场经济同私有制，同资本主义联系在一起，所以社会主义国家的许多政治家、科学家不随便把发展社会主义的商品经济说成是搞市场经济。可以讲发展商品经济，但不能搞市场经济。他们说，社会主义市场经济的提法不过是以资本主义的市场经济作为社会主义经济改革的模式而已。总而言之，这种意见把市场经济、计划经济与社会制度联系起来了，断言市场经济是资本主义的，社会主义搞市场经济就是搞资本主义。当然还有的同志不赞成这种观点，他们认为不能把市场经济的问题同社会制度联系起来，市场经济不过是现代商品经济或现代货币经济的"同义语"。有的经济学家讲，我国经济体制改革的实质是以市场经济为基础的资源配置方式来取代以行政命令为基础的资源配置方式。从这个意义上说，社会主义的商品经济也可以叫做社会主义的市场经济。两种不同的观点还是继续存在的。

我们再看看经济学界老前辈薛暮桥同志是如何看待这个问题的。薛暮桥同志在 1991 年 1 月 11 日对深圳《特区时报》的记者讲，要深入研究计划经济与市场经济的关系，过去认为前者是社会主义，后者是资本主义，这种理解是极不利于深化改革的。市场经济与市场调节是不是不能混淆的两种本质，我看尚待讨论。我认为本质相同，都不能等同于资本主义。只要保持生产资料公有制为主体，就不能说它是资本主义的市场经济。所以还是要以公有制来划分，不是以市场计划来划分。薛暮桥同志当时还说："这个问题现在还不成熟，有些还可能看做是理论的禁区，科学研究不应当有禁区，应当允许自由讨论，认真讨论这个问题，而不是回避这个问题。"不同意见的讨论甚至交锋，对于深化我们的认识是必要的，有好处的，也是正常的。对于社会主义市场经济的两种意见，一直讨论到今年年初，邓小平同志在南方发表了精辟见解。邓小平同志说，市场经济不等于资本主义，社会主义也有市场；计划经济不等于社会主义，资本主义也有计划。邓小平同志讲话后，那种把计划同市场，把计划经济同市场经济看成是制度性的观点开始消失。但是在观念上要彻底解决这个问题还需要一个过程。这不只是在市场经济这个观念上，就是过去在商品经济这个观念上也是不容易转过来的。在改革初期，承认了社会主义要发展商品生产，要发展商品交换，但是就是不能够接受商品经济这个概念，认为商品经济是私有制的，从总体上说商品经济只能是资本主义的。从中共十一届三中全会一直到中共十二届三中全会花了几年工夫才把这个观念转变过来。一个理论概念的转变是很不容易的。当年孙冶方提出社会主义利润的概念时也碰到了类似的困难。

我们在 20 世纪 80 年代提出了有计划的商品经济理论，对我国经济改革和发展的实践起了推进的作用。90 年代由于我们改革的深入，特别是市场取向改革的深入，我们需要新的理论，这就是社会主义市场经济的理论，这个理论的出现必将推动我们改革和发展的进一步深化。

二　若干焦点问题

下面，我想就有关社会主义市场经济理论问题的讨论中人们关心的若干焦点问题，谈点个人的理解。

1. 社会主义商品经济的提法为什么要改成社会主义市场经济？有的同志在讨论中提问，我们已经有了社会主义商品经济的概念，为什么现在又要换成"市场经济"？"市场经济"与"商品经济"究竟有什么不同？有些经济学者写文章说：社会主义商品经济，就是社会主义市场经济。既然"就是"，那不过两字之别，用括号注明一下就行了，何必这么郑重其事地改过来呢？

我认为，这不单纯是两个字的改变，它有深刻的含义。首先要把商品经济和市场经济这两个概念的含义弄清楚。这两个概念既有联系，又有区别。简单地说，商品经济是相对于自然经济、产品经济而言的，讲的是人类社会经济活动中行为交换是否具有商品性，或者具有等价补偿的关系。通俗一点讲，就是我给你一个东西，你就得给我一个价值相等的东西，无论是价值相等的商品也好，价值相等的货币也好。而自然经济就没有这种等价补偿、商品交换的关系。产品经济是现代的概念，就是曾经设想过社会主义或者共产主义社会是个大工厂，没有货币，不要交换，不同的生产单位，不同的企业就像不同的车间。东西生产出来以后，产品由社会来分配、调拨，各生产单位或社会成员凭本子按指标或定额去领取，没有等价补偿的关系。所以商品经济是相对于自然经济和产品经济而言的。

与市场经济相对应的是计划经济，这是作为资源配置方式来说的。这里我讲一讲资源配置。资源配置这个概念在我国过去是很少用的。现在用得越来越多了，因为这是经济生活中最中心的问题。这里讲的资源，不是指未开发的自然资源，而是人们可以掌握支配利用的人力、物力、财力和土地等经济资源。社会经济资源任何时候都是有限的，而社会对资源的需求却是众多的、无限的。所谓资源配置就是社会如何把有限的资源配置到社会需要的众多领域、部门、产品和劳务的生产上去，而且配置得最为有效或较为有效，产生最佳的效益，以最大限度地满足社会的需求。在现代的社会化生产中，资源配置一般有两种方式：一种是市场方式，另一种是计划方式。计划方式是按照行政指令，指标的分解、调拨，由政府来配置。市场配置是按照市场的供求变动引起价格的变动，哪种产品价格高，生产该产品有利可图，资源就往哪边流。等到产品多了，供给大于需求，这种产品的价格就会掉下去，这时资源就会流到别的地方去，这就叫市场调节。如果说你这个资源配置方式是以计划为主，那么叫计划经济；如果以市场作为资源配置的主要方式，那么就叫市场经济。以资源配置方式来说，市场经济和计划经济是相对应的概念。

从以上的区分中，我们可以认识到，从逻辑的角度看，商品经济属于比较抽象、本质的内容层次，而市场经济则是更为具体、形象的形式层次。可以说市场经济是商品经济的一种高度发展了的现象形态。从历史发展的角度来考察也是这样。商品经济由来已久，在原始社会末期就有了萌芽，它存在于多种社会形态之中，演变到现代高度发达的程度。但不是在商品经济发展的任何阶段上都有市场经济。有商品交换当然要有市场，但那不等于市场经济。在古代及中世纪地中海沿岸有相当发达的商业城市，中国古代秦汉时期就有长安、洛阳、临淄等著名的商业都会，还有联结欧亚的丝绸之路，它们都离不开市场，但不能说已经形成了市场经济。国外古代城堡周围的地方小市场，我国一些边远落后地区至今仍有赶集、赶场。诚然，那些定期启合的墟、集、场也是市场，但都不能叫做市场经济，不过是方圆几十里居民调剂余缺的场所罢了。形成市场经济要有一定的条件，那就是商品和生产要素要能够在全社会范围内自由流动，配置到效益最优的地方和用项组合上去，这就要求废除国内的封建割据和形形色色阻拦资源自由流动的人为的障碍。商品经济发展到一定高度就需要一个统一的国内市场，并要逐步伸向世界市场。近代民族国家的形成和几乎同时发生的地理大发现，就是这种统一市场逐渐形成的历史背景，也是市场经济形成的历史背景，所以说，市场经济是商品经济高度发展的产物，这是从资源配置这一经济学基本观点提出来的。资源配置在经济生活中有极其重要的意义，我们是通过改革才逐渐认识到这一点的，1984 年提出有计划商品经济概念时对这点了解得还很有限。我们现在提出用市场经济概念代替有计划商品经济概念，就是强调要进一步发展商品经济，在资源配置的问题上，就必须明确用市场配置为主的方式来取代行政计划配置为主的方式，这也正是我国当前经济改革的实质所在，而这一实质是"有计划的商品经济"概念所不能涵盖和表达的。

再从认识发展过程来看，中共十二届三中全会提出有计划商品经济新概念，无疑是社会主义经济理论的一次重大突破，它具有推进历史的重大意义，但也不可避免地有一定的历史局限性。即如上所分析，它未能彻底解决计划与市场究竟何者为资源配置的基础性方式或主要手段的问题，以致人们在计划与市场关系的认识上不断发生摆动和分歧。人们仍然不能摆脱把计划经济与市场经济看做是区别两种社会制度范畴标志的思想束缚，这又阻碍了人们去深刻认识市场机制在优化资源配置和促进社会生产力发展中的不可替代的作用。1992年初小平同志南方谈话指出，计划经济不等于社会主义，资本主义也有计划，市场经济不等于资本主义，社会主义也有市场，计划和市场都是经济手段，计划多一点还是市场多一点不是社会主义与资本主义的本质区别。这一科学论断从根本上破除了把计划经济和市场经济看做是社会基本制度范畴的传统观念，诊治了我们在市场和市场经济问题上常犯的"恐资病"，启发了人们从资源配置这一基本经济学观点出发，去全新地思考把社会主义市场经济体制作为经济改革目标模式的问题。这无疑是社会主义经济理论继80年代初提出社会主义商品经济概念后，在20世纪90年代初发生的又一次重大突破。这一突破对今后我国改革开放和经济建设的实践将产生重大影响。

2. 既然计划和市场都是经济手段，为什么我们现在又把社会主义计划经济的概念变成或者发展成社会主义市场经济的概念？上面讲了为什么要从"社会主义商品经济"过渡到"社会主义市场经济"，是为了说明我国经济改革的实质是在资源配置方式上用市场配置为主取代计划配置为主。但是这里有一个问题需要解释清楚：既然计划和市场都是经济调节手段，计划多一点还是市场多一点，都与社会制度无关。那么为什么我们不能在保持计划经济的体制下实行计划与市场的结合，而一定要改为在市场经济的体制下实现两者的结合呢？这就是说，为什么资源配置的方式一定要从计划配置为主转为以市场配置为主呢？这个问题涉及对作为资源配置两种方式各自的内涵和各自长短优劣的比较。经过多年的实践与观察，应该说这个问题越来越清楚。

的确，资源配置的计划方式和市场方式各有其长短优劣。计划配置一般是政府按照事先制订的计划，主要依靠行政指令的手段来实现。它的长处在于能够集中力量（即资源）办成几件大事，有可能从社会整体利益来协调经济的发展。但计划配置的缺陷主要在于：由于计划制订和决策人员在信息掌握和认识能力上的局限性，以及在所处地位和所代表利益上也难免有局限性，因此计划配置的方式就难免产生偏颇、僵滞的毛病，往往限制经济活力，不利于资源的优化配置。市场配置一般是按照价值规律的要求，通过适应供求关系的变化，发挥竞争机制的功能来实现。它的长处在于能够通过灵敏的价格信号和经常的竞争压力，来促进优胜劣汰，协调供求关系，把有限的资源配置到最优环节组合上去。但市场配置也有其缺陷：市场调节具有自发性、盲目性和事后性等特点，它对于保证经济总量平衡，防止经济剧烈波动，对于合理调整重大经济结构，对于防止贫富悬殊、两极分化，以及对于生态环境和自然资源的保护等等，市场调节或者是勉为其难的，或者是无能为力的。

这样看来，既然计划与市场各有其长短优劣，我们就必须扬长避短，取长补短，把两者结合起来运用。但是讲到这里，仍然没有解答为什么要用市场经济体制来取代计划经济体制的问题。我认为，这个问题已经不是一个信念问题，也不是一个感情好恶的问题，而是一个实证性问题。就是说，要解答这个问题，就必须不再纠缠于市场经济和计划经济是姓社还是姓资的抽象理论上，而要切实考察这两种经济运行机制在世界经济竞技场上进行的历史较量，说明它们各自在什么条件下是资源配置的更为有效的方式，以及从整体上说何者更为有效。

纵观近代世界史，市场经济形成后促进了资本主义经济的大发展，但同时资本主义社会的内在矛盾也激化起来。市场经济发展到19世纪初叶，作为资本主义社会基本矛盾表征之一的周期性经济危机开始出现，此后愈演愈烈，造成工厂倒闭、工人失业等社会灾难。19世纪中叶后，社会主义的思想由空想变为科学，针对市场经济的这种弊端，提出了有计划分配劳动时间和计划经济的设想。这一设想到了20世纪初叶俄国"十月革命"后得以实现。第二次世界大战后，包括中国在内的一些国家也实行了计划经济。所有实行计划经济的国家，既有成功的经验，也有失败的教训。例如苏联从一个经济落后的国家一度发展成世界第二号工业强国，取得了反法西斯卫国战争的胜利，战后经济恢复也快，这些都得力于计划经济。但是，60年代以后，随着经济规模扩大，经济结构复杂化，技术进步步伐加快，人民生活要求提高，苏联计划经济本身管得过死、不能调动积极性的内在弊病逐渐暴露了出来，这导致了经济效益的下降和增长速度的缓慢。尽管在尖端科学、国防产业的某些领域还有某种程度上的领先，但从总体效率上说，在解决市场商品匮乏、满足人民生活需要等方面，苏联传统的计划经济越来越显得一筹莫展。

反观西方资本主义国家，鉴于社会矛盾的日益激化，它们从 19 世纪中叶起开始寻找医治市场经济弊病的方法。随着股份制和支配垄断整个产业部门的托拉斯的出现，在一定范围内克服了生产的无计划性。1891 年，恩格斯曾针对资本主义社会股份制和托拉斯的出现，指出："由股份公司经营的资本主义生产，已不再是私人生产，而是许多结合在一起的人谋利的生产。如果我们从股份制进而来看那支配和垄断着整个产业部门的托拉斯，那么，那里不仅私人生产停止了，而且无计划性也没有了。"第二次世界大战时期，各国政府被迫实行类似计划经济的"统制经济"，对战时人力、物资、外汇等实行严格的管制，借此得以集中资源满足战争的需要。这些局部性、临时性的措施，当然不能阻止资本主义社会矛盾的发展。从 1929 年到 30 年代，西方世界爆发了大危机、大萧条，造成了资本主义和平时期的空前社会灾难，资本主义社会矛盾暴露无遗。于是出现了以"罗斯福新政"为代表的政府对经济的干预，和以凯恩斯的《就业、利息和货币通论》为代表的宏观经济管理理论。这一理论在第二次世界大战后为西方各国普遍接受，政府通过财政政策、货币政策等手段对经济实行宏观调控，一些国家如法国、日本还搞了一些指导性计划，一些国家如瑞典、德国还搞了社会福利政策。尽管这些国家以私有制为主体的市场经济基础未变，因而不能完全摆脱资本主义社会基本矛盾的困扰，但上述政府宏观调控和社会福利政策的实施，缓和了周期性经济危机和社会阶级对抗，加上战后几次强劲的科技革新浪潮，使得现代资本主义的发展不仅能够"垂而不死"，而且还很有活力，已经不能再用 19 世纪的模式来理解它了。

从以上简短的历史回顾可以看到，市场经济和计划经济在不同的历史条件下都有成功亦有失败，各有千秋。但从总体效率的较量来看，现代市场经济与传统计划经济相比已被证明是更为有效的经济运行机制，传统的计划经济已被证明敌不过现代的市场经济，正是这个客观事实最终成为导致东欧剧变、苏联解体的重要因素之一。中国实行计划经济在第一个五年计划等阶段也是成功的，但后来也出现了物资匮乏、效率上不去的问题。中共十一届三中全会后，我们针对这些问题，及时采取了市场取向改革的步骤，而且事实证明，凡是市场取向改革越深入、市场调节比重越大的地方、部门和企业，经济活力就越大，发展速度就越快。改革十多年来，国家整体上经济实力增强了，市场商品丰富了，人民生活水平提高了。工农群众衷心拥护党，支持稳定，这是前几年中国在严峻考验中能够屹然站立、避免重蹈苏联东欧覆辙的一个重要因素。这也从一个方面表明，中国选择以市场为取向的改革道路是明智的。

　　从历史的回顾中，我们还得出一个结论：计划经济是不能一笔抹杀的，它有它一定的适用范围，在一定的历史条件下，它是更有效的。那么，计划经济适用的历史条件是什么呢？第一是经济发展水平较低、建设规模较小的时候（如"一五"时期 156 个项目的建设）；第二是经济结构、产业结构比较简单的时候（如非公有经济成分消灭了，主要发展重工业）；第三是发展目标比较单纯、集中的时候（如战时经济、战备经济，解决温饱问题）；第四是发生了除战争以外的非常重大事故的时候（如特大的灾害，特大的经济危机）；第五是闭关锁国、自给自足的时候。在这些条件下，计划经济比较好搞，也很管用。但是，一旦经济发展水平提高了，建设规模扩大了，经济结构和产业、产品结构复杂化了，发展目标正常化多元化了（把满足人民丰富多彩的生活需求和提高以科技、经济为中心的综合国力作为目标），对外开放使经济逐渐走向国际化了。在这样的情况下，以行政计划配置资源为主的计划经济就越来越不适应，必须及时转向市场配置资源为主的市场经济。这正是我国经济目前面临的形势和任务。80 年代，我国经济已经跨上了一个大台阶，90 年代，我们要抓紧有利时机，在优化产业结构、提高质量效益的基础上加快发展；还要进一步扩大开放，走向国际市场，参与国际竞争。这就要求我们更加重视和发挥市场在资源配置中的导向作用，建立社会主义市场经济新体制。在这个基础上，把作为调节手段的计划和市场更好地结合起来。在配置资源的过程中，凡是市场能解决好的，就让市场去解决；市场管不了，或者管不好的就由政府用政策和计划来管。现代市场经济不仅不排斥政府干预和计划指导，而且必须借助和依靠它们来弥补市场自身的缺陷，这是我们在从计划经济转向市场经济时须臾不可忘记的。

3. 既然市场经济不是制度性的概念，那为什么要在市场经济前加上"社会主义"的定语？社会主义市场经济区别于资本主义市场经济的特点是什么呢？海外人士也有这样提出问题的，中国搞市场经济就行了，何必要社会主义？这样讲，要么是有其用心，要么就是不了解中国以市场为取向的经济改革，其目的其内容都是社会主义制度的自我完善，而不是照抄照搬西方市场经济。国内人士提出这个问题，是认为从运行机制上说，市场经济在两种社会制度下没有什么差别，如果说有所不同，那也不是市场经济本身的问题，而是两种社会制度基本特征不同带来的。所以，有的同志主张不叫"社会主义市场经济"，而叫"社会主义制度下"或"社会主义条件下的市场经济"。我认为，这个意见不是没有道理，但为减少文字，我们也可以约定俗成，用"社会主义市场经济"概念来表述"社会主义条件下"或"社会主义制度下的市场经济"。再者一些共性的范畴，体现在具体的事物中，往往呈现出特殊性来，在共性范畴前面加上特殊性的定语，也是通常的做法。例如我们通常使用的"社会主义现代化"、"社会主义企业"等概念就是如此。对于社会主义条件下的市场经济，不妨使用"社会主义市场经济"的称谓，因为社会主义市场经济与资本主义市场经济确实既有共性，也有特殊性。即使同是资本主义的市场经济，德国的市场经济也不等同于法国的市场经济，日本的市场经济也不等同于美国的市场经济。何况社会主义国家的市场经济，当然有不同于资本主义市场经济的差异和特征。社会主义市场经济与资本主义市场经济的共性我们在前文的论述中已多次涉及了，如价值规律、供求关系、价格信号、竞争机制在资源配置中的作用，等等。其差异主要是由于市场经济不能脱离它存在于其中的社会制度的制约。社会主义市场经济不同于资本主义市场经济的特点，是受社会主义制度的本质特征决定的，特别是它同社会主义基本经济制度是紧密联系在一起的。

我国社会主义制度的基本特征，从政治制度上说，最重要的是共产党和人民政权的领导。这个政权从总体上说不是为某些集团或个人谋求私利，而是以为全体人民利益服务为宗旨的。在基本经济制度上，所有制结构是以公有制（包括国有制和集体所有制）为主体，个体、私营、外资经济为补充，不同所有制可用不同形式组合经营，各种经济成分和经营形式的企业都进入市场，平等竞争，共同发展。国有经济的主导作用要通过市场竞争来实现。与所有制结构相适应，社会主义的分配制度以按劳分配为主体，按其他生产要素分配为补充，兼顾效率与公平，运用市场机制合理拉开差距，刺激效率，同时运用多种调节手段，缓解分配不公，逐步实现共同富裕。社会主义制度的这些基本特征，不能不通过注入较多的自觉性和公益性，对市场经济的运转产生重要的影响。由于有共产党的领导，有公有制为基础，有共同富裕的目标，我们在社会主义市场经济的运行中，更有可能自觉地从社会整体利益与局部利益相结合出发，在处理计划与市场的关系、微观放活与宏观协调的关系以及刺激效率和实现社会公正的关系等方面，应当也能够比资本主义市场经济更有成效，做得更好。对此我们充满信心，因为通过全面改革的努力，这些是能够实现的。

　　建立社会主义市场经济的体制是一项非常复杂的系统工程，包括许多相互联系的重要方面的改革。一是企业机制的改革，特别是转换国有大中型企业的经营机制，要通过理顺产权关系，实行政企分开，把企业推向市场，使之成为真正自主经营、自负盈亏、自我发展、自我约束的法人实体和市场竞争主体。二是市场机制的培育和完善，不仅要发展商品市场，还要培育生产要素市场，加快建立以市场形成价格为主的价格机制，同时建立一套规范而科学的市场规则和管理制度。三是建立符合市场经济要求又遵守社会主义原则的社会收入分配机制和社会保障制度。四是宏观调控体系和机制应建立在市场作用的基础上，相应减少政府对企业的干预，由过去直接抓企业的钱、物、人的微观管理为主，转到把重点放在做好规划、协调、监督、服务，以及通过财税金融产业等政策搞好宏观管理上来，这方面政府职能的转变十分关键，没有这个转变，以上各方面的改革都难以深化。这些方面的每一项改革也都是一个复杂的系统工程，这里就不一一细说了。总之，建立社会主义市场经济的体制不可能一蹴而就，而是一个需要做长期艰苦细致工作的过程。它要求我们全党、全民及社会各方面共同努力，在过去十多年市场取向改革已有成就的基础上，继续大胆探索、勇于试验，及时总结经验，把我国新的经济体制的转换顺利推向前进。这样可以大大促进建设有中国特色的社会主义的进程，使我国经济发展的第二个、第三个战略目标提前实现。

（本文系作者 1992 年 9 月 19 日为中共中央组织部、中共中央宣传部、中国科学技术协会、中共中央直属机关工委和中共中央国家机关工委共同主办的《90 年代改革开放与经济发展》系列讲座作的开篇讲稿，原载《经济研究》1992 年第 10 期。）

实现由计划经济向社会主义
市场经济的历史性转轨

——纪念党的十一届三中全会召开 20 周年笔谈

一　从市场取向改革到市场经济体制确立

从 1978 年开始，众所周知进行的真理标准的大讨论，以及由此重新确立的实事求是的思想路线，使经济理论工作者开始摆脱种种教条主义观念的束缚，如何总结历史的经验教训，如何在社会主义条件下按照客观经济规律办事，用经济的办法管理经济，也就是如何正确认识和掌握价值规律的问题，成为经济理论界探讨的焦点。尤其是随着党的十一届三中全会确定，全党工作的重点转移到社会主义现代化建设上来，并要求改革我国经济管理体制和经济管理方法，更极大地推动了经济学界关于价值规律和经济改革关系问题的讨论。但是，20 年来，市场调节、商品经济乃至市场经济等一系列观念的树立，绝不是一蹴而就的。思想上、认识上的争论是很激烈的。

党的十一届三中全会以后，可以提计划调节与市场调节相结合了。在 1979 年的无锡会议上，就政策层面而言，商品经济、市场经济等概念都还是禁区，但大家的讨论却非常热烈，甚至有人提出计划经济与市场经济相结合的问题。当时普遍能够接受的一种提法还是计划调节与市场调节相结合。毕竟，在很多人心目中，市场经济还是和资本主义联系在一起的。其实，正如我们现在所知道的，邓小平同志在 1979 年 11 月会见美国不列颠百科全书出版公司编委会副主席吉布尼等人时，就明确地指出："说市经济只存在于资本主义社会，只有资本主义的市场经济，这肯定是不正确的。社会主义为什么不可以搞市场经济？这个不能说是资本主义。我们是计划经济为主，也结合市场经济，但这是社会主义的市场经济。"但这番谈话一直没有公布，因而"市场经济"也就一直是个"禁区"。

至于"商品经济"的确立，也是几经周折。1981 年党的十一届六中全会通过的《关于建国以来党的若干历史问题的决议》，确认了社会主义社会存在着商品生产和商品交换，因而要考虑价值规律，但没有提"商品经济"。那时还是认为，商品经济作为整体来说，只能存在于以私有制为基础的资本主义社会。1982 年党的十二大决议提出了"计划经济为主，市场调节为辅"，虽说是前进了一大步，但"商品经济"仍然没有合法化。直到 1984 年党的十二届三中全会，才在我们党的正式文件《关于经济体制改革的决定》中，第一次提出"社会主义经济是在公有制基础上的有计划的商品经济"。这是社会主义经济理论的一个重大突破，邓小平同志对此评价极高，认为这个决定是马克思主义新的政治经济学。的确，这一突破来之不易，考虑到马恩等经典作家过去曾设想未来的社会主义社会不再有商品经济，以及几十年社会主义实践中长期排斥市场调节这样一个历史背景，这一新论断可以说具有划时代的意义，对我们以市场为取向的改革，也无疑起了重大的作用。

在此之前，只能认为社会主义经济是计划经济，在实践上则是从原苏联过来的那一套指令性计划的管理方式。1982 年 9 月我在《人民日报》发表了《坚持经济体制改革的基本方向》一文提出，在处理社会主义经济中计划与市场的关系时，应根据不同情况，对国民经济采取三种不同的管理形式，即：对关系国民经济全局的重要产品的生产和分配实行指令性计划；对一般产品的生产和销售实行指导性计划；对品种繁多的日用百货、小商品和其他农副产品实行市场调节下的自由生产和销售。而且第一次提出，随着经济调整工作的进展，随着买方市场的逐步形成，随着价格的合理化，要逐步缩小指令性计划的范围，扩大指导性计划的范围。指导性计划的实质就是运用市场调节来进行的计划调节。为此，我还遭到批判，不得不做了检讨——检讨自己没有和中央的提法保持一致，而不是承认自己的观点错误。两年后，党的十二届三中全会的决定证明我的观点是正确的。当初批判我的人也承认了这一点。这也说明观点的前进要有一个过程，差不多每个人都是这么走过来的，"一贯正确"的人是没有的。过去我也是主张计划经济为主的，在十二届三中全会明确"有计划的商品经济"之前，我对商品经济的提法也是有保留的，当时我还提出是不是用"有商品经济属性的计划经济"概念更合适。

十二大提出"计划经济为主，市场调节为辅"；十二届三中全会提出"有计划的商品经济"。但究竟是"有计划"为主，还是"商品经济"为主，人们的理解又有不同，争论也很多。强调重点不同，对社会主义经济本质的理解就不一样，把握改革的方向就会有出入。历来讲社会主义的经济特征，综合起来主要是两大特征："公有制"和"按劳分配"。此外，有没有第三个特征？如果有，那么这第三个特征到底是"计划经济"还是"商品经济"，理论界的争论一直在进行，两种意见都有。

邓小平于1987年2月6日同几位中央领导人谈话时，又一次谈到了计划和市场的问题。他不无针对性地指出："为什么一谈市场就说是资本主义，只有计划才是社会主义呢？计划和市场都是方法嘛。只要对发展生产力有好处，就可以利用。"他还说："我们以前是学苏联的，搞计划经济。后来又讲计划经济为主，现在不要再讲这个了。"根据邓小平的这一谈话，1987年召开的十三大在报告中没有再提计划经济，也完全突破了改革初期计划与市场各分一块的老框架，提出"有计划的商品经济的体制是计划与市场内在统一的体制"。虽然没有讲哪个为主哪个为辅，但同时提出"国家调控市场，市场引导企业"的间接调控的公式，实际上重点放在市场方面。

在1989年"政治风波"之前，在计划经济与商品经济、计划与市场的关系上，理论界的风尚总体是逐渐向商品经济、向市场方面倾斜，实践上包括宏观调控方面都倾向于"放"，从而导致1988年经济过热。为此，1988年9月，中央提出了"治理经济环境、整顿经济秩序、全面深化改革"的方针，开始治理整顿，适当加强政府宏观调控的力量。这样，在计划与市场的关系上，计划的分量就加重了，集中的分量就加重了。本来，计划与市场、"收"与"放"都是管理经济需要的，在探索改革的过程中出现一些失误也属正常，而这时候，一些反对市场取向改革的理论家、政治家以此为由，又重新挑起了计划与市场的争论，声言这几年国民经济中的问题，都是由于选择了市场取向，削弱了计划经济，出现了方向错误造成的；出路自然是回到计划经济的老体制上去。特别是 1989 年那场"政治风波"发生后，"市场化"被一些人说成是"资本主义和平演变"的一项主要内容，计划与市场的问题也同社会主义基础制度的存废联系起来，并"上纲上线"到是姓"社"还是姓"资"的问题。在政策层面，则重提"计划经济与市场调节相结合"的口号，这虽然与当时的一些背景有关，但与十二届三中全会和十三大的提法相比，显然是一个倒退。

使我国的经济体制改革回到市场取向上来的关键因素，是 1992 年小平同志的南方谈话。那也就是现在大家都再熟悉不过的一段话了："计划多一点还是市场多一点，不是社会主义与资本主义的本质区别。计划经济不等于社会主义，资本主义也有计划；市场经济不等于资本主义，社会主义也有市场。"谈话启发了大家的思考，也以一种特殊的方式回答了计划与市场这个长期争论不休、困扰人们的难题。紧接着江泽民同志在中央党校讲话时，进一步明确了这个观点。但是，认识的提高也是有一个过程的。直到党的十四大确定了"我国经济体制改革的目标是建立社会主义市场经济体制"。这一提法比十二届三中全会的提法更准确。如今，在协调计划与市场的关系上，我们已经找到了一个正确的、完整的提法，那就是"在宏观调控下让市场在资源配置中起基础性作用"。我们的认识在向这个方向靠拢，我们的实践也在朝这个方向前进。1993 年起，我们治理了通货膨胀的问题，成功地实现了"软着陆"；现在我们遇到轻度通货紧缩的问题，又开始采取比较积极的扩张性财政政策、货币政策，来刺激需求、扩大内需，试图实现经济的"软启动"。可以说，我们党驾驭经济的能力有了很大的提高，而这与正确理论的确立无疑有极大的关系。

二　社会主义市场经济体制的建设解放了生产力[①]

十一届三中全会恢复了党的实事求是的思想路线，把人们从"左"的

---

①　原载《瞭望》1989 年第 48 期。

束缚中解放出来。20年的改革实践表明，从市场取向的改革到建立社会主义市场经济体制的过程，在资源配置、所有制和分配制度以及政府职能等方面一系列的改革，极大地解放和发展了生产力，这是贯穿20年经济改革的一条主线。其间虽有争论，有曲折，有困惑，但因改革而解放出来的生产力早已体现在中国经济实力的不断壮大和人民实际生活水平的提高之中。

合理配置资源，调动人们的积极性，是解放和发展生产力的一个关键，也是20年来在经济理论和实践上都解决得比较好的一个问题。在计划与市场的关系上，长期以来人们把计划经济当成社会主义的一个本质特征，认为计划与商品经济、市场经济是对立的。在"左"的思想禁锢下，经济理论界虽然不少人对计划经济模式存有疑问，但并不敢公开发表。在50年代就主张把计划放在价值规律基础上的孙冶方在"文化大革命"之初就被投进秦城监狱，坐了7年牢，到1975年才放出来。1978年以后真理标准的讨论和十一届三中全会的召开，才打破这方面的禁锢。1979年4月经济学界在无锡举行了一次全国性的关于社会主义经济中价值规律作用问题的讨论会，大家讨论很热烈，但商品经济、市场经济等仍然是禁区。

这种禁区随着改革实践的不断深入和思想解放程度的提高而日益减少，人们对计划与市场关系的认识也逐渐进步。1981年十一届六中全会确认了社会主义社会存在商品生产和商品交换，1982年十二大决议提出了"计划经济为主，市场调节为辅"，1984年十二届三中全会提出"社会主义经济是在公有制基础上的有计划的商品经济"，1987年十三大提出"有计划商品经济的体制是计划与市场内在统一的体制"和"国家调控市场，市场引导企业"。但在这一过程中争论仍然是很激烈的，1989年以后的一段时间里，计划与市场的关系问题又被同社会主义基本制度的存废联系起来。

这个问题在1992年的十四届三中全会上最后得到了解决，中央明确提出建立社会主义市场经济体制，使市场在国家宏观调控下对资源配置起基础作用。这以后中国的经济发展和改革实践正是沿这个方向进行的。中央根据经济形势的变化采用不同的手段来进行宏观调控，1993年经济过热，中央政府通过治理通货膨胀成功地实现了经济的"软着陆"。最近以来经济偏冷，出现轻度通货紧缩，中央政府采取财政和货币手段加以调控，力图使经济"软启动"。在经济运行过程中，波动不可避免，有时热点，有时凉点，这是规律。经济波动大起大落，或造成高通货膨胀，或带来失业增多，过去总用计划、行政手段加以调控，屡屡造成经济大幅波动，实践证明是不利于生产力解放和发展的。

在20年来的经济体制改革中，对解放和发展生产力起推动作用的不仅仅是资源配置方式上的改革，所有制和分配制度以及政府职能转变等方面的改革同样起到巨大的作用。比如，在所有制方面，如果仅仅把计划改成市场，市场主体仍然是国有经济一统天下，中国经济不可能发展到今天的水平。十一届三中全会以来我们认真总结了以往在所有制问题上的经验教训，在坚持公有制为主体的前提下，大力发展了非国有制经济；集体、个体、私营企业、外商企业和各种混合所有制企业数量迅速增长，活跃了国民经济，发展了社会生产力。但是，所有制问题在城市改革中却仍然没有得到很好的解决，国有企业改革仍然是大问题。如何做到政企分开，真正让国有企业成为自负盈亏、自主经营、自我约束、自我积累的市场主体，到现在也没能很好地解决。一方面还存在一些政府机构对国有企业仍然管理得很死、不肯放手的现象；另一方面把权放给了国有企业，但国有资产管理体制没搞好，对经营者的监督和约束机制没有建立起来，诸如"内部人控制"、"国有资产流失"等问题比较突出，现在虽然有了稽查特派员制度，但它只能对少数大型国企起作用，大量国企仍然存在"富了和尚穷了庙"的现象。十五大对公有制问题作了更明确的表述。在实践中如何体现"坚持和完善社会主义公有制为主体、多种所有制经济共同发展"、"公有制实现形式可以而且应当多样化"，仍有待于进一步摸索。

又比如，在分配制度的改革方面，过去的平均主义大锅饭对生产积极性的束缚是显而易见的。20年来在这方面有过不少改革措施，比过去大有进步。让一部分人和一部分地区先富起来带动共同富裕的政策，大大调动了人民群众的积极性。但现在仍然存在分配制度上的不规范、不公平现象。一部分"先富起来"的人并不是靠诚实劳动、合理经营、对社会作出贡献，而是靠关系、靠权力和地位、靠邪门歪道、靠不合理不合法的手段富起来的，致使社会贫富差距扩大。分配上有差距并不等于就是不公平，如果坚持了按劳分配的原则，或者按经营本领，按有其他生产要素的贡献，或有机遇（机遇也可以是公平的），这样的致富都是允许的。问题在于很多事情不是这样，这很容易造成社会心理不平衡，对解放和发展生产力是很不利的。

（原载《财贸经济》1998 年第 12 期）

二

社会主义市场经济的
缘起回顾

关于党的十一届三中全会以来探索和确立
社会主义市场经济制度情况的回顾

一　关于十一届三中全会以后党探索
计划与市场关系问题的过程

2009 年十一届三中全会以后，我们党在探索计划与市场关系问题的过程中开始涉及社会主义市场经济制度的问题。1979 年 11 月 26 日，邓小平在会见美国不列颠百科全书出版公司编委会副主席吉布尼等外宾时，就谈到过计划与市场的关系问题。他说："我们是计划经济为主，也结合市场经济，但这是社会主义的市场经济。""市场经济不能说是资本主义的。市场经济，在封建社会时期就有了萌芽。社会主义也可以搞市场经济。"那段时间，他曾几次谈过这个问题，但这些谈话是后来才公布的，当时外界并不知道。

明确提出计划与市场的关系问题，是在 1982 年召开的党的十二大上。十二大提出，以计划经济为主、市场调节为辅。当时我们还是把计划经济作为社会主义的主要特征，但是已经开始吸收市场的调节作用了。后来，十二届三中全会又提出一个重要论断："社会主义经济是在公有制基础上的有计划的商品经济。"之前，我们只承认商品生产和商品交换，不承认商品经济。十二届三中全会提出承认社会主义有商品经济，正如邓小平所说，这是马克思主义基本原理和中国社会主义实践相结合的政治经济学，解释了什么是社会主义，我们用自己的实践回答了新情况下出现的一些新问题。这个论点提出以后，关于有计划的商品经济到底是计划为主，还是商品经济为主，经济学界持续争论了好几年。

党的十三大召开前的 1987 年 2 月 6 日，邓小平在同万里等几位中央负责人谈话时提出，不要再讲计划经济为主了。后来，十三大提出，社会主义有计划的商品经济体制应该是计划与市场内在统一的体制。十三大还提出国家调控市场、市场引导企业，指出了国家、市场、企业三者的关系，把三者的重点放在了市场上。同时还提出，在经济调节方式的配比上扩大指导性计划，缩小指令性计划。经济调控从直接调控为主转向间接调控为主。直接调控就是计划调控，间接调控就是市场调控。所以，从十二大提出计划经济为主、市场调节为辅，到十三大两者"平起平坐"，并且逐渐向市场经济、商品经济倾斜，计划与市场关系的转变这个过程是很清楚的。

1989 年以后，提法上又有一些变化。1989 年 6 月 9 日，邓小平在接见首都戒严部队军以上干部时的讲话中说："以后还是计划经济与市场经济相结合。"邓小平对市场问题的认识是很开放的，但是中央考虑到当时的国内形势，对市场问题还有些保留，后来在公开这个讲话时就改成了"计划经济与市场调节相结合"。这就基本上又回到了十二大时的提法。此后几年，我们一直都这样用。这个提法没讲计划与市场谁为主、谁为辅，但既然把计划经济作为社会主义的一个经济体制，市场调节只是作为一个调节手段，显然是以计划经济为重，重心转到了计划经济方面。

由于"计划经济与市场调节相结合"这个提法，没有讲明计划和市场到底谁为主、谁为辅，1990 年、1991 年这两年理论界对计划为主还是市场为主的问题还在继续争论。由于理论认识上不一致，对经济体制改革的目标模式就有不同的意见，有的主张计划取向，有的主张市场取向，争论非常激烈。

在中央工作方面，中央权力曾经一度下放过多，1990 年 3 月七届人大三次会议提出，中央要多收一点权，指令性计划要扩大一点，指导性计划和市场调节要小一点。实际上，当时我们的工作已经转到更多地用行政权力来管理经济，市场方面稍差了一点。到 1990 年下半年，情况又有所变化，我们在治理整顿过程中加大了改革的力度和市场调节的分量。

1990 年 12 月，江泽民在十三届七中全会上转达了邓小平的意见：不要把计划与市场的问题跟社会制度联系起来，不要认为计划是社会主义的，市场是资本主义的。杨尚昆在军委扩大会议上也传达了这个观点。到1991年七届人大四次会议讨论"八五"计划时，关于三种经济调配方式就有了明确的说法：重申要缩小指令性计划的范围，扩大指导性计划和市场调节的范围。这是一个很重要的变化。此后，理论界逐渐倾向于不再把计划和市场与社会制度联系起来，不再认为计划是社会主义的，市场是资本主义的，而更多地把计划和市场看做是不同的资源配置方式。

之后，1992年初邓小平发表南方谈话指出，计划与市场不是划分社会制度的标志，计划不等于社会主义，市场不等于资本主义，资本主义也有计划，社会主义也可以有市场。这样，党内关于计划与市场关系的争论，几经反复，逐渐有了一个比较统一的认识。

二　关于提出建立社会主义市场经济体制的情况

我参加了党的十四大报告的起草工作。邓小平发表南方谈话以后，报告起草组就经济体制改革的目标模式问题，归纳了各方面的意见。1992年6月9日，江泽民在中央党校讲话中讲到了关于经济体制改革目标模式的三种提法：一是"建立计划与市场相结合的社会主义商品经济体制"，二是"建立社会主义有计划的市场经济体制"，三是"建立社会主义的市场经济体制"。关于这三种提法，江泽民在讲话前和讲话中都已明确表示倾向于"建立社会主义市场经济"。我们同意这个提法，同时也提出：假如用"建立社会主义市场经济"的提法，"有计划"这方面可能容易被人忽略，而这方面也是很重要的。江泽民特别说明："有计划的商品经济，也就是有计划的市场经济。社会主义经济从一开始就是有计划的，这在人们的认识上一直是清楚的，不会因为提法中不出现'有计划'三个字，就产生是不是取消了计划性的疑问。"他在中央党校的讲话中也讲了这段话。我觉得江泽民讲得很对。几十年来大家确实都是这样理解的，社会主义就包括"有计划"。只用市场化来概括我们改革的方向是有问题的，我们要建立的社会主义市场经济，不是一般的市场经济，是社会主义的，社会主义还有很丰富的内容，包括江泽民讲的有计划的内容。但是，后来有些人就不这么理解了。在经济学界、理论界，甚至财经界，有些人把计划变成了一个禁区，认为是不应该谈的事情。

我始终认为，我们要坚持市场取向的改革方向，但是不要迷信市场，市场有很大的正面的作用，也有不少负面的东西；我们也不要迷信计划，计划确实毛病也很多，但还是要发挥计划的作用。

党的十四大报告正式提出：我国经济体制改革的目标，是建立社会主义市场经济体制。同时指出，国家计划是宏观调控的重要手段之一，必须加强和改善国家对经济的宏观调控。改革开放以来，经济运行机制逐步由计划经济转向市场经济，推动着我国经济生动活泼地向前发展。几年前有人估计，我国市场经济在整体上完成程度已经达到70%左右。可以说，社会主义市场经济已经初步建立。但是，市场经济在发挥激励竞争、优化资源配置等优越性的同时，其自身固有的缺陷经过30年的演变，也逐步显露出来了。特别是在总量综合平衡、资源环境保护以及社会公平分配上引发的问题，不是市场经济本身能够解决的，而是与国家宏观调控跟不上市场化的进程有一定的关系。本来，我们所要建立的社会主义市场经济，就是社会主义国家宏观调控下的市场经济。这些年来，国家对经济的宏观调控在不断前进，我们在短期经济波动的控制上，先后取得了治理通货膨胀和治理通货紧缩两方面的成功经验。但是，国家计划对短期和长期宏观经济发展的导向作用明显减弱。这影响到宏观调控的实效，造成国民经济发展许多方面的失衡。

针对国家宏观调控跟不上市场经济发展形势的状况，党的十七大提出"发挥国家发展规划、计划、产业政策在宏观调控中的导向作用"。这对在新形势下理顺市场和计划的关系，有着十分重要的意义。我国作为社会主义大国，有必要在宏观调控中利用计划手段。规划和产业政策，也是计划的不同形式。计划是宏观调控的核心。我们强调发挥国家计划的导向作用，并不是要回到传统计划经济模式，而是计划与市场这两个方面在更高层次上的新的结合。它的主要表现是：一、现在的计划只管宏观层面，微观的事情主要由市场调节。二、现在资源配置的基础性手段是市场，而计划是弥补市场缺陷和不足的必要手段。三、现在的计划主要不再是行政指令性的，而是指导性、战略性、预测性的，同时又要有必要的约束和问责的功能。

三　关于党的十五大确立社会主义基本经济制度的情况

1997 年党的十五大召开时，正处在世纪转折的重要时期，也是我国实现第二步战略目标向第三步战略目标迈进的一个关键时期。这一时期，我们要解决 21 世纪最初 10 年的两个任务：一是要建立完善的社会主义市场经济体制，一是要保持国民经济持续快速健康地发展。要建立完善的社会主义市场经济体制，首要任务就是要确立社会主义基本经济制度。

党的十五大正式提出公有制为主体、多种所有制经济共同发展的社会主义基本经济制度时，有人担心国有经济比重不断下降，会影响公有制的主体地位和国有经济的主导作用。针对这样的情况，江泽民在十五大上作了回答，提出要全面认识公有制经济的含义。公有制经济不仅包括国有经济和集体经济，还包括混合所有制经济中的国有成分和集体成分。并提出，公有制的主体地位，一是国有资产在社会总资产中占优势，二是国有经济控制国民经济命脉，对经济发展起主导作用。只要坚持公有制为主体，国家控制国民经济命脉，国有经济的控制力和竞争力得到增强，在这个前提下，即使国有经济比重减少一些，也不会影响我国的社会主义性质。江泽民的讲话打消了人们的疑虑。因为当时我们的国有经济实力还很强，战线很长，国有经济稍微收缩一点不要紧。同时，在社会主义初级阶段，我们也需要给非公有制经济发展的余地。

当时还有一个担心，就是公有制的实现形式。那时股份制和股份合作制已经开始兴起，理论界和民间担心搞股份制和股份合作制是不是搞私有化，搞到资本主义去了。十五大在关于公有制的实现形式方面着重解决了股份制和股份合作制的问题。江泽民在十五大报告中指出："股份制是现代企业的一种资本组织形式，不是社会制度的形式"，"资本主义可以用，社会主义也可以用"，"不能笼统地说股份制是公有还是私有，关键看控股权掌握在谁手中。国家和集体控股，具有明显的公有性，有利于扩大公有资本的支配范围，增强公有制的主体作用。"这个解释很好。我们多吸收一些社会资本，多吸收一些民间资本，参加到我们国有经济中来，壮大国有经济的控制力量，这很好嘛！

在起草党的十五大报告时，关于股份合作制我们讨论了很久，最后定性为劳动者的劳动联合和资本联合为主的企业组织形式，是一种集体所有制形式。当时也有人反对股份合作制，因为那时股份合作制界定不是很严格，各种解释都有。社会上一些人认为股份合作制是搞资本主义、搞私有化，那是不对的。十五大作了定性解释，我们搞的是社会主义，劳动者的劳动联合和资本联合为主的集体所有制经济，当然是可以的。因为劳动者自己也参股，是劳动者自己的，所以不存在私有化的担心。股份合作制有点像恢复到高级社的形式，高级社实际上也是劳动联合和资本联合，只是当时没有股份这个概念。股份合作制不仅是我们农村劳动者的集体所有制，乡镇企业、国有小企业也可以采用这种形式，这是非常好的一条路。我当时是主张股份合作制的，认为股份合作制起码要搞 20 年。这里必须说明，劳动者的劳动联合和资本联合与资本家的控股公司不是一回事，资本家的控股公司是雇佣劳动，让别人替他劳动，那是私有制，不是公有制。

党的十五大已经过去 10 年了。公有制比重下降，私有制比重上升，是必然现象。在社会主义初级阶段，公有制为主体、多种经济成分共同发展，原来私有制成分少，私有制加快发展速度，比重会提高，公有制经济和国有经济速度相对慢一点，比重也会降低，这是一个客观的过程，但是要有一个限度。正如江泽民所说："所谓比重减少一些，也应该有个限度、有个前提，就是不能影响公有制的主体地位和国有经济的主导作用。"股份制原本不是一个私有化的道路，只要我们控股就是公有制。但是假如把控股的比例降到一定的程度，就很危险，就等于把企业卖掉。

关于公有制的实现形式，党的十五大报告特别讲到两种实现形式，一种是股份制，一种是股份合作制，这都是很必要的。但我们恐怕不能只把公有制的实现形式限于这两个。股份制很重要，但不一定是最主要的。关于股份合作制，本来讲的是劳动者的劳动联合和资本联合，资本联合大体上平均，如果经营者持大股，那就变成卖给经营者了，股份合作制就会变质。实际上我们公有制的实现形式还很多，如社区所有制、社团集体所有制，还有基金，特别是公募基金，公募基金又包括养老金，等等。

（中央文献研究《党的文献》编辑访谈纪要，原载《党的文献》2009 年第 1 期。）

计划与市场关系变革三十年

——我在此过程中的一些经历

1. 解放思想激发对计划与市场关系问题的探索

十一届三中全会邓小平提出解放思想实事求是的思想路线，使经济理论工作者开始摆脱种种教条主义观点的束缚，如何在社会主义条件下按照客观经济规律办事，成为经济理论界探讨的焦点。其中一个有关经济全局的问题是如何认识和处理社会主义条件下计划与市场的关系。

在十一届三中全会精神鼓舞下，我和社会科学院经济研究所的赵人伟在 1978 年末 1979 年初着手研究这个问题，并把研究成果《论社会主义经济中计划与市场的关系》报送中国社会科学院，接着提交于 1979 年 4 月间由薛暮桥和孙冶方领衔在无锡召开的"商品经济与价值规律问题"讨论会。文章突破了过去关于计划与市场在社会主义经济中相互排斥不能结合的传统认识，深入论证社会主义经济中计划与市场的关系，既不是互相排斥，也不是外在的原因所产生的一种形式上的凑合，而是由社会主义经济本质所决定的内在有机结合。为了确保国民经济各部门各地区的协调发展，为了维护整个社会公共利益和正确处理各方面的物质利益关系，必须在计划经济的条件下利用市场，在利用市场机制的同时，加强国家计划的调节。

因为文章触及时下中国经济改革的核心问题，受到国内外各方面的重视，引发了广泛的讨论。时任中共中央总书记胡耀邦在阅了中国社会科学院《未定稿》发表的该文后批示："这是一篇研究新问题的文章，也是一篇标兵文章，在更多理论工作者还没有下大决心，作最大努力转到这条轨道上的时候，我们必须大力提倡这种理论研究风气。"中央党校、国家计委、社会科学院等的内部刊物，国内几家重要报刊都全文刊载。大西洋经济学会通过中国社会科学院胡乔木院长，要求我们将此文改写本送该会年会。该会执行主席 Helmont Shuster 给胡乔木电函称，此文受到年会的"热烈欢迎"，认为"学术上有重要意义"，并决定将此文同诺贝尔奖得主詹姆士·E.米德的论文一道全文发表于《大西洋经济评论》1979 年 12 月号（其他文章只发摘要）。

这篇文章在当时产生重要影响，但现在看来，它还是有时代的局限性的，就是仍然在计划经济的框架下提出计划与市场可以而且必须互相结合。这篇文章发表后，邓小平在 1979 年 11 月 26 日会见美国不列颠百科全书出版公司经编委会副主席弗兰克·吉布尼时说："社会主义为什么不可以搞市场经济，我们是以计划经济为主，也结合市场经济。"邓小平是我们党首先提出市场经济的中央领导，他这一次谈话，直到 1990 年前后才公布出来，长久不为人所知。他讲此话的时候，也还是认为"我们是以计划经济为主"。再联想到 1984 年十二届三中全会，划时代地提出"社会主义经济是有计划的商品经济"的同时，也解释说，这"有计划的商品经济"，"就总体上说"，"即我国实行的计划经济"，所以，从"以计划经济为主体"的传统理论框架，转向"社会主义市场经济"新的理论框架，还有很长的路要走。

然而，计划与市场互相排斥，不能相容的传统观念，已经破除。坚冰已经打破，开创了传统计划经济向社会主义市场经济逐步转轨的新时代。这是邓小平领导下中国共产党人在思想解放旗帜下的一个重大战果。

2. 指令性计划与指导性计划的消长缩小行政指令式的管理范围，扩大用经济办法管理经济，中国经济改革最初就是沿着这条思路摸索前进的

坚冰打破以后，人们普遍接受了社会主义经济下计划经济与市场调节可以结合，这在十一届六中全会和十二大的文件中都是讲明了的。但是如何在国民经济的管理中实现这种结合，也就是在计划经济中如何运用价值规律，是一个需要解决的问题。缩小行政指令式的管理范围，扩大用经济办法管理经济，中国经济改革最初就是沿着这条思路摸索前进的。

这涉及我国国民经济的具体管理方式问题。过去我们实行的基本上是一套行政指令的计划管理方式。虽然陈云同志早就提出三个主体三个补充

的国民经济管理模式，但是这一正确主张后来被"左"的政策思想冲得七零八落，难以实现。为了探索在社会主义经济中计划与市场结合的途径，需要研究国民经济管理方式问题。1982年9月初，我应邀为《人民日报》撰写了《坚持经济体制改革的基本方向》一文。文中提出在处理社会主义经济中计划与市场的关系时，应根据不同情况，对国民经济采取三种不同的管理形式，即对关系国民经济全局的重要产品的生产和分配实行指令性计划；对一般产品的生产和销售实行指导性计划；对品种繁多的日用百货小商品和其他农村产品实行市场调节下的自由生产和销售。并指出，随着经济调整工作的进展，随着买方市场的逐步形成，随着价格的合理化，要逐步缩小指令性计划的范围，扩大指导性计划的范围；指导性计划的实质就是运用市场调节来进行的计划调节。我还指出，在保留和完善国民经济的三种管理形式的同时，我们必须着力研究指导性计划的机制问题，这是社会主义经济的计划与市场关系中难度较大的一个问题，也是我们坚持改革方向必须解决的一个问题。

这篇文章在十二大前送《人民日报》，正好在十二大期间发表。由于十二大报告中有肯定"指令性计划在重大范围内是必要的必不可少的，是完成与国民生计有关的计划项目的保证"的阐述，同我的文章中主张指令性计划范围在今后的改革中应逐步缩小的意思有出入，因此，十二大文件起草组部分同志认为我动摇了计划经济的原则，在权威的报刊上以"本报评论员"名义发表长篇批判文章，针锋相对地提出"指令性计划是计划经济的主要的和基本的形式"，"只有对重要的产品和企业实行指令性计划，我们的经济才能成为计划经济"。

当时我并不知道胡乔木同志为我文章的事情曾在1982年9月7日写信给人民日报社领导人提醒说，发表这样的文章是不慎重的。在十二大闭幕后，我走出人民大会堂时遇到乔木同志，他对我说，"你有不同观点可以向中央提出，但在报上发表与中央不一致的观点影响不好，要作检查"。我后来在中国社会科学院党组从组织原则上作了没有和党中央保持一致的检查，但思想上并没有认为自己的观点是错误的。

中国改革在实践中不断前进。八十年代初中期的总趋势是市场调节的分量逐渐增加，而计划调节的部分，又逐步减少指令性计划的比重，加大指导性计划的比重。两年之后，1984 年十二届三中全会决定证明了我的观点是正确的。全会提出我国实行的计划经济，是在公有制基础上的有计划的商品经济，同时指出，实行计划经济不等于指令性计划为主，指令性计划和指导性计划都是计划经济的具体形式，要有步骤地适当缩小指令性计划的范围，适当扩大指导性计划的范围。当初批判我的同志也认同了这一论点。这说明认识的前进需要一个过程，差不多每一个人都是这么走过来的，一贯正确的人是没有的。过去我也是主张计划经济为主的。在十二届三中全会以前，我对社会主义经济是有计划的商品经济的提法也是有保留的。1982 年我曾提出"首先要把社会主义经济定义为计划经济，其次才能说到它的商品经济属性"，用"有商品经济属性的计划经济"这一观念来概括社会主义经济，就反映了我当时的认识水平。

3. 计划与市场：孰轻孰重

我们要实行市场取向的改革，但不能迷信市场；要坚持宏观计划调控，但不能迷信计划。

1984 年十二届三中全会到 1992 年十四大，从确认社会主义经济是有计划的商品经济，到提出建立社会主义市场经济体制，这是关于计划与市场关系认识发展的一个重要阶段。

十二届三中全会提出有计划的商品经济概念，但是，对于有计划的商品经济，究竟是计划经济为主还是商品经济为主，理论界多年长期争论，莫衷一是。有的人说，计划经济还是社会主义的主要特征，商品经济只是附属性质；有的人则说，商品经济是社会主义的主要特征，计划经济不是特征，应该从社会主义特征中抹掉。一方面偏重于计划，一方面偏重于市场。因为对有计划的商品经济的概念理解不同，在对政策的掌握上也不大一样。

1987 年 2 月 6 日，十三大之前，小平同志在同几位中央负责人谈话时提出，"不要再讲计划经济为主了"。所以党的十三大就没有再讲谁为主，而提出了"社会主义有计划的商品经济体制应该是计划与市场内在统一的体制"；还提出"国家调控市场，市场引导企业"，把国家、市场、企业三者关系的重点，放在市场方面；同时提出，要从直接调控为主转向间接调控为主。所以，计划与市场的关系，就从十二大时以计划经济为主市场调节为辅，到十三大转为计划与市场平起平坐，并且逐渐把重点向商品经济市场经济的方面倾斜。

1989 年之后，情况有所变化。鉴于当时政治经济形势，小平同志在 6 月 9 日讲话中将计划与市场关系的提法，调回到"以后还是计划经济与市场调节相结合"，即十二大时的提法。这个提法，从 1989 年后一直用到 1992 年十四大。一段时间内，我们的经济工作也转到更多地用中央行政权力来管理经济，市场调节方面稍微差了一些。

由于"计划经济与市场调节相结合"的提法，在理论上还是没有讲清楚到底计划与市场谁为主谁为辅，所以在 1990 年和 1991 年理论界还在继续争论，并对改革的目标模式有不同意见。有的主张市场取向；有的反对市场取向，说联合国统计上分类，都把中央计划经济的国家等同于社会主义国家，而把市场经济国家等同于资本主义国家。1990 年 12 月十三届七中全会透露小平说不要把计划与市场的问题跟社会制度联系起来；1991 年七届人大四次会议重新提出要缩小指令性计划、扩大指导性计划的范围，更多地发挥市场机制的作用。在这样微妙气氛下，理论界的争论也发生了变化，大家逐渐地倾向于不再把计划与市场跟社会制度联系起来，更多地看成是资源配置的不同方式。特别是小平同志 1992 年的南方谈话，清楚地指出计划与市场不是划分社会制度的标志，而是社会主义和资本主义都可以利用的手段，大多数人都逐渐统一到这一理解上来。

由多年的争论可以看出，在计划与市场关系问题上，经济理论界两种思想情结都是很深刻的。一种是计划经济情结，一种是市场经济情结。双方都不否认对立面的存在，但非常执著地强调自己这一方面的重要性，所以有"为主为辅"的长期争论。其实作为资源配置的手段，计划与市场各有其正面优点与负面缺陷。我们要在社会主义经济中实行两者的结合，其目的就是要把两者的优点长处都发挥出来，避免两者的缺陷和不足。

基于这个信念，在这一段争论的末期，我试图用折中的办法，来解决计划与市场的这一情结纠葛。1990 年 5 月我在《求是》杂志的讨论会上，1991 年 5 月在"全国计划学会"第二次代表大会发言中，1991 年 10 月在中共中央党校学术报告会上，以及其他地方，我都作了这样的努力。

针对计划与市场的两种情结，我提出了两个坚持和破除两个迷信的意见。一是我们要坚持市场取向的改革，但不能迷信市场。一是我们要坚持计划调控，但不能迷信计划。简单说来，计划的长处就是能在全社会的范围内集中必要的财力物力人力，办几件大事，还可以调节收入，保持社会公正。市场的长处就是能够通过竞争，促进技术和管理的进步，实现产需衔接。但是，计划和市场都不是万能的。有这么几件大事不能完全交给市场，而应交给价值规律去管。一是经济总量的平衡，二是大的经济结构的及时调整，三是竞争导致垄断问题，四是生态环境问题，五是社会公平问题。这些问题都得由国家的宏观计划调控来干预。但是计划工作也是人做的，人不免有局限性，有许多不易克服的矛盾，比如主观与客观的矛盾。一是由于主观认识落后于客观发展的局限性，二是由于客观信息不对称和搜集、传递、处理上的局限性，三是利益关系的局限性，即计划机构人员观察问题的立场、角度受各种利害关系的约束，等等。这些局限性都可能使宏观计划管理工作偏离客观情势和客观规律，造成失误。所以要不断提高认识水平和觉悟水平，改进我们的宏观计划管理工作，使之符合客观规律和情势的要求。

总之，我们要实行市场取向的改革，但不能迷信市场；要坚持宏观计划调控，但不能迷信计划。我在1990—1991年提出的这些概念，是符合小平同志关于计划和市场都可以用的思想的，也排除了对计划与市场的片面情结所带来的弊端，从而顺应了十四大关于建立国家宏观调控下社会主义市场经济体制决定的精神。

4. 十四大定音："社会主义市场经济"。"有计划"三字是省略而不是取消

建立社会主义市场经济新体制，要求我们更加重视和发挥市场在资源配置中的基础作用，在这个基础上把作为调节手段的计划和市场更好地结合起来。现代市场经济不仅不排斥政府干预和计划指导，而且必须借助和依靠它们来弥补市场自身的缺陷，"有计划"三字是省略而不是取消。

1992年10月中共十四大明确提出，我国经济体制改革的目标是建立社会主义市场经济体制。这是我国计划与市场关系演变过程中的一个里程碑。十四大报告起草时，我有幸参与工作。小平同志南方谈话以后，各方面经过学习，对计划与市场的关系，建立新经济体制问题，有了一些新的

提法。起草小组就经济体制改革的目标模式问题，归纳各方面意见，整理成三点。也就是 1992 年 6 月 9 日中共中央总书记在中共党校讲话中讲到的关于经济改革目标模式的三种提法：一是建立计划与市场相结合的社会主义商品经济体制；二是建立社会主义有计划的市场经济体制；三是建立社会主义市场经济体制。

关于这三种提法，总书记在中央党校讲话前，找我谈了一次。他个人比较倾向于使用"社会主义市场经济体制"的提法，问我的意见。我赞成这个提法，说这个提法简明扼要，同时也提出一个意见，如果只用"社会主义市场经济"，不提"有计划的"市场经济，"有计划"这个方面可能容易被人忽略，而"有计划"对于社会主义经济是非常重要的。总书记说："有计划的商品经济也就是有计划的市场经济。社会主义经济从一开始就是有计划的，这在人们的脑子里和认识上一直是很清楚的，不会因为提法中不出现'有计划'三个字，就发生了是不是取消了计划性的疑问。"后来他在中央党校讲话里也讲了这段话。我觉得总书记讲得很好，确实是对的。几十年来大家确实都是这样理解的，社会主义就包括"有计划"。

十四大提出建立社会主义市场经济体制，是在国家宏观调控下，让市场在资源配置中起基础性作用。国家宏观调控的手段，除了货币金融、财政税收，还包括国家计划。十四大报告明确指出"国家计划是宏观调控的重要手段之一"；并且货币政策和财政政策，也离不开国家宏观计划的指导。宏观调控本身就是广义的国家计划调控。我们要建立的社会主义市场经济，不是资本主义的市场经济，也不是一般的市场经济，而是社会主义的。社会主义有很丰富的内容，包括公有制为主体，共同富裕的内容，也包含"有计划"的内容。所以说我们的社会主义市场经济是有计划的市场经济，是完全正确的。

为了给十四大提出建立社会主义市场经济体制作理论宣传准备，中共中央几个部门于 1992 年 9 月 19 日在怀仁堂联合召开干部大会，举办系列讲座。我在讲座的开篇讲演"社会主义市场经济理论的若干问题"中，回顾了对计划与市场认识的曲折演变过程，阐明了若干焦点问题。我说，建立社会主义市场经济新体制，要求我们更加重视和发挥市场在资源配置中的基础作用，"在这个基础上把作为调节手段的计划和市场更好地结合起来。在配置资源的过程中，凡是市场能解决好的，就让市场去解决；市场管不了，或者管不好的就由政府用政策和计划来管。现代市场经济不仅不排斥政府干预和计划指导，而且必须借助和依靠它们来弥补市场自身的缺陷，这是我们在计划经济转向市场经济时不能须臾忘记的"。这也算是我在向市场经济转轨的关口，对于不要忘记"社会主义也是有计划的"一个呼应吧！

5. 十七大重申发挥国家计划在宏观调控中的导向作用

由计划经济向市场经济过渡，再到重新强调国家计划在宏观调控中的导向作用，这合乎辩证法的正—反—合的规律。这不是回到过去传统的计划经济的旧模式，而是计划与市场关系在改革新阶段更高层次上的结合。

三十年来，我国经济运行机制，由传统计划经济逐渐转向社会主义市场经济。市场调节的范围不断扩大，推动了中国经济生动蓬勃地向前发展。现在商品流通总额中，市场调节的部分已经占到90%以上。前几年有人估计，中国市场经济在整体上完成程度已经达到70%左右。所以说社会主义市场经济已经初步建立。当然，目前市场经济还有一些不到位的地方，比如资源要素市场，资本金融市场，等等，需要进一步发展到位。但是也有因为经验不成熟，犯了市场幼稚病，而发生了过度市场化的地方，如教育、医疗、住宅等领域，不该市场化的部分，都要搞市场化，发展到对市场的迷信，带来十分不良的后果，造成民众的一些痛苦。市场经济在发挥激励竞争、优化资源配置等优越性的同时，它本身所固有的缺陷，特别在总量平衡上，环境资源保护上，及社会公平分配上引发的负面效果，经过三十年的演出，已经充分地显露出来了。一方面经济发展取得了空前的成绩，另一方面社会经济出现了新的矛盾，如资源环境、分配民生等，越积越多。这与国家的宏观计划调控，跟不上市场化的进程，有很大的关系。

如前所述，本来我们要建立的市场经济，就是国家宏观调控下的市场经济。这些年国家对经济的宏观调控在不断完善前进。特别是十四大以来，我们在短期宏观调控上，先后取得了治理通胀和治理通缩的成功经验。但国家计划对短期和长期的宏观经济导向作用明显减弱。计划本身多是政策汇编性的，很少有约束性、问责性的任务。中央计划与地方计划脱节，前者控制不了后者的 GDP 情结。计划的要求与实际完成数字相差甚远。所有这些，影响到宏观经济管理的实效，造成经济社会发展中的许多失衡问题。

正是基于这种情况，党的十七大重新提出"发挥国家规划、计划、产业政策在宏观调控中的导向作用，综合运用财政、货币政策，提高宏观调控水平"。十七大明确提出这个多年没有强调的国家计划的导向性问题，我以为是极有针对性的。它再次提醒我们，社会主义市场经济应该是"有计划"的。

前面已经讲过，宏观调控的主要手段有计划手段、财政手段和货币手段。产业政策属于计划手段，规划也是一种计划。所以主要是三种手段。财政政策、货币政策要有国家计划的指导。所以国家计划与宏观调控是不可分的，可以说前者是后者的主心骨。

在市场经济初步建立之后，市场的积极方面和缺陷方面都充分展现之后，在目前"市场化改革"口号下迷信市场成风，计划大有成为禁区的氛围下，重新强调一下社会主义市场经济也要加强国家宏观计划的作用，如这次十七大重新强调国家计划在宏观调控下的导向作用，是十分必要的。这不是如同某些人歪曲的要"回到传统计划经济模式"，而是计划与市场在改革的更高层次上的结合。

鉴于十七大重新提出的这个重大问题，在许多学习十七大报告的宣传文章中没有引起足够的注意，我在去年写了《对十七大报告论述中一些经济问题的理解》一文，其中第一条就是阐发"强调国家计划在宏观调控中的导向作用的意义"。最近我又写了《试用马克思主义哲学方法总结改革开放三十年》一文，其中指出，由计划经济向市场经济过渡，再到重新强调国家计划在宏观调控中的导向作用，这合乎辩证法的正—反—合的规律。这不是回到过去传统的计划经济的旧模式，而是计划与市场关系在改革新阶段更高层次上的结合。

我这样说是有根据的。现在重新强调国家计划在宏观调控中的导向作用，不同于过去的"传统计划经济"，第一，现在的国家计划不是既管宏观又管微观，无所不包的计划，而是只管宏观，微观的事情主要由市场去管。第二，现在资源配置的基础性手段是市场，计划是弥补市场缺陷不足的必要手段。第三，现在的计划主要不再是行政指令性的，而是指导性的、战略性的、预测性的计划，同时必须有导向作用和必要的约束、问责功能。

这样的国家计划导向下的宏观调控，是中国特色社会主义市场经济所必备的内涵。所以不应把"计划性"排除在社会主义市场经济含义之外。我们要本此精神，努力改进国家计划工作与宏观调控工作，使之名副其实地起导向作用，指导社会主义市场经济的发展，实现市场和计划在更高层次上的结合。

（原载《社会科学报》2008 年 10 月 16 日）

建国六十年来中国的计划与市场

——中国特色社会主义经济运行机制的探索与创建

建国 60 年来，我国经济建设围绕计划与市场这个基本问题，进行了长期的探索。这是一个朝着既定的目标，探寻在中国这块土地上建设社会主义的实现途径、模式和体制的过程，这种探索是在特定社会历史条件下进行的，是客观条件、客观要求和主观认识共同作用的结果。

一　从新民主主义经济到社会主义计划经济

旧中国是一个经济极端落后的半殖民地半封建社会，经济命脉和主要生产资料掌握在外国资本、封建地主和官僚资本手中，整个经济是各种形式的私有制基础上的商品—市场经济，以及农村中广泛存在的自然经济。新民主主义革命胜利后，通过没收国民党政府系统的官僚资本企业变为新的国有企业；通过废除西方国家在华的一切特权，对西方国家遗留在大陆的外资企业分别采取管制、征购、征用、代管等措施，逐步加以接收而变为国有企业，两者形成国营经济。另外还有合作社经济、私人资本主义经济、个体经济、国家资本主义经济，构成五种经济成分。国营经济是新民主主义国家所经营的、以全民所有制为基础的社会主义性质的经济，代表着新民主主义经济的发展方向；合作社经济是以劳动者个人所有为基础的人民群众的集体经济，是半社会主义性质的经济；私人资本主义经济是以资本家私人所有为基础、以追求利润为目的的私营经济，它具有两重性，我们党对它采取利用和限制的政策；个体经济是指分散的个体农业和个体手工业经济，占国民经济总量的 80% 以上；国家资本主义经济是一种国家经济同私人资本合作的、具有社会主义因素的经济成分，其发展前途是转向社会主义国营经济。

新民主主义经济是适应我们这个经济落后国家为社会主义革命奠定生产社会化基础的需要而必经的发展阶段。在这个阶段必须利用个体经济和私人资本主义经济的积极作用，还需要发挥商品—市场经济的调节作用。国家计委 1952 年成立时，面对多种经济成分并存的新民主主义经济体制，实施了多种形式的计划管理制度，但由于存在五种经济成分，整体上仍然属于市场经济，但这时的市场经济已经具有新的特征，形成了有计划调节的市场经济体制。在社会主义性质的国营经济领导下，多种经济成分协调发展；资源配置的基础环节是国家调控下的市场体系，并与多种计划管理方式相结合，实施"公私兼顾、劳资两利、城乡互助、内外交流"经济政策，以兼顾各方面的利益，发挥广大农民发展个体经济与互助合作两种积极性，使私营经济获得正常利润，能够继续进行生产和扩大再生产。这些构成了建国初期新民主主义经济体制的基本特点。由于理论准备比较充分，通过这种符合国情的社会经济体制，党和政府领导全国人民团结奋斗，在极其困难的经济环境下，赢得了财政平衡、市场稳定、生产恢复，出现了新中国建立初期经济发展、社会昌明的历史盛况。

1952 年下半年，由于国民经济恢复任务基本完成，全国即将转入大规模经济建设，中共中央在讨论如何编制第一个五年计划时，中国的经济建设究竟应采取什么样的模式，就成为迫切需要明确的问题。经过 1952 年 7 月到 1953 年底一年半的经济建设实践和理论探索，在当时的国际环境和历史背景下，苏联道路和苏联模式成为必然的选择；迅速实现以重工业为中心的工业化这个国民经济恢复后中国经济面临的紧迫任务，是促使我国加快进行社会主义改造、实行国家主导的计划经济体制的现实动因；统购统销和加快农业合作化步伐就成为工业化的制度保障。这几个方面的契合，使我们党选择了以"一化三改"为内容的过渡时期总路线和以"一五"计划为标志的社会主义工业化模式。

我国在由新民主主义的市场经济向社会主义计划经济过渡、进行生产资料所有制的社会主义改造、开始建立社会主义经济制度时，并没有重复苏联最初几年走过的弯路，没有消灭商品货币关系。当时，我们党对我国社会主义所有制结构、经济运行调节机制、市场等问题作了许多有益探索。毛泽东较早觉察到苏联经济模式的某些过分集中的弊端，1956 年他在《论十大关系》一文中提出了适合于中国情况的社会主义建设的主张。陈云在党的八大会议上的讲话中提出了："我们的社会主义经济的情况将是这样：在工商业经营方面，国家经营和集体经营是工商业的主体，但是附有一定数量的个体经营。这种个体经营是国家经营和集体经营的补充。至于生产计划方面，全国工农业产品的主要部分是按照计划生产的，但是同时有一部分产品是按照市场变化而在国家计划许可范围内自由生产的。计划生产是工农业生产的主体，按照市场变化而在国家计划许可范围内的自由生产是计划生产的补充。因此，我国的市场，绝不会是资本主义的自由市场，而是社会主义的统一市场。"① 陈云的讲话受到了毛泽东的赞赏，会议采纳了这些成果，作出了相应的决策，反映在经大会批准的周恩来所作的关于第二个五年计划的报告中。

在过渡时期总路线指引下进行的社会主义改造，改变了原来估计的新民主主义制度发展 15 年或者更长一点的时间再向社会主义转变的设想，提前实现了从带有一定程度的计划调节的市场经济向社会主义计划经济的过渡。总的来看，这是符合我国社会发展的基本历史趋势的，而且从当时的现实来看，也有其客观的要求，是多种因素综合作用的结果。但从反思的角度来看，这种社会经济制度和经济体制的历史性大转变，特别是后来逐步发展为高度集中的以单一公有制和行政命令为特征的计划经济体制，还是显示出我们对社会主义建设问题的理论准备不足，造成了行动上的偏急，形式上的简单，出现了脱离生产力发展实际状况、过急过猛的问题。应该承认，"什么是社会主义，怎样建设社会主义"（包括如何认识和处理计划和市场的关系）这个问题，对于经济落后国家的无产阶级政党来讲，不是短时间可以解决的，因而在这场大变革中的初期出现偏差和失误是难以避免的，当然也有其需要认真总结和反思的地方。

---

① 《陈云文选》第 3 卷，人民出版社 1995 年版，第 13 页。

二　社会主义计划经济的确立、功绩与局限性

1956 年，我国实现了由新民主主义经济时期的国家计划调控的市场经济到完全的计划经济体制的转变，进入社会主义计划经济的发展时期。这是中国社会发展的一个重大的变化。1955 年秋，毛泽东在《中国农村的社会主义高潮》的按语中写道："人类的发展有了几十万年，在中国这个地方，直到现在方才取得了按照计划发展自己的经济和文化的条件。自从取得了这个条件，我国的面目就将一年一年地起变化。"[①]

社会主义改造基本完成以后，我国转入全面的大规模的社会主义建设。在开始全面建设社会主义的十年中，社会主义公有制及以此为基础的计划经济体制，发挥了全面统筹安排、集中力量办大事的优越性。在当时国力较弱的情况下，我们能够最大限度地集中全国的资源，迅速地形成了工业化的初步基础，在旧中国遗留下来的"一穷二白"的基础上，建立了独立的比较完整的工业体系和国民经济体系。直到"文化大革命"前夕的十年中，我们虽然遭到过严重挫折，但仍然取得了很大的成就。

在这一时期，由于对社会主义建设经验不足，对经济发展规律和中国经济基本情况认识不足，更由于中央和地方不少领导同志在胜利面前滋长了骄傲自满情绪，急于求成，夸大了主观意志和主观努力的作用，忽视了客观的经济规律，并使得以高指标、瞎指挥、浮夸风和"共产风"为主要标志的"左"倾错误严重地泛滥开来。在这种"左"倾错误思想指导下，有人鼓吹什么立即取消商品，取消货币，可以不顾价值规律的作用。其结果是，广大农民的积极性受到了极大的挫伤，农村生产力遭到了极大的破坏，国家和人民遭到重大损失。

党中央和毛泽东对"大跃进"和人民公社化运动中的"左"倾错误有所察觉，曾连续召开重要会议，努力纠正这一错误。毛泽东针对主张废除商品和货币等错误观点指出，在社会主义时期废除商品是违背经济规律的，我们不能避开一切还有积极意义的诸如商品、价值法则等经济范畴，

---

① 《建国以来毛泽东文稿》第 5 册，中央文献出版社 1991 年版，第 503 页。

而必须使用它们来为社会主义服务。中国是商品生产很不发达的国家，商品生产不是要消灭，而是要大大发展。他特别强调指出，为了团结几亿农民，必须发展商品交换；废除商业和对农产品实行调拨，就是剥夺农民。他还进一步指出，价值法则是客观存在的经济法则，我们对于社会产品，只能实行等价交换，不能实行无偿占有。

1960年冬，开始对国民经济实行"调整、巩固、充实、提高"的方针，制定和执行了一系列正确的政策和果断的措施，市场和自由贸易的作用一度得以发挥。适应市场松动和改进计划工作的要求，国家计委一度重新提出计划管理的多元性，主要包括：指令性的、指导性的和参考性的计划相结合；对集体所有制和全民所有制企业的计划要有所区别，对全民所有制的企业实行直接计划，对集体所有制的农村和手工业实行间接计划；国家对农村人民公社只下达农产品的收购计划，对粮食、棉花、油料等主要农业生产指标提出参考性意见，手工业的供产销计划，中央只管少数同国计民生有关的重要产品，其他产品均归地方管理。对于手工业生产单位生产的小商品和农村人民公社、农民个人生产的土副产品，应当在商业部门的统一领导下，运用价值法则，通过供销合同和集市贸易来促进生产、活跃流通满足生产和消费的需要。由于这种经济运行思路和方针、政策的调整，经济建设逐步地重新出现欣欣向荣的景象。1964年底到1965年初召开的第三届全国人民代表大会宣布：调整国民经济的任务已经基本完成，整个国民经济将进入一个新的发展时期，要努力把我国逐步建设成为一个具有现代农业、现代工业、现代国防和现代科学技术的社会主义强国。但是其后不久，尤其是后来在"文化大革命"期间，随着"左"倾思潮和"左"倾政策的发展，我国的经济体制趋于僵化，计划实施形式更加单一化了，人们把计划经济当做社会主义制度的本质特征，而把市场经济视为资本主义的专属特征。在对社会主义与商品经济的关系问题、计划与市场关系问题的认识上，都出现了"左"的偏差。

由于1957年以后党在指导思想上的"左"倾错误的影响，把搞活企业和发展社会主义商品经济的种种正确措施当成"资本主义"，所以使经济体制上过度集中统一的问题在一定历史时期内不仅长期得不到解决，而且发展得越来越突出。应该承认，进行以公有制为基础的计划经济这种经济体制的历史性变革，其意义是巨大和深远的，它奠定了我国社会发展方向的制度基础。但也应该看到，在社会主义经济建设的早期，难以避免地出现了偏颇，一方面是在速度上过急、过早；另一方面是在所有制结构上追求单一的公有化，忽视了其他经济成分存在和发展的合理性；在经济运行机制上追求完全的计划化，排斥了商品经济的发展和市场调节的作用。由此，经济建设的指导思想和指导方针发生了严重失误。

应该看到，进行社会主义现代化建设，要处理好计划与市场的关系，建立起一个合理有效的经济运行体制，做到这一点，没有一个在实践中不断提高认识、积累经验的过程是不可能的。毛泽东在 1962 年曾讲过："对于建设社会主义的规律的认识，必须有一个过程。必须从实践出发，从没有经验到有经验，从有较少的经验，到有较多的经验，从建设社会主义这个未被认识的必然王国，到逐步地克服盲目性、认识客观规律、从而获得自由，在认识上出现一个飞跃，到达自由王国。"① 历史的发展要求依据实践经验和教训，对计划与市场这个问题进行新的理论和实践探索。

三 由社会主义计划经济向社会主义市场经济过渡

中共十一届三中全会确立改革开放方针以来，我国开始了历史性的体制改革，总的方向是由社会主义计划经济向社会主义市场经济过渡。这在一定意义上讲，就是对新中国成立前 30 年已经开始的探寻符合中国国情的社会主义经济体制的实践经验和教训的总结。这个新的探索过程开始时，不少人把经济改革理解为经济管理方法的改善，但很快就认识到改革的根本问题是经济体制和机制的问题，从而把对改革内涵的认识提高到一个新的层次。人们已经认识到，改革集中在如何认识和处理计划与市场的关系问题上。这是在新的历史起点上，自觉地进一步解决计划和市场的关系问题。

新的历史性改革是对计划经济体制的扬弃，一方面是对已经建立的经济制度和经济体制的坚持和完善，另一方面是对这一体制中存在的偏颇、

① 《毛泽东文集》第 8 卷，人民出版社 1999 年版，第 300 页。

出现的失误的校正。邓小平明确指出了这个问题的重要性和难度，他说："计划与市场的关系问题如何解决？解决得好，对经济的发展就很有利，解决不好，就会糟。"① 如何认识和处理社会主义条件下计划与市场的关系，就成为经济体制改革中的一个关系全局的问题。对这个问题的探索和认识，又经历了一个逐步深入的过程。

1981 年，中共十一届六中全会通过的《关于建国以来党的若干历史问题的决议》中，确认了社会主义社会存在着商品生产和商品交换，但没有提"商品经济"。那时还是认为商品经济作为整体来说，只能存在于私有制为基础的资本主义社会。1982 年中共十二大明确地提出了"计划经济为主、市场调节为辅"的原则，前进到这一步，"商品经济"的概念依然难以提出来。邓小平 1979 年 11 月会见美国人时讲过"社会主义可以有市场经济"，但当时大家并不知道，所以"商品经济"、"市场经济"的概念在那一段时间还一直是一个禁区。直到 1984 年中共十二届三中全会通过的《中共中央关于经济体制改革的决定》，才第一次提出"社会主义是公有制基础上的有计划的商品经济"。这是社会主义经济理论的一个重大突破。

在中共十二届三中全会的新论断提出来后，人们对于"有计划的商品经济"，究竟是"有计划"的一面为主，还是"商品经济"一面为主，众说纷纭。到 1987 年中共十三大之前，邓小平在同几位中央负责人谈话时提出"不要再讲计划经济为主了"，所以中共十三大就没有再讲谁为主，而是提出了"社会主义有计划的商品经济体制应该是计划与市场内在统一的体制"，还提出"国家调控市场，市场引导企业"的机制模式。这样，计划与市场的关系，就从中共十二大时以计划经济为主、市场调节为辅，到中共十三大转为计划与市场平起平坐，并且逐渐把重点向商品经济、市场经济的方面倾斜。初步实践表明，这种机制的确搞活了经济，但由于计划控制强度不够，再加上间接调控机制并未真正建立起来和多年经济发展过热等原因，也引起了基建规模过大、物价上涨、通货膨胀等宏观失控现象。

---

① 《邓小平文选》第三卷，人民出版社 1993 年版，第 17 页。

　　1989 年春夏之交的政治风波之后，情况有所变化。鉴于当时政治经济形势，邓小平在 6 月 9 日讲话中将计划与市场关系的提法，调回到"以后还是计划经济与市场调节相结合"，即中共十二大时的提法。这个提法，从 1989 年春夏之交的政治风波后一直用到 1992 年中共十四大。一段时期，我们的经济工作也转到更多地用中央行政权力来管理经济，市场调节方面稍微差了一些。

　　1992 年 10 月中共十四大明确提出，我国经济体制改革的目标是建立社会主义市场经济体制。这是我国计划与市场关系演变过程中的一个里程碑。这一年年初，邓小平提出："计划多一点还是市场多一点，不是社会主义与资本主义的本质区别"，同时指出，计划与市场不是划分社会制度的标志，而是社会主义和资本主义都可以利用的配置资源的手段。[①] 计划与市场各有其优点与缺陷。市场的长处就是能够通过竞争，促进技术和管理的进步，实现产需衔接。但是，市场也不是万能的。有几件大事不能完全交给市场、交给价值规律去管：一是经济总量的平衡；二是大的经济结构的及时调整；三是竞争导致垄断问题；四是生态环境问题；五是社会公平问题。这些问题都需要国家的宏观计划调控来干预。计划的长处就是集中力量办大事，对经济发展方向及时作出重大调整，还可以调节社会分配，保持社会公正。但计划工作也是人做的，人不免有局限性，有许多不易克服的矛盾，比如主观与客观的矛盾、利益关系的矛盾，等等，计划也就不会十全十美了。对此，一方面要改进计划工作，另一方面就是运用市场手段来校正计划的不足。对于市场与计划，实践中正确的做法应当是：扬长避短，趋利避害，充分发挥它们各自的优势，避免两者的缺陷和不足，使之互相补充。相反，错误的做法就是只迷信其中一方，让两者互相排斥。

　　中共十四大正式提出建立社会主义市场经济体制，没有提"有计划"三个字。但是，中共十四大前夕，1992 年 6 月 9 日中共中央总书记江泽民在中央党校讲话中，关于经济改革目标模式讲过三种提法：一是建立计划与市场相结合的社会主义商品经济体制；二是建立社会主义有计划的市场

---

　　① 《邓小平文选》第三卷，人民出版社 1993 年版，第 373 页。

经济体制；三是建立社会主义市场经济体制。他个人比较倾向于使用"社会主义市场经济体制"的提法，同时说："有计划的商品经济，也就是有计划的市场经济。社会主义经济从一开始就是有计划的，这在人们的脑子里和认识上一直是清楚的，不会因为提法中不出现'有计划'三个字，就发生是不是取消了计划性的疑问。"① 我觉得江泽民讲得很好，讲的确实是对的，"社会主义市场经济"没有提"有计划"，但"有计划"三字是省略而不是取消，社会主义就包括"有计划"。

从中共十四大起，我国经济体制改革的目标确定为社会主义市场经济，这样，建立社会主义市场经济体制在我国就成为自觉、主动的历史进程。按照中共十四大的部署，中共十四届三中全会通过了《中共中央关于建立社会主义市场经济体制若干问题的决定》（以下简称《决定》）。《决定》从中国的基本国情出发，把中共十四大决定的经济体制改革的目标和基本原则系统化、具体化，对社会主义市场经济体制若干重大原则、方针和内容做了说明。《决定》从社会主义市场经济体系的微观基础到宏观管理，从城市改革到农村发展，从经济运行机制到科技教育体制，从经济手段运用到法律制度建设，从生产、分配到流通、消费等各个环节和领域，规划了20世纪90年代的改革任务，构筑了社会主义市场经济体制基本框架。

四　社会主义市场经济体制的发展与完善

改革开放30年来，我们取得了理论的创新性发展和巨大的实践效益。社会主义市场经济体制初步建立，推动了中国经济的蓬勃发展，取得了举世瞩目的伟大成就。

从制度变迁的角度看，改革开放30年来，我们已经走过了经济体制改革的突破期和扩展期，商品经济的要素已经充分发育，市场经济的各种活动主体已经比较成熟，市场运行机制也已经充分发挥作用。但是，30年迅猛变革、急促形成的社会主义市场经济体制的基本框架，可以说是粗放

① 《江泽民文选》第1卷，人民出版社2006年版，第202页。

型的，存在着多方面需要完善的问题，也就是说，面临着从"粗放型制度构建期"转入"集约型制度建设期"的多项任务。

我体会，正是基于我国经济社会发展的这个阶段性特征，中共十六大把"完善社会主义市场经济体制"确立为"本世纪头二十年经济建设和改革的主要任务"之一。中共十七大认真总结了改革开放近30年来的伟大历史进程和中共十六大以来的工作，明确提出了全面建设小康社会奋斗目标的新要求。强调指出，实现未来经济发展目标，关键要在转变经济发展方式、完善社会主义市场经济体制方面取得重大进展，并突出强调加快完善社会主义市场经济体制。

我认为，在60年实践的基础上，更科学准确地认识社会主义市场经济体制中的计划性功能和特征问题，应该是完善社会主义市场经济体制的一个重要方面。从客观情况来看，市场经济初步建立之后，市场的积极方面和消极方面也随之充分展现出来。市场经济在发挥激励竞争、优化资源配置等优越性的同时，它本身固有的缺陷也日渐突出。特别是在经济总量综合平衡、环境资源保护以及社会公正方面引发的问题，不是市场能够自行解决的。从对市场机制和市场经济的认识来看，现在人们对市场经济和市场机制的历史作用有了比较充分的认识，对市场经济与现代化的关系也有了深刻的把握，但是，也出现了盲目崇拜市场机制和市场经济的市场原教旨主义观点。有不少人犯了市场幼稚病，甚至发展到对市场迷信的程度，认为似乎市场可以解决一切问题，现在出现的问题都是由于市场化改革没有搞彻底；有人公开提出中国要照搬"欧美式自由市场"的模式；有人彻底否定"计划"的作用，"计划"成了"保守"、"左"的代名词；有人把市场的本质说成是天然地要求纯粹"自由化"，同计划手段绝对对立起来，说"无形的手才是市场经济的无冕之王、长青之树"，"无形的手"为"主导"，有形的手必须"退出"[1]。在这些错误思潮的影响下，许多领域发生了过度市场化的倾向，像教育、医疗、住宅等领域，本来不该市场化的部分，也都市场化了。西方资本主义国家，有几个敢在这些领域实行完全市场化的呢？这些领域的过度市场化，对人民群众的生活造成了不良

---

[1]　张健：《社会主义市场经济是最佳选择》，《经济参考报》2009年6月24日。

的影响。

中共十四大以来，我们在短期宏观调控上，先后取得了治理通胀和治理通缩的成功经验。但是国家计划的宏观经济导向作用有日渐减弱的趋势。计划本身多是政策汇编性的，很少有约束性、问责性的任务；中央计划与地方计划脱节，前者控制不了后者的盲目扩张；计划的要求与实际执行相差甚远。总之，国家计划失之软弱，甚至变成可有可无的东西。放弃GDP情结、扩大内需、产业升级、自主创新，喊了好多年，但是收效不大，这与国家计划的约束性与问责性不强而导致的国家宏观调控能力减弱有关。

中共十七大重新提出"发挥国家发展规划、计划、产业政策在宏观调控中的导向作用，综合运用财政、货币政策，提高宏观调控水平"①。中共十七大明确提出这个多年没有强调的国家计划的导向性问题，我认为是极有针对性的。它再次提醒我们，社会主义市场经济应该是"有计划"的。国家计划导向下的宏观调控，是中国特色社会主义市场经济所必备的内涵，社会主义市场经济应该实现自觉的科学的宏观计划调控与价值规律和市场机制的"自发"调节的结合。中共十七大突出强调加快完善社会主义市场经济体制，涉及的方面很多，我认为，正确认识社会主义市场经济中的"计划性"问题，应该是一个关系到社会主义市场经济的运行机制总体特征的问题。现在是到了在继续坚持让市场作为资源配置的基础的同时，加强宏观计划调控的作用、强调国家计划在宏观调控中的主导作用的时候了。

对于"计划"在社会主义市场经济运行体制中的地位，我们要有充分的认识。大家知道，宏观调控有这么几种主要手段：财政政策、货币政策和计划手段。只有少数市场经济国家设有计划机构并编有预测性计划，一般不用计划手段。但我国作为社会主义大国，有必要在宏观调控中利用计划手段。产业政策也属于计划手段，规划也是一种计划。所以，主要就是上述三种手段。中共十四大报告明确指出，"国家计划是宏观调控的重要

---

① 《改革开放三十年重要文献选编》（下），中央文献出版社 2008 年版，第 1726 页。

手段之一"。① 在财政、货币、计划三者关系中，计划应是财政货币政策的指针，财政、货币政策要有计划的指导。国家计划与宏观调控不可分，计划是宏观调控的主心骨。国家计划有年度计划，还编制五年、十年的中长期发展规划。年度计划包含经济增长速度、投资总额、财政预算、信贷总额、外汇收支、失业率、物价上涨率和人口增长率等指标，每年都由国务院提出、经全国人民代表大会批准，应当是有法律和行政效力的。这些中长期规划和年度计划，都应该在宏观调控中起导向作用，具有约束力。关键之处还应问责和追究法律责任，这样的国家计划才能对宏观调控起到导向作用。

中共十七大重新强调国家计划在宏观调控中的导向作用，并不是如某些人所歪曲的那样，"要回到传统计划经济模式"。因为：第一，现在的国家计划不是既管宏观又管微观、无所不包的计划，而是只管宏观，微观的事情主要由市场去管；第二，现在资源配置的基础性手段是市场，计划是弥补市场缺陷的必要手段；第三，现在的计划主要不再是行政指令性的，而是指导性的、战略性的、预测性的计划，同时必须有导向作用和必要的约束、问责功能。由计划经济向市场经济过渡，再到重新强调国家计划在宏观调控中的导向作用，这合乎辩证法的正—反—合规律。这不是回到过去传统的计划经济的旧模式，而是计划与市场关系在改革新阶段更高层次上的综合。实现市场和计划在更高层次上的综合，就是在计划与市场之间建立和谐关系。计划与市场之间的和谐，是社会主义和谐社会应有的内容。

回顾新中国 60 年的历程，我深刻感觉到，中国特色社会主义经济的发展是符合历史发展基本趋势的，是一个螺旋式上升过程。60 年的经济建设进程，如果说改革开放之前是"正"，改革开放之后的一段时期就是"反"，这是一个否定。60 年来，一"正"一"反"，才形成现在的局面，也积累了不少新矛盾。现在也到了否定之否定的"合"的阶段，要对一些新矛盾进行一些新的"反"与"正"，从而在更高层次上转向新的综合。这样的综合，绝不是倒退，而是在更高层次上的综合，由此推动事物向更

---

① 《中国共产党第十四次全国代表大会文件汇编》，人民出版社 1992 年版，第 23 页。

高阶段发展。能不能坚持正确的发展观，把这个更高层次的综合做好，到了非常关键的时候。综合得好，就能全面保持和凸显社会主义市场经济的内涵和特征，中国的未来将更加辉煌。

（本文写作过程中得到马克思主义研究院毛立言研究员大力协助，谨此致谢。中央文献研究室编入《新中国 60 年研究文集》时用题为《建国六十年来中国的计划与市场》，《当代中国史研究》2009 年第 5 期刊登时用本文副标题，原载《当代中国史研究》2009 年第 5 期。）

三

社会主义市场经济是"社会主义"与"市场经济"的有机统一

实现市场经济与社会主义的有机统一

——中国发展道路的应有之义

今天在这里非常荣幸地接受"21世纪世界政治经济学杰出成果奖"，对此我深表感谢。

我今年已经87周岁高龄了，经历了新中国社会主义建设事业的曲折过程，参与了改革开放30多年来许多重大经济理论探讨，和一些决定改革开放前途命运的重大决策、中央文件和中长期规划的起草工作。我在这篇获奖论文《试用马克思主义哲学方法总结改革开放三十年》中，以一个亲历者的身份运用马克思主义的基本观点、方法对中国改革开放30年作了全方位的思考，力求在总结实践经验中创新。我尝试从十一个方面将改革开放经验得失方方面面的问题涵盖进来，力求全面客观、言简意赅、说理透彻。

我在该文中提出，改革开放各项政策经历了一个否定之否定的正—反—合过程，只有不断地对一些新矛盾进行新的反正，才能在更高层次上转向新的综合。辩证地看待改革开放30年，我们既要充分肯定30年取得的伟大成就，也要正视存在的问题和潜在风险，包括生产力与生产关系之间的矛盾、经济基础与上层建筑之间的矛盾、生产力内部的矛盾、生产关系内部的矛盾，以及社会意识形态与社会存在的关系等等。概括起来，就是要实现市场经济和社会主义的有机统一。关于社会主义市场经济体制，一方面是"社会主义"，着眼于强调生产关系，另一方面是"市场经济"，着眼于发展生产力，二者有机统一，不可偏废。改革的成败要看社会主义生产关系最终是巩固了没有，所谓改革的失败，不是指生产力的失败，而是指社会主义生产关系丧失了，两极分化，产生了什么新的资产阶级，小平同志说这是改革的失败。不是什么都讲姓"社"姓"资",如生产力就不能讲姓"社"姓"资",生产关系中一些共性的东西,也不必去问什么姓"社"姓"资"。但是,生产关系中非共性的东西,就不能不讲姓"社"姓"资",一定要具体分析,辨明是非。

我在该文中依照"否定之否定"规律和历史唯物论推进"改革在更高层次上综合",从新形势出发,针对深化改革提出一系列基于马克思主义经济学的见解:

比如,计划与市场有机结合论。我始终坚持两点论而不是偏执于其中的一点,根据具体实际辩证地摆正二者关系。在改革开放初期,有些人将市场视作洪水猛兽,我是比较早地倡导市场取向改革的;而当市场经济体制基本建立,面对市场体系中出现的这样那样的问题,我则更加关注市场缺陷,坚持合理而有效的政府干预。我始终坚持计划与市场的结合论,认为尽管不同阶段侧重点不同,但目标都是指向让看得见的手和看不见的手相得益彰,各自发挥应有作用。单纯靠计划或者市场调节都是不完善的。市场作为资源配置的基础性方式,是历史的必然,但市场经济也有许多缺陷,不能迷信市场。在坚持市场取向改革的同时,政府必须实施合理而有效的宏观调控。社会主义市场经济是一个完整的概念,在继续坚持市场取向改革的同时,需要加强宏观计划调控的作用,强调国家计划在宏观调控中的指导作用。强调社会主义市场经济下也要加强国家计划在宏观调控中的作用,而且是十分必要的,不能把"计划性"排除在社会主义市场经济含义之外。

比如,公平与效率并重论。改革过程中围绕计划与市场争论而展开的另一条主线,就是如何协调公平和效率关系。在改革开放初期,在重公平、轻效率的大背景之下,我赞成效率优先的提法,以此改变吃"大锅饭"和平均主义的利益格局;而当改革进行了30年之后,当效率问题不如公平问题突出、公平问题愈益表现出影响效率和稳定的新形势下,我则极力呼吁效率与公平兼顾并重,更加重视社会公平。认为完全让看不见的手来调节,不能保证社会公正和协调发展。要防止因两极分化而导致改革失败。不强调社会主义,忽视共同富裕的根本方向,那么,在中国这样一个法治不完善的环境下建设市场经济,必然会是人们所称谓的权贵市场经济。

比如，所有制和分配关系统一论。在调整收入分配差距关系、缩小贫富差距时，从分配关系入手，特别是从财政税收、转移支付等再分配领域入手，完善社会保障，改善低收入者的民生状况，这些措施都是完全必要的，但是，光从分配和再分配领域着手是远远不够的，不能从根本上扭转贫富差距扩大的问题。还需要从所有制结构，从财产制度上直面这一问题，延缓"公"降"私"升速度和程度，阻止化公为私的所有制结构转换过程，从根本上阻止贫富差距扩大、向两极分化推进的趋势。

比如，解放思想与改革开放的辩证关系论。要看到有两种不同的思想解放观，一种是以马克思主义、科学社会主义为指导的思想解放，这是促进我们的改革开放向社会主义自我完善的方向前进的；另一种是以新自由主义、民主社会主义为指导的思想解放。不能天真地认为凡是思想解放都能正确引导推动我们的改革开放，要警惕有人想利用思想解放来误导改革开放。

辩证地看待改革、反思改革的得失，及时地总结改革的经验教训并不等于反改革，相反，只有这样才能始终把握正确的改革方向，及时地消除隐患。消除隐患最好的、最聪明的办法就是防微杜渐、防患于未然，而不是掩盖错误或粉饰失误。30年之后回过头来看，改革开放各项政策经历了一个否定之否定的正—反—合过程，现在到了对一些新的矛盾进行新的反正的时候了，正是着手解决现实的问题和矛盾，才能使得改革开放和社会主义建设事业在更高层次上达到新的综合。具体来说，关于经济运行机制，要继续坚持市场改革，同时要重新强调国家宏观计划调控的作用；关于所有制结构，要坚持多种所有制共同发展，同时要重新强调"公有制为主体"，在此前提下毫不动摇地发展公私两种经济；关于分配关系，要从"让一部分人先富起来"转向"更加重视社会公平"。这可以说是中国经验、"北京共识"的应有之义。中国的成功已经表明了这种独特的经验、模式和道路之存在。

应该看到，改革开放的很长一段时期，有的同志只注意到了政治上的资产阶级自由化，没有从经济上解决资产阶级自由化，那时还没有发展到这一步。私有化的观点、完全市场化的观点、政府守夜人的观点，都是经济领域里资产阶级自由化的表现。防止经济领域资产阶级自由化，就是防止经济领域变质，经济领域如果变质，政治领域会跟着变质。这是经济基础决定上层建筑和社会存在决定社会意识的作用。那种认为经济领域没有意识形态问题，是政治上的幼稚。坚持正确的改革方向，当前最紧要的是要与新自由主义划清界限。新自由主义不是两点论，而是执其一端，即主张一切要由"纯粹的"、"看不见的手"来指挥，反对政府对市场的干预与管制。新自由主义的核心理论体系和价值观念是"三化"，即市场化、私有化、自由化，与之相对应，要达到"三个否定"的目的，即否定公有制，否定社会主义，否定国家干预。这种观念也被称为"市场原教旨主义"。其实践的结果又如何呢？它必然是导向权贵资本主义方向的"改革"，贫富分化将会达到不堪忍受、难以收拾的地步。因此，新自由主义不是什么社会的福音，而是干扰改革的杂音，必须从改革的起步阶段就应努力加以抵制和反对。

新自由主义在国际战略政策方面推行市场的非调控化，国有企业的私有化，贸易和资本的无限制开放、自由化等。新自由主义主张以超级大国为主导的全球经济、政治、文化一体化，即全球资本主义化，因而成为损害发展中国家和社会主义国家利益的理论工具和舆论工具。事实表明，新自由主义也没有给发展中国家带来福音。早在上世纪 90 年代就有拉美国家的教训，许多国家搞自由化、私有化、放松国际金融管制最终都出了大问题，现在觉悟了，毅然决然地抛弃了"欧美自由市场经济模式"而向左转。俄罗斯过去听信新自由主义搞"休克疗法"，结果一蹶不振，现在也跌醒了。诚如美国纽约大学教授塔布（William K. Tabb）所指出的，"新自由主义就其所许诺的目标而言，已经失败了。它没有带来快速的经济增长，没有消除贫困，也没有使经济稳定。事实上，在新自由主义霸权盛行的这些年代里，经济增长放慢，贫困增加，经济和金融危机成为流行病。"

这次由美国次贷危机引发的全球性金融危机就是自由放任政策给世界带来的恶果。西方大资本、金融资本、虚拟资本都需要自由放任的体制，美国等强国利用手中极其雄厚的资本对发展中国家的经济自由出入也需要这种"便利"，自上世纪 70—80 年代以来，撒切尔夫人、里根陆续上台，开辟了长达近 30 年的主流经济学地位。这次大的金融危机，再次宣告了新自由主义的破产，不得不更多地乞灵于凯恩斯主义国家干预之类的手段，不得不借助于类似于社会主义国家的计划手段。当然，这并不意味着新自由主义的终结。一旦经济形势变暖，它还会死灰复燃——只要大的垄断资本集团存在，特别是大金融资本的存在，它们还会大肆鼓吹和利用新自由主义蛊惑人心。

在这次世界经济大动荡中，中国政府为稳定经济采取了诸多重大措施，取得了良好的实效，再次有力地证明了社会主义市场经济是不能离开国家宏观协调的。国民经济许多重要领域也都不能完全交给"看不见的手"的市场去管。如教育、卫生、住宅、社会保障、收入分配等民生领域，交通运输、资源开发、环境保护、农村设施等基本建设领域，以及扩大内需和调整结构，乃至宏观总量平衡等问题，都不能完全交给自由市场去调节，而不要国家的协调和安排。新自由主义关于市场万能的迷信、自由放任的神话，越来越多的人开始认识其本质、其用心而不再相信了。

（本文系作者在"21 世纪世界政治经济学杰出成果奖"颁发大会的演说，原载《中国社会科学报》2010 年 6 月 29 日。）

走社会主义市场经济的改革道路，
不走资本主义市场经济的道路

记者（钟伟志）：作为当代中国最有影响的经济学家之一，您在今年3月刚刚荣获首届中国经济学奖"杰出贡献奖"。像您这样的权威经济学家的文章（《谈经济学教学研究中的一些问题》），为什么要借助互联网传播？

刘国光：这个谈话的来历，是今年（2005年）7月教育部社会科学研究中心的一位年轻同志到我这儿来聊天，一聊就聊出七、八、九个问题，他记下来并整理了出来，还是一个初稿。他们自己有简报，马上就发了。上报中央的同时，他也发到网上去了，有好几个网站，我事先并不知道。说实在话，我还不是很熟悉网络，也不知道网络的作用有多大。但是传播以后并不违反我的意思，我也不反对。

记者：经过网上流传，这篇文章引起了巨大的反响。

刘国光：我谈的这些意见，应该说有相当多的人还是很赞成的，很多地方都是晚上电话议论，开会研讨。至于网上的流传，我说我不反对，同时我也没有寄托于那个东西。但是引起的波澜之大，我也没想到。这完全不是个人的能耐，而是问题牵动人心。

记者：您在文章中涉及一些具体的人和事，比如说，您批评一些经济学家"公然主张西方经济学应该作为我国的主流经济学"。

刘国光：这篇文章后来公开在《高校理论比较》第九期和《经济研究》第十期发表，删改了，缓和了一些，但还是得罪了很多人。这些人大多是我的学术界朋友。我也不是有意要得罪这些人。我是在讲一些事实，我引用的人与事，都是有根有据，至于引用的合适不合适，是个人判断，但事实就是这样的。确实有这些事情。不过,我很欣赏和尊重作为学者的他们。我们只是观点有些交叉,这没有关系。

记者:您在 1979 年就深入论证过计划与市场的关系,在 1992 年十四大前就明确提出用市场方式取代行政计划作为配置资源的主要方式。但是您今年中国经济学奖的"答辞"出来后,一些人不明白:一位对社会主义市场经济理论有着深刻认识的经济学家,为什么对市场化改革提出了如此尖锐的批评?

刘国光:计划与市场的关系问题,是一个世纪性的问题,我曾作过多次论述,我在"答辞"中不过是重复过去的观点。我说了"要坚持市场取向的改革",又说了市场也有缺陷,不能迷信市场。对于计划经济的弊病和市场经济的好处,我过去讲的好像不比谁少。但是,当然,话还要说回来,人的思想是发展的,我不敢像有些人那样自信自己一贯正确,任何人都不可能一贯正确。

过去,在感受了计划经济的种种问题之后,我们慢慢地就要搞市场经济。计划经济不能解决效率和激励问题。市场经济作为资源配置的主要方式,是历史的必由之路。改革开放初期,我只意识到计划经济有毛病,觉得要搞市场调节。但那时是主张计划经济为主、市场调节为辅。以后经过对中外经验的反复思考和研究,逐渐地看到了市场经济的作用,形成了市场取向改革的信念,赞成建立"社会主义市场经济体制"。这差不多是 20 世纪 80 年代后期 90 年代初期的事情了。这说明我这个人不很聪明,思想发展很慢,但我觉得这是符合思想发展的客观规律的。我在"皈依"市场取向改革信念的同时,就提出不要迷信市场。我们应当重视价值规律,但不要认为价值规律本身就能把一切事情管好,并把一切事情交给市场去管。现在我还是这样想,不过是重复过去的观点,没有新鲜的东西,老一辈的人应该都知道的。

记者:这就如同有人所说,您坚持认为计划经济并没有完全过时。是不是这样?

刘国光:从我上面讲的经过,你可以判断我有没有这个意思。既然"皈依"了市场取向的改革,既然赞成建立社会主义市场经济体制,那就是说要把市场作为资源配置的基础方式和主要手段,那就是把社会主义市场经济作为一种新的经济制度来看待。那么"计划经济"作为一种经济制度，计划作为资源配置的基础方式和主要手段，就不能再起作用了。至少在社会主义整个初级阶段，都不能起作用，那是再明显不过的道理。

不过，作为经济制度的"计划经济"，与市场经济制度前提下的"计划调节"（这里说的是广义计划，也包括战略性指导性计划，必要的政府对经济的管理和调控，等等），不能混为一谈。我在"答辞"中说，要在"坚持市场取向改革的同时，必须有政府的有效调控干预，（对市场的缺陷）加以纠正，有必要的计划协调予以指导"，就是这个意思。这里面哪有作为制度的"计划经济"并没有过时的意思呢?!

我在提出用市场经济代替计划经济作为资源配置的主要方式的时候，就讲了市场缺陷的问题。我列举了市场经济下不能完全交给价值规律或市场去管而必须由政府过问的事情。

我想，至少有这么几件事情是不能交给价值规律去管的。第一件事是经济总量的平衡——总需求、总供给的调控。如果这事完全让价值规律自发去调节，其结果只能是来回的周期震荡和频繁的经济危机。第二件事是大的结构调整问题，包括农业、工业、重工业、轻工业，第一、第二、第三产业，消费与积累，加工工业与基础工业等大的结构调整方面。我们希望在短时期内如 10 年、20 年、30 年，以比较小的代价来实现我国产业结构的合理化、现代化、高度化。通过市场自发配置人力、物力、资源不是不能实现结构调整，但这将是一个非常缓慢的过程，要经过多次大的反复、危机，要付出很大的代价才能实现。我们是经不起这么长时间拖延的，也花不起沉重的代价。比如一些影响比例关系的重大工程规划必须由政府来做，反周期的重大投资活动要由政府规划，等等。第三件事是公平竞争问题。认为市场能够保证公平竞争，是一个神话，即使是自由资本主义时期也不可能保证公平竞争，因为市场的规律是大鱼吃小鱼，必然走向垄断，即不公平竞争。所以，现在一些资本主义国家也在制定反垄断法、保护公平竞争法等。第四件事是有关生态平衡、环境保护以及"外部不经济"问题。所谓"外部不经济"，就是从企业内看是有利的，但从企业外看却破坏了生态平衡、资源等，造成水、空气污染等外部不经济。这种短期行为危害社会利益甚至人类的生存。对这些问题，市场机制是没有能力解决的。第五件事,社会公平问题。市场不可能实现真正的社会公平,市场只能实现等价交换,只能是等价交换意义上的平等精神,这有利于促进效率、促进进步。但市场作用必然带来社会两极分化、贫富悬殊。在我们引进市场机制过程中,这些苗头已经越来越明显,有一些不合理的现象,引起了社会不安,影响了一些群体的积极性。对此,政府应该采取一些措施,防止这种现象的恶性发展。现在提出构建和谐社会,政府对市场缺陷的弥补作用,更不能少。

这些意见,后来我发现西方经济学文献中也有类似的阐述,所以我说的也不完全是新鲜的东西。

记者:这也是您近年来一直在强调的观点。我们知道,中共十一届三中全会以后,陈云同志曾把计划与市场的关系比喻为"笼子"和"鸟"的关系。您认为,在市场经济条件下,这个"笼子"还有必要吗?

刘国光:陈云同志讲得很生动。好像"笼子"这个词不好听,但要看到"笼子"的作用。国家财政预算把国家的收支大体框住了,是不是"笼子"?货币信贷总量调控把国民经济活动范围大体框住了,是不是"笼子"?重大的工程规划,是不是"笼子"?当然,这个"笼子"可大可小,可刚可柔,可用不同材料如钢材或塑料薄膜等制成,如指令性计划是刚性的,指导性计划则是弹性的。总之,实行市场取向改革的时候,实行社会主义市场经济的时候,不能忽视必要的"笼子"即政府管理和计划协调的作用。现在,"十一五"计划不说计划了,改称"规划",但"规划"也是一种计划,只不过是长远计划,是战略性的计划和指导性的计划,不再是指令性的计划。它应该起导向作用,其中如重大工程项目的规划也有指令性的。必要的指令性计划也不能排除。所谓市场取向的改革本身就包含着计划体制和政府经济管理体制的改革,计划要适应市场经济的发展,加强有效的政府管理。

我认为,完全的、纯粹的市场经济不是我们改革的方向。所谓完全的、纯粹的市场经济在西方资本主义国家也在发生着变化,政府的政策或计划的干预使市场经济不那么完全了,不像19世纪那么典型了。有些人提出完全市场化的主张,这是一种幼稚的想法。过去,我们迷信计划,犯了错误,于是实行市场取向的改革,但我们同样不能过分迷信市场,要重视国家计划协调、宏观管理与必要的政府参与和干预的作用。如果不这样的话，我们就要走弯路了。

记者：但是，对于当前改革中出现的一些不合理现象，经济学界与思想界一直有不同的认识。比如关于腐败的根源问题，有学者认为，恰恰是政府对资源的配置权力过大和对微观经济活动的干预权力过大，才为"权贵"阶层提供了获得腐败寻租利益的必要条件与土壤，才有了权力市场化、权力资本化的恶果，如果市场经济更纯粹，行政计划就会消灭得更彻底，那么"权贵"们在市场运行过程中捞取私人利益的机会必定大大减少。这种看法是不是有道理？

刘国光：这个问题很重要也很复杂，要分几个层次来讲。

（1）你说问题出在政府对资源配置权力"过大"。当然，政府权力"过大"特别是行政性资源配置权力过大是不适宜的，会带来政府职能的越位，管了不该由政府管而应该由市场去管的事情。不过，政府掌握资源配置权力"过小"，参与和干预经济活动"过少"，也未必适宜，这会导致政府职能不到位，该由政府来管的事情，它却推卸责任不管。政府作为经济活动的三位当事人（政府、企业、个人或家庭）之一和公众利益的代表，不能不掌握相当部分的社会资源，参与资源配置的活动，但其参与要适度，要尽量按照市场原则，同时必须考虑公共利益原则来做，这是没有疑义的。

（2）腐败的发生与政府掌握资源配置权力的大小没有直接关系。掌握资源配置权力大，或者权力小，都可能发生腐败。只要法律制度和民主监督不健全，管不住政府官员的行为，就可能发生腐败。政府掌握资源配置权力大或者小，只影响腐败规模的大小，不是产生腐败的原因。根治腐败，要从健全法律制度、民主监督入手，进行政治体制的改革，这才是治本之道。

（3）腐败和权力资本化、权力市场化，除了源于法制不健全、民主监督欠缺外，市场环境不能不说是一个温床。这里我要解释一下，腐败和权力资本化、权力市场化，不是计划经济固有的东西，而是我们市场改革以后才盛行起来的东西。过去计划经济并没有权力资本化、权力市场化这个东西。我不是替计划经济涂脂抹粉。过去计划经济有很多很多的弊病，搞得太死了,不能调动人的积极性,有官僚主义,也有权力的滥用,也有腐败,但是当时政府掌握资源配置的权力极大,比现在大得多,而腐败的规模很小,只存在于计划经济的某些裂缝和边缘,更没有权力资本化、市场化问题。权力资本化、市场化问题,是到我们现在才严重起来的。很难说这跟现在的市场环境没有关系。因为有市场才有资本,才有权力的资本化、市场化,没有市场,怎么搞权力的资本化、市场化?用市场发展不完善、改革不到位来解释是可以的,但是有点不够,有点勉强,倒是用市场缺陷和市场扭曲来解释更为合理一些。而市场扭曲和市场缺陷,是市场化改革过程所不可避免的,我们要尽量减少引进市场的代价,所以要强调政府来过问,要发挥社会主义国家管理经济的作用,采取措施纠正市场扭曲,弥补市场缺陷。

(4)政府对经济的调控、干预、计划与规划(这些都属于广义的计划),同某些官员滥用权力搞权钱交易,搞官商勾结,搞权力资本化、市场化,这是两码事,不能混为一谈,不能胡子眉毛一把抓,借口政府对资源配置权力过大为权贵阶层提供了获得腐败寻租利益的条件,来否定国家和政府配置资源的权力与管理经济的职能(广义的计划)。前面说过,治理腐败和权力资本化、市场化要从逐步建立健全民主法治环境,从政治改革着手,现在还要加上,要从校正市场扭曲和纠正市场缺陷入手,这都少不了加强国家和政府管理或广义计划的作用。所以我在"答辞"中说,要"在坚持市场取向改革的同时,必须有政府的有效调控干预,(对市场的缺陷)加以纠正,有必要的计划协调予以指导"。据我所知,许多读者都非常明白并且赞同"答辞"中的观点,但是有些人硬要说我是要回到计划经济,那只好由他们说吧。

记者:您是说,您现在依然支持市场取向的改革?但有人也指出过,你最近一直在主张"少讲市场经济",是这样的吗?

刘国光:"社会主义市场经济"是一个完整的概念,是一个有机统一体。我在"答辞"中说的是,这些年来,我们强调市场经济是不是相对多了一点,强调社会主义是不是相对少了一点?在谈到社会主义时,则强调它发展生产力的本质即生产效率方面相对多了一些,而强调共同富裕的本质也就是重视社会公平方面,相对少了一点。

　　请注意，我特别使用了"相对"这个词，是有精确的含义的。就是说，相对多不是绝对的多，相对少不是绝对的少。逻辑上不应混淆。我这样讲无非是说，我感觉这些年我们在"社会主义市场经济"概念上，社会主义强调得不够，而不是说市场经济讲得过多。如果相对于目前政府对资源配置权力在某些方面偏大，对微观经济活动干预偏多来说，我们对市场经济还是讲得很不够，还要多讲。

　　这些年社会主义也不是没讲，但是相对少了一点，因此改革在取得巨大成功、经济发展欣欣向荣、人民生活总体改善的同时，社会矛盾加深，贫富差距急剧扩大，向两极分化迈进，腐败和权力资本化迅速滋生、蔓延扩大。这种趋势是与社会主义自我完善的改革方向不相符的，不能让它发展下去。因此，现在要多讲一点社会主义，这符合我国的改革方向和老百姓的心理。当然，市场经济还不完善，也要多讲。只要符合社会主义方向，市场经济讲得越多越好。

　　我就是这个意思。社会主义和市场经济都要多讲，目前社会主义有必要讲得更多一些。我接到很多读者的共鸣、很多令我很感动的理解。我不知道，这为什么会触犯了我们的"改革人士"，说我认为社会主义讲少了、市场经济讲多了，"这是一个偏差，怎么办呢？以后少讲市场经济行不行，我说'不行'"。先生，我也说不行。但你为什么要曲解我的原意，搞那么多逻辑混乱呢？当然，我不能怪别人，只能怪自己，虽然注意了用词严密，但解释说明得不够，令人产生逻辑上的误会。幸亏人家给我"留有余地"，"不是刚刚给人家颁了奖就否定人家的观点"，我真不知如何表达谢意才好。

　　记者：您在《谈经济学教学研究中的一些问题》这篇文章中，批评了"西方主流经济思想特别是新自由主义经济理论"，认为新自由主义经济理论误导了中国经济改革和发展的方向。有些人觉得您似乎是在主张从市场化改革的道路上退回来。

　　刘国光：批评新自由主义就是"从市场化改革的道路上退回来"吗？批判新自由主义就是"否定改革"吗？帽子大得很咧！西方新自由主义里面有很多反映现代市场经济一般规律的东西，如以弗里德曼为代表的货币主义学派，以卢卡斯为代表的新古典学派，有许多科学的成分，我们还需要借鉴，没有人批评这个东西。但是新自由主义的理论前提与核心理论——我在那篇文章中列举了（如自私人性论、私有制永恒论、自由市场万能论等）——整体上不适合于社会主义的中国，不能成为中国经济学的主流和中国经济发展与改革的主导。中国经济学教学和经济决策的指导思想，只能是与时俱进的发展的马克思主义。我不知道这样点评新自由主义怎么就是从市场化改革倒退或者否定改革。我们经济学界许多同志批评新自由主义，大多是很认真很扎实的学术研究、学术评论，并不是一两句随便歪曲的话就能轻易推倒的，要有有分量的学术论证。西方的正直的经济学人也在批评新自由主义。新自由主义经济思想给苏联、给拉丁美洲带来什么样的灾难性后果，是众所周知的。当然我们的同志批评新自由主义，不是没有政治的、意识形态的考虑，他们担心新自由主义的核心理论影响我国的经济思想和经济决策。谁也没有说过我们的改革决策是新自由主义设计的，目前它还没有这个能耐。但是担心和忧虑这种影响不是无的放矢，不是多余的。因为私利人、私有化、市场原教旨主义等，已经在中国社会经济生活中渗透和流行，并且在发展。在上述文章中我曾指出有些人不愿意别人批评新自由主义，说什么新自由主义是一个"筐"，什么都往里装。如果你赞成新自由主义的核心理论，那是你自己跳进框框，怪不得别人。现在有人自告奋勇承认自己接受新自由主义这些东西，又不准别人批评新自由主义，批评了就是从市场化改革倒退，就是反改革，哪有这个道理?!

除了给批评新自由主义者戴上否定改革的帽子，现在还时兴把这顶帽子乱扔，说近年来社会上出现了一种反对改革的思潮。不容否认，在取得巨大成功的同时，改革进程中出现了利益分化，少数人成为暴富者，多数人获得一定利益，部分群众利益受到损害。人民群众和学术界对改革有不同的看法，对改革进程中某些不合理的、消极的东西提出批评意见，是很自然的，我们不要把不同的看法说成是反改革。对改革进行反思是为了纠正改革进程中消极的东西，发扬积极的东西，将改革向正确的方向推进。不能把反思改革说成是反改革，你把那么多群众和代表他们的学者，说成是反改革的人，硬往反改革的方面推，后果将是什么？我们要注意团结一切愿意和努力使中国进步的人，要使得大家都来拥护改革。让大家都拥护改革的办法是什么呢？就是要使得改革对大家有利，就要走社会主义市场经济的改革道路而不是资本主义市场经济的道路。

（本文系《经济观察报》记者钟伟志于 2005 年 11 月 8 日、25 日的专访记录。原标题是《反思改革不等于反改革》，这次转发改用本文尾末句话作为标题，原载《经济观察报》2005 年 12 月 12 日。）

略论"市场化改革"

——我国改革的正确方向是什么？不是什么？

　　近期，对于中国改革问题的讨论日趋热烈，有人说是改革开放以来第三次大讨论。前两次讨论是什么时候，说法也不一样。且不论怎么划分三次争论，单就这一次来说，争论激烈的程度不亚于前两次。这次有一个奇怪的现象，就是争论的一方的意见，可以在主流媒体上发表，而另一方的意见，主流媒体上基本看不到，倒是在互联网上广为流传。目前还有一个现象，就是争论的一方一面抛出自己的论点主张来攻击对方，一面又拼命叫不争论，就是不准别人争论、别人回应；而争论的另一方却不买这个账，说真理不怕争论。实际上前一方是想只让自己讲话，而不让人家讲话。改革开放到了今天，互联网又这么发达，堵人开口的企图大概是办不到了。主流媒体基本上只刊登一方的言论，也值得我们玩味、深思。想一想为什么会出现这种偏颇的情况？当然这种偏颇，因为有互联网这个东西，给校正了一点。

　　关于这次大争论的性质，大家的认识也是有尖锐分歧的。有些人说，这次争论是反对改革同坚持改革不动摇的争论。这种说法遭到驳斥。你不能把那么多反思改革的群众、学者，推到"反改革"的阵营中去，说成是"一股反对改革、否定改革的浪潮"。这不符合胡锦涛同志最近讲的要"使改革真正得到广大人民群众拥护和支持"的要求和精神。

　　那么，这次争论的实质是什么呢？许多群众、学者都认为，这次争论的核心问题不是坚持不坚持改革的问题，而是坚持什么样的改革方向的问题，是坚持邓小平开创的社会主义自我完善的改革方向，还是假借"拥护改革开放的旗帜，把中国引导到搞资本主义"的改革方向？是坚持社会主义基本经济制度，即公有制为主体、多种所有制共同发展的改革方向，还是采取资本主义私有化的改革方向？是坚持社会主义市场经济为目标，还是以资本主义市场经济为目标或名曰"市场化改革"的改革方向？

"又是姓'资'姓'社'的争论"，"又是意识形态的争论"，但这是回避不了的。想回避是天真。人家用资产阶级的意识形态来攻你，又用"非意识形态化"来麻痹你，叫你回避社会主义的意识形态，可以吗？在关系国家人民命运的大问题上，提倡"非意识形态化"、"非政治化"，只能骗骗没有马克思主义常识的人。

我现在要讲讲为什么争论的一方要把争论的另一方栽赖为反对改革、否定改革，而把自己打扮成"坚持改革"的角色。其实道理很简单，第一，在今天实行改革开放的中国，"反改革"是罪大恶极的帽子，类似"文化大革命"时讲你"反文革"就可以置你于死地。今天至少是把你放在被动挨打的地位。第二，这样做是为了掩盖某些人借拥护改革开放的旗子把中国导向完全私有化、完全市场化和两极分化的资本主义的意图。如最近"新西山会议"一些人讲的，现在"不好明说"、"说不得"、"亮不出来"，只能"遮遮掩掩"、"躲躲闪闪"、"畏畏缩缩"地说出来。其实"新西山会议"某些人暴露的野心比这更大，不止经济领域，还有政治领域，是要颠覆共产党的政权，这里不能详细讲了。

有人问我，为什么现在出现这么多人反思改革？是不是因为改革搞不下去了？我说不是，改革还是一往直前地在进行，但是受到一些干扰，出了一些问题。有一位官员说，现在改革中出现这样那样的问题，但不是改革方向出了问题，所有问题都与改革方向无关。这些话也对也不对，总体上党中央是坚持改革的社会主义方向的，总体上没有背离社会主义方向。但具体地讲，改革方向在许多重要方面受到干扰，如在所有制问题上，公有制为主体问题受到干扰；如在分配问题上，社会公平问题受到干扰；等等。中央提出科学发展观与建设和谐社会方针，力求扭正这些干扰，但是还没有完全扭正过来。这种对改革的正确方向即社会主义方向的干扰，是客观存在的，群众和学者对此进行反思，提出改进的建议，实属正常，完全必要，不能动不动就说这是反对改革。

再说20世纪90年代以来，随着改革过程的深化和复杂化，中国社会利益关系格局起了变化。一部分人群的生活水平和社会地位相对下降或者绝对下降，这些人群对导致他们利益受损、引发贫富差距过分扩大的社会现象不满，对背离社会主义方向的现象不满，希望得到克服，他们并不是反对改革本身。这些人群包括弱势贫困群体，他们多是工农基本群众，不能把他们推向反改革阵营，即使他们当中有一些过激情绪和片面言论，也是我们教育帮助的对象，要团结他们一致拥护和支持改革。怎么能够把他们划到"反市场改革的联盟"中去？如同我们一位尊敬的著名经济学家所讲的那样，这实在是一种不负责任的信口开河。

一些人把中国改革叫"市场化改革"，如果说"市场化"是作为改革的"简称"，这勉强可以接受，但要注意这种提法有很大的毛病。如果不是作为简称，而是把它作为中国改革的全称，把中国改革定义为"市场化改革"，那是绝对错误的。

我们改革的目标，是邓小平说的社会主义制度的自我完善，包括建立社会主义市场经济体制。中国的改革，包括政治改革、经济改革、社会改革、文化改革、政府改革等，不能都叫做"市场化改革"，而是社会主义制度在各领域的自我完善。这应该是明确的。国家机构改革，也只能说要适应建立社会主义市场经济的要求来进行，而不能按"市场化改革"的原则来进行。就是在经济领域，也不完全是"市场化改革"，而是"建立社会主义市场经济体制"，是在国家宏观调控下让市场起资源配置的基础性作用，并不是简单的"市场化改革"所能概括的。这里在"市场经济"的前面，有一个前置词，还有一个前提条件。前置词是"社会主义"，前提条件是"在国家宏观调控下"。这是党的十四届三中全会文件中白纸黑字定下来的，不是一句空话，有它的实质内容。

先说"社会主义"前置词。有些人鼓吹"市场化改革"的口号时，故意不提前置词——"社会主义"。有些人为了打扮自己，掩盖真实面貌，假装提一下"社会主义"，但把"社会主义"置于可有可无的地位，或给予任意歪曲的解释。我说"社会主义"不能当成一句空话，它有准确的内涵。邓小平说过社会主义有两条根本原则：第一条是公有制为主体、多种经济共同发展；第二条是共同富裕、不搞两极分化。一些人在鼓吹"市场化改革"道路的时候，故意把这两条去掉、抽掉、扼杀掉。特别是最根本的涉及社会主义基本经济制度即所有制的一条——"公有制为主体"，故意根本不提，倒是民营经济（即私有经济）已经成为"国民经济的基础"或"主体"的字样，越来越充斥于某些媒体、某些会议。这大概就是"深化市场化改革"的真实含义（私营经济是要在公有制经济为主体的前提下与公有制共同发展的，但中央没有"民营为主体"一说）。

还有一个前提条件——"在国家宏观调控下"。之所以要这一条，非常重要的一条，就是因为市场经济虽然在资源配置上有重要的作用，特别是在竞争性的资源配置上，有很大的优越性，但市场经济在宏观经济综合平衡上，在竞争垄断的关系上，在资源和环境保护上，在社会分配公平上，以及在其他方面，也有很多的缺陷和不足（关于市场经济的优点和缺点，我过去说得很多，教科书上也不乏叙述，我不再重复了；"市场化改革派"只睁眼看到市场经济好的一面，却闭眼不看市场经济不好的一面，我也不去说了），不能不要国家的干预、管理、宏观调控来加以纠正、约束和补充，所谓用"看得见的手"补充"看不见的手"。特别是加上我国还是一个社会主义国家，社会主义国家的性质，社会主义公有制经济为主体的地位，以及社会主义社会实行统一计划的客观可能性与集中资源、力量办大事的优越性，等等，决定了要更加加强国家的宏观调控和政府调节。市场在资源配置中起基础性作用，是在国家宏观调控的前提下起这个作用的；而且在资源配置中起基础性作用，也不是一切资源都完全由市场来配置，有些关键性资源还要由国家来配置，这也是很明白的。总之，我们要尊重市场，但不可迷信市场。我们不迷信计划，但也不能把计划这个同样是人类发明的调节手段弃而不用。在"市场化改革"的口号下迷信市场成风，计划大有成为禁区的态势下，强调一下社会主义市场经济也要加强国家对经济干预管理和计划调节的作用，怎么就会成为"想回到计划经济旧体制"？"市场化改革"鼓吹者硬要加人家这一顶帽子，想堵人家开口，恐怕不能成功。

　　我再补充几点，国家的宏观调控主要包括这几项：计划调控、财税调控、金融调控等内容，最近在我国还加上土地调控，其实土地调控也属于计划调控。这些调控都应是自觉性的、集中决策的事先调节，都是有计划性的。这与市场调节不同，市场调节是自发性的、分散决策的事后调节，这种盲目的滞后调节所带来的种种消极后果，必须要用自觉的、集中决策的、事先的宏观调控和计划调节来校正，要由政府行为来校正。所以邓小平说计划和市场都是手段，资本主义和社会主义都可以用。为什么社会主义市场经济就不能用自觉的、集中决策的、事先的计划手段来校正市场经济的种种缺陷和不足？有人想把经济生活的一切交给市场去管，都"市场化"，把社会生活、文化生活、国家政治生活也都推向"市场化"，把计划排除在社会主义市场经济之外，排除在经济社会一切领域之外，把它视为禁区，加以摒弃，我说这不仅是迷信市场的幼稚，而且是别有用心。

　　当然，过去早已指出，社会主义市场经济下的计划调节，主要不是指令性计划，而是指导性、战略性计划。"十一五"计划改叫规划，但规划也是计划，是指导性、战略性的计划。市场经济下计划的指导性和战略性，过去早已明确讲过。现在"计划"改"规划"，一字之差就大加炒作，真是"市场化改革"过程中的产物和笑话。还要指出，社会主义市场经济下的计划，虽然主要是指导性、战略性计划，但它必须有导向的作用、有指导的作用。如果不去导向、不去指导，放在那里做摆设，我国每五年花那么大力气编制、讨论、审查、通过五年计划，还有什么意义？所以一定要强调计划、规划的导向作用和指导作用。这样的计划，除了政策导向的规定外，还要有必要的指标、项目和必须完成的指令性的任务，如中长期规划中的巨大工程的规划、尖端科技突破的规划、环境治理规划等等，短期计划里的反周期的投资计划、熨平周期的各种调控措施（很多财政、税收、金融、货币等政策措施属此类）都必须带有指令性或约束性。所以，指令性计划也不能完全排除。现在计划工作中有把计划、规划写成一本政策汇编的苗头，很少规定必须完成的和可以严格检查问责的指标和任务，很多东西可以执行也可以不执行。这样的计划工作，有改进的必要。

总之，中国的社会主义自我完善的改革，以建立社会主义市场经济体制为目标的改革，绝对不是简单的"市场化改革"。查一查中央文件，查一查宪法、党章，哪里说过我国要实行"市场化改革"？文件中讲到改革开放，总是同坚持四项基本原则联系起来；在"市场经济"前面，总是加上"社会主义"的前置词；"社会主义"一词的内容，总是强调"公有制为主体"。而那些鼓吹"市场化改革"口号的人，几乎无一例外地不提这些关键词。有些政府官员偶尔讲过"市场化改革"，我理解那是简称，不是全意。但这些话会误导改革方向，被"市场化改革"的鼓吹者所利用。所以我认为，今后党政领导不要再受人蒙骗，不要再用这个提法。

附件：

郭晋晖来信及所写访谈稿："'市场化'不应是中国改革的全称"

刘老：

首先我向您说十万个道歉。稿子昨天没能见报。报社领导觉得这篇文章非常好，完全不同于网上流传的那些言论。晚上9点我给您打电话的时候，稿子已经上版，我们报社的总编辑秦朔亲自写了编者按，放在您稿子的前面作推荐，并对稿子作了略微的修改。他非常想把这篇稿子发出去，但是遇到了阻力。

我们和别的报社在架构上有所不同，上海市委宣传部在我们报社派了两位高级审读员，负责为我们报纸"把关"。他们认为稿子存在风险，要求继续讨论暂不发表。秦总和编委王长春为了这篇稿子和这两位审读员商量了一个晚上，但最后还是无法通过。在晚上11点的时候稿子被换了下来，又重新找稿上版，整个编辑部被搞得手忙脚乱。我知道这件事的时候已经12点多，所以就没有再打电话给您。

我们老总让我转达对您的歉意，他们表示，下周还会继续努力，争取让稿件尽快发表。

附件里是加了编者按、已经上版又被迫撤下来的稿子，请您过目，希望能获得您的谅解。

郭晋晖

《第一财经日报》北京记者站要闻部

"市场化"不应是中国改革的全称

——访著名经济学家刘国光

我们改革的目标是社会主义制度的自我完善，包括建立社会主义市场经济体制。中国的改革有政治改革、经济改革、社会改革、文化改革、经齐改革等等，改革的目标都是社会主义的自我完善，这么多领域的改革不能都叫做"市场化改革"，不能都按市场化的原则来进行。即使是经济领域也不能完全市场化。经济领域的改革是建立社会主义市场经济体制，是在国家宏观调控下，让市场起资源配置的基础性作用。这不是简单的"市场化改革"五个字能概括的。

本报记者　郭晋晖发自北京

编者按：一段时间以来，围绕改革问题，社会各界展开了热烈争论。本报也先后发表了对姚洋、华生、李剑阁、刘世锦、许小年等专家学者的深度访谈，就改革问题进行深入和理性的探讨。

我们认为，尽管目前争论颇多，但改革仍是社会的基本共识。改革是一个客观存在，也是一种历史的自觉。

十一届三中全会以来的历史证明："实行改革开放是社会主义中国的强国之路，是决定当代中国命运的历史性决策。改革开放，是新时期中国最鲜明的特征。没有改革开放，就没有中国特色社会主义。"而把社会主义同市场经济结合起来，则是一个伟大创举。"这就需要积极探索，大胆试验，尊重群众的首创精神；需要深化改革，解决体制转变中的深层次矛盾和关键问题；需要扩大开放，吸收和借鉴世界各国包括资本主义发达国家的先进技术和管理经验。"不改革，很多问题的解决就没有出路。"继续推进改革，难度会更大，工作会更复杂。我们必须拿出一往无前的勇气，在体制创新方面取得重大进展，绝不能有畏难情绪。在社会主义社会的各个历史阶段，都需要根据经济社会发展的要求，适时地通过改革不断推进社会主义制度自我完善和发展，这样才能使社会主义制度充满生机和活力。"

上述这些已经载入中国共产党新时期重要文献的论述，也是中华民族在探索伟大复兴之路上的宝贵经验。可以说，这就是一种历史的自觉。

改革是一个自我完善的过程，"各个历史阶段"都有新的、符合时代特征的命题，所以要不断深化改革。正如胡锦涛总书记强调的，充分发挥市场在资源配置中的基础性作用，同时努力加强和改善宏观调控，保证经济社会又快又好发展；要不失时机地推进改革，切实加大改革力度，同时注重提高改革决策的科学性，增强改革措施的协调性，使改革兼顾到各方面利益、照顾到各方面关切。这里面蕴涵的辩证思维，对于实现更好的改革，具有十分深刻的意义。

在此次改革争论中，著名经济学家刘国光教授是一个无法回避的名字。近期，在接受本报记者采访时，刘教授对自己的观点作了一些新的充实和阐述，但主旨基本上贯彻如一。

哲学家罗素说过："不要害怕思考，因为思考总能让人有所补益。"对建构在说理、负责基础上的争论，哪怕是激烈的争论，亦应作如是观。

《第一财经日报》：这一轮关于改革的争论已经持续了两年多，有人说这是改革开放以来的第三次大讨论，您觉得与以往相比，这次争论有什么特点？

刘国光：从讨论的激烈程度上来看，这次并不亚于前几次。但这次有个奇怪的现象，争论一方的意见可以在主流媒体上发表，而另一方的意见在主流媒体上基本上看不到，但却在互联网上广为传播并产生很大的影响。

《第一财经日报》：您觉得这次争论的核心是什么？

刘国光：关于这次争论的性质，大家的认识有尖锐的分歧。有些人说，这次争论是反对改革和坚持改革不动摇的争论，但这种说法遭到驳斥，因为任何人都不能把那么多反思改革的群众、学者推到反对改革的阵营中去，把他们说成是一股反对改革和否定改革的潮流。

许多群众和学者都认为，现在争论的核心问题不是坚持改革和不坚持改革的问题，而是坚持什么样的改革方向的问题：是坚持社会主义自我完善的改革方向，坚持以公有制为主体、多种所有制共同发展的改革方向，还是坚持私有化的改革方向？是坚持社会主义市场经济为目标的改革，还是简单的"市场化改革"？

《第一财经日报》：您不久前撰文指出，两种改革观的较量无法避免，而且明确表示，意识形态的问题无法回避。这和邓小平同志的"猫论"，以及不要管姓社姓资的论断，似乎有点矛盾，您怎么看？

刘国光：首先，应该澄清一点，邓小平同志不管姓社姓资的论断是针对计划和市场的关系来说的。计划与市场这两种手段，社会主义和资本主义都可以用，它们不是两种社会制度的区别。邓小平同志并不是说改革的所有方面都不要讲社会主义和资本主义的差别。如果真是这样，他为什么还要多次强调坚持四项基本原则，还要多次提坚持社会主义的方向，坚持公有制为主体，而且还在三个"有利于"的前面加上"社会主义"的字样？我们要全面理解邓小平同志的观点。

其次，我认为无法回避的是，争论的另一方实际上是在"去意识形态化"的背后，用"私有化"、"完全市场化"等资本主义的意识形态来取代社会主义的意识形态。这当然是不可以的，在关系国家社会前途的重大问题上，提倡"非意识形态化"，提倡"非政治化"，只能骗骗那些没有马克思主义常识的人。

《第一财经日报》：从您的学术经历中可以看出，您是中国比较早推动市场经济的经济学家之一。现在有人把您看做是反对"市场化改革"的代表，有人认为您是主张要回到计划经济时代。为什么会对您有这种看法？

刘国光：现在争论的一方把另一方说成是反对改革而将自己当做坚持

改革的角色，其实道理很简单。

第一，今天我们实行改革开放的政策，"反改革"是罪大恶极的帽子，类似于"文化大革命"时讲你"反文革"就可以置你于死地，今天至少把你放在被动挨打的地位。第二，这样的做法是为了掩盖某些人假借拥护改革开放的旗帜，将中国导向完全的私有化、完全的市场化和两极分化。

《第一财经日报》：如今您已经年过八旬，是什么原因吸引您加入这场争论，关心这场争论呢？

刘国光：我实在是不愿意卷入。最近几年我主要是研究宏观经济，比较偏重于关注经济运行和发展问题。2005年3月中国经济学杰出贡献奖颁奖会上，我的一篇简短的答辞引起了一些争端，加上2005年7月非常偶然的机会我谈了当前经济学教学中的几个问题，网络转载后引起了很大的反响，这样就被卷入了争论中。开始的时候我也是被动的，后来我越来越感到改革方向的问题也确实是一个大问题。

《第一财经日报》：为什么近来会出现这么多对改革的反思？是不是像有人说的，当前的改革问题太多，搞不下去了？

刘国光：我认为不是改革搞不下去，改革还是在一往直前地进行。但改革过程受到了干扰，出现了一些问题，比如国企改革，国有资产流失变成某些人暴富的源泉，还有"三座大山"即教育、医疗、住房中的问题，等等。

有人说，现在改革中出现这样那样的问题，不是改革方向出了问题，言下之意，当前出现的所有问题与改革方向无关。我觉得这种判断也对也不对。总体上，我们坚持改革的社会主义方向。但在具体执行上，改革的社会主义方向在许多方面受到了干扰。比如在所有制问题上，公有制为主体的思想受到干扰，很明显，地方上的国有企业已经差不多都卖完了，相当一部分是低价或是白送。现在中央企业也要卖，甚至一些关系国家命脉的企业也有人呼吁要卖。目前，公有制经济的比例到底占多少没有人说清楚，全国政协、人大开会的时候，有委员、代表提出要有关部门公布这个数据，但没有得到答复。

又比如分配问题，收入差距越来越大，人们在忧虑，是不是出现了两极分化的趋势？这些都说明，改革正在受到干扰，如果有人认为出现的这些问题和"市场化"一点儿关系都没有，那是胡说八道。

中央现在提出科学发展观，提出建设和谐社会，我认为就是要力求排除这些干扰，使改革沿着更加正确的道路前进。但干扰还没有完全扭正过来，对改革的正确方向即社会主义方向的干扰是客观存在的。因此，说一点儿方向问题没有什么不对的。

《第一财经日报》：您认为，当前改革中所出现的问题是由于这些干扰所导致的？

刘国光：当然，改革的有些方面还没有完全到位，改革还不尽完善，都是原因。但不能否认对社会主义正确改革方向的干扰所起的影响。人们对改革中的问题进行反思，群众反思的无非就是腐败问题、社会问题、国企改制中出现的许多问题等等，并对这些提出了改进的意见。这是大家的权利，不应该动不动就说人家反对改革。这是大众反思改革的第一个原因。

第二个原因是，20 世纪 90 年代以来，随着改革过程的深化和复杂化，中国社会利益关系的格局起了变化，一部分人富起来，一部分人暴富了，许多人生活有了改善，但相当一部分人改善不多，有一部分人利益受损，还有一部分人沦为贫穷、困难、弱势的群体。生活水平和社会地位相对下降或者绝对下降的一部分人群，对导致他们利益受损、引发贫富差距过大的社会现象不满是很正常的，对背离社会主义方向的现象表示不满，这也是很正常的。他们希望得到克服，他们是对改革的某些问题、步骤有意见，而不是反对改革本身。

这些人群包括贫困弱势群体，他们都是工农基本群众，不能把他们推向反改革的阵营。即使他们当中有一些过激情绪和片面言论，也是我们教育帮助的对象，要团结他们一致拥护和支持改革，怎么能把他们划入"反市场改革的联盟"中去呢？如同一位我们尊敬的著名经济学家所讲的那样，这实在是一种不负责任的信口开河。

《第一财经日报》：一些人认为改革过程中出现诸多问题是因为"市场化改革"不够，要加大"市场化改革"的力度，您如何看待市场化改革？

刘国光：有些人把中国的改革叫做"市场化改革"，如果"市场化"

这三个字作为中国改革的简称，还勉强可以接受，但这种提法有很大的毛病和局限性；如果"市场化改革"不是简称，而是全称，将中国的改革定义为"市场化改革"那就是绝对错误。

我们改革的目标是社会主义制度的自我完善，包括建立社会主义市场经济体制。中国的改革有政治改革、经济改革、社会改革、文化改革、经济改革等等，改革的目标都是社会主义的自我完善。这么多领域的改革不能都叫做"市场化改革"，不能都按市场化的原则来进行。

即使是经济领域也不能完全市场化，经济领域的改革是建立社会主义市场经济体制，是在国家宏观调控下，让市场起资源配置的基础性作用。这不是简单的"市场化改革"五个字能概括的。在市场经济的前面，有一个前置词——社会主义，还有个前提条件——在国家的宏观调控下，这是党的十四届三中全会决议白纸黑字写明白的，不是一句空话，它有实质的内容。

《第一财经日报》：在一年之前您获得中国经济学杰出贡献奖的答辞中提出，这些年来，我们强调市场经济相对多了一点，强调社会主义相对少了一点；在说到社会主义市场经济时，则强调它发展生产力的本质即效率优先方面相对多了一些，而强调它的共同富裕的本质即重视社会公平方面相对少了一点。您是否早就意识到了这个问题？应该如何认识社会主义市场经济的含义？

刘国光："社会主义市场经济"是一个完整的概念，是不容割裂的有机统一体。有人讲"市场化改革"时故意不提"社会主义"，或者将之放在可有可无的地位。但我认为，"社会主义"不是一句空话，因为邓小平多次强调过社会主义有两条根本原则：一是公有制为主体；二是共同富裕，不搞两极分化。

有些人在鼓吹市场化道路时故意将这两条忘掉、抽掉、扼杀掉，在不知不觉中叫人接受这样的"市场化改革"，特别是最根本的一条——公有制为主体，根本不提。倒是民营经济（即私有经济）已经成为国民经济的"基础"或"主体"字样越来越充斥于一些媒体、一些会议。这大概就是深化"市场化改革"的真实含义。当然，我们是要发展民营经济的，但要在坚持公有制为主体的条件下发展。党中央从来没有提过要以民营经济为主体。

"在国家的宏观调控下"是社会主义市场经济的前提条件。之所以要这条是因为，市场经济虽然在资源配置上有重要作用，特别是在竞争性资源配置上，市场确实具有优越性，在价格波动时，经济当事人自主判断、自主权利这些方面都是很好的。但市场经济在许多方面也有问题，如在宏观综合平衡上，在垄断和竞争的关系上，在资源和环境的保护上，在社会分配公平上，等等方面，存在很多缺陷和不足。

在这样的情况下，我们不能没有国家的干预、政府的管理。要用宏观调控来加以纠正、约束和补充市场行为，用"看得见的手"来补充"看不见的手"。

特别是中国这样一个社会主义性质的国家，社会主义公有制的地位客观上具有实现统一计划的可能性、集中力量办大事的优越性，这些都决定了我们更要加强国家的宏观调控和政府干预。市场在资源配置中起基础性作用是在国家宏观调控下发挥作用的，而且在资源配置中起基础性作用并不是一切资源都由市场来配置，有些重要资源还要由国家来配置。这也是很明白的。

总之，我们要尊重市场但却不可迷信市场，我们也不要迷信计划，但是不能把计划这个同样是人类发明的调节手段弃而不用。现在"在市场化改革口号"下，迷信市场成风，计划大有成为禁区的态势。我强调一下社会主义市场经济也要加强国家对经济的干预管理和计划调节的作用，怎么就成为想回到计划经济旧体制去了呢？"市场化改革"的鼓吹者硬要加人家这一顶帽子，只怕不能成功。

国家的宏观调控，包括计划调控、财政税收调控、金融货币的调控等等，现在又加上土地调控。其实土地调控也属计划调控，现在投资调控没有土地调控不行。这些调控都是自觉性的、有意识的，是国家的集中决策，是事先的调节，都具有计划性。而市场调节完全是自发的，分散决策，而且是事后的。这种自发的事后的分散调节必然会带来消极后果，所以必须用宏观调控和计划调节来矫正，就是要由政府行为来矫正。

有人想把经济生活中的一切都交给市场，将政治、文化生活，一切都推向市场。他们将计划排除在社会主义市场经济之外，把计划排除在社会生活的一切领域之外，将计划看做禁区加以摒弃。这不仅仅是幼稚。

中国社会主义制度的自我完善的改革，以建立社会主义市场经济为目标的改革，绝对不是简单的"市场化改革"。查一查宪法、党章，查一查中央文件，我国要实行"市场化改革"？文件中讲到改革开放，总是同坚持"社会主义"在一起，总是强调公有制为主体。鼓吹"市场化"的人，几乎无一例外地不提这些关键词。有些政府官员偶尔讲过"市场化改革"，我理解那是简称，不是全意，但这会误导改革方向，被"市场化"鼓吹者所利用。

《第一财经日报》："十一五"规划和以前最大的不同是将计划改为了规划，有人认为这是一大进步，是市场化改革的产物，您对此的看法是什么？

刘国光："十一五"将计划改为规划，但规划也是计划，规划是指导性计划、战略性计划。我早已指出，社会主义市场经济下的计划调节主要不是指令性计划，而是指导性、战略性计划。现在计划改规划，一字之差就大加炒作，根本就没有必要，规划计划就是一回事，英文都是 plan。这是我们搞"市场化改革"的笑话。

《第一财经日报》：最近您对十个五年计划进行了系统的研究，您觉得社会主义市场经济的计划应该有什么特点？

刘国光：社会主义市场经济下的计划虽然主要是战略性的计划，但是它必须有导向的作用。如果我们定的计划不去导向、不去指导，而是作为一个摆设，国家每五年花那么多钱，付出很多成本，去编制、讨论、审查、通过五年计划有什么意义？

所以我们一定要强调计划和规划的指导作用，这样的计划除了政策导向的规定之外，还必须有必要的指标、必要的项目和必须完成的指令性任务，如中长期计划里的重大工程规划、尖端科技攻关规划、环境治理规划，等等。在短期计划中，反周期的投资计划熨平经济周期，财政、税收、金融、货币等种种措施都必须带有指令性或约束性。所以，指令性计划也不能排除。

现在我们的计划工作中，有把计划、规划写成一本政策汇编的趋势，很少规定必须完成、能够严格检查问责的指标和任务，很多东西可执行也可不执行，这种计划工作有改进的必要。

（本文原系上海《第一财经日报》记者郭晋晖 2006 年 5 月对我的访谈纪要，原拟在该报发表，但被上海市委宣传部派来的高级审读员阻挠不能通过。我把访谈稿改为现文，内容完全一 样，在中国社会科学院《马克思主义文摘》2006 年第 7 期等处发表，未见有任何违禁问题。现将郭晋晖来信说明《上海第一财经日报》没有发表的原委，及他写的访谈稿作为本文的附件刊出，供读者参阅。）

端正改革开放的方向

——我国市场取向改革是社会主义的自我完善

内容提要：当前流行的"如果不改革就是死路一条"的说法，是不够精确，不够全面的。我们的改革从一开始就是市场取向改革。但是，从一开始我们也认定这场改革是社会主义制度的自我完善。党的十四大明确提出改革目标是建立社会主义市场经济，而不是资本主义市场经济。邓小平多次把公有制为主体和共同富裕不搞两极分化当做社会主义的"两个根本原则"来反复强调。十八大报告就应当按照这两个根本原则来判别改革方向，据此以决定改革方向的取舍。

今年2月初，许多媒体登载一条消息，引述邓小平同志20年前南方谈话中的一个断句，"不改革开放就是死路一条"，激起了社会人士的广泛注意，"大家倍感振奋"；同时也引发了民间和网络议论纷纷。

三十多年的改革开放，我国国力增进，无疑获得巨大成就。当前，随着改革的深化，一些深层次的矛盾浮现出来，且日益突出。确实，只有继续坚持改革开放，才能化解风险，中国才有出路，才有前途。

改革有不同的方向。改革是按社会主义方向走，还是资本主义方向走，大有讲究。

改革之初，强调"改革是社会主义制度的自我完善"，同时强调"坚持四项基本原则"与"坚持改革开放"是同等重要的两个"基本点"，所以大家都很高兴，很拥护改革。

到现在，讲改革开放的时候，不大提"社会主义制度的自我完善"了，坚持"四项基本原则"也不提或者淡化了，有时一笔带过，不当一回事。所以，不少同志对现在的"改革"有些疑虑。

因此，重新强调"不改革开放就是死路一条"，看来很有必要。不过当前流行的"如果不改革就是死路一条"的说法，是不够精确，不够全面的。改革有不同的方向，改革到底是按社会主义方向还是按资本主义方向，这个问题还是要讲清楚。戈尔巴乔夫也曾坚持改革，他把苏联改到什么地方去了？原苏共中央意识形态部部长亚·谢·卡普托说："随便把改革历史梳理一下就会发现，戈尔巴乔夫的改革，一开始就是实施加速发展战略，接着是科技进步，然后是更多的民主，就是民主社会主义，最后就是消灭社会主义。"俄中友协主席米·列·季塔连科说，"戈尔巴乔夫的改革名义上是改革，实际上是一项破坏苏联，瓦解苏联的计划"。邓小平更指出，"有一些人打着拥护改革开放的旗帜，想把中国引导到资本主义，他是要改变我们社会的性质"。所以，不能简单地说"不改革就是死路一条"。准确地说，不坚持社会主义方向的改革，才是死路一条；坚持资本主义方向的改革，也是死路一条。

所以，不要简单地重复"不改革就是死路一条"。这个提法容易把改革引导到错误的方向。查一查邓小平1992年南方谈话关于"死路一条"的全面表述，原来并不是简单的"不改革开放就是死路一条"，而是先讲了极其重要的前提条件，其全句是：

> "要坚持党的十一届三中全会的路线、方针、政策，关键是坚持'一个中心，两个基本点'，不坚持社会主义，不坚持改革开放，不发展经济，不改善人民生活，只能是死路一条。"

我们应该不是口头上片面地引用邓小平讲话中的个别语句，而要全面地坚持邓小平讲话精神。在涉及改革开放的话题时，不讲或者淡化四项基本原则，不讲或者淡化、歪曲社会主义，而只讲"不改革开放只能是死路一条"，那就是有意识地或者无意识地把改革开放引向资本主义邪路。

我希望十八大报告能把这个精神讲清楚，不要再含含糊糊，给别有用心的人有钻空子的余地。

这个问题太重要了，关系到我们社会主义国家的前途和十几亿人民的命运。

不错，我们的改革从一开始就是市场取向改革。但是，从一开始我们也认定这场改革是社会主义制度的自我完善。党的十四大明确提出改革目标是建立社会主义市场经济，而不是资本主义市场经济。什么是社会主义不同于资本主义的本质特征和根本原则，邓小平也讲得很清楚。他说，"社会主义与资本主义不同的特点，就是共同富裕，不搞两极分化"①，"社会主义最大的优越性就是共同富裕。这是体现社会主义本质的一个东西"②。为实现这个不同于资本主义的本质特征，就要公有制经济占主要地位，"只要我国经济中公有制占主要地位，就可以避免两极分化"③，最终实现共同富裕。由此可知，邓小平为什么多次把公有制为主体和共同富裕不搞两极分化当做社会主义的"两个根本原则"来反复强调。初步统计，他至少五次讲过：社会主义有两个根本原则，一个是公有制为主体，一个是共同富裕，不搞两极分化④。邓小平关于社会主义的两个根本原则和这两个根本原则之间的关系⑤的论述，是邓小平独创，是中国特色社会主义理论的精髓，同时也符合马克思主义和毛泽东思想。十八大报告就应当按照这两个根本原则来判别改革方向是社会主义的还是资本主义的，据此以决定改革方向的取舍。

按照邓小平提出的社会主义第一个根本原则，十八大报告在讲改革开放时，除了重申并强调坚持四项基本原则，还应重申并强调宪法规定的以公有经济为主体，国有经济为主导的社会主义基本经济制度不能动摇；在目前公有制经济在全国经营性资产总额中的比重远低于临界点，已经无优势可言，国家经济命脉中国有经济的主导作用和控制力也已明显削弱的情势下，尤其要切实制止一切违反宪法的政策法令的推行，抵制和削减这类违宪言论主张的影响。一位知名正直学者指出，在宪法所规定的国家基本

---

① 《邓小平文选》第三卷，第 123 页。
② 《邓小平年谱（1975—1997）》，第 1324 页。
③ 《邓小平文选》第三卷，第 149 页。
④ 《邓小平年谱（1975—1997）》，第 1033、1069、1075、1078、1091 页。
⑤ 即前引"只要我国经济中公有制占主要地位，就可以避免两极分化"。

经济制度未废除的前提下，由行政部门推行国企私有化，鼓励私人资本进入国民经济命脉关键领域，"不仅违反共和国的根本大法，而且意味着国体根本之变"。世界银行佐利克的报告，要求中国大规模缩减国有企业，据该报告英文版透露，国企在工业产值中的比重，应由 2010 年的 27%，压减到 2030 年的 10% 左右。实际上世行报告是国内极少数自由化官僚精英的主意，想借助国际资本的力量，来压制国内反对私有化的浪潮。3 月 17 日在北京钓鱼台召开高层论坛，就有特邀"著名学者"跳出来高叫"我必须拥护世行的报告提出的一些建议，事实上国有企业已经成为未来中国进一步成长的一个最主要障碍之一，未来希望五年到十年内，应该将国有企业比重降到 10% 左右"，比世行报告还要积极，提前十至十五年实现世行的目标。中外资产阶级右派精英为中国设计的私有化方案，国有企业在国民经济中的比重，比某些当代资本主义国家的国有垄断资本曾经达到的比重还要低得多。我们八十年代考察过法国的国企，当时法国国有企业在全国经济中占的比重是，营业额是 21%，增加值是 28%，工业中营业额占 42%。由此比较，这些所谓的中外专家，想要把中国变颜色变到什么地步！我想中国共产党作为真正马克思主义的中国政党，十八大一定会对此类事情作出适当的清理。

按照邓小平社会主义第二个根本原则，十八大报告应针对时弊，分析过去三十多年里，我们改革的大部分时间把以经济建设为中心的重点，放在做大蛋糕上即 GDP 增长上，没有来得及放到分好蛋糕上，以至于贫富差距不断扩大，两极分化趋势明显；在未来一个时期内，我们要克服这个缺陷，把分好蛋糕放在更加重要的地位，也就是说把以经济建设为中心的着重点放在分好蛋糕上，即放在民生和分配上。为了彰显中国共产党为中国人民共同富裕，不搞两极分化的真诚决心，十八大报告宜重笔墨阐述邓小平关于共同富裕和不搞两极分化的多次论述，尤其是不要回避邓小平一再提出的"如果我们的政策导致两极分化，我们就失败了"的告诫。要支持在共同富裕方面推行和获得群众拥护的地方成功探索，使之得到发扬推广，不因人废言废事。在理论上，十八大报告还应超越已有的从收入和福利的分配再分配着手，解决共同富裕问题的地方成功探索，依据前述邓小平关于两个根本原则之间的关系的论述，指出要扭转两极分化趋势和实现共同富裕，就必须不仅在收入和福利的分配再分配上采取有效措施，而且还要从所有制结构和财产关系的调整上，回归到以公有经济为主体的社会主义基本经济制度上来，才能根本解决问题。

（本文内容要点，2012 年 3 月 24 日在北京钓鱼台国宾馆召开的中国宏观经济学会常备理事会 2012 年第一次会议上和 2012 年 4 月 12 日在武汉大学召开的"中国经济规律研究会"第 22 届年会上做过发言，原载《经济学动态》2012 年第 7 期。）

中国社会主义市场经济的特色

——纪念经济体制改革目标提出 20 周年

1992 年党的十四大首次提出建立社会主义市场经济体制的改革目标，这是我国改革开放历史上的大事，具有里程碑意义。至今，社会主义市场经济在我国已经实行 20 年了。回顾和梳理我国社会主义市场经济目标模式的提出和发展脉络，具有重要的学术价值和现实意义。为纪念经济体制改革目标提出 20 周年，本报对参加了党的十四大中央文件起草工作的中国社会科学院学部委员、著名经济学家刘国光进行了专访。

"社会主义市场经济"目标模式的提出

《中国社会科学报》：20 年前"社会主义市场经济"是如何创造性提出来的？

刘国光：社会主义市场经济的目标模式，是经过 14 年改革开放的探索而提出来的。1978 年我们开始改革开放，注重市场调节，走了一大段路。1984 年，党的十二届三中全会提出社会主义经济是"在公有制基础上的有计划的商品经济"，是迈向社会主义市场经济理论的重要一步。1987 年，党的十三大指出，"社会主义有计划的商品经济体制应该是计划与市场内在统一的体制"，还指出，"国家调节市场，市场引导企业"，把国家、市场与企业三者关系的重点放在市场方面。1992 年初，邓小平同志在南方考察时清楚地指出，计划和市场不是划分社会制度的标志，而是社会主义和资本主义可以利用的手段，并重申"社会主义也可以搞市场经济"。

党的十四大召开之前，起草小组对经济体制改革目标归纳了三种提法：（1）计划与市场相结合的社会主义商品经济；（2）社会主义有计划的市场经济；（3）社会主义市场经济。其中第（1）种提法是十二届三中全会和十三大表述的综合和发展，第（2）种和第（3）种提法是新提出来的。党的十四大报告中用的是第（3）种简明扼要的说法。实际上，第（2）种说法和第（3）种说法是等同的。时任中共中央总书记的江泽民同志1992年6月9日在中共中央党校的讲话中谈到社会主义市场经济与计划的关系，指出，"社会主义经济从一开始就是有计划的。在人们的脑子里和认识上，一直是很清楚的，不会因为提法中不出现'有计划'三个字，就发生了是不是取消了计划性的疑问"①。

这样，十四大改革目标的精神就很完整了："社会主义市场经济"实质上就是"有计划的市场经济"。当时之所以在改革目标的表述上没有用"有计划"三个字，主要是由于，当时传统计划经济的影响还相当严重，而市场经济的概念尚未深入人心。为了提高市场在人们心中的地位，推动市场经济概念为社会公众所接受，才没有用"有计划"三个字，但加上了"社会主义"四个字极有分量的定语，而"社会主义从一开始就是有计划的"。

关于计划和市场的定位问题

《中国社会科学报》：至今，我们的市场化发育到了什么程度？我们对市场的认识到了什么深度？

刘国光：前几年，有人估计，从总体上说，中国市场经济在整体上已达70%左右，可以说，社会主义市场经济已经初步建立。当然，目前市场还有一些不到位的地方，比如资源要素市场、资本金融市场等，需要进一步发展到位；也有因为经验不成熟而发生的过度市场化的地方，如教育、医疗、住宅等领域。市场化不足和市场化过度的问题都需要继续调整完善，但已不属于传统计划经济向市场经济转换的主流。至今，市场的积极

① 《改革开放三十年重要文献选编》（上），中央文献出版社2008年版，第647页。

作用和消极作用已经比较充分地显露出来。市场的优越性主要表现在激励竞争、优化资源配置等方面。而在总量平衡、环境资源保护、社会公平分配等方面，市场有其固有的缺陷，这些问题不是市场能够自行解决的，这与市场经济本身的缺陷和国家宏观计划调控跟不上市场化的进程有很大的关系。

现在市场经济体制在我国已经实行 20 年，计划离我们渐行渐远。由于历史原因，我们曾经过于相信计划经济。时过境迁，有些人从一个极端走到另一个极端，从迷信计划变为迷信市场，出现盲目崇拜市场经济的市场原教旨主义观点，犯了市场幼稚病，认为市场可以解决一切问题，认为现在出现的问题是由于市场化改革没有搞彻底。有人认为，我国市场化发育不够，国家干预过多；我国现在搞市场化改革，计划不值一提。更有人提出中国要效仿欧美自由市场模式，主张完全自由化。这些人不断叫卖奥地利资产阶级经济学家哈耶克反社会主义、反计划的观点。其实，计划和市场各有利弊。要尊重市场，而不要迷信市场；不要迷信计划，但不能忽视计划。

简单说来，计划的长处就是能在全社会的范围内集中必要的财力、物力、人力，办几件大事，还可以调节收入，保持社会公正。市场的长处就是能够通过竞争，促进技术和管理的进步，实现产需衔接。但是，计划和市场都不是万能的。有这么几件大事不能交给市场去管：一是经济总量的平衡；二是大的经济结构的及时调整；三是竞争导致垄断问题；四是生态环境问题；五是社会公平问题。这些问题都得由国家的宏观计划调控来干预。但是，计划工作也是人做的，人不免有局限性，有许多不易克服的矛盾，比如主观与客观的矛盾：一是由于主观认识落后于客观发展的局限性；二是由于客观信息不对称和搜集、传递、处理上的局限性；三是利益关系的局限性，即计划机构人员观察问题的立场、角度受各种社会势力和利害关系的约束；等等。这些局限性都可能使宏观计划管理工作偏离客观情势和客观规律，造成失误。所以，要不断提高认识水平和觉悟水平，改进我们的宏观计划管理工作，使之符合客观规律和情势的要求。

总之，我们要实行市场取向的改革，但不能迷信市场；要坚持宏观计划调控，但不能迷信计划。我一再提出的这些观念，是符合小平同志1992年谈话关于计划和市场都可以用的思想，而且是顺应前述十四大关于改革目标模式的精神实质的。

计划与市场在更高层次上的结合

《中国社会科学报》：如何实现计划和市场在更高层次上的结合呢？

刘国光：马克思主义认为，在共同的社会生产中，国民经济要实行有计划按比例的发展。"有计划按比例的发展"就是"持续稳定协调的发展"，它不等于传统的行政指令性的计划经济。三十年来，我们革除传统计划经济的弊病，适应初级阶段的国情，进行市场取向的体制改革，在20年前开始建立社会主义市场经济体制，但是不能丢下公有制下有计划按比例的经济规律。加强国家计划对宏观调控的导向地位，就是为了践行这条规律。

党的十七大提出，"发挥国家规划、计划、产业政策在宏观调控中的导向作用，综合运用财政、货币政策，提高宏观调控水平"，强调国家计划在宏观调控中的导向作用，有人认为这是恢复到过去的"传统计划经济"，这是一种误解。而实际上，这是计划与市场在改革的更高层次上的结合。第一，现在的国家计划不是既管宏观又管微观、无所不包的计划，而是主要管宏观，微观的事情主要由市场去管。第二，现在资源配置的基础性手段是市场，计划是弥补市场缺陷的不足的必要手段。第三，现在的计划不再是行政性的，而是指导性的、战略性的、预测性的计划，同时必须有导向作用和必要的约束、问责功能。就是说，也要有一定的指令内容，不是编制了以后就放在一边不闻不问了。

从目前来看，在经济工作的某些领域，有些地方的规划缺少约束性、问责性的指标任务；有些地方规划与中央规划脱节；规划本身多是政策汇编性的。在思想意识中，有些人的计划观念淡化了。这些问题需要解决。

社会主义市场经济区别于资本主义市场经济的特征
——国家计划是宏观调控的"主心骨"

《中国社会科学报》：有人认为，宏观调控是社会主义市场经济和资本主义市场经济的根本区别。请问您怎么看这个问题？社会主义市场经济的宏观调控与资本主义市场经济的宏观调控有什么区别？

刘国光：十四大报告指出，我国社会主义市场经济是国家宏观调控下，市场在资源配置中起基础性作用。有人误解，这是社会主义市场经济不同于资本主义市场经济的地方。但是，宏观调控在资本主义市场经济国家也是存在的。宏观调控在社会主义市场经济和资本主义市场经济中都有，其本身并不是两者的根本区别。两者的根本区别在于计划性方面，在于计划在宏观调控中的作用方面。国家计划在宏观调控中具有导向作用，这是我国社会主义市场经济的特点。

早在 1985 年巴山轮会议上，匈牙利经济学家柯尔耐就提出所谓的 BII 模式，即"宏观调控下的市场协调模式"。当时，法国经济学家阿尔伯特说，他们法国就是实行这种模式。资本主义市场经济的宏观调控主要依靠财政政策和货币政策。少数市场经济国家，如日本、韩国、法国，设有"企划厅"之类的机构，编有零星的预测性计划。英美等多数市场经济国家没有采取计划手段来调控经济。

当时中国社会科学院与会同志在评述巴山轮会议的文章①中指出，要划清社会主义国家宏观调控下的市场经济同资本主义国家宏观调控下的市场经济的界限。作为社会主义国家改革目标的体制模式，必须坚持社会主义原则，即公有制经济为主体和共同富裕，同时决不能把国家的计划指导抽象掉。所以，社会主义宏观调控还有一个国家计划指导手段。也就是说，我国作为社会主义国家，在宏观调控中除了运用财政和货币政策外，在公有制经济为主体的基础上，还有必要也有可能在宏观调控中运用计划手段。因此，在构建市场经济体制时，我们还是保留了国家计划调控的功

---

① 《经济体制改革与宏观经济管理》，《刘国光文集》第四卷，第232—234页。

能，如编制年度计划、五年计划（目前改称为"规划"）等，保留了发改委这样庞大的机构。

党的十四大报告还明确指出，"国家计划是宏观调控的重要手段之一"。社会主义市场经济体制是同社会主义基本经济制度结合在一起的。在财政、货币、计划三者的关系中，计划是财政、货币政策的指导，财政、货币政策要有国家计划的导向。因此，国家计划与宏观调控是不可分离的，可以说，国家计划是宏观调控的"主心骨"。这是社会主义市场经济的又一特点，也是社会主义市场经济的宏观调控不同于资本主义市场经济的宏观调控部分。

坚持社会主义初级阶段的基本经济制度

《中国社会科学报》：从根本上说，我国社会主义市场经济与资本主义市场经济有什么不同？

刘国光：首先，两者的根本区别首先是基本经济制度不同。十四大报告明确宣布，"社会主义市场经济体制是同社会主义基本制度结合在一起的。"我国社会主义市场经济的制度基础是社会主义初级阶段的基本经济制度，即公有制为主体、多种所有制经济共同发展。坚持这一基本经济制度是维系社会主义市场经济的前提条件。资本主义市场经济的制度基础是资本主义私有制。这是最根本的一面。

党的十七届五中全会指出，"要坚持和完善社会主义基本经济制度"。这是很有针对性的。大量言论和事实表明，当前私有化的危险倾向确实存在。私有化的主张者不仅要求国有经济完全退出竞争领域，还要求国有经济退出关系国民经济命脉的重要行业和关键领域，让位给私人经济。

在社会主义市场经济中，国有经济的作用不是像在资本主义制度中那样，主要从事私有企业不愿意经营的部门、补充私人经济和市场机制的不足，而是为了实现国民经济的持续稳定协调发展，巩固和完善社会主义制度。为了实现国民经济的持续稳定协调发展，国有经济就应主要集中于能源、交通、通信、金融、基础设施和支柱产业等关系国民经济命脉的重要行业和关键领域，在这些行业和领域应该有"绝对的控制力"、"较优强的控制力"，"国有资本要保持独资或绝对控股"或"有条件的相对控股"，以利于对国民经济有计划的调控。此外，国有经济还肩负着保证社会公平正义的经济基础责任。对那些在政府调控经济中可能不太重要，但是对于保障公平正义非常重要的竞争性领域的国有资产，也应该视同重要的和关键的领域，要力争搞好。

当然，竞争性领域应当对私营企业完全开放，尽量让它们相互竞争，并与国企平等竞争。要从制度和政策等方面，保障和发挥私有经济在竞争性市场领域中的积极作用。应当充分肯定包括私有经济在内的非公有制经济在促进我国生产力发展中的积极作用。但私营经济具有两面性，它除了有利于发展生产力之外，还有剥削性的消极的一面。针对其两面性，除了引导它们在适当的行业合法经营、健康发展外，还要对其不合法、不健康的经营行为进行限制，对其经营领域进行节制。

应当明确的是，在有关国家安全和经济命脉的战略性部门及自然垄断产业，问题的关键不在于有没有垄断，而在于谁来控制。一般来说，这些特殊部门和行业，由公有制企业经营要比由私有制企业经营，能更好地体现国家的战略利益和社会公众利益。当然，行政性垄断的弊病是应当革除的。当前国企收入分配改革中的焦点是，调整高管薪酬待遇，杜绝市场化改革以来国企利益部门化、私利化弊端。需要注意的是，这些弊病在市场化以前的原有体制中，并未见显现，这是值得研究和借鉴的一个问题。

关于改革开放的方向问题

《中国社会科学报》：20 年前邓小平南方谈话时强调，不改革开放就是"死路一条"，时下重温这一论断，请您谈谈您的感触。

刘国光：理解伟人的话，千万不要断章取义，这是首要的问题。全面理解邓小平关于"死路一条"的表述，要注意到他的这一论断有着极其重要的前提条件。原话是这样说的："要坚持党的十三届三中全会的路线、方针、政策，关键是坚持'一个中心，两个基本点'，不坚持社会主义，不坚持改革开放，不发展经济，不改善人民生活，只能是死路一条。"可以看到，严格地讲，不改革开放就是死路一条，这种认识和理解是不准确的、片面的，实际上是没有全面坚持邓小平的讲话精神。这个问题太重要了，关系到改革开放的方向，关系到我们社会主义国家的前途和十几亿人民的命运。

《中国社会科学报》：请您具体谈谈改革开放的方向问题。

刘国光：有资本主义方向的改革，也有社会主义方向的改革。我们的改革，方向是时刻要把握的问题。邓小平曾经指出，"有一些人打着拥护改革开放的旗帜，想把中国引导到资本主义，他是要改变我们社会的性质。"我们的改革从一开始就是市场取向的改革，与此同时，从一开始我们也认定，这场改革是社会主义制度的自我完善。党的十四大明确提出，改革的目标是建立社会主义市场经济，而不是资本主义市场经济。邓小平不止五次讲过，社会主义有两个根本原则，一个是公有制为主体，一个是共同富裕，不搞两极分化。而邓小平的这一思想，正是中国特色社会主义理论的精髓。

现在，讲改革开放的时候，不大提"社会主义制度的自我完善"了，坚持"四项基本原则"也不提或者淡化了。有时候只是一笔带过。因此很有必要重申并强调坚持四项基本原则和公有制经济为主体。目前公有制经济在全国经营性资本总额中的比重降低，国家经济命脉中国有经济的主导作用和控制力也明显削弱。我们在 20 世纪 80 年代考察过法国的国有企业。当时法国国有企业在全国经济中占的比重，营业额是 21%，增加值是 28%，工业中营业额占 42%。可以看到，我国国有企业在国民经济中的比重，比当代资本主义国家的国有垄断资本曾达到的比重还要低。过去 30 多年改革开放中，我们把主要精力放在做大蛋糕上，没来得及分好蛋糕，以至于贫富差距不断扩大，两极分化趋势明显。今后一个时期，我们要把分好蛋糕放在更加重要的地位。

（本文系《中国社会科学报》记者张文齐专访纪要，
原载《中国社会科学报》2012 年 9 月 12 日。）

四

社会主义市场经济是
有计划的

计划性和公有制为主体是社会主义
市场经济与资本主义市场经济的
两个根本性区别

从 1992 年党的十四大提出社会主义市场经济到现在已近 20 年，建立新体制已经取得有目共睹的巨大成就，也产生了不少有待探索改进的问题。这里，就正确处理计划与市场的关系和怎样巩固社会主义市场经济的制度基础（即社会主义初级阶段的基本经济制度），提出一些看法，供讨论参考。

一　关于社会主义市场经济的计划性问题

马克思主义认为，在共同的社会生产中，国民经济要实行有计划按比例地发展。"有计划按比例"并不等于传统的行政指令性的计划经济。改革开放以来，我们革除传统计划经济的弊病，适应社会主义初级阶段的国情，建立了社会主义市场经济体制，但也不能丢掉公有制为主体下有计划按比例的经济发展要求和规律。政治经济学领域的学者尤其不能忘记这一点。

1992 年党的十四大提出建立社会主义市场经济体制的改革目标，是在邓小平同志"计划与市场两种手段都可以用"的南方谈话精神下制定的。当时，关于改革目标的问题，有三种提法：（1）社会主义有计划的市场经济；（2）计划与市场相结合的社会主义商品经济；（3）社会主义市场经济。在这三种提法中，我们党最终选择了"社会主义市场经济"。对于其中没有包含"有计划"三个字，时任中共中央总书记的江泽民同志有解释："有计划的商品经济也就是有计划的市场经济，社会主义经济从一开始就是有计划的，这在人们的脑子里和认识上一直是很清楚的，不能因为提法中不出现'有计划'三个字，就发生了是不是取消了计划性的问题。"① 党的十四大之所以在改革目标的表述上没有用"有计划"三个字，这与当时传统计划经济的影响还相当严重，而市场经济的概念尚未深入人心的情况有关；为了提高市场在人们心中的地位，推动市场经济概念为社会公众所接受，才没有加上"有计划"三个字，但加上了"社会主义"这极有分量的定语，而"社会主义从一开始就是有计划的"！这样，党的十四大改革目标的精神就很完整了。我当时参加中央文件起草工作，感到党中央这样做用心良苦，非常正确。

现在社会主义市场经济在我国已实行将近 20 年，计划经济离我们渐行渐远。由于历史原因，我们过去过于相信传统的计划经济；时过境迁，一些同志从迷信计划变成迷信市场，从一个极端走到另一个极端，说我们不再需要计划了。在经济工作的某些领域中，国家计划对宏观经济的指导作用有所减弱；有些地方的规划缺少约束性、问责性的指标任务；有些地方规划与中央规划脱节，片面追求 GDP 的高增长，规划失去了导向的意义。所有这些，都影响到宏观经济管理的实效，造成社会经济发展中出现许多失衡问题。

在这样的情况下，重申社会主义市场经济也有"计划性"，很有必要。党的十七大重新提出"发挥国家规划、计划、产业政策在宏观调控中的导向作用"，就是针对我国经济实践中计划工作削弱和思想意识中计划观念淡化的状况而提出的。我们不仅要在实践中切实贯彻党的十七大这一重要方针，而且要在理论宣传工作中强调社会主义市场经济的计划性。

社会主义市场经济必须有健全的宏观调控体制，这当然是正确的。但是，1985 年在"巴山轮"国际宏观经济管理问题讨论会上，匈牙利经济学家科尔奈建议我国建立宏观调控下市场经济体制的时候，法国经济学家阿尔约伯特说法国就实行这种体制。所以，宏观调控下的市场经济并非社

---

① 《改革开放三十年重要文献选编》（上），中央文献出版社 2008 年版，第 647 页。

会主义国家经济体制独具的特色，而是资本主义国家也有的。那么，我们社会主义国家宏观调控下的市场经济怎样区别于资本主义国家呢？除了基本经济制度的区别外，就在于社会主义市场经济还有计划性，还有国家计划的指导。少数市场经济国家，如日本、韩国、法国，都曾设有企划厅之类的机构，编有零星的预测性计划。英美等多数市场经济国家只有财政政策、货币政策等手段，没有采取计划手段来调控经济。但我们是以公有制经济为主体的社会主义大国，有必要也有可能在宏观调控中运用计划手段，指导国民经济有计划按比例发展。这也是社会主义市场经济的优越性所在。宏观调控有几项手段，最重要的是计划、财政、货币三者，党的十四大报告特别指出"国家计划是宏观调控的重要手段"。这里没有说到财政政策、货币政策，不是说财政政策、货币政策不重要，而是财政政策、货币政策是由国家宏观计划来导向的。所以，国家计划与宏观调控不可分，是宏观调控的主心骨。宏观调控下的市场经济也可以称为国家宏观计划调控下的市场经济，这就是社会主义市场经济不同于资本主义市场经济的地方。

二　关于如何巩固社会主义市场经济的制度基础问题

社会主义市场经济与资本主义市场经济的另一个根本区别在于基本制度不同。前者以社会主义初级阶段的基本经济制度为基础，不同于资本主义私有经济制度。社会主义初级阶段的基本经济制度是公有制为主体、多种所有制经济共同发展的经济结构，坚持这一基本经济制度是维系社会主义市场经济的前提条件。

党的十七届五中全会再次重申"要坚持和完善社会主义基本经济制度"。坚持社会主义基本经济制度，就必须既不能搞私有化，也不能搞单一公有制。这是党的十七届四中全会提出要划清四个重要界限里面的一条，十分重要。当前，我们需要进一步研究，在"私有化"和"单一公有制"这两个错误倾向中，哪一个目前是主要的，以更好地抵制其消极影响。单一公有制是过去片面追求"一大二公三纯"时代的产物，现在还有个别极"左"人士在宣扬，这是需要我们与之划清界限的。但大量的言论和事实证明，当前存在的更为严重的错误思想倾向是私有化倾向，这一倾向对于社会主义市场经济的建设是极为不利的，马克思主义的政治经济学研究者不能不看到这一点。

马克思主义评价所有制的标准，并不只看所有制成分的比重。这是对的。但是，马克思主义也不主张不看比重。如果公有制经济在国民经济中的比重不断降低，以至于不再占主体，就会改变我国的社会主义性质。目前，根据国家统计局的数据，我国国有经济在国民经济中的比重还在下降，宏观上并不存在所谓的"国进民退"；微观上国有经济"有进有退"，但更多的是"国退民进"，个别案例中的所谓"国进民退"，也并非没有道理。我们党一贯强调，公有制比重的减少也是有限制有前提的，那就是不能影响公有制的主体地位。现在有不少人对公有制是否还是主体有疑虑。解除人们疑虑的办法之一，就是用统计数字来说明。马克思主义政治经济学应当负起这个责任，解释公众的疑虑，坚定人们对社会主义初级阶段基本经济制度的信心。

我国社会主义基本经济制度不但要求公有制经济占主体地位，而且要求国有经济起主导作用。而要保证国有经济对国民经济起主导作用，国家应控制国民经济命脉，国有经济的控制力、影响力和竞争力得到增强。在社会主义经济中，国有经济的作用不是像在资本主义制度中那样，主要从事私有企业不愿意经营的部门，补充私人企业和市场机制的不足，而是为了实现国民经济的持续稳定协调发展，巩固和完善社会主义制度。为了实现国民经济的持续稳定协调发展，国有经济应主要集中于能源、交通、通信、金融等基础设施和支柱产业中。这些都是关系国民经济命脉的重要行业和关键领域，在这些行业和领域中国有经济应该有"绝对的控制力"、"较优强的控制力"，"国有资本要保持独资或绝对控股"或"有条件的相对控股"。这些都是中央文件所规定和强调的。国有经济对这些部门保持控制力，是为了对国民经济有计划地调控，以利于它持续稳定协调发展。

除了帮助政府实行对国民经济有计划地调控外，国有经济还有另一项任务，即它是保证社会公平正义的经济基础。对那些在政府调控经济中可能不太重要，但是对于保障公平正义非常重要的竞争性领域的国有资产，也应该视同重要和关键的领域，要力争搞好。所以，不但要保持国有经济在关系经济命脉领域的控制力，而且要保障国有经济在竞争性领域的发展，发挥它们在稳定和增加就业、保障社会福利和提供公共服务中的作用，增强国家转移支付和实行公平再分配的经济能力和实力。有竞争力的国有企业为什么不能在竞争性领域发展，难道利润收入只让私企独占？所以，中央对竞争性领域的国有经济一向坚持"有进有退"的政策，注重提高和发挥其竞争力，而绝不是要求它"完全退出"竞争性领域。当然，竞争性领域应当对私营企业完全开放，尽量让它们相互竞争，并与国企相互竞争。

私有化的主张者不仅要求国有经济完全退出竞争领域，他们还要求国有经济退出关系国民经济命脉的重要行业和关键领域。他们经常把国有经济在这些领域的优势地位冠以"垄断行业"、"垄断企业"，不分青红皂白地攻击国有企业利用政府行政权力进行垄断，把国有资本一概污蔑为官僚垄断资本。应当明确，在有关国家安全和经济命脉的战略性部门及自然垄断产业，问题的关键不在于有没有垄断，而在于谁来控制。一般说来，这些特殊部门和行业，由公有制企业经营要比由私有制企业经营能更好地体现国家的战略利益和社会公众利益。

行政性垄断的弊病是应当革除的。革除的办法与一般国企改革没有太大的差别，就是实行政企分开，政资分开，公司化改革，建立现代企业制度，收入分配制度的改革，健全法制和监管制度，等等。恢复企业利润上交国库，调整高管薪酬待遇（某些国企高管的收入高得离谱了），杜绝市场化改革以来国企利益部门化、私利化的弊端，这些都是当前国企收入分配改革中人们关注的焦点。另外，要进一步完善职工代表大会制度，使之成为真正代表劳动者权益的机构。如果职工真正有权监督国企重组，有些国有企业改制中出现的群体性事件甚至悲剧就不会发生了。

私有经济在社会主义初级阶段的基本经济制度中有其地位，应当充分阐述包括私有经济在内的非公经济对促进我国生产力发展的积极作用。但是，私营经济具有两面性，它除了有利于发展生产力的积极一面外，还具有剥削性的消极一面。针对私营经济和私营企业主客观存在的两面性，除了引导它们在适当的行业合法经营、健康发展外，还要对其不合法、不健康的经营行为进行限制，对其经营的领域进行节制。对于关系国家经济命脉和公众利益的部门，应当由公有制经济来承担，以避免私有经济只顾追逐利润而影响国家经济安全、扩大贫富差距。

（《红旗文稿》2010 年 10 月发表时题为《社会主义市场经济与资本主义市场经济的两个根本区别》，原载《红旗文稿》2010 年第 21 期。）

有计划,是社会主义市场经济的强板

一　全球经济危机的警示

这些年来,许多人常常把西方资本主义称作规范的、成熟的、现代的市场经济,意思是说现代资本主义已经克服了内部矛盾,可以避免周期性的经济波动即经济危机,马克思主义关于资本主义的分析已经过时了。最近美国爆发了金融危机,随即扩大为全球经济危机,这说明资本主义本质上没有改变,马克思的分析依旧没有过时。

20世纪70年代末期以来,西方兴起了新自由主义,认为资本主义遇到的问题,不是出自资本主义本身,而是过多的国家干预造成的,只要减少国家干预,资本主义就会充满活力。结果,新自由主义或市场原教旨主义,在西方横行了30年,贫者愈贫,富者愈富,以至于经济要靠借债消费和金融投机来支撑,最后以金融海啸和全球危机收场。资本主义无法克服社会化大生产与生产资料的私人占有之间的矛盾,这引起了各部门之间的比例失衡,总供给和总需求之间的失衡,虚拟经济和实体经济的失衡,目前的危机就是这些失衡的表现。长期以来,好多人对此不屑一顾,现在没有几个人敢继续怀疑了。

现在美国最流行的经济词汇就是"救助",用我们的话说,就是加强国家宏观调控。对市场的迷信,在西方资本主义国家已经降温了。今天,西方的政要们面对经济危机大惑不解,有的干脆去读《资本论》以寻找答案。我们更应当重温马克思主义对资本主义的分析,来加深我们对当前世界的了解。

这些年来,对市场高估其优点、低估其缺点的倾向,我们也存在。与此相对应，计划的优点则被严重低估和忽视了。这值得我们反思。

二 计划与市场各有优劣，缺一不可

小平同志率先正确指出①，计划与市场不是划分社会制度的标志，而是社会主义和资本主义都可以利用的配置资源的手段，其各有优点与缺陷。

市场的长处就是能够通过竞争，促进技术和管理的进步，实现产需衔接。但是，市场也不是万能的。有几件大事不能完全交给市场、交给价值规律去管：一是经济总量的平衡；二是大的经济结构的及时调整；三是竞争导致垄断问题；四是生态环境问题；五是社会公平问题。这些问题都需要国家的宏观计划调控来干预。

计划的长处就是集中力量办大事，对经济发展方向及时作出重大调整，还可以调节社会分配，保持社会公正。但计划工作也是人做的，人不免有局限性，有许多不易克服的矛盾，比如主观与客观的矛盾，利益关系的矛盾，等等，计划也就不会十全十美了。对此，一方面要改进计划工作，另一方面就是运用市场手段来校正计划的不足。

对于市场与计划，实践中，正确的做法应是：扬长避短，趋利避害，充分发挥它们各自的优势，避免两者的缺陷和不足，使之互相补充。相反，错误的做法就是只迷信其中一方，让两者互相排斥。

三 "有计划"是"社会主义市场经济"的应有内涵

很多人以为建立社会主义市场经济体制，就是彻底否定和抛弃计划了，这是不正确的。

建立社会主义市场经济体制的方针是十四大确立的。十四大前夕，就社会主义市场经济与计划的关系，江泽民同志对我说过："有计划的商品经济也就是有计划的市场经济。社会主义经济从一开始就是有计划的，这

---

① 《邓小平文选》第三卷，人民出版社1993年版，第373页。

在人们的脑子里和认识上一直是很清楚的，不会因为提法中不出现'有计划'三个字，就发生了是不是取消了计划性的疑问。"1992年6月9日，他在中央党校讲话里也讲了这段话①。江泽民同志讲得完全正确。几十年来大家确实都是这样理解的，社会主义市场经济就包括"有计划"。

十四大提出建立社会主义市场经济体制，是指在国家宏观调控下，让市场在资源配置中起基础性作用。国家宏观调控的手段，除了货币金融、财政税收，还包括国家计划。十四大报告明确指出，"国家计划是宏观调控的重要手段之一"②。我们要建立的社会主义市场经济，不是资本主义的市场经济，也不是一般的市场经济，而是社会主义的，有计划的。

社会主义市场经济与资本主义市场经济的区别，有两点最重要：一是人民性，公有制为主体，共同富裕；二是计划性，用计划弥补市场的缺陷，避免经济动荡，同时保证人民性的实现。所以说，称社会主义市场经济是有计划的市场经济，是完全正确的。

1992年我曾经说过："现代市场经济不仅不排斥政府干预和计划指导，而且必须借助和依靠它们来弥补市场自身的缺陷，这是我们在计划经济转向市场经济时不能须臾忘记的。"③ 这也算是在向市场经济转轨的关口，我对于不要忘记"社会主义市场经济也有计划"的提醒吧。

四　宏观计划调控滞后于市场化的危险

改革开放30年来，中国经济运行机制，由传统计划经济逐渐转向社会主义市场经济。市场调节的范围不断扩大，推动了中国经济蓬勃向前。现在商品流通总额中，市场调节的部分已经占到90%以上。前几年有人估计，中国市场经济在整体上完成程度已经达到70%左右。社会主义市场经济已经初步建立。

市场经济初步建立之后，市场的积极方面和消极方面也随之充分展现

---

① 《江泽民文选》第一卷，人民出版社2006年版，第202页。
② 《改革开放三十年重要文献选编》（上），中央文献出版社2008年版，第660页。
③ 《刘国光文集》第七卷，中国社会科学出版社2006年版，第130页。

出来。市场经济在发挥激励竞争、优化资源配置等优越性的同时，它本身固有的缺陷，也日渐突出。特别是在经济总量综合平衡、环境资源保护以及社会公正方面引发的问题，不是市场能够自行解决的。

但有不少人犯了市场幼稚病，甚至发展到对市场迷信的程度。许多领域发生了过度市场化的倾向，像教育、医疗、住宅等领域，本来不该市场化的部分，也都市场化了。西方资本主义国家，有几个敢在这些领域实现完全市场化的呢？这些领域的过度市场化，对人民群众的生活造成了十分不良的影响。

市场追求的是利益最大化，这是市场经济的优点，给经济发展带来了强大的动力。但是，也不能不看到市场的缺陷。市场追求的常常是眼前利益最大化，而不是长远利益最大化。这就要求发挥国家计划的作用，校正市场的短视行为。血汗工厂过多，面临被淘汰的命运，一有风吹草动，垮掉的首先是它们，就像目前东南沿海正在发生着的那样。但是只要还能维持下去，指望它们主动去进行产业升级、自主创新，那是很难的。中央决定上大飞机，就是计划行为。要是按照迷信市场的比较优势理论，我们只干八亿条裤子换一架飞机的买卖就成了。

市场常常追求局部利益、个人利益最大化，而局部利益、个人利益最大化并不必然导致社会利益最大化。一家造纸厂，废水不经处理就排放，它节约了成本，本厂利益最大化了，但是却污染了河水，危害了社会利益。小煤窑，乱开采，自己发财了，却把一个好矿脉给挖得千疮百孔。因此，这些年来资源环境问题越来越严重。三聚氰胺奶粉事件的本质也是如此。

因此，改革开放30年来，一方面经济发展取得了不容置疑的成就；另一方面环境破坏、贫富分化、城乡地区差异等矛盾越积越多。这与国家宏观计划调控跟不上市场化的进程，有很大关系。

十四大以来，我们在短期宏观调控上，先后取得了治理通胀和治理通缩的成功经验。但是国家计划的宏观经济导向作用有日渐减弱的趋势。计划本身多是政策汇编性的，很少有约束性、问责性的任务；中央计划与地方计划脱节，前者控制不了后者的盲目扩张；计划的要求与实际执行相差甚远。总之国家计划失之软弱，甚至变成可有可无的东西。放弃 GDP 情结，扩大内需，产业升级，自主创新，喊了好多年，但是收效不大，这与国家计划的约束性与问责性不强而导致的国家宏观调控能力减弱有关。

智慧来自经验教训：要尊重市场，而不能迷信市场；不要迷信计划，但也不能忽视计划。由于历史原因，我们过去过于相信计划的作用。时过境迁，一些人从迷信计划变成了迷信市场，从一个极端蹦到了另一个极端。

许多人把改革只定义为"市场化改革"，那显然是有局限性的。改革的目标，如邓小平同志所说的，是社会主义制度的自我完善，包括政治改革、经济改革、社会改革、文化改革、政府改革等等，因此不能都叫作"市场化改革"。就是在经济领域，也不完全是"市场化改革"，而是"建立社会主义市场经济体制"，是在国家宏观计划调控下让市场起资源配置的基础性作用。党内没有一份重要文件明确将改革方向简单片面地定位为"市场化改革"。

五　十七大重申发挥国家计划在宏观调控中的导向作用

现在是到了继续坚持让市场作为资源配置的基础的同时，加强宏观计划调控的作用、强调国家计划在宏观调控中的主导作用的时候了。

党的十七大重新提出"发挥国家规划、计划、产业政策在宏观调控中的导向作用，综合运用财政、货币政策，提高宏观调控水平"[①]。十七大明确提出这个多年没有强调的国家计划的导向性问题，我认为是极有针对性的。它再次提醒我们，社会主义市场经济应该是"有计划"的。国家计划导向下的宏观调控，是中国特色社会主义市场经济所必备的内涵。

十七大重新强调国家计划在宏观调控中的导向作用，并不是如某些人所歪曲的那样，"要回到传统计划经济模式"。因为：第一，现在的国家计划不是既管宏观又管微观、无所不包的计划，而是只管宏观，微观的事情主要由市场去管；第二，现在资源配置的基础性手段是市场，计划是弥补

---

① 《改革开放三十年重要文献选编》（下），中央文献出版社 2008 年版，第 1726 页。

市场缺陷的必要手段；第三，现在的计划主要不再是行政指令性的，而是指导性的、战略性的、预测性的计划，同时必须有导向作用和必要的约束、问责功能。

由计划经济向市场经济过渡，再到重新强调国家计划在宏观调控中的导向作用，这合乎辩证法的正—反—合规律。这不是回到过去传统的计划经济的旧模式，而是计划与市场关系在改革新阶段更高层次上的综合。

实现市场和计划在更高层次上的综合，就是在计划与市场之间建立和谐关系。计划与市场之间的和谐，是社会主义和谐社会应有的内容。

六 宏观计划调控和共同富裕
离不开公有制的主体地位

前面讲到，社会主义市场经济与资本主义市场经济的最大区别，一是人民性，二是计划性。这两点的实现都离不开公有制的主体地位。

十四大指出，"社会主义市场经济是同社会主义基本制度结合在一起的。"[1] 社会主义基本经济制度就是公有制为主体，多种经济共同发展。这里强调公有制为主体，是很关键的。如果公有制比重过低，那么国家的宏观计划调控的实施难度就大了。为了实现病有所医的目标，国家想从财政上有所补贴。可是原有的公有医疗体系已经被破坏了，许多医疗机构、尤其是基层医疗机构都已经私有化了，你拿政府的钱补贴私人企业吗？

现在央企已经成为经济增长的火车头，公有制企业必然效率低下的说法是站不住脚的。当然，国有企业的内部管理还要进一步深化改革，其领导人与职工的收入差距不能过分拉大，其内部腐败也要治理。现在讲振兴东北老工业基地。老工业基地，为国家作出了巨大贡献，可到了需要国家支持的时候竟被当做包袱撒手不管了。垮掉之后就归罪于国有企业没有效率。现在回头调整，是明智的。

现在谈到贫富差距扩大的原因时，人们首先会想到城乡差距、地区差距、行业垄断、腐败，公共产品供应不均、再分配调节滞后等。这些都有

---

[1] 《改革开放三十年重要文献选编》（上），中央文献出版社 2008 年版，第 660 页。

道理,但不是最主要的。

按照马克思主义观点,所有制决定分配,财产占有上的差别,才是收入差别最大的影响因素。连西方资产阶级经济学家萨缪尔森都承认,"收入差别最主要的是拥有财富多寡造成的,和财产差别相比,个人能力的差别是微不足道的。"他还说,"财产所有权是收入差别的第一位原因,往下依次是个人能力、教育、培训、机会和健康。"① 30 年来我国贫富差距的扩大,除了前述原因外,所有制结构的变化,"公"降"私"升和化公为私的滋蔓,才是最根本的。

强调公有制的主导地位,不是固执于教条,而是说你不这样,就无法避免两极分化,就无法做到让全体人民共享改革成果。靠财政税收、转移支付、完善社会保障等手段来缩小收入差距,是完全必要的,我们现在也开始这样做了,但是,指望它们从根本上扭转贫富差距扩大的趋势,是不可能的。

像资本主义福利国家的典范瑞典,长期采用财政税收等手段来调节社会分配,效果依旧不大。2007 年瑞典工业经济研究所的最新研究成果显示,瑞典财富集中程度其实与美国不相上下。如果算上移居海外的大富翁,像宜家集团的老板之类的,那么瑞典百分之一最富有的人口所拥有的财富已超过了全国私人总财富的 40%。这甚至可能比美国还要高。

小平同志强调,"只要我国经济中公有制占主体地位,就可以避免两极分化。"② 这决不是空话、套话。

七　全球危机条件下尤其需要加强政府计划职能

为应对全球经济危机,中央果断采取启动四万亿元的经济刺激决策。其中的各项措施,不管是铁路、公路、能源等基础建设,还是农村基础、生态环境建设,都离不开计划和规划。一下子花这么多钱,要达到目标,要花到实处,要产生最大的效益,不好好计划、规划那怎么成呢? 这证明

---

① ［美］保罗·萨缪尔森:《经济学》下卷,商务印书馆 1979 年版,第 231 页。
② 《邓小平文选》第三卷,人民出版社 1993 年版,第 149 页。

社会主义市场经济是不能离开国家计划指导下的宏观调控的。即使在平时，如前所述，国民经济许多重要领域，尚不能完全交给"看不见的手"的市场去管，何况在发生危机的条件下，必须要加强政府宏观计划的职能。

大家都知道，托马斯·弗里德曼是美国新闻界鼓吹新自由主义的代表人物。他的作品《世界是平的》，主要就是宣扬全球化和极端市场化的，去年出了中译本，影响很大，包括有些领导同志也很重视这本书。今年弗里德曼在广东访问时，看到当地正在大规模地推广可再生能源发电，不由得大发感慨：美国要是能变成中国一天就好了，利用这一天，美国就可以像中国那样依靠政府力量来推广新能源以及采取其他的引导市场的措施，然后第二天再重新恢复到原来的自由市场体制。

这番话表明，托马斯·弗里德曼这个极端市场论者也不得不承认市场不是万能的。我们的长处是发挥计划优势，集中力量办大事，不管这一大事是发展新能源，还是缩小收入差距、产业升级、环境保护、国土整治，等等，正是他所羡慕的。人家的长处，我们要学；自己的长处，我们不应扔了，要更充分地发挥。

（本文系作者口述，由《绿叶》杂志社编辑杜建国整理，

原载《绿叶》2009 年第 1 期。）

宏观计划调控要跟上市场化进程

　　回顾改革开放 30 年，我想从 1985 年 9 月的一次学术会议谈起。在这次会议上一位匈牙利专家认为，从经济运行机制视角出发，可以将社会主义经济运行模式分为行政协调和市场协调两类，而每一类又可以分成两个具体形态，即四种模式：一是直接的行政协调，就是行政指令性计划的协调；二是间接的行政协调，就是指导性协调；三是没有控制的自由市场的协调，就是完全自由市场；四是有宏观控制的市场协调。其中有宏观控制的市场协调机制作为改革的目标模式，对我们后来经济体制改革有一定的影响，十四大提出的让"市场在资源配置中起基础性作用"及"社会主义市场经济"的提法，就深受此影响。

　　中国社会科学院与会经济学者强调，如果把有宏观控制的市场协调模式作为社会主义经济体制改革的目标体制提出，必须要解决三个前提问题：第一条是坚持社会主义原则，因为宏观控制下的市场协调，资本主义国家和社会主义国家都有，要区别开来必须坚持社会主义原则。第二条就是社会主义经济体制改革的目标模式当中，必须全面解决该机制运行所涉及的所有制问题。第三条就是完整的体制模式还应该涵盖对决策权关系的规定，包括集权和分权、中央与地方、国家与企业、计划与生产的关系等。应该说在我国后来的经济体制改革中，这三个前提条件问题在理论上都得到了解决。

　　关于社会主义原则，党的十四大明确提出，要建立的市场经济是社会主义的市场经济，而不是资本主义的市场经济。江泽民总书记讲社会主义这四个字不是可有可无的，因为它不是一般资本主义市场经济，也不是泛指笼统的市场化改革，而是社会主义宏观控制下的市场协调。

　　关于所有制问题，党的十四大到十七大文件中都肯定了社会主义市场经济体制同社会主义基本经济制度是相结合的。社会主义基本经济制度是公有制为主体、多种所有制经济共同发展的。这就明确地解决了运行机制中所有制结构的关系问题。

关于决策权问题，十四大谈到宏观调控时强调，国家计划也是宏观调控的重要手段。但此前有三种提法：第一，计划与市场相结合，第二，有计划的市场经济体制，第三，社会主义市场经济体制，最后选择了社会主义市场经济。所谓"社会主义市场经济"就是有计划的，不能因为"有计划"这三个字而否定社会主义市场经济。这就保证了社会主义市场经济模式当中的集权和分权关系的处理。

以上三个前提条件虽然在理论上都得到了解决，但是在实践当中却复杂得多。比如说有的同志说"要讲市场经济就不能讲姓社姓资，讲市场经济就不要讲社会主义"，这就抹掉了社会主义和资本主义的界限。又比如有人说"要讲市场经济就要突破姓公姓私"，但这就把社会主义基本经济制度抛在一边了。社会主义基本经济制度讲的是以公有制为主体，多种所有制共同发展，不能光是私有化。再比如，有人讲"市场经济就是政府越小越好，干预越少越好。政府只能当一个守夜人员，维持市场秩序"。以上这些观点，对邓小平的"不争论"大争特争，这几年在我国的改革试点中传播很广、影响很深，需要切实解决。

30年来，我国的经济运行机制由传统计划经济体制逐渐转向社会主义市场经济，市场条件适用的范围不断扩大，推动了中国经济生动蓬勃地向前发展。当然市场经济目前还有一些不到位的地方，比如说资源要素市场、资本金融市场等需要进一步的发展；另外，教育、医疗、公共服务等领域因为经验不成熟，出现了市场幼稚病等过度市场化情况。由此，在市场经济发挥激励竞争、优化资源配置、促进经济进步、促进经济效益的优越性的同时，它本身所固有的缺陷，特别是在总量平衡、资源环境保护以及社会公平分配问题上所引发的种种负面效果已经充分显露出来。这在我国不是市场经济本身能够解决的。因此三十年来一方面我们在经济上取得了空前的成绩，另一方面，社会发展也出现了资源环境、分配民生等新的矛盾，这同国家的宏观计划调控跟不上市场化的进程有很大的关系。

我们要建立的市场经济就是国家宏观调控下的市场经济。这一根本点在 1992 年就明确地写入党的十四大文件。国家计划是宏观调控重要手段之一。宏观调控的其他重要手段，如财政政策、货币政策，都要以国家计划来指导。这些年我国经济宏观调控不断完善，特别是十四大以来，我们在短期的宏观调控上先后取得了治理通货膨胀和通货紧缩的成功经验，但是国家计划对于短期和长期的宏观经济导向作用却有明显减弱，计划本身多是政策汇编性的，少有约束性的问责任务，中央计划和地方计划严重脱节，国家甚至控制不了地方对 GDP 的过分追求，影响了宏观经济管理的实效，造成经济发展中许多失衡问题。

基于这种情况，党的十七大重新提出要发挥国家计划规规划、产业政策在宏观调控中的导向作用，明确强调了这个多年没有强调的国家计划的导向性问题，我以为是有针对性的。它再次提醒我们，社会主义市场经济应该是有计划的。这并不像有些同志所讲的那样，要回到计划经济旧体制、传统体制当中去了。我们重视计划在市场当中的调控作用，是计划与市场这个世界性的问题在改革更高层次上的一个结合。因为第一，现在的国家计划不是既管宏观又管微观，而是只管宏观，微观的事情让市场去管。第二，现在资源配置的基础性手段是市场，计划是弥补市场缺陷，弥补市场不足的必要手段。第三，现在的计划主要不再是行政指令性的，而是指导性、战略性、预测性的计划。当然它还需要必要的导向作用和必要的约束和问责功能。这样的国家计划导向下的宏观调控，才是中国特色社会主义市场经济作为中国特色的社会主义市场经济所必需的内涵。所以我们要努力改进国家计划工作和宏观调控工作，使之名副其实地起导向作用，指导社会主义市场经济的发展，实现计划和市场在更高层次上的综合。

（本文系作者 2008 年 10 月 28 日在中国发展研究基金会召开的
"纪念改革开放三十周年经济学家座谈会"上的发言。）

"十二五"规划编制前夕谈
加强国家计划的导向作用

改革开放 30 多年来，我国经济运行机制，由传统计划经济逐渐转向社会主义市场经济。市场调节的范围不断扩大，推动了中国经济生动蓬勃地向前发展。现在商品流通总额中，市场调节的部分已经占到 90% 以上。前几年有人估计，中国市场经济在整体上完成程度已经达到 70% 左右。所以说，社会主义市场经济已经初步建立。是否可以说，高度集中的传统计划经济体制向社会主义市场经济体制转换的改革已经基本完成。当然，目前市场经济还有一些不到位的地方，比如资源要素市场、资本金融市场等等，需要进一步发展到位。但是，也有因为经验不成熟，犯了市场幼稚病而发生的过度市场化的地方，如教育、医疗、住宅等领域，不该市场化的部分，都要搞市场化。这些市场化不足和过头都需要继续调整完善，但已经不属于传统计划经济向市场经济转换的主流。

市场经济初步建立之后，它的积极方面和消极方面也随之充分地显露出来。市场经济在发挥激励竞争，优化资源配置等优越性的同时，它本身所固有的缺陷，特别是在总量平衡上、环境资源保护上及社会公平分配上引发的问题，不是市场能够自行解决的，这与市场经济本身的缺陷和国家宏观计划调控跟不上市场化的进程有很大的关系。

20 世纪 90 年代初期，我在学会（那时叫计划学会）会议上曾经说过，计划与市场各有利弊。要尊重市场，但不要迷信市场；也不要迷信计划，但不能忽视计划。由于历史原因，我们过去过于相信计划经济，时过境迁，一些同志从迷信计划变成迷信市场，从一个极端走到另一个极端，出现了盲目崇拜市场经济的市场原教旨主义观点。不少人犯了市场幼稚病，认为似乎市场可以解决一切问题，现在出现的问题都是由于市场化改革没有搞彻底。有人提出，中国要仿效"欧美自由市场"模式。还有人认为，我国现在搞市场化改革，计划不值得一提。"十一五"计划改称"规划"，一字之差就大做文章，说我们离计划经济更远了，同市场经济更近了，这真是一个大笑话。其实，规划也是一种计划。年度计划，五年、十年计划或规划，怎么叫都可以，都是plan。现在我们研究编制"十二五"规划，实际上也是一种计划。

本来我们要建立的市场经济，如中共十四大所说，就是国家宏观调控下的市场经济。这些年来，国家对经济的宏观调控在不断完善、前进。特别是十四大以来，我们在短期宏观调控上，先后取得了治理通胀和治理通缩的成功经验，但国家计划对短期和长期的宏观经济导向作用明显减弱。计划本身多是政策汇编性的，很少有约束性、问责性的指标任务。中央计划与地方计划脱节，前者控制不了后者的GDP情结。计划的要求与实际完成数字相差甚远，完全失去了导向的意义。所有这些，影响到宏观经济管理的实效，造成经济社会发展中的许多失衡问题。

资本主义市场经济国家也有宏观调控，它主要依靠财政政策和货币政策。那么资本主义市场经济的宏观调控，同社会主义的宏观调控有什么区别呢？1985年巴山轮会议时，匈牙利经济学家柯尔耐提出过所谓BⅡ模式，即"宏观调控下的市场协调模式"。当时法国经济学家阿尔伯特就说他们法国就是实行这种模式。社会科学院与会同志在评述巴山轮会议的文章中指出，要划清社会主义国家宏观调控下的市场经济同资本主义国家宏观调控下市场经济的界限，作为社会主义国家改革目标的体制模式，必须坚持社会主义原则，即公有制经济为主体和共同富裕，同时决不能把国家的计划指导抽象掉。所以，社会主义宏观调控还有一个国家计划指导手段。少数市场经济国家像日、韩、法，设有"企划厅"之类的机构，编有零星的预测性计划。英、美等多数市场经济国家没有采取计划手段来调控经济。但我国作为社会主义大国，有必要也有可能在宏观调控中，运用计划手段。所以，我们在构建市场经济体制时还保留了国家计划调控的功能，如编制执行年度五年、十年计划，保留发改委这样庞大的计划机构。党的十四大报告提出建立社会主义市场经济体制的时候还明确指出，"国家计划是宏观调控的重要手段之一"。在财政、货币、计划三者关系中，计划应该是财政、货币政策的指导，财政、货币政策要有国家计划的导向。所以，国家计划与宏观调控是不可分的。可以说，前者应当是后者的主心骨。这就是社会主义市场经济的宏观调控，不同于资本主义市场经济的宏观调控的地方。

基于上述的情况和道理，党的十七大提出"发挥国家规划、计划、产业政策在宏观调控中的导向作用，综合运用财政、货币政策、提高宏观调控水平"。十七大提出这个多年没有强调的国家计划导向性问题，应该不是一句只说说的空话，应该是有针对性的。在市场经济初步建立之后，市场的积极方面和缺陷方面都充分展现之后，在"市场化改革"口号下迷信市场成风、计划几乎成为禁区的氛围下，重新强调一下社会主义市场经济也要加强国家宏观计划的作用，如十七大重新强调国家计划在宏观调控下的导向作用，是十分必要的。它再次提醒我们，社会主义市场经济应该是有计划的市场经济。

其实，社会主义市场经济应该是有计划的市场经济，不是我的发明；十四大前，江泽民同志1992年6月9日在中央党校的讲话，讲到社会主义市场经济与计划的关系时，就说，"有计划的商品经济，就是有计划的市场经济。社会主义经济从一开始就是有计划的，这在人们的脑子里和认识上，一直是很清楚的，不会因为提法中不出现'有计划'三个字，就发生是不是取消了计划性的疑问。"[①] 前总书记这段话完全正确。社会主义市场经济就是有计划性的。但是许多人后来忘记了这段话，或者故意忽略这句话。

我还想在这里介绍一下中国人民大学纪宝成同志最近一篇"关于政治经济学教学与研究"的文章，其中也讲到这个问题。他说，现在讲科学发展观，总书记在党校论述科学发展观的时候讲到统筹兼顾是根本方法。什么叫统筹兼顾呢？在经济学上如何得到理论的说明？马克思主义政治经济学里面关于按比例分配社会劳动的规律，讲这个规律却是久违了。因为我

---

① 江泽民：《关于在我国建立社会主义市场经济体制》，《江泽民文选》第1卷，人民出版社2006年版，第202页。

们把计划经济、把计划说得一塌糊涂。甚至计划这两个字我们都不能提了。尽管邓小平南方谈话的时候,市场、计划都讲到了,说资本主义市场经济也有计划,社会主义经济也有市场,市场、计划都是手段。但很多人依然不敢谈计划,甚至避之如鬼神,岂不怪哉?没有计划还能统筹兼顾吗?怎么能因莫名其妙的害怕,而不要了呢?实际工作中还是存在的呀,翻翻我们现在的政治经济学教科书,谈计划的必要性和理论的根据,谈按比例分配社会劳动的规律,有没有了?我的感觉是现在很少有人谈这样的理论和实践了。

对纪宝成同志的这段话,我有同感,不知各位是否也有同感。

现在,我们在理论上说明了社会主义市场经济是有计划性的,在实践上十七大又重新强调国家计划在宏观调控中的导向作用,这是不是如同某些人责难说的,"又要回到传统的计划经济去呢?"我认为不是这样的;这是计划与市场在改革的更高层次上的结合。

我这样说是有根据的。十七大重新强调国家计划在宏观调控中的导向作用,不同于过去的"传统计划经济"。第一,现在的国家计划不是既管宏观又管微观,无所不包的计划,而是主要管宏观,微观的事情主要由市场去管。第二,现在资源配置的基础性手段是市场,计划是弥补市场缺陷的不足的必要手段。第三,现在的计划主要不再是行政指令性的,而是指导性的、战略性的、预测性的计划,同时必须有导向作用和必要的约束、问责功能。就是说,也要有一定的指令性内容,不是编制了以后放在一边不闻不问了。

"十二五"规划是十七大后第一次编制和执行的中长期计划,对扭转我国经济发展方式和社会关系存在的问题有十分重大的意义。我们要在规划的制定和执行过程中,真正落实十七大精神,本此精神,努力改进国家计划和宏观调控工作,使其名副其实地对国民经济社会发展起导向作用。在"十二五"期间,我们要在转变发展方式的前提下保持经济的适度增长,在巩固社会主义基本经济制度的前提下促进公私经济的发展,在更加重视社会公平的原则下扭转贫富差距两极分化的趋势。实现这些目标,单靠市场经济万万不能,更要借助于国家宏观计划调控。当然,宏观计划调控的权力必须集中在中央手里,地方计划必须服从全国统一计划。我赞成一些同志的建议，地方不要再制定以 GDP 为牵头和中心的无所不包的国民经济计划，而以地方财力和中央转移支付的财力为主编制地方经济社会建设计划，加强地方政府的市场监管、社会管理、公共服务的职能。政府配置资源的作用仍要有，尤其是重大的结构调整、重大基础建设等。资本主义国家在危机时刻，也不排除暂时实行所谓"社会主义的政策"如国有化，何况社会主义国家，更不能一切交给市场，还要讲市场与计划两种手段相结合。

（本文系作者 2010 年 4 月 24 日在"中国宏观经济学会座谈会"上的发言，

原载《财贸经济》2010 年第 7 期。）

发展流通产业要计划和市场两种手段并用

一　改革开放以来我国流通领域发生的重大变化

我国经济体制改革从一开始就是市场取向的改革，逐步实现从传统的计划经济体制向社会主义市场经济体制的转轨。经过三十多年的改革开放，我国流通领域发生了翻天覆地的变化，主要有以下几个方面的重大变化。

首先是流通规模快速增长。改革开放以来，全国社会商品零售总额以年均两位数增长，由 1978 年的 1.5 万亿元增加到 2009 年的 12.5 万亿元，增长了 73 倍，跃居世界第三位。生产资料销售额由 1980 年的 449 亿元增加到 2009 年的 28.5 万亿元，增加了 634 倍。

其次是流通网络基本形成。不论在城市还是在农村，我国基本形成了四通八达的商品流通网络，各类商品市场空前发展，彻底改变了过去经营模式比较单一的状况，形成了多层次、少环节、开放式的竞争发展新格局。

再次就是多种经营业态并存。我国用 20 年时间完成了西方发达国家用近百年时间创造的各种业态。现在有有店铺业态、无店铺业态 30 多种，并不断有创新的批发、零售业态出现。流通体制由单一的国有转变为国有控股、股份制、民营、中外合资、中外合作、外商独资等多种经济成分并存，共同推动了我国流通业的持续发展。

同时，流通现代化相继显现。连锁经营、现代物流、电子商务等现代化流通快速发展。现代信息技术广泛采用，电子化信息、采购、运输、储存、运营等管理已经在城市普及。

这些和其他一些可喜的变化，再加上流通企业数量和规模快速增长与扩大，吸纳了大批农村剩余劳动力和城镇待业人员，缓解了社会就业压力，这都是流通领域广大工作人员在党的领导下所取得的成就，是值得我们大书特书的。

二　社会主义市场经济下，流通业的
基础和先导作用凸显

十几年前，在原国家内贸局举办的流通体制改革开放 20 周年座谈会上，我提出商业在国民经济中的地位将从末端行业提升为先导行业，现在这个提法还有意义。改革开放以来，随着我国消费者主体整体向上位移，过去是生产者主体现在是消费者权利向上位移，买方市场已经形成。消费者主权地位的确立，流通业在作为启动市场经济运行的起点并将其转化为周而复始的新起点，也就是把不断的即期需求、潜在的需求转化到消费行为的过程中，流通业已上升为社会主义市场经济体制下的一个先导行业。过去我们的经济叫资源约束型的经济，现在是市场约束型的经济；过去是供给约束型的经济，现在变为需求约束型的经济，流通业的地位就提高了，应该由末端地位升为先导地位。还应该认识到，在经济全球化背景下，流通是反映一个国家经济发展与社会繁荣程度的窗口之一，是观察一个国家综合国力和人民生活水平的"晴雨表"，是不断启动市场、促进需求和消费不断升位的一个助推器。随着社会主义市场经济的完善和产业结构的调整，消费对经济增长的贡献越来越大，要看到，面对这次世界金融危机和世界经济危机形势的蔓延及深化，我国政府采取了积极的、扩张性的财政政策与适当的货币政策来扩大内需，加大投资拉动经济的力度，是十分必要的。

但是，启动需求仅仅依靠投资需求是不够的，因为它还要依靠最终需求。没有最终的消费需求，投资需求也是不能实现的，最后会导致多余生产力并增加积压库存，为增加积压库存而生产是没有必要的。不能仅仅限于投资需求，要着手多方面开拓消费需求，特别是潜力巨大的农村市场需求。因此，我国流通业面临着把投资乘数效应所产生的有效需求转化为消费的任务，还必须多方面开拓消费需求。总之，流通业承担着扩大内需的

重大任务，其基础和先导作用日益凸显。

三　发展流通产业，实现结构升级，要健全宏观
管理机制，市场与计划两种手段都要用

改革开放以来，我们在建立社会主义市场经济体制中取得了巨大的进步，逐渐学会了在国家宏观调控下让市场在资源配置中起基础性作用。现在市场经济在我国已实行将近二十年，计划离我们渐行渐远。由于历史原因，我们过去过于相信传统的计划经济，时过境迁，一些同志从迷信计划变成迷信市场，从一个极端走向另一个极端。在理论观念上计划几乎成了一个禁区。在宏观调控工作中，国家计划对宏观经济的指导作用明显减弱；计划本身多是政策汇编，很少有约束性、问责性的指标任务；中央计划与地方计划脱节，前者控制不了后者追求国内生产总值（CDP）的情结；计划的要求与实际完成的数字相距甚远，完全失去了导向的意义。所有这些，影响到宏观经济管理的实效，造成社会经济发展中的许多失衡问题。

在这样的情况下，重申社会主义市场经济也有"计划性"很有必要。2008 年十七大重新提出"发展国家规划、计划、产业政策在宏观调控中的导向作用"，就是针对我国经济实践中计划工作削弱和思想意识中计划观念淡化、边缘化而提出的。涉及发展流通产业的产业政策也属于计划导向作用的范畴。我们不仅要在实践中切实贯彻十七大这一方针，而且要在理论宣传工作中重新强调社会主义市场经济的计划性。发展流通产业，既要强调发挥市场机制的作用，又要用好宏观计划调控的手段。

1985 年在"巴山轮"国际会议上，匈牙利经济学家柯尔耐提出，我国建立宏观调控下的市场经济并非社会主义国家经济体制独自的特点，资本主义国家也有。那么，我们社会主义国家宏观调控下的市场经济怎么区别于资本主义国家呢？除了基本经济制度外，就在于社会主义市场经济还有计划性，还有国家计划指导。少数市场经济国家如日、韩、法也设有企划厅之类的机构，编有零星的预测性计划。英美等多数市场经济国家只有财政货币政策等手段，没有采取计划手段来调控经济。但我们是公有制经

济为主体的社会主义大国，有必要也有可能在宏观调控中采取几种手段，最重要的是计划、财政、货币三者。十四大报告特别指出"国家计划是宏观调控的重要手段"，没有指财政货币政策。不是说财政、货币政策不重要，而是财政、货币政策是由国家宏观计划来导向的。所以，国家计划与宏观调控不可分，是宏观调控的主心骨。宏观调控下的市场经济也可称为国家宏观计划调控下的市场经济，这就是社会主义有计划的市场经济不同于资本主义在宏观调控下的市场经济的地方。

国家计划在宏观调控中的导向作用，不同于"传统计划经济"。现在我们在理论上说明了社会主义市场经济是有计划性的，实践上十七大又重新强调国家计划在宏观调控中的导向作用，这是不是如同某些人责难所说的"又要回到传统的计划经济去呢"？我认为不是这样的，这是计划与市场在改革更高层次上的结合。

第一，现在的国家计划不是既管宏观又管微观、无所不包的计划，而是主要管宏观，微观的事情主要由市场去管。第二，现在资源配置的基础性手段是市场，计划是弥补市场缺陷不足的必要手段。第三，现在的计划主要不再是行政指令性的，而是指导性的、战略性的、预测性的计划，同时必须有导向作用和必要的约束、问责功能。就是说，也要有一定的指令内容，不是编制了以后放在一边不闻不问了。

"十二五"规划是十七大后第一次编制和执行的中长期计划，对扭转我国发展方式和社会关系存在的问题有十分重大的意义。要在规划的制定和执行过程中，真正落实十七大精神，努力改进国家计划和宏观调控工作，使其名副其实地对国民经济社会发展起指导作用。

在"十二五"期间，我们要在转变发展方式的前提下保持经济的适度增长；在巩固社会主义基本经济制度的前提下促进公私经济的发展；在更加重视社会公平的原则下扭转贫富差距两极分化的趋势，实现这些目标，单靠市场经济是做不到的，要借助于国家宏观计划调控。流通产业的发展也是这样。宏观计划调控的权力必须集中在中央手里，地方计划必须服从全国统一计划。我赞成一些同志的建议，地方不再制定以国内生产总值牵头、无所不包的地方国民经济计划，而以地方财力和中央转移支付的财力为主，编制地方经济社会建设计划，加强地方政府的市场监督、社会管理、公共服务的功能。政府配置资源的作用仍要有，尤其是重大的结构包括产业结构的调整、重大基础建设等。资本主义国家在危急时刻，也不排除暂时实行所谓"社会主义的政策"（如国有化），何况社会主义国家？更不能一切交给市场，还要讲市场与计划两种手段相结合。

（原载《贸易经济》2011 年 5 月）

五

社会主义市场经济的制度基础
——初级阶段的基本经济制度

巩固社会主义市场经济制度基础
——初级阶段的基本经济制度

社会主义市场经济与资本主义市场经济的一个根本区别在于基本制度不同。前者以社会主义初级阶段的基本经济制度为基础，不同于资本主义私有经济制度。社会主义初级阶段的基本经济制度是公有制为主体、多种所有制经济共同发展的经济结构。坚持这一基本经济制度是维系社会主义市场经济的前提条件。

十七届五中全会又再次重申"要坚持和完善基本经济制度"。坚持社会主义基本经济制度，就必须既不能搞私有化，也不能搞单一公有制，这是十七届四中全会提出要划清四个重要界限里面的一条，十分重要。不过，要进一步研究"私有化"和"单一化"这两个错误倾向，哪一个在目前是主要的。单一公有制是过去片面追求"一大二公三纯"时代的产物，现在似乎没有人主张那一套，有也是个别的极"左"人士。当前主要错误倾向不是单一公有制，而是私有化。有大量的言论和事实证明，当前私有化的危险倾向确实严重存在。马克思主义的政治经济学不能不看到这些大量的言论和事实。对私有化和单一公有制两种倾向各打五十大板，不中要害，实际上是把私有化的错误倾向轻轻放过。

马克思主义评价所有制的标准，并不只看所有制成分的比重，这是对的，但马克思主义也不主张不看比重。公有制在国民经济中的比重不断降低，降得很低，以致趋近于零，那还算是什么社会主义？现在连国家统计局局长都在讲我国的经济成分一直是公降私升，国有经济比重在不停地下降，宏观上并不存在一些人士所讲的"国进民退"；微观上"有进有退"，案例多是"国退民进"，局部案例中的所谓"国进民退"，大多属于资源优化配置，也并非没有道理。总之，客观上我国经济这些年来宏观总体上一直是公降私升、"国退民进"。究竟要退到什么地步才算合适？现在有不少人对公有制是否还是主体存有疑虑。有学者估计，公有制已不再占主体地位。这种判断如果属实，那么宪法规定的基本经济制度已岌岌可危，需要尽快扭转。

基本经济制度不但要求公有制经济占主体地位，而且要求国有经济起主导作用。而要对经济起主导作用，国家应控制国民经济命脉，国有经济的控制力、影响力和竞争力得到增强。国有经济的作用是不是像资本主义制度那样，只能从事私有企业不愿意经营的部门，补充私人企业和市场机制的不足呢？不是的，在社会主义经济中，国有经济的存在是为了实现国民经济的持续、稳定、协调发展，巩固和完善社会主义制度。为了实现国民经济的持续、稳定、协调发展，国有经济就应主要集中于能源、交通、通信、金融、基础设施和支柱产业等关系国民经济命脉的重要行业和关键领域。在这些行业和领域应该有"绝对的控制力"、"较强的控制力"，"国有资本要保持独资或绝对控股"或"有条件的相对控股"。这些都是中央文件里规定了的。国有经济对这些部门保持控制力，是为了对国民经济有计划地调控，以利于它的持续、稳定、协调发展。

除了帮助政府实行对国民经济有计划的调控外，国有经济还有另一项任务，即保障社会正义和公平的经济基础。对那些对于政府调控经济不重要，但是对于保障正义和公平非常重要的竞争性领域的国有资产，也应该视同"重要"和"关键"的领域，要力争搞好。所以，不但要保持国有经济在具有自然垄断性的关系经济命脉部门领域的控制力，而且同时要保障国有经济在竞争性领域的发展，发挥它们在稳定和增加就业、保障社会福利和提供公共服务的作用，增强国家转移支付和实行公平再分配的经济能力和实力。有竞争力的国有企业为什么不能在竞争性领域发展，利润收入只让私企独占？所以，中央对竞争性领域的国有经济一向坚持"有进有退"、发挥其竞争力的政策，而绝不是"完全退出"竞争性领域的政策，像一些新自由主义的精英们和体制内的某些追随者喋喋不休叫嚷的那样。当然，竞争性领域应当对私营企业完全开放，尽量让它们相互竞争并与国企平等竞争。这些都要在政治经济学教科书中斩钉截铁地讲清楚。

私有化的主张者不仅要求国有经济完全退出竞争领域，还要求国有经济退出关系国民经济命脉的重要行业和关键领域。他们动不动就把国有经济在这些行业领域的控制和优势地位冠以"垄断行业"、"垄断企业"，不分青红皂白地攻击国有企业利用政府行政权力进行垄断，把国有资本一概污蔑为官僚垄断资本。有人主张垄断行业改革措施之一就是创造条件鼓励私有企业进入这些"垄断行业"，这正是私有化主张者梦寐以求的。因为这些垄断行业一般都是高额利润行业。应当明确，在有关国家安全和经济命脉的战略性部门及自然垄断产业，问题的关键不在于有没有控制和垄断，而是在于由谁来控制和垄断。一般说来，这些特殊部门和行业，由公有制企业经营要比私有制企业能更好地体现国家的战略利益和社会公众利益。

当然，国有垄断企业也应该进行改革，行政性垄断的弊病是应当革除的。革除的办法与一般国企改革没有太大的差别，就是实行政企分开、政资分开、公司化改革、建立现代企业制度、收入分配制度的改革、健全法制和监管制度等等。恢复企业利润上交国库、调整高管薪酬待遇、杜绝市场化改革以来国企利益部门化私利化的弊端，是当前国企收入分配改革中人们关注的焦点。另外还有一个是，要完善职工代表大会制度的改革，使之成为真正代表劳动者权益的机构。如果职工真正有权监督国企重组，像吉林通钢那样的悲惨事件也就不会发生了。

私有经济在社会主义初级阶段的基本经济制度中有其地位，应当充分阐述包括私有经济在内的非公经济对促进我国生产力发展的积极作用，应创造条件使其得到发展。但是，私营经济具有两面性，即除了有利于发展生产力的积极一面外，还具有剥削性消极的一面。这后一面在初级阶段是容许的，但它应当受到社会的约束。由于剥削和追逐私利这一本质所带来的一系列社会后果如劳资纠纷、两极分化等，马克思主义的政治经济学不可不察，不可不研究。

针对私营经济和私营企业主客观存在的两面性，除了引导它们在适当的行业合法经营、健康发展外，还要对其不合法、不健康经营的行为进行限制，对其经营的领域进行节制，如不允许控制命脉重要部门、不允许进入垄断部门，这些部门天然是高利润部门，而且关系国家和公众利益，应当由公有制经济来承担，不能让私人资本来发财，以免扩大贫富差距。民主革命的伟大先驱者孙中山还有节制资本的口号，何况社会主义。

（原载《国企》2011 年第 1 期）

关于社会主义初级阶段基本
经济制度若干问题的思考

一　社会主义初级阶段理论的形成
和基本经济制度的提出

社会主义初级阶段理论来源于马克思主义。马克思、恩格斯将共产主义社会分为两个阶段，社会主义是共产主义的初级阶段。列宁有新经济政策过渡的实践，相当于社会主义初级阶段的试验。毛泽东把社会主义划分为"不发达阶段"和"发达阶段"，[①] 不发达阶段就是社会主义初级阶段。具体分析一下社会主义初级阶段这个概念所包含的基本理论观点，不难看出它是对马克思主义关于未来社会发展阶段思想的深化。社会主义初级阶段包含两个理论命题：第一，在一定条件下，经济文化较不发达国家可以不经过资本主义的充分发展而进入社会主义；第二，在任何条件下，生产力的发展阶段都是不可逾越的。可以说，这是马克思、恩格斯的一贯主张。社会主义初级阶段论的形成是对马克思主义不断革命论和革命发展阶段论的具体运用。马、恩、列、毛的有关论述，为我们党在十一届三中全会以后提出社会主义初级阶段的科学论断提供了重要的理论根据。

社会主义初级阶段理论正式形成的过程，首先是 1981 年十一届六中全会通过的《关于建国以来党的若干历史问题的决议》，第一次提出我国社会主义制度还处于初级的阶段。其次是 1987 年中共十三大，社会主义

---

① 《毛泽东文选》第 8 卷，人民出版社 1999 年版，第 116 页。

初级阶段理论确立。邓小平在十三大召开前指出："党的十三大要阐述中国社会主义是处在一个什么阶段，就是处在初级阶段，就是初级阶段的社会主义。社会主义本身是共产主义的初级阶段，而我们中国又处在社会主义的初级阶段，就是不发达的阶段。一切都要从这个实际出发，根据这个实际来制订规划。"① 到了 1997 年 9 月，党的十五大制定了党在社会主义初级阶段的基本纲领，精辟地回答了什么是社会主义初级阶段中国特色社会主义的经济、政治和文化，以及怎样建设这样的经济、政治和文化。

在社会主义初级阶段，我国应该建立怎样的所有制结构，确立什么样的基本经济制度，党的认识也经过了一个逐步深化的过程。1981 年 7 月国务院颁布的《关于城镇非农业个体经济若干政策性规定》对城镇非农业个体经济作出若干政策性规定。1982 年党的十二大指出社会主义国营经济在整个国民经济中占主导地位，首次在代表大会文件中明确提出鼓励个体经济发展并且扩展到农村地区。1987 年 1 月，中央发布《把农村改革引向深入》文件，提出对私营经济"应当允许存在，加强管理，兴利抑弊，逐步引导"，一方面，肯定了私人企业的合法性；另一方面，也指出私人企业同公有制经济是有矛盾的，它自身也存在弊端，要加以调节和限制。

1987 年党的十三大报告第一次公开明确承认私营经济的合法存在和发展，认为私营经济"是公有制经济必要的和有益的补充"。1992 年，党的十四大报告中讲："以公有制包括全民所有制和集体所有制经济为主体，个体经济、私营经济、外资经济为补充，多种经济成分长期共同发展。"

正式提出初级阶段基本经济制度概念的是 1997 年的十五大报告。报告提出："公有制为主体，多种所有制共同发展，是我国社会主义初级阶段的一项基本经济制度"，同时承认"非公有制经济是我国社会主义市场经济的重要组成部分"。进一步提升非公有制经济地位，使非公有制经济由体制外进入体制内。至此，社会主义初级阶段基本经济制度正式确立。

2002 年党的十六大提出了两个"毫不动摇"的方针，即"必须毫不动摇地巩固和发展公有制经济"和"必须毫不动摇地鼓励、支持和引导非公有制经济发展。"2007 年党的十七大再次重申"要坚持和完善以公有制

---

① 《邓小平文选》第三卷，人民出版社 1993 年版，第 252 页。

为主体、多种所有制经济共同发展的基本经济制度"。2010 年党的十七届五中全会提出坚持社会主义基本经济制度，就必须既不能搞私有化，也不能搞单一公有制。这是针对残存的单一公有制传统观念，特别是主要针对近年来出现的私有化倾向而提出来的，十分重要，应该引起注意。

二　我国实行社会主义初级阶段基本经济制度的依据

基本经济制度决定社会的性质和社会的发展方向。判断社会的性质和发展方向的唯一标准就是看生产资料归谁所有。在社会主义出现以前，人类的所有社会制度都是以生产资料私有制为核心，生产资料公有制是社会主义制度区别于以前一切人类社会制度的根本不同点。为什么我国要实行以公有制为主体、多种所有制经济共同发展的基本经济制度呢？

我国是社会主义国家，必须以公有制作为社会主义经济制度的基础。我国宪法规定："中华人民共和国的社会主义经济制度的基础是生产资料的社会主义公有制，即全民所有制和劳动群众集体所有制。"宪法接下来又讲："国家在社会主义初级阶段，坚持公有制为主体、多种所有制经济共同发展的基本经济制度。"① 因此，要把"社会主义经济制度"同"社会主义初级阶段的基本经济制度"这两个概念区别开来。"社会主义经济制度"是"社会主义初级阶段基本经济制度"的核心。前者不包括非公有制经济，只有公有制是其基础；而初级阶段的基本经济制度中，包括非公有制经济，但公有制必须占主体地位。"社会主义经济制度"存在于社会主义初级阶段和以后的其他阶段，是不断成熟和发展的过程；而社会主义初级阶段的基本经济制度，只反映初级阶段的特点。可以设想，初级阶段结束，非公有制经济不会立即被公有制所取代。进入中级阶段，将是公有制经济进一步发展壮大，所占比重不断提高，而非公有制经济则逐渐减退，所占比重减少的过程。到社会主义高级阶段，社会主义经济趋于成熟，剥削制度和生产资料私有制经济将最终退出历史舞台。

社会主义初级阶段的基本经济制度中之所以包括多种所有制共同发

---

① 《中华人民共和国宪法（2004 年修正）》第一章总纲第六条。

展，允许发展非公有制经济，是由初级阶段的国情决定的。我国生产力发展水平还不高，人口众多，就业空间余地小，经济发展与发达国家的差距还很大，人民日益增长的物质文化需要同落后的社会生产是主要矛盾，解放和发展生产力是我国社会主义的根本任务。因此，只要符合"三个有利于"标准的经济成分就允许和鼓励其发展。个体、私营和外资经济，在其符合"三个有利于"的条件下，就可以成为社会主义初级阶段基本经济制度的构成部分和社会主义市场经济的重要组成部分。

我国还处于社会主义初级阶段，这是实行社会主义基本经济制度的理论和现实依据。但我们必须清楚地认识到，社会主义初级阶段也有一个时间限期的问题，不可能是无限期的。邓小平在 1992 年初视察南方时说："社会主义初级阶段的基本路线要管一百年，动摇不得。"① 这是在当前的社会主义现代化建设过程中要遵循的重要的时间界限。从中国初步建成社会主义的 1956 年算起，到本世纪五六十年代后，就要着手向中级阶段过渡。但随着我国生产力的发展、科学技术的进步，一百年的初级阶段的期限是有可能缩短的。提出这一点就是为了提醒：不仅要埋头赶路，而且要抬头望远，时刻不要忘记了社会主义和共产主义远景目标。在初级阶段的不同发展时期，还要针对出现的新情况、新问题，党的政策必须作出相应的调整和变化，防止我国偏离社会主义的道路。我们党要时刻牢记我们党奋斗的最终目标，牢记为人民服务的宗旨。

三　坚持基本经济制度首先要巩固公有制的主体地位

社会主义公有制是社会主义制度的基础。公有制为主体也是初级阶段基本经济制度的前提和基础。坚持基本经济制度，首先要巩固公有制为主体这个前提和基础。

"公有制的主体地位主要体现在：公有资产在社会总资产中占优势。公有资产占优势，要有量的优势，更要注意质的提高。"② 现在有不少人对

---

① 《邓小平文选》第三卷，人民出版社 1993 年版，第 370 页。
② 《十五大以来重要文献选编》（上），人民出版社 2000 年版，第 21 页。

公有制是否还是主体有疑虑，主要是对公有制所占的比重即量的方面有疑虑。目前，根据国家统计局的数据，我国国有经济在国民经济中的比重不断下降，宏观上并不存在所谓的"国进民退"；微观上国有经济"有进有退"，但更多的是"国退民进"；个别案例中的所谓"国进民退"，多半属于资源优化重组，并非没有道理。我们党一贯强调，"公有制比重的减少也是有限制有前提的，那就是不能影响公有制的主体地位"。① 解除人们疑虑的办法之一，就是用统计数字来说明，坚定人们对社会主义初级阶段基本经济制度的信心。

公布资产占优势，更重要的表现为质的优势，即关键性的涉及经济命脉、战略全局和国民经济发展方向的生产资料占优势，而不是一般的微不足道的生产资料占优势；是先进的具有导向性控制性的生产资料占优势，并且不断提高、进步、发展、壮大，而不是落后的东西占优势。这样它才能控制经济命脉，对国民经济起主导作用，有强大的控制力、决定力、示范力和促进力。

所以，初级阶段基本制度不但要求公有制经济占主体地位，而且要求国有经济对国民经济起主导作用，国家应控制国民经济命脉，国有经济的控制力、影响力和竞争力得到增强。在社会主义经济中，国有经济不是像在资本主义制度下那样，主要从事私有企业不愿意经营的部门，补充私人企业和市场机制的不足，而是为了实现国民经济的持续稳定协调发展，巩固和完善社会主义制度。为了实现国民经济的持续稳定协调发展，国有经济应主要集中于能源、交通、通信、金融等基础设施和支柱产业中。这些都是关系国民经济命脉的重要行业和关键领域，在这些行业和领域中国有经济应该有"绝对的控制力"、"较强的控制力"，"国有资本要保持独资或绝对控股"或"有条件的相对控股"。② 这些都是中央文件所规定和强调的。国有经济对这些部门保持控制力，是为了对国民经济有计划地调控，以利于它持续稳定协调发展。

关于国有经济控制力应包括的范围，有一种意见是值得注意和研究

---

① 《江泽民文选》第三卷，人民出版社 2006 年版，第 72 页。
② 《十五大以来重要文献选编》（下），人民出版社 2003 年版，第 2587 页。

的。这种意见把国有经济的社会责任分为两种,一是帮助政府调控经济,一是保证社会正义和公平的经济基础。前一个作用普遍适用于社会主义国家和现代资本主义市场经济国家,而后一作用则是社会主义国家独有的。"按照西方主流经济学的观点,在一定条件下国有经济有助于政府调控经济,但是 OECD 国家的私有化证明,即使以垄断性的基础产业为主要对象进行了私有化,国有经济到了 10% 以下的比重以后,政府照样可以运用各种货币政策、财政政策、产业政策和商业手段等有效地调控经济。但是社会正义和公平,却是高度私有化的经济和以私有化为主的混合经济解决不了的老大难问题。""在中国坚持社会主义市场经济的改革方向中,增强国有资本的控制力,发挥其主导作用,理应包括保障、实现和发展社会公平的内容和标准。对那些对于政府调控经济不重要但是对于保障社会正义和公平非常重要的竞争性领域的国有资产,也应该认为是'重要'的国有资产,要力争搞好,防止出现国资大量流失那种改革失控,随意实行大规模'转让'的偏向。"①

基于国有经济负有保证社会正义和公平的经济基础的社会责任,国家要保障在公益服务、基础设施、重要产业的有效投资,并不排除为解决就业问题在劳动密集领域进行多种形式的投资和运营。在保障垄断性领域国有企业健康发展的同时,还要保障在竞争性领域国有企业的发展,发挥它们在稳定和增加就业、保障社会福利和提供公共服务上的作用,增强再分配和转移支付的经济实力。有竞争力的国有企业为什么不能在竞争性领域发展,利润收入只让私企独占?其实,中央对竞争性领域的国有经济一向坚持"有进有退",发挥其竞争力的政策,而绝不是"完全退出"竞争性领域的政策,像一些新自由主义的精英们和体制内的某些追随者喋喋不休地说教的那样。我国这样一个社会主义大国,国有经济的数量底线,不能以资本主义国家私有化的"国际经验"为依据。确定国有经济的比重,理应包括保障、实现和发展社会公平和社会稳定的内容,所以国家对国有经济控制力的范围,有进一步研究的必要。

---

① 夏小林:《非国有投资减缓,后效仍需观察》,《中华工商时报》2007 年 1 月 31 日。

四　正确处理公有制经济与非公有制经济的关系

谈基本经济制度，不能不谈私有经济，私有经济是非公有制经济的一部分。其与公有制主体经济的共同发展，构成我国社会主义初级阶段的基本经济制度。非公有经济在促进我国经济发展、增加就业、增加财政收入、满足社会各方面需要方面，不仅在当前，而且在整个社会主义初级阶段的历史时期内，都有不可缺少的重要积极作用，因此我们必须鼓励、支持和引导非公有制经济发展，而不能忽视它、歧视它、排斥它。所以，党和政府对非公有制包括私有制经济非常重视，对它们的评价，从十三大、十四大的"公有制经济的补充"，到九届人大二次会议称为"社会主义市场经济的重要组成部分"，十六大党还提出了"两个毫不动摇"，足见中央充分肯定非公有制包括私有制经济的重要作用。

但我们应该把私有经济的性质与作用分开来讲。只要是私人占有生产资料，雇佣和剥削劳动者，它的性质就不是社会主义的。至于它的作用，要放到具体历史条件下考察。当它处于社会主义初级阶段，适合生产力发展的需要时，它还起积极作用，以至构成社会主义市场经济的一个重要组成部分。由于它不具有社会主义的性质，因此不能说它也是社会主义经济的组成部分。某些理论家则把非公有经济是"社会主义市场经济的重要组成部分"，偷换为"社会主义经济的重要组成部分"，认为"民营经济"（即私营经济）"已经成为"或者"应当成为"社会主义经济的主体，以取代公有制经济的主体地位。这明显地越过了宪法关于基本经济制度规定的界限。

对私有经济，既不应当轻视、歧视，又不应当吹捧护短，那么应当怎样正确对待，才符合坚持基本经济制度的要求呢？毫无疑问，我们要继续毫不动摇地发展私有经济，发挥其机制灵活，有利于促进社会生产力的正面作用；同时克服其剥削性产生的不利于社会经济发展的负面作用。如有些私营企业主贿赂政府官员，偷逃税收，压低工资和劳动条件，制造假冒伪劣产品，破坏自然资源环境，借机侵害国有资产，以及其他欺诈行为，都要通过教育监督和法制来清除。我想广大私营企业主，本着"社会主义建设者"的职责和良心，也一定会赞成这样做，这对私有经济的发展只有好处，没有坏处。

在鼓励、支持私有经济发展的同时，还要正确引导其发展方向，规定能发展什么，不能发展什么。比如竞争性领域，要允许私有经济自由进入，尽量撤除限制其进入的藩篱。特别是允许外资进入的，也应当开放内资进入。而对关系国民经济命脉的重要部门和关键领域，就不能允许私有经济自由进入，只能有条件、有限制地进入，不能让其操纵这些部门和行业，影响国有经济的控制力。私有经济在竞争性领域有广阔的投资天地，在关系国民经济命脉的一些重要部门现在也可以参股投资，分享丰厚的赢利，他们应当知足了。作为"社会主义建设者"群体和"新社会阶层"，私营企业主大概不会觊觎社会主义经济的"主体地位"。但是确有某些自由主义精英明里暗里把他们往这方面推。要教育他们不要跟着这些精英跑。

总之，我们要毫不动摇地发展包括私有经济在内的非公有经济，但这必须与毫不动摇地坚持发展公有制经济并进，并且这种并进要在坚持公有制经济为主体，国有经济为主导的前提下进行。这样做，才能够保证我国社会主义基本经济制度的巩固和发展，使之永远立于不败之地。

五　基本经济制度决定了社会主义
市场经济是有计划的

马克思主义认为，在共同的社会生产中（即以公有制为基础的社会生产中），国民经济要实行有计划按比例的发展。"有计划按比例"并不等于传统的行政指令性的计划经济。改革开放以来，我们革除传统计划经济的弊病，相应于社会主义初级阶段的基本经济制度，建立了社会主义市场经济体制。基本经济制度以公有制为主体，所以社会主义市场经济就不能丢掉有计划按比例发展规律的要求。

1992年党的十四大提出建立社会主义市场经济体制的改革目标时，对于提法中没有包含"有计划"三个字，当时中共中央总书记有解释："社会主义经济从一开始就是有计划的，这在人们的脑子里和认识上一直是很清楚的，不能因为提法中不出现'有计划'三个字，就发生了是不是取消了计划性的问题。"① 党的十四大之所以在改革目标的表述上没有用"有计划"三个字，这与当时传统计划经济的影响还相当严重，而市场经济的概念尚未深入人心的情况有关；为了提高市场在人们心中的地位，推动市场经济概念为社会公众所接受，才没有加上"有计划"三个字，但加上了"社会主义"这个极有分量的定语，而"社会主义从一开始就是有计划的"！这样，党的十四大改革目标内含公有制为基础和有计划的精神就很完整了。

社会主义市场经济必须有健全的宏观调控体制，这当然是正确的。但是，宏观调控下的市场经济并非社会主义国家经济体制独具的特色，资本主义国家也有。那么，我们社会主义国家宏观调控下的市场经济怎样区别于资本主义国家呢？除了基本经济制度的区别外，就在于社会主义市场经济的基础——基本经济制度是以公有制为主体，因而还有计划性这个特点，还有国家计划的指导。少数市场经济国家，如日本、韩国、法国，都曾设有企划厅之类的机构，编有零星的预测性计划。英美等多数市场经济国家只有财政政策、货币政策等手段，没有采取计划手段来调控经济。但我们是以公有制经济为主体的社会主义大国，有必要也有可能在宏观调控中运用计划手段，指导国民经济有计划按比例发展。这符合马克思主义有计划按比例发展的原理，也是社会主义市场经济的优越性所在。宏观调控有几项手段，最重要的是计划、财政、货币三者，党的十四大报告特别指出"国家计划是宏观调控的重要手段"。② 这里没有说到财政政策、货币政策，不是说财政政策、货币政策不重要，而是财政政策、货币政策是由国家宏观计划来导向的。所以，国家计划与宏观调控不可分，是宏观调控的主心骨。宏观调控下的市场经济也可以称为国家宏观计划调控下的市场经济，这就是社会主义市场经济不同于资本主义市场经济的地方。

十七大重新强调国家计划在宏观调控中的导向作用，并不是如某些人

---

① 《关于在我国建立社会主义市场经济体制》，《江泽民文选》第 1 卷，人民出版社 2006 年版，第 202 页。

② 《中国共产党第十四次全国代表大会文件汇编》，人民出版社 1992 年版，第 23 页。

所歪曲的那样，"要回到传统计划经济模式"。因为：第一，现在的国家计划不是既管宏观又管微观、无所不包的计划，而是只管宏观，微观的事情主要由市场去管；第二，现在资源配置的基础性手段是市场，计划是弥补市场缺陷的必要手段；第三，现在的计划主要不再是行政指令性的，而是指导性的、战略性的、预测性的计划，同时必须有导向作用和必要的约束、问责功能。由计划经济向市场经济过渡，再到重新强调国家计划在宏观调控中的导向作用，这合乎辩证法的正—反—合规律。这不是回到过去传统的计划经济的旧模式，而是计划与市场关系在改革新阶段更高层次上的综合。

六　坚持基本经济制度，才能制止两极分化

改革开放 30 多年，我国人民生活水平普遍提高，但收入分配中贫富两极分化趋势也越来越严重。现在谈到贫富差距扩大的原因时，人们首先会想到城乡差距扩大、地区不平衡加剧、行业垄断、腐败、公共产品供应不均、再分配调节滞后等。这些都有道理，也必须一一应对。但这不是最主要的。造成收入分配不公的最根本原因被忽略了。

收入分配不公源于初次分配。初次分配中影响最大的核心问题是劳动与资本的关系。这就涉及社会的基本生产关系或财产关系问题了。按照马克思主义观点，所有制决定分配制；财产关系决定分配关系。财产占有上的差别，才是收入差别最大的影响因素。西方著名经济学者萨缪尔森也承认，"收入差别最主要的是由拥有财富多寡造成的"。[①] 30 多年来我国贫富差距的扩大和两极分化趋势的形成，除了前述原因外，所有制结构上和财产关系中的"公"降"私"升和化公为私，财富积累迅速集中于少数私人，才是最根本的。

我国社会主义初级阶段经济结构，在改革开放伊始，还是清一色的公有制经济。随着让一部分人先富起来和效率优先政策取向的执行，以私有制为主的非公经济的发展必然超过公有制经济，从而形成了多种所有制经

---

① ［美］萨缪尔森：《经济学》下卷，高鸿业译，商务印书馆 1979 年版，第 231 页。

济共同发展的局面。这是有利于整个经济的发展的。但这种私有经济超前发展的势头一直延续下去，"到一定的时候问题就会出来"，"两极分化自然出现"（邓小平语）。① 随着所有制结构的公降私升，在分配关系上按劳分配的比重就要缩小，按要素（主要是按资本财产）分配的比重就要增加。有人分析，我国现在国民收入分配已经由按劳分配为主转向按要素（资本）分配为主。② 我们从资本积累规律和市场经济发展的一般进程可以知道，这一分配方式所带来的后果，就是随着私人产权的相对扩大，资本财产的收入份额也会相对扩大，劳动的收入份额则相对缩小，从而扩大贫富差距，促进两极分化趋势。我国国民收入中劳动与资本份额变化的统计，证实了上述理论分析。

在调整收入分配关系、缩小贫富差距时，人们往往从分配领域本身着手，特别是从财政税收、转移支付等再分配领域着手，完善社会保障公共福利，改善低收入者的民生状况。这些措施是完全必要的，我们现在也开始这样做了。我们做得还远远不够，还要加大力度。但是，仅仅就分配谈分配，仅仅从分配和再分配领域着手，还是远远不够的，不能从根本上扭转贫富收入差距扩大的问题。还需要从所有制结构，从财产制度上直面这一问题，需要从基本生产关系，从基本经济制度来接触这个问题；需要从强化公有制为主体地位来解决这个问题，才能最终阻止贫富差距扩大，实现共同富裕。因此，分配上的状况改善是以所有制上公有制经济的壮大为前提条件的。所有制发展上要扭转"公"降"私"升的趋势，阻止化公为私的所有制结构转换过程。只有这样，才能最终避免贫富的两极分化。小平同志强调："只要我国经济中公有制占主体地位，就可以避免两极分化。"③

他又说，"基本的生产资料归国家所有，归集体所有，就是说归公有"④，就"不会产生新的资产阶级"。⑤ 这是非常深刻的论断。这指明社

---

① 《邓小平年谱（1975—1997）》（下），中央文献出版社 2004 年版，第 1364 页。
② 武力、温锐：《1992 年以来收入分配变化刍议》，《中华工商时报》2006 年 5 月 26 日。
③ 《邓小平文选》第三卷，人民出版社 1993 年版，第 149 页。
④ 同上书，第 91 页。
⑤ 同上书，第 123 页。

会主义初级阶段容许私人产权的发展，容许非劳动要素（主要是资本）参加分配，但这一切都要以公有制为主体和按劳分配为主为前提，不能让私有制代替公有制为主体，也应该扭转按资分配代替按劳分配为主的趋势。那种让私人资本向高利行业渗透（关系国民经济命脉的重要部门和关键领域）等，只能促使收入差距和财富差距进一步扩大，都应该调整。只要保持这两个主体，贫富差距就不会恶性发展到两极分化的程度，就可以控制在合理的限度以内，最终向共同富裕的目标前进。否则，两极分化、社会分裂是不可避免的。所以改革收入分配制度，扭转贫富差距扩大趋势，要放在坚持共和国根本大法的角度下考虑，采取必要的政策措施，保证公有制为主体、按劳分配为主的"两个为主"的宪法原则的真正落实。

（原载《经济学动态》2011 年第 7 期）

关于分配与所有制关系若干问题的思考

关注生产关系和分配关系，是邓小平改革理论的重要部分。应正确评估当前中国贫富差距扩大的趋势，认识到这种现象出现的最根本原因在于所有制结构的变化。在实际经济生活中和思想理论层面，确实存在干扰"公有制经济为主体"的"私有化"倾向。所谓"公有经济低效论"是个伪命题。"国退民进"的认识与做法不容忽视。增强国有经济的控制力，应从国企的数量、布局与结构、改革决策的制衡监督与公共参与等方面做进一步的研究。在现阶段，我们要继续毫不动摇地发展私有经济，发挥其积极作用，同时必须毫不动摇地坚持发展公有制经济，坚持其主体地位。这样，才能够保证我国社会主义基本经济制度的巩固发展，永远立于不败之地。

一　邓小平关注分配问题

邓小平的社会主义改革理论中，人们注意到他对分配问题的关注。如在论述社会主义本质时，他先从生产力方面讲了社会主义是解放生产力和发展生产力，然后又从生产关系方面讲了消灭剥削，消除两极分化，最终达到共同富裕。生产关系落脚在消除两极分化，达到共同富裕，这是属于分配领域的问题，要通过社会收入和财富的分配才能体现出来的。

邓小平又多次讲过，社会主义"有两个根本原则"、"两个非常重要的方面"。一个是"公有制为主体，多种经济共同发展"，一个是"共同富裕，不搞两极分化"。第二个"重要方面"或"根本原则"讲的属于分配领域，同"本质论"所讲的"消除两极分化，达到共同富裕"完全一致。

邓小平对社会主义的本质、根本原则，作了精神一贯的许多表述。他讲的东西可以说是社会主义的构成要素，如解放生产力，发展生产力，公有制为主体，消除两极分化，等等。就是说，没有这些东西，就构成不了社会主义。但在这些要素中，他又特别强调生产关系和分配关系的要素。比如说，社会主义改革的任务当然是要发展生产力，但是如果单单是发展生产力，而不注意社会主义生产关系的建设和改进，那么社会主义改革也是难以成功的。他的非常典型的一句话，"如果我们的政策导致两极分化，我们就失败了"①，很鲜明地说明了这一点。GDP 哪怕增长得再多再快，也不能改变这个结论。这证明分配关系这一要素，在邓小平的社会主义改革理论中，占有何等重要的地位。

邓小平假设的"改革失败"，不是指一般改革的失败，而是讲社会主义改革的失败，或者改革的社会主义方向的失败。因为社会主义是必然要有消除两极分化、达到共同富裕的要素的。很可能生产力一时大大发展了，国家经济实力大大增强了，GDP 也相当长时期地上去了，可是生产出来的财富却集中在极少数人手里，"可以使中国百分之几的人富裕起来，但是绝对解决不了百分之九十几的人生活富裕的问题"②，大多数人不能分享改革发展的好处。这样一种改革的结果也可以说是一种改革的成功，可是这决不是社会主义改革的成功，而是资本主义改革的成功。

很明显，共同富裕，消除两极分化，是社会主义最简单最明白的目的。这是社会主义区别于资本主义，社会主义改革区别于资本主义改革的最根本的东西。

"解放生产力、发展生产力"，也是社会主义的构成要素。社会主义绝不等于贫穷，决不能满足于不发达，这是常识。任何一个消除生产力发展桎梏的新的社会生产方式，包括资本主义生产方式，在一定时期，都有"解放生产力、发展生产力"的作用。但不是任何一种社会生产方式都能够解决"消除两极分化、达到共同富裕"的问题。只有社会主义生产方式

---

① 《邓小平文选》第三卷，人民出版社 1993 版，第 111 页。
② 同上书，第 64 页。

才能做到这一点。中国由于生产力落后，经济不发达，在社会主义初级阶段提出解放和发展生产力也是社会主义本质要求，这是顺理成章、非常正确的，但这不是社会主义的终极目的。社会主义的终极目的是人的发展，在经济领域的目的是人们共同富裕。邓小平的社会主义"本质论"中，特别强调"共同富裕"这一要素，他说，"社会主义最大的优越性就是共同富裕，这是体现社会主义本质的一个东西"①，就说明了这一点。所以在理解邓小平社会主义本质论的内容时，绝不可以仅仅重视发展生产力这一方面，而不更加重视调整生产关系和分配关系这一方面。

邓小平重视社会主义分配问题，是他毕生为社会主义奋斗的心血结晶，越到晚年这方面的思绪越不断。他在临终前不久对弟弟邓恳说，"十二亿人口怎样实现富裕，富裕起来以后财富怎样分配，这都是大问题。题目已经出来了，解决这个问题比解决发展起来的问题还困难。分配的问题大得很。我们讲要防止两极分化，实际上两极分化自然出现"②。这些有丰富内涵的警句，实在需要我们认真思考研究。

当然，邓小平不只是重视社会主义分配关系即消除两极分化问题，他更为重视与分配有关的整个社会主义生产关系，特别是所有制关系问题。在他看来，避免两极分化的前提是坚持公有制为主体，他说："只要我国经济中公有制占主体地位，就可以避免两极分化。"③ 又说，"基本的生产资料归国家所有，归集体所有，就是说归公有"，"到国民生产总值人均几千美元的时候，我们也不会产生新的资产阶级"④，也是这个意思。所有制关系决定分配关系。这是马克思主义政治经济学理论中极其深刻的一条原理，有着极重要的理论意义和政策意义。我们有很多同志往往没有注意这一条马克思主义的重要政治经济学原理，本文后面还要论及这条原理。我想在这里提醒一下，让我们大家都来注意这一条真理，学习这一条真理。

---

①　《邓小平文选》第三卷，人民出版社 1993 版，第 364 页。

②　《邓小平年谱（1975—1997）》（下），中央文献出版社 2004 年版，第 1364 页。

③　《邓小平文选》第三卷，人民出版社 1993 版，第 149 页。

④　同上书，第 90—91 页。

二　正确评估中国贫富差距扩大的形势

改革开放以来，在分配领域，我们党遵循小平的正确思想，克服了过去在实行按劳分配原则中曾经有的平均主义倾向（过去也不能说完全是平均主义，按劳的差别还是有的，但是平均主义倾向相当严重），实行让一部分人、一部分地区先富起来，带动大家共同富裕的方针。经过将近30年的改革实践，社会阶层分化，收入差距大大拉开，但还没有来得及实现先富带后富，实现共同富裕的目标。这对于经济的大发展，暂时是有利的；同时也带来了深刻的社会矛盾，引起公众的焦虑和学者的争论。

争论的焦点问题之一，是中国现在贫富差距是否已经扩大到"两极分化"的程度。这个问题，邓小平为了提醒、警告，曾经作为假设，一再提出过；并没有预言这种假设一定会变为现实。因为邓小平把这个假设提到突出的政治高度，所以问题就非常敏感，争论也非常激烈。往往各执一端，谁也说服不了谁。

当前中国社会贫富悬殊是否达到"两极分化"，主要有两种意见。肯定的一方忧国忧民，列举一些事实和数字，应用国际上通用的指标，如基尼系数、五等分或十等分分配比较法等，来加以论证，并用社会上一些人穷奢极欲地消费，另一些人生计困难的事实来验证说明：两极分化已被小平同志言中，希望尽快地改变这种状况。否定的一方则认为，现在虽然富者愈来愈富，但贫者并不是愈来愈穷，而是水涨船高，大家都改善了生活，否认国际上通用的指标适用于中国，断言基尼系数的提高是市场经济发展的不可改变的必然趋势，认为提"两极分化"是故意炒作，反对改革。

很显然，以上两种观点代表了社会上两种不同利益集团的看法。一种是代表资本、财富和某些社会精英的看法；一种是代表工农为主体的一般群众。我不能完全免俗，完全摆脱社会不同利益集团的影响，但是我主观上力求试着超脱一些。所以，我对于中国现在是否已经"两极分化"的问题，一向持慎重态度。

四年以前（2003年），我在《研究宏观经济形势要关注收入分配问题》一文中指出："目前我国居民基尼系数大约在 0.45 左右。……基尼系数还处于倒 U 形曲线的上升阶段，随着市场经济体制的深化，客观上还有继续上升的趋向。所以，我们不能一下子强行提出降低基尼系数，实行公平分配的主张，而只能逐步加重公平的分量，先减轻基尼系数扩大的幅度，再适度降低基尼系数本身，逐步实现从'效率优先兼顾公平'向'效率与公平并重'过渡。"①

2005 年 4 月，我在《进一步重视社会公平问题》一文中说："收入差距扩大到承受极限，很可能与达到两极分化相联系。我们现在显然不能说已经达到两极分化（这是邓小平说改革失败的标志），也不能说达到承受极限。基尼系数客观上还在上升阶段，如不采取措施则有迅速向两极分化和向承受极限接近的危险。"②

我现在基本上还是持这个谨慎态度。为什么要持这样比较中性（贫富差距还未达到不能承受程度的两极分化），又有一定的倾向性的观点（要认真及时解决，否则有接近两极分化、承受极限的危险），而不采取前述两种极端的观点呢？我有以下一些考虑。

两极分化是马克思在《资本论》中阐述过的资本主义积累的一般规律所制约着的一种社会现象，即一极是财富的积累，一极是贫困的积累。财富的积累是一个无限扩大的过程，而贫困的积累则经过"绝对的贫困"到"相对的贫困"的转化。绝对贫困基于资本与劳动的分离，劳动能力是工人唯一能够出售的东西，资本天然地会为了利润最大化而利用自身的优势和工人之间的竞争，拼命压低工资和劳动条件，这一过程与产业后备军、劳动人口的相对过剩相连，工人阶级的贫困同他们所受到的劳动折磨成正比，这就是"绝对的贫困"的积累。但是，随着生产率的提高，工人阶级斗争的发展，以及资产阶级政府被迫举办的福利措施，工人的绝对工资福利水平会提高，但劳动与资本的分配比例关系，仍然继续朝着有利于资本、财富积累的方向进行，使劳动阶级由"绝对贫困"转入"相对贫困"，财富积累和贫困积累两极分化现象仍然持续下去。一项研究用大量

---

① 《刘国光文集》第 10 卷，中国社会科学出版社 2006 年版，第 510 页。

② 同上书，第 588 页。

的材料表明，在私有化、市场化、民主化和全球化中，无论在实行议会制的发达国家，还是实行议会体制的发展中国家，两极分化加剧的现象目不暇接。

当然，中国的情况与实行议会制度的发达国家和发展中国家不一样。但相比劳动人民从绝对贫困的改善，到相对贫困的发展，则是有启发的。一些同志在论证中国已出现两极分化的现象时，没有足够地注意到1978年至2006年，中国农村绝对贫困人口数量从2.5亿下降到2148万，减少了2.28亿人，农村绝对贫困人口的发生率，由30%降到2.3%。这是我国社会生产力发展和政府扶贫政策实施的结果，对中国贫富差距扩大的缓解，起了一定的作用。当然不能由此推断中国贫富差距已经缩小，因为随着经济的发展，贫困的标准也在提高。我们的生活水平提高了，按照我们的标准计算的贫困人口是几千万，而按照世界标准计算是2个亿。所以按我们标准计算的绝对贫困人口数量虽然减少，但它并不意味着相对贫富差距不在继续扩大。有一种观点认为，经济发展中收入分配是水涨船高的关系，断言中国只有大富小富之分，没有可能出现两极分化的趋势[1]。这种说法违背了随着生产力的发展等因素，劳动人口从绝对贫困转向（在市场经济和雇佣劳动的条件下）相对贫困的两极分化趋势依然在继续进行的客观规律。特别是中国，由于在改革过程中，诸如教改、医改、房改、国企改等政策中某些失误，以及土地征用、房屋拆迁等使居民利益受损等影响，导致了某些新的贫困阶层的出现，更加剧了"贫者愈贫，富者愈富"（审计署审计长李金华语）的程度。当然政府正在采取措施解决这些问题，这也是不能忽视的。

我想再强调一下，说我国收入分配有向两极分化演进的趋势，并不意味着现在收入分配的整个格局已经是"两极分化"了。能不能拿基尼系数来判断我国是否已经达到两极分化的境地？有些人基于某种原因，说基尼系数不适用于中国，说目前谈论基尼系数意义不大。这未免同他们一贯宣扬的与国际接轨的言论不相符合。

基尼系数作为衡量贫富差距的工具，是一个中性指标，第二次世界大

---

[1]　载《经济观察报》2007年3月18日。

战后世界各国都在使用。我国基尼系数由 1964 年的 0.184，1978 年的
0.2，上升到 1980 年的 0.26，1990 年越过 0.4。上升速度之快，令人惊
讶，这是不能回避的。从水平上说，我国基尼系数已超过许多发达的资本
主义国家，但还没有达到社会动荡比较强烈的拉丁美洲一些发展中国家的
水平。这很能说明一些问题。比如说，发达的资本主义国家，大多属于前
殖民帝国，现在又据有跨国公司优势，从全世界吸取剩余价值，一部分用
于国内劳动阶级的福利，借以缓解社会矛盾。这对于这些国家基尼系数的
下降，甚至降到比我国还低，不能不说是一个原因。当然我们也应该反
思，我们一个社会主义国家的基尼系数，怎么可以出现超过发达的资本主
义国家的情况？

另一方面，我确实同意有些专家所说，影响基尼系数的结构性因素甚
为复杂，不能简单地套用基尼系数的某些国际规范于我国。比如说按国际
标准，0.4 是社会失衡的临界点，超过 0.4，就要进入警戒状态，这一条
我看就不能随便套用。

我在 2003 年《研究宏观经济形势要关注收入分配问题》一文中说：
"基尼系数 0.4 作为监控贫富差距的警戒线，是对许多国家实践经验的概
括，有一定的普遍意义。但各国的情况千差万别，社会公平理念和居民承
受能力不尽相同。拿我国来说，基尼系数涵盖城乡居民，而城乡之间的收
入差距扩大幅度明显是大于城镇内部和农村内部差距扩大的幅度。1978 年
到 2000 年城镇内部居民收入差距的基尼系数由 0.16 上升到 0.32，农村内
部由 0.21 上升到 0.35，基尼系数小于国际警戒线。但城乡居民收入差距
幅度甚大，基尼系数由 1980 年的 0.341，上升到 2000 年的 0.417，高于国
际警戒线。我国城乡居民收入差距悬殊，现时为 3.1:1，若考虑城乡福利
补贴等差异，则差距进一步扩大到 5:1 到 6:1。由此看来，我国城乡居民
是两个根本不同的收入群体和消费阶层……历史形成的我国城乡居民收入
巨大差距的客观事实，使农村居民一时难以攀比城市生活，其承受能力有
一定的弹性，所以我国的收入分配警戒线，不妨比国际警戒线更高一
些。"① （城乡差距影响基尼系数一事，早已成为中国经济学界的共识。网

---

① 《刘国光文集》第 7 卷，中国社会科学出版社 2006 年版，第 505—506 页。

上近传，某经济学家将此论作为自己的发明，申请诺贝尔奖。如果属实，真是大笑话）

　　基于此类结构性因素对全国基尼系数影响的考虑，我在 2005 年《进一步重视社会公平问题》一文中还表达了这样的观点：我们现在显然不能说已经达到两极分化，也不能说达到承受极限，我国人民对基尼系数在客观上继续上升还有一定的承受能力。当然这不意味着我们不要重视贫富差距的扩大问题，并对其采取遏制措施。我接着说了基尼系数在迅速上升的情况下，如不采取有力措施，则有迅速向两极分化和承受极限接近的危险。所以，那种认为基尼系数上升是市场经济发展过程中的必然现象，需要长时期对付、等待才能解决的观点，也是不妥的。

　　按照邓小平的估计，从支持一部分人、一部分地区先富起来，转向先富带动后富以实现共富，这两个"大局"的变化，即着手解决贫富差距问题，大约是在 20 世纪和 21 世纪之交①。这个估计可能过于乐观了一点。但是经过将近 30 年的改革与发展，现在我们国家的经济实力和财政力量已经成长到可以加速解决贫富差距问题的阶段。何以"让一部分人先富起来"可以很快实现，而"先富带动后富实现共富"则需要很长很长时间的等待呢？这在我们社会主义的国家更是说不过去的。这显然是对财富积累一极偏袒的言论，其后果将导致社会矛盾的激化，也是可以预见的。

　　除了以上的考虑以外，我之所以对两极分化问题持上述比较中性而又有一定倾向的观点，还有一个考虑，就是对领导我们进行改革开放的中国共产党政治路线的坚定信心。改革开放以来出现的收入差距扩大和贫富分化的现象，一方面是采取一部分人先富起来的正确政策的结果，但是还没有来得及解决带动大部分人共享改革成果问题，这属于正确政策的掌握经验不足问题；同时也有社会上种种错误思潮（后面再叙）干扰的影响。我们党中央始终保持改革的社会主义方向，在发展社会生产，搞活市场流通，完善宏观调控，改善人民生活等方面，取得许多成就，有目共睹。在这样的总形势下，即使分配等方面的改革出了点问题，怎么可以说小平同志的假设已经言中，改革已经失败了呢？这是不符合实际情况的，也是不

---

　　① 《邓小平文选》第三卷，人民出版社 1993 版，第 374 页。

公平的。我们看到党对人民负责的郑重精神，特别是十六大以来，本着对人民群众切身利益的关怀，提出以人为本的科学发展观和构建社会主义和谐社会的思想，作了"让改革成果为全体人民分享"的政治承诺。针对日益发展的社会矛盾，淡出"效率优先、兼顾公平"的原则，突出"更加重视社会公平"的方针。利用财税改革和转移支付手段，着手解决分配不公问题。采取积极措施，解决诸如医疗服务、教育收费、居民住房、土地征收、房屋拆迁等涉及群众利益的突出问题。2006 年 5 月，党中央还召开了专门会议，研究收入分配制度改革。我想，党中央这一系列重大举措，只要认真地有效地落实，将会缓解我国贫富差距扩大的倾向，扭转两极分化的趋向。

分配关系的调整和社会公平的促进，千头万绪。不仅要党和政府牵头，也要各方面的配合。包括精神的、舆论的配合。所以过于强调在两极分化问题上问责，并不有利于问题的解决。但指明发展的趋向，则是研究者职责所在。我之所以在这个问题上持比较中性又积极的态度，理由就在于此。

三　贫富差距扩大的最根本原因在于所有制结构的变化

在本文第一部分末尾，曾论述邓小平关于分配问题的一个重要论点，就是在他看来，避免两极分化的前提，是"坚持公有制为主体"。他说，"只要我国经济中公有制占主体地位，就可以避免两极分化"。这体现了马克思主义政治经济学理论中极重要的一条原理，即生产关系（特别是所有制关系）决定分配关系。为了阐明这个道理，还得从贫富差距扩大的原因究竟在哪里，哪个是最主要的原因说起。

为什么会产生贫富差距扩大的现象？有很多不同的解释。

有人说，贫富差距扩大是"市场化改革"必然要付出的代价。这个说法不错，因为市场化本身就是崇尚竞争和优胜劣汰规则的过程，这一过程不断造成收入差距拉大，这有利于提高效率、发展经济，是市场经济积极的一面。但随着市场经济的发展，特别是资本积累规律的作用，贫富鸿沟的出现和两极分化的形成是不可避免的，这是市场的铁的法则，除非有政府的有效干预来缓和这个趋势，这种趋势本身在市场经济条件下是谁也阻挡不了的。

又有人说，贫富差距的扩大"是由于市场化改革不到位，市场经济不成熟造成的"。这种说法就有问题了。

是不是市场经济成熟了，收入差距就可以缩小呢？事实不是这样的。随着市场经济的发展，财富集中于一小部分人的趋势越来越明显。前面引文中说，在发达的市场经济国家，两极分化的现象"目不暇接"。联合国发表的《2006年人类发展报告》说，"最新数据显示，全球贫富差别仍在扩大。无论在国与国之间还是在一个国家内部都是如此"。20世纪70年代以来，市场机制与私人产权方面做得太多，造成英、美、日等重要市场经济国家财富集中度在提高，贫富差距在扩大，社会公平状况下行，20世纪后期实行福利制度的发达市场经济国家，财富和收入分配方面也呈退步趋势。所有这一切，都不能说明市场经济越发达越成熟，贫富差距扩大和两极分化的问题就可以自然得到解决。所谓"市场化改革"到位，就能解决这个问题，只能是纸上谈兵而已。

很多学者比较具体地分析我国贫富差距拉大的原因，角度不同，口径不一，难以归类。下面列举一些，略加议论。

城乡二元结构论；

地区不平衡论；

行业差别论（包括一些行业垄断）；

腐败与钱权交易、不正之风论；

政策不均、公共产品供应不足论；

再分配环节（财政税收，社会保障福利）调节力度不够论，等等。

上面列举的造成分配不公的因素并不完全。这些因素对我国贫富差距的扩大，都有"贡献"。可以看出，各项原因之间，有互相交叉的关系。

城乡差别，是中国贫富差别的一项重要原因。如前所述，城乡各自基尼系数是0.3到0.4，而包括城乡在内的总基尼系数在0.45以上。现在政府虽然通过新农村政策支农惠农，城乡差别扩大之势有所缓和，但尚未完全改变。

地区差别，在很大程度上与城乡差别有关。东部地区主要靠城市繁荣，西部地区多为广大农村。区域平衡政策也在缓和差距扩大，但地区差别扩大过程亦未停止。

　　行业差别，主要是某些行业凭自然垄断或以行政垄断，造成行业间收入分配不公。过去在计划经济时期，中国也有行业垄断，但垄断行业高工资和行业腐败的现象并不显著。改革开放以来，一些垄断行业受市场利益观念的侵蚀，特别是1994年税制改革后，税后利润归企业所有，使用缺乏监督，才造成一些垄断企业高工资、高奖励、高福利的现象，所以，这不是垄断本身造成的。这种情况要从垄断企业收入分配的改革，加强对企业收入分配的监督来解决，当然垄断行业个人收入过高，激起非垄断行业人们不满，亟须解决，但这个问题对分配全局影响不一定很大。有人故意转移人们对收入分配不公最主要根源（后面再说）的注意，想借人们反垄断的情绪，把国有经济对少数重要命脉部门的必要控制加以排除，实现私有化。我们要提高警惕，防止这种图谋。

　　腐败、钱权交易和不正之风。这是人民群众对收入分配不公的公愤集中焦点，需要在法律领域和整顿社会道德风尚中大刀阔斧地解决的问题。此项非法不合理收入在官方统计和公布的基尼系数中，难以计入。在黑色、灰色收入中的绝对个量有时达到上亿、几十亿的款额，但在国民收入中占比有限，影响也不一定很大。有人把这个问题放到收入分配中小题大做，认为是分配差距形成的又一主要原因，也是想以此转移人们对造成收入分配不公真正主要原因的漠视，这也是要加以明辨的。虽然如此，我们在研究收入分配不公时，还是要十分关切反腐败问题。

　　政策不均与公共产品供应不足。政策不均与前面的一些问题有交叉，会影响城乡、地区和行业的差别，是我们改进政府工作的一个重点。加强公共服务，改善公共产品供应，政府职能由经济建设型为主转到经济建设与社会服务同时并重，是我们全力以赴的政府职能改革的方向。要强调公共服务，但不能像新自由主义那样主张政府退出经济领域，不要以经济建设为中心。国家从事经济建设，最终还是有利于充分供应和公平分配公共产品的。

　　再分配。我们知道再分配是调节分配关系的重要环节。再分配调节的落后和不周，是分配不公的一个重要原因。过去一贯的说法，是初次分配解决效率问题，再分配解决公平问题，所以把实现社会公平问题主要放到再分配领域，特别是利用财税转移支付等再分配工具上来。但是再分配所调节的只能涉及国民收入分配中的小部分，而主要部分还在国民收入初次分配领域。许多分配不公问题产生于初次分配领域，诸如企业分配中资本所得偏高，劳动所得偏低；高管人员所得偏高，一般雇员所得偏低；垄断行业所得偏高，一般行业所得偏低等等，都是初次分配领域发生的问题。所以初次分配领域也要重视社会公平问题，这是过去往往被人们所忽略的。

初次分配中影响收入分配最大最核心的问题，是劳动与资本的关系。这就涉及社会的基本生产关系或财产关系问题了。近几年来，有关分配问题的讨论中，已经有不少马克思主义经济学者论述了这个问题[1]。财产占有的差别，往往是收入差别的最重大的影响要素。有些人看不到这点，却津津乐道人的才能贡献有大有小，贡献大的人应该多拿，贡献小的人应该少拿，好像收入多少仅仅是由于才能、知识、贡献决定的。马克思主义不否定个人能力等因素对收入高低的影响（复杂劳动），《哥达纲领批判》在讲按劳分配时也考虑这个因素。但是即使是西方经济学的主流派人士，也承认决定收入分配的主要因素是财产关系，认为私有财产的不平等才是收入不平等的主要原因。新古典综合学派萨缪尔森说过，"收入的差别最主要是由拥有财富的多寡造成的……和财产差别相比，个人能力的差别是微不足道的"，又说，财产所有权是收入差别的第一位原因，往下依次是个人能力、教育、训练、机会和健康[2]。

我们认为，西方经济学大师的这个说法，是公允的、科学的。如用马克思主义政治经济学语言，可以说得更加透彻。根据马克思主义理论，分配决定于生产，任何消费品的分配，都是生产条件分配的后果，生产条件的分配本身，表明了生产方式、生产关系的性质，不同的生产关系决定了不同的分配关系、分配方式。与资本主义私有制的生产方式相适应的分配

---

① 丁冰：《中国两极分化的原因分析及解决出路》，2006年8月6日在乌有之乡书社的讲演；杨承训：《从所有制关系探寻分配不公之源》，《海派经济学》2004年第11辑。

② ［美］萨缪尔森：《经济学》（下），高鸿业译，商务印书馆1982年版，第231、257—258页。

方式，是按要素分配（主要是按资本分配和按劳动力的市场价格分配），而与社会主义公有制生产方式相适应的分配方式则是按劳分配。

这是就两个不同的社会生产方式来说的分配关系。那么在社会主义初级阶段的分配方式又如何呢？我国宪法根据马克思主义理论和十五大报告，规定社会主义初级阶段是以公有制为主体、多种所有制经济共同发展的基本经济制度，分配方式是坚持按劳分配为主体，多种分配方式并存的体制。

我国社会主义初级阶段的发展，在改革开放伊始，还是清一色的公有制经济，非公有制经济几乎从零开始，前期的发展速度必然是非公有制经济超过公有制经济，多种经济共同发展的局面才能形成。这是有利于整个经济发展的。所以，有一段相当长的时间，非公有制经济要保持超前于公有制经济的速度，从而增加了非公有制经济在总体经济中的比重，而公有制经济则相对减少。与此同时，在分配方式上按劳分配的比重减少，按要素分配（主要是按资本和按劳动力市场价格分配）的比重就要增加。有人分析，现在我国国民收入分配已由按劳分配为主转向按要素分配为主[①]。我们从资本主义市场经济一般规律和我国市场经济发展的实际进程可以知道，这一分配方式的变化所带来的后果，就是随着私人产权的相对扩大，资本的收入份额也会相对扩大，劳动的收入份额则相对缩小，从而拉大贫富收入差距。绝对富裕和相对贫困的并行，秘密就在这里。

从分配领域本身着手，特别是从财税等再分配领域着手，来调整收入分配关系，缩小贫富差距，我们现在已经开始这样做。这是必要的，但是远远不够。还需要从基本生产关系，从基本经济制度来接触这一问题，才能最终地阻止贫富差距扩大和向两极分化推进的趋势，实现共同富裕。所以邓小平说："只要我国经济中公有制占主体地位，就可以避免两极分化"，又说"基本生产资料归国家所有，归集体所有，就是说归公有"，就"不会产生新资产阶级"。这是非常深刻的论断，它指明社会主义初级阶段容许私人产权的发展，容许按要素（主要是资本）分配，容许贫富差别的扩大，但这一切都要以公有制为主体。只要保持公有制的主体地位，贫富

---

① 武力、温锐：《1992 年以来收入分配变化刍议》，《中国经济时报》2006 年 5 月 26 日。

差距不会恶性发展到两极分化的程度，可以控制在合理的限度以内，最终向共同富裕的目标前进。否则，两极分化是不可避免的。所以，在社会主义初级阶段的一定时期，私有经济发展速度较快于公有经济，其在国民经济中的比重逐步提高，是必要的、有益的。但是任何事情都有其合理的度。正如江泽民指出的那样："当然，所谓比重减少一些，也应该有个限度、有个前提，就是不能影响公有制的主体地位和国有经济的主导作用。"① 私有经济发展到一定的程度，其增长速度和其在总体经济中的比例关系就有重新考虑的必要，以使其不妨碍公有经济为主体，国有经济为主导，公私两种经济都能达到平稳健康有序发展的和谐境地。

随着改革开放的推进，我国所有制结构已经由公有制一统天下发展为多种所有制共同发展的局面。所有制结构的公降私升是否已经达到影响公有制为主体的临界点？因为这涉及宪法中规定的基本经济制度，所以又是一个敏感的问题，在我国的经济理论界引起了不同的看法。

四　几种对中国所有制结构变化形势的评估

"公有制为主体，多种所有制经济共同发展是我国社会主义初级阶段的一项基本经济制度"，是党的十五大报告中确定下来的。报告明确规定，公有制的主体地位，主要体现在公有资产在社会总资产中占优势，国有经济控制国民经济命脉，对经济发展起主导作用。

报告特别指出，只要坚持公有制为主体，国家控制国民经济命脉，国有经济的控制力和竞争力得到增强，在这个前提下，国有经济比重减少一些，不影响我国社会主义性质。

这里讲的"比重减少一些，不影响我国社会主义性质"，是在公有制还占量的优势，国有经济保持控制力的前提下说的。如果公有制不能保持量的优势，情况会怎样呢？

何谓量的优势？国有经济比重和公有制经济比重减少到何样的程度，才是容许的？文件中没有规定。不同的看法由此而来。

---

① 《江泽民文选》第三卷，人民出版社 2006 年版，第 72 页。

大体上有这么几种看法：

（1）基于工商联公布 2005 年民营经济和外商、港澳台经济在 GDP 中的比重达 65%，和国家统计局老专家估计 2005 年 GDP 中公私之比为 39∶61，认为中国已经是私有经济起主导、主体和基础作用，公有制经济已丧失主体地位，只起补充作用。

（2）认为公有制经济比重虽然下降，但以公有制为主体的格局并没有改变，主体地位依然牢固，其依据是 2004 年末全部实收资本中，公有资本仍占 56%；统计局老专家估计 2005 年第二、第三产业实收资本中公私资本比重为53∶47，公有资本仍超过半数，居优势地位。认为国有经济在关系国计民生的重要行业仍然具有绝对优势，其国家资本占比在 70% 以上，继续掌握较强的控制力。

（3）认为目前所有制结构处于十字路口境地。从资产比重上看，大约公私各占一半，平起平坐（据测算，公私经济在社会总资产中所占比重，由 1985 年的 94.09∶5.91 下降到 2005 年的 48.8∶50.9）。从国有经济控制经济命脉来看，在关键领域和重要基础产业中起主导作用（2005 年在垄断性强的产业和重要基础产业中实收资本，国有经济占比 64% 左右），但在市场化程度和利润较高、竞争性比较激烈、举足轻重的制造业中，国有经济的控制力过低；在不少省市特别是沿海经济发达省份，公有制资产占比已下降到 50% 以下，"公有制经济的资产优势和国有经济的控制力在如此巨大的产业和地区范围的锐减削弱，使得公有制主体地位从总体上看显现出开始动摇的迹象"。

上述对于公有制主体地位（1）已经丧失、（2）仍然巩固、（3）开始动摇的三种看法，都是建筑在非官方统计数字的基础上。令人遗憾的是，国家发展部门和统计部门近些年来没有提供我国公私经济对比的比较完整的准确数字，所以也难以准确判断我国所有制结构的现状。

有一些经济学者和科研单位，主张公有制经济的主体地位，并不体现它在整个国民经济中占有数量上的优势，而主要体现在它的控制力上，否认国有经济控制力的前提是建筑在公有制的数量优势的基础上，因此他们不主张国家计划（规划）中列入公私经济比重的指数，国家统计部门也不必统计和公布公私经济比重的全面数字。这种看法不利于我们正确分析我国所有制结构的形势，并采取对策来保护我国社会主义基本经济制度。党中央一贯坚持公有制为主体，多种所有制经济共同发展的基本经济制度，十六大，十六届三中、五中全会以及涉及经济问题的中央会议，一再重申这一主张。国家各部门都应该为实现这一主张努力服务。几年以来有人提出，人大应监督检查公有制为主体的社会主义基本经济制度执行情况。我认为这些建议的精神是值得考虑的。

五 干扰"公有制经济为主体"的 "私有化"倾向：实践层面

人们对我国所有制结构中公有制的主体地位是否发生动摇所表达的一些看法，不仅是基于他们对经济比重及控制力的各自评估判断，也与观察中国经济改革进程中某种倾向的抬头有关。在实际经济生活中，我们确实观察到这种倾向在抬头，虽然人们一般还回避把这种倾向叫做"私有化"，但实际上回避不了。也确有人公开宣扬"私有化"而无所顾忌。

私有化倾向抬头表现在两个层面。一是实践的层面，即对我党改革政策措施加以曲解，力图往私有化方向引导，竭力推进私有化的实施。二是思想理论的层面，即打着我党解放思想的旗号，推销私有化思潮。当然这两个层面又是互为表里、互相激荡的。

若干年来我国国有、集体企业改革工作，大多数运行健康，顺利成功，对经济发展、社会进步和安定团结发挥了显著效果，但是也存在问题。党中央提出的一些改革政策措施，一些人总是千方百计地往私有化方向拧。例如，中央提出建立社会主义市场经济体制是我国经济体制改革的目标，他们就鼓吹公有制与市场经济不相容，要搞市场经济就必须实行私有化；中央提出"产权清晰、权责明确、政企分开、管理科学"的现代企业制度，他们就说公有制产权不清晰，产权虚置，只有落实到自然人（即私有化）产权才能明晰；中央提出可以利用股份制作为公有制的一种实现形式，以扩大公有资本的支配地位，增强公有经济的主体地位，有人就通过股份制将国企化为私企；中央提出要提倡和鼓励劳动者的劳动联合和劳动者的资本联合的股份合作制，他们就竭力主张用经营者持大股，个人集中控股的办法，将股份合作制的集体性质变为私人企业；中央提出国有经济战线过长，要作战略调整，以增强国有经济的主导作用，他们就把"有进有退"的战略调整篡改为"国退民进"，"让国有经济退出竞争性领域"；中央提出"抓大放小"的方针，要求采取各种形式放开搞活国有中小企业，他们就把出卖企业当做几乎唯一的形式，实行一卖了之，掀起一股贱卖白送国企的歪风。

这股歪风刮得很不正常，因为"我们的国企改革是在没有充足理论、足够经验下进行的，带有一窝蜂性质。当高层想了解改制进行到如何时，一些地方的国企已经卖得差不多了"、"等到国有资产转让的种种规则出台之后，可能地方上的国有资产已经所剩无几"①、"有些地方把中央关于企业改制产权转让的方针政策异化得面目全非。企业领导自卖自买的有之，巧取豪夺的有之，空手套白狼的有之，从而造成国有资产大量流失，职工权益遭到剥夺。"②

当然国企改革出现的上述现象，主要是少数人侵吞国资的问题，完全是非法的，或不规范的行为。中央和有关部门不断在总结经验，推进立法，完善政策，下大力气纠正偏差，力图使改革沿着规范的轨道前进。所以，有些同志把鲸吞国有资产说成是"盛宴"，如果以此概括国有企业改革的全貌，那显然是不正确的。但是这种事情在当时也不是一例两例，而是相当流行。案例本身有不少真是一场免费的盛宴，这样说也不为过。有人在"新华网"写文章问道，"全国违法违规运作的改制企业到底有多少，谁能说得清"。共和国历史将来是要说清楚这一章的，当然账是否能够算清，要靠执法者和执政者的努力和能耐了。

一方面是突然一夜冒出一批万贯家财的队伍，另一方面如某大经济学家所言，为达到改革目的必须牺牲一代人，这一代人就是3000万老工人，这样一场恶性演出，为一个香港有良知的学者所注意。其实郎咸平教授了解和揭露中国的实际情况，并不如大陆学者知道得多。但郎先生抓住了要

---

① 载《三联生活周刊》2003年12月11日。

② 新华网2005年7月31日。

害问题，如私有化、MBO 等等。据报道，网民给郎教授以九成的支持率①，即 90% 以上的网民赞成郎教授的基本观点，反对否定公有制的主体地位和私有化，这从一个方面反映了人民群众反对走资本主义道路的改革，赞成走社会主义道路的改革。

这是实践的层面，人为地激化了公私结构改变和化公为私的过程。民间和高层都在反思这一过程。民间发出了"不准再卖"的呼声，高层也在努力将过程纳入合乎法规的规范化轨道。

六 "私有化"倾向的干扰：思想理论层面

在理论层面上，几年来私有化思潮泛滥，更是五花八门。这里只能点评一下。在中国这样一个宪法规定公有制为主体的社会主义国家，居然容许有人公开打出"人间正道私有化"的旗号，在新华书店公开长期发行其著作《国企改革绕不开私有化》，宣扬国企改革的"核心在于国有制改为私有制"。可以说中国的言论出版自由已经达到空前未有的程度。

在这种气氛下，有人公开鼓吹民（私）营经济应在国民经济中占主体地位。他说"今后中国经济的走向应该是投资以民间资本为主，经济形式以民（私）营为主"。

有一位人士不加掩饰地说，要"排除旧的意识形态的挡道"，推行私有化。他说，"民办、民营、民有、私营、非国有、非公有等，无非是为了从不同角度阐明私有化问题"。"在私有化问题上出现莫名其妙的文字游戏，是由于旧的意识形态在挡道"。同时另一位人士则宣称"公有制为主体是对社会主义的理解停留在斯大林式的传统社会主义水平"，把党章和宪法关于公有制为主体的规定视为"保留着传统社会主义观念的痕迹"，完全否定了建立公有制、消灭剥削是社会主义的本质特征和根本原则。

与这些观点略有不同的是，某些人士虽然抱着私有化的主张，并且在私下讲，私有化已成定局，可是他们在宣扬私有化主张、方案时，却遮遮掩掩，在公开场合他们对自己所主张的任何一种私有化形式都要习惯性地

---

① 载《经济日报》2005 年 8 月 3 日。

说一句"这绝不是私有化","这是公有制经济的实现形式"。某大经济学家把私人控股的股份公司，非公有经济控股的一般公众股份公司，都说成是"'新'公有制的实现形式"。还有人发明"间接公有制"，说什么可以利用财税再分配的办法，把"直接私有制"改成"间接公有制"，以取代"直接公有制"的地位；还说资本主义国家如美国，正在利用这一办法，"走向社会主义"。明明是私有制的资本主义，还装饰成"社会主义"，自欺欺人，也太玄乎了。

有一种议论，是以预言家的口吻出现的。这位预言家表面比较谦虚，认为现在还不好说是民（私）营经济为主体，但随着形势发展，私营经济一定会变为主体。这见于由某著名经济学家领衔的、挂靠在某党校的一个刊物上的奇文，其中说："过去我们说民营经济是国有经济的有益的补充，但现在我们逐渐发现，顺着真正市场经济的思路发展，总会有一天我们会反过来说，国有经济是民营经济的一个有益的补充"，咄咄逼人的私有化主张，口气不小，听起来像是向 13 亿中国人民示威：你们终有一天守不住公有制为主体的阵地！也像说给我们的执政者听：看你怎么办！

还有一种私有化主张，打着对社会主义本质属性和社会主义模式选择理论研究的旗帜。早在十五大前夕，就有人抛出社会主义的基本特征是"社会公正加市场经济"的公式。这是一个连社会民主主义和资产阶级都能接受的模糊定义，否定建立公有制、消灭剥削是社会主义本质特征和根本原则之一。有人最近说，长时期以来，人们认为社会主义特征是公有制、按劳分配是不对的，现在要以"共同富裕，社会和谐，公平正义"来认识社会主义的本质属性。当然，共同富裕、社会和谐等等非常重要，但是撇开所有制关系，撇开公有制和消灭剥削，这些美辞都是缺乏基础的，构成不了社会主义。倡导这一理论的人士在推荐"人民社会主义模式"的五个特征中，也绝口不提公有制为主体。有位同志在引用小平同志的社会主义本质论时，不提"消灭剥削"四个字，只讲"小平说，社会主义本质就是解放生产力，发展生产力，消除两极分化，最后达到共同富裕"。大家知道，建立公有制，是为了"消灭剥削"，所以小平同志多次把"公有制为主体"列为社会主义主要原则之一。这位同志不提"公有制"、"消灭剥削"这些重要字眼，以改后的小平论述来界定社会主义所有制，认为不管公有制还是私有制，都是社会主义所有制！他太不注重理论问题的严肃性了。

最后，还有一种反对公有制、鼓吹私有化的理论，直接打着马克思主义的旗号，那就是歪曲马克思"重建个人所有制"的提法。过去也有人不断误解马克思这一提法，也多次为正确的马克思主义解读所廓清。最近谢韬等在《炎黄春秋》（2007 年第 6 期）把马克思所说的"在生产资料共同占有的基础上重建个人所有制"，说成"是一种以个人私有为基础的均富状态"，即"自然人拥有生产资料，人人有份"，把生产资料的私有制视为马克思的主张。其实恩格斯在《反杜林论》中早就对马克思这一提法作了解释：以生产资料的社会所有制为基础的个人所有制的恢复，"对任何一个懂德语的人来说，这也就是说，社会所有制涉及土地和其他生产资料，个人所有制涉及产品，那就是涉及消费品。"① 谢韬等睁眼不看这些，在理论上胡搅蛮缠，其目的是把矛头直接指向改革开放以来几代领导人努力开创的中国特色社会主义，把它诬称为以重建个人所有制为主要内容的社会民主主义道路，把"重建个人所有制"说成是"中国改革开放的总路线和总政策"，其私有化的意图昭然若揭，也无须本文细评了。

从这里可以看出来私有化思潮泛滥，已经猖狂到何种地步。我们是有思想言论自由的，提倡百家争鸣、多样化，但是不能像戈尔巴乔夫、雅可夫列夫那样，搞"多元化"、"公开化"，把老百姓的思想搞乱，把改革开放的方向引错。应该是清理一下的时候了。

七　"公有经济低效论"是个伪命题

企图把中国改革引向私有化方向的人士，有许多牵强附会的"论据"。其中最重要的是"公有经济低效论"。

"公有经济低效论"站不住脚，已经有许多文章、著作加以论述。例如，左大培《不许再卖》一书，以严密的逻辑和充分的事实，对"国有企业所有者虚置论"、"人皆自私，因此企业经营者所有才能搞好企业"、

---

① 《马克思恩格斯选集》第 3 卷，人民出版社 1995 年版，第 473 页。

"国有企业监督成本过高"等观点作了深入细致、有理有据的驳斥，至今未见到"私有化"论者像样的反驳。后者还是一口咬定"公有经济低效"，好像这用不着证明；以此作为定论，好像也不打算同你认真辩论了。

因为分析公私经济效率，驳斥公有经济低效的论著甚多，本文不打算详论这个问题，只想点出几条，供大家思考一下，是不是这样。

1. 公有经济在宏观的社会经济效益上的表现，如经济增长、就业保障、社会福利等等方面，比私有经济优越，是无可置疑的。以公有经济为主的国家与以私有经济为主的国家相比，在经济增长速度对比上，比较长时期（虽然不是一切时期）地前者超过后者，把落后的国家建设成为奠定了工业化基础或工业化的国家，战胜了强大的法西斯侵略者等等，都可证明。

2. 在微观经济方面，众所周知，企业规模超过一定限度，所有者与经营者就有分离的必要，企业家就要分化为老板（公司股东）和职业经理人。公营经济与私营经济一样可以用委托代理方式，解决激励与约束机制的问题，并且经验证明，公有经济不一定需要比私人股份公司多得多的资本经营层次。美国著名经济学家斯蒂格利茨通过实证研究表明，无论统计数据，还是具体事例，都不能证明政府部门效率比私营部门低。许多国家如法、意、新加坡等，至今拥有不少经营效率不低的国有企业（垄断、竞争部门都有）就是证明。我国国有企业近几年来业绩显著改进，也不乏例证。

3. 有些人把改革开放后，特别是上世纪90年代中后期，国有企业经营不善，亏损面不断扩大，效益大面积滑坡的事实，拿来说事，津津乐道公有经济效率低下，故意不提这一时期出现这些现象有许多特殊原因。例如，拨改贷开始埋下企业资金不足的隐患或陷入债务深坑；富余人员过多，各种社会负担沉重；税负大大超过私营和外资企业等等。国企为保障社会经济稳定而付出了巨额的改革成本，成为一个沉重的负担，这些特殊原因造成企业效益下滑，是一个暂时的现象，经过一定的政策措施是可以解决的。这与所有制没有关系。私有化论者不提这些，而拿它们来论证"国企低效，因此要变国有为私有"更是不伦不类。

4. 更不能容忍的是，一些人把国有企业某些领导层的贪污腐化导致效益下滑、国有资产大量流失的行为，普遍化为国有企业的"特征"，说什么我国的国有企业是"官僚权贵资本主义"。南方的一家大报上甚至说，要使国有资产流失成为私人财权，才能消灭这种"权贵资本主义"。这显然是对我国整个国有经济的歪曲和污蔑。第一，不符合我国国企员工和相当一部分国企领导是尽忠职守、廉洁奉公的事实。国企内权贵阶层的出现，在我国难以忽视，但他们是钱权交易、官商勾结、市场经济黑幕的产物，绝非国有经济固有的现象。第二，发出这种国企是"权贵资本主义"的声音的人，怎么不问问，过去计划经济时期，为什么腐败现象虽然也有，却很少很少，而现在多起来了呢？一个原因是过去我国国企经营管理可能比现在严格，例如，20 世纪 60 年代我国曾总结出《鞍钢宪法》等一整套企业管理经验，80 年代我国派人出国考察企管经验，发现日、美、欧洲也吸收了我国《鞍钢宪法》的经验，当时又把这个经验带回祖国①。另一个原因是社会上过去虽然有不正之风，但总的风气较好，人们还不完全为私利所左右，还是比较注意为公为集体，不像现在新自由主义影响下"人不为己天诛地灭"、"私利人"、"经济人"意识满天飞。所以有些国企老总禁不起考验，一些国企管理层怀有"私有化预期"，把本来可以经营得很好的企业，搞得半死半活，然后迫使政府允许改制，贱价卖给自己，达到私有化的目的。还有一些党政领导人，与国企某些管理层形成联盟，双方共同从国企私有化中获取巨额利益。由于"人性自私"、"经济人假设"理论的影响，实际上存在着不少以改革为名，损害国家和人民利益的现象。例如"管理人收购"这一闹剧，就是"人性自私论"和"经济人假设"这些理论的庸俗化普及所支撑的。

5. 关于"公有制低效论"的辩论，经过两军对垒，激烈争战，现在变为两军对峙，各说各的，互不买账。这当然不是说，公说公有理，婆说婆有理，大家都有理，总有一方代表客观真理，另一方是邪说歪理。抛开这点不说，两种观点实际上也代表两种集团的利益，一种是代表资本、财富、腐败官僚、无良学者的集团利益，一种代表工农人民大众的集团利益。这两种观点因为利益不同，互相不可能说服，是理所当然的。我们的

---

① 《鞍钢宪法》，人民网强国论坛 2007 年 8 月 3 日。

宣传部门、理论部门、执政部门，应该有一个判断，支持什么，不支持什么，这才是关键。

八　论所谓"国退民进"

从战略上调整国有经济布局，通过有进有退，有所为有所不为，增强国有经济的控制力，发挥其主导作用，以巩固公有制的主体地位，这是十五大、十五届四中全会的决策。如前所说，党中央作出了"有进有退"、调整战略布局的决定后，就有人把这个主张解释为"国退民进"，国有经济从竞争性领域退出，让民营（私营）经济来代替。尽管这种观点受到舆论批评和官方的纠正，但它还是不断地出现，十分顽强，以致到了2006年3月1日，某研究机构主任还在北京的一家大报上刊登文章，宣称"这一轮国企改革对绝大多数国有企业而言，意味着必须实现战略退出，将企业改制成为非国有企业"，并断言，这种做法"不可逆转和势在必然"。经过读者投信质询，该报总编室也承认这篇文章"有的观点不妥当，编辑工作把关不严造成失误"。可是这位主任早先不止一次地宣扬"国退民进"的主张。他在中新社转述《大公报》的报道（2005年5月2日）中就认为国退民进是市场经济的必然过程，说"市场经济的发展必然伴随着国企的大面积退出"①。2005年8月7日，他在黑龙江佳木斯一次会议上说，"所谓国有企业改革就是国有企业改成为非国有企业"。

那么国有企业从什么领域退出呢？这位主任作了非常清楚的回答，就是要从竞争性领域退出。新华网2003年1月16日透露，他强调，"国企与非国企不存在竞争关系，当遇到竞争，国企应该学会退出"，"国企无法解决比非国企更有效率的竞争力问题"，所以国企要学会退出。

国有经济应不应该从竞争性领域退出？在我国95%的工业行业都是竞争性较强的行业，在这样的市场结构下让国企退出竞争性行业，几乎等于取消工业中的国有企业。竞争性领域中存在不少战略性国企和关系国计民生的重要国企，难道都要退光？竞争性领域中国企如果有竞争力能够赢

---

① 中新网2005年8月2日。

利，为什么一定要让私营老板去赚钱？"国企竞争力不如私企"，连西方一些正直的学者也不赞成这一新自由主义的偏见。有竞争力的国企在竞争性领域中将赢利上交国家，发展生产和社会福利事业，对于社会财富分配中的公平与公正也是有利的。

国有企业、国有资本不应从竞争性领域中完全退出，不但很多学界人士这样主张，中央政策也是很明朗的。十五大报告就规定，"在其他领域（主要指竞争性领域）可以通过资产重组和结构调整，以加强重点，提高国有经济的整体素质"。十六届三中全会也讲到，在增强国有经济控制力以外的其他行业和领域（主要也是竞争性领域），国有企业通过重组和调整，在市场经济中"优胜劣汰"。并没有规定国有经济一定要退出的意思，而是说可以在竞争性领域参加市场竞争，"提高素质"，"优胜劣汰"，"加强重点"。

以上讲的是在竞争性领域不能笼统地讲"国退"，在这些行业，国有企业也有"进"的问题。那么现在转过来说"民进"。私有企业是市场竞争的天然主体，竞争性领域让私企自由进入，是理所当然的。但是关系国民经济命脉的重要行业和关键领域，十五大规定了必须由国有经济占支配地位，是否也允许私人资本"进入"呢？国务院 2005 年关于鼓励支持非公经济发展的文件，允许非公经济进入垄断行业和领域，包括电力、电信、铁路、民航、石油等行业，矿产资源开发、公用事业、基础设施，以及国防科技工业建设等领域。这些都为非公有经济进入关系国民经济命脉的重要行业和关键领域网开了一面。

对此，有民间人士持不同意见。认为非公经济进入控制国民经济命脉的许多领域，有违中共十五大规定"国有经济控制国民经济命脉"的方针，将会动摇、改变国有经济在国民经济中的主导地位和公有制的主体地位。并且向有关方面提出了自己的看法，希望扭转有关规定。

我认为，关于国民经济命脉的重要行业和关键领域，如果从吸收社会资本、扩大公有资本的支配范围，壮大国有经济的控制力，促进投资主体的多元化这一角度来说，还是符合十五大精神，符合我国国企改革的方向的，因此可以有选择地允许私人资本参股进入；但不可以把这个领域让给私人资本独资开发或控股经营，影响国有经济对这些部门的控制地位，在允许非公资本参与投资经营的企事业，要加强监管。目前中国私人资本实力还不够雄厚，即使私人资本长大，国家也只能吸收而不必主要依靠私人资本来发展这些部门。特别是这些重要行业和关键领域，一般收益丰厚，多属垄断性级差租收入性质，按照中外学理，这种级差租性质的收入，理应归公。所以对进入这些行业领域的私人股份的红息，应加限制，使私人资本能够得到一般竞争性行业的赢利。这也符合民主革命先行者孙中山先生"节制资本"主张的要义。中国共产党在社会主义初级阶段参考孙先生的正确思想，对"私人资本制不能操纵国计民生"的主张，进行灵活处置，也是可以理解的。限制私人资本在关系国计民生部门取得超额垄断利润，是符合孙先生主张的精神的。

2005 年政府进一步明确了对非公有经济准入范围放开的政策以后，有些官员和经济学人又从另一方面错误地解读政策动向，要求在重要的和关键的领域内国有经济与私人资本平起平坐，否认国有经济的主导作用，有的甚至建议国有资本限期撤出公共服务领域之外的全部产业领域。这种观点在上年开始制定进一步促进非公经济发展的政策时就已经出现，而且主要集中在中央和政府的权威学校和高级研究机构的某些部门，不过在 2005 年上半年表现得更为突出，并且在一些主流媒体和论坛上一再公开表达。在这种背景下，政府高层部门负责人士先后出面明确表示：（1）垄断行业和领域今后要以国有经济为主体，这是由我国经济制度的性质决定的；（2）不能把国有经济布局和结构调整理解为国有经济从一切竞争性领域退出；（3）绝不能把国有经济布局和结构调整理解为中央"进"地方"退"，各地必须培育和发展一批有地方优势与特色、实力雄厚、竞争力强的国有企业。

即使在政府负责人一再表态的情况下，还是有声音从体制内批评在重要领域让国企"做大做强"的选择，公开主张国资从产业领域全退，甚至有文章希望科斯的中国改革六字经"共产党加产权"成为今天中共急进的"时代壮举"。因此，尽管高层决策人士表态明朗，纠正了一些人所讲垄断行业允许准入，不讲主从关系的认识，也批评了一些官员和经济学人要国有资本从产业领域全面退出的观点，但是"全面坚持十六届三中全会决议关于公有制为主体，国有制为主导，发展非公有制的问题，在认识上和工作中并没有完全解决"①，一些官员和经济学人要国资从产业领域退出的观点，仍然在工作层面影响改革，不容忽视。

比如，《中国宏观经济分析》披露了有关部门关于国资转让和减持比例的方案②，从这个方案的政策目标看，它通过国家持股比例下限的低设，使大量关键和非关键领域国有上市公司的国有股权被稀释。有评论认为，这个方案透露出国资要在关键性领域明显减少，竞争性领域基本退出。这种大量减持国资的主张不妥，其后续效应（即波及国有非上市公司和地方其他国有企业的效应）更需警惕。还指出，近几年来国有工业状况，无论是垄断行业还是竞争性行业，持续逐步好转，在企业数量下降情况下，资产、产值，尤其是利润税收贡献都大幅上扬，表明坚持社会主义方向的所有制改革和国企改革是有希望的。在此背景下继续国资的大规模退出，是否恰当，需要考虑。当然，国资布局和国企组织，还有不少不合理之处，需要通过资产的进出流动，继续进行适当的调整。

九　国有经济的控制力应该包括哪些范围

2006年12月18日国资委发布《关于推进国有资本调整和国有企业重组的指导意见》，其要点之一是推动国有资本向重要行业和关键领域集中，增强国有经济的控制力，发挥主导作用。重要行业和关键领域包括：涉及国家安全的行业，重大基础设施，重要矿产资源，提供重要公共产品和服务的行业，以及支柱产业和高新技术产业中的骨干企业。对于不属于重要行业和关键领域的国有资本，按照有进有退、合理流动的原则，实行依法转让。

对于这项部署，有两个方面的评论。一个方面，认为不论是国有资本要保持绝对控股的军工等七大行业，还是国有资本要保持较强控制力的装备制造等九大行业，大都遍布非竞争性领域和竞争性领域，并不都是只有国有企业才能有资格从事的行业。它们属于竞争性行业，由国资来控制缺

---

① 《股份制助民企做强做大》，《中华工商时报》2005年7月11日。
② 《中国宏观经济分析》2005年第11期。

乏合理性。在这些行业，国企筑起垄断门槛，有违市场公平竞争原则；并称"增强国有经济的控制力没有法律依据"，说政府无权不经过代议机构的批准擅自指定自己的垄断领域。但是我们要说，加强国有经济的控制力，国有经济在关系国民经济命脉的重要行业和关键领域必须占有支配地位，在社会主义市场经济中起主导作用，这是我国的根本大法——宪法所规定了的，这是根本的法律依据。再说，在竞争性领域，允许国有企业以其竞争力取得控制地位，并不见得不符合市场竞争原则。

　　另一方面的评论是，对于不属于重要行业和关键领域的国资要"实行依法转让"，即退出，会引发非公有资本广泛并购和控股众多的原国企，后果堪虞。夏小林在《中华工商时报》撰文指出，"国资委资料显示，2005 年在约 26.8 万亿国企总资产中，中央企业占 41.4%，而国企中还有 3/4 是在竞争性行业。按照某种意见，如果不考虑国资在维系社会公平方面的重要作用，中央企业之外 58.6% 的国企资产和 3/4 在竞争性行业的国企，是不是其相当大的一部分都要在'不属于重要行业与关键领域'标准下，'实行依法转让'呢？如果'转让'使中国产业的总资产中，私人资产的比重超过和压倒国有资产，中国少数私人的财富急剧暴涨，这将会形成一种什么样的财富分配状况和收入分配状况呢？"①

　　夏小林关于国有经济控制力包括的范围的意见是值得注意研究的。他把国有经济的社会责任分为两种，一是帮助政府调控经济，一是保证社会正义和公平的经济基础。前一个作用普遍适用于社会主义国家和现代资本市场经济国家，而后一个作用则是社会主义国家独有的。他说，"按照西方主流经济学的观点，在一定条件下国有经济有助于政府调控经济，但是 OECD 国家的私有化证明，即使在垄断性的基础产业为主要对象进行了私有化，国有经济到了 10% 以下的比重以后，政府照样可以运用各种货币政策、财政政策、产业政策和商业手段等有效地调控经济。但是社会正义和公平，却是高度私有化的经济和以私有化为主的混合经济解决不了的老大难问题"。"在中国坚持社会主义市场经济的改革方向中，增强国有资本的控制力，发挥其主导作用，理应包括保障、实现和发展社会公平的内容和

① 夏小林：《非国有投资减缓，后效仍需观察》，《中华工商时报》2007 年 1 月 31 日。

标准。对那些对于政府调控经济不重要但是对于保障社会正义和公平非常重要的竞争性领域的国有资产，也应该认为是'重要'的和'关键'的领域的国有资产，要力争搞好，防止出现国资大量流失那种改革失控，随意实行大规模'转让'的偏向"①。所以，在一般所说"重要"、"关键"的标准之外，根据保证社会公平的标准，可以认为，即使在竞争性领域，保留和发展有竞争力的国有及控股企业，这属于增强国有经济控制力"底线"的范围，也是"正当的选择"。

基于国有经济负有保证社会正义和公平的经济基础的社会责任，国家要保障在公益服务、基础设施、重要产业的有效投资，并不排除为解决就业问题在劳动密集领域进行多种形式的投资和运营。在保障垄断性领域国有企业健康发展的同时，还要保障在竞争性领域国有企业的发展，发挥它们在稳定和增加就业、保障社会福利和提供公共服务上的作用，增强再分配和转移支付的经济实力。决不能像新自由主义所主张的那样，让国家退出经济。我国这样一个社会主义大国，国有经济的数量底线，不能以资本主义国家私有化的"国际经验"为依据。确定国有经济的比重，理应包括保障、实现、发展社会公平和社会稳定的内容，所以国家对国有经济控制力的范围，有进一步研究的必要。

关于如何增强国有经济控制力，综合各方面的意见，还有几点想法，简要述之。

1. 国企要收缩战线，但不是越少越好。在改革初始阶段，由于国企覆盖面过广，战线过长，收缩国企的数量，集中力量办好有素质的国企，开放民间经济的活动天地，这是必要的。但并不是说国企办得越少越好。这些年有些官员、学者，片面倾向于少办国企，主张"尽可能避免新办国有企业，让'国家轻松一点，就是管那些少得不能再少的国有企业'，'我们留下为数不多的国有企业将是活得非常潇洒的，不像今天这样愁眉苦脸，忧心忡忡'"。围绕所有制结构政策，体制内外频频发出声音，"或者将中国所有制结构的取向定在用15—30年时间来让自然人产权（私有产权）成为市场经济的主体上，或者把参照系数定在欧、美市场经济中国有

①　夏小林：《非国有投资减缓，后效仍需观察》，《中华工商时报》2007年1月31日。

成分在 7% —10% 的模式上（国资研究室主任指出西方发达国家国企仅占全民经济 5% 的份额），或者在叶利钦时期俄罗斯、东欧国家取消社会主义目标后的所有制模式上"。这些将国有经济比重尽量压低的欲望，大大超出了江泽民所讲的限度，就是不能影响公有制的主体地位和国有经济的主导作用。国资委从 2003 年成立以来，央企数量已由 196 家减少到 157 家。据透露，下一轮整合方案中，央企数量将至少缩减 1/3。国资委的目标是到 2010 年将央企调整和重组到 80—100 家，其中 30—50 家具有国际竞争力。令人不解的问题是，中国这样一个社会主义大国，这么多的人口，这么大规模的经济，到底应该掌握多少国企，其中中央应该掌握多少央企？俄罗斯已经转型为资本主义国家了，普京总统无疑也是效忠于私有制的，但他在 2004 年 8 月宣布，确定 1063 家俄罗斯大型国企为总统掌握的国有战略企业，政府无权对这些战略企业实行私有化。同样是中央掌握的大型国有企业，为什么私有化的俄罗斯保留的是社会主义中国的好多倍？此中除了不可比的因素外，是否反映了我国某些官员国企办得越少越好，追求"轻松潇洒一些"的倾向？还有某些个别官员不好明说的倾向？

2. 中央和地方都要掌握一批强势国企。有关部门负责人指出，不能把国有经济布局和结构调整理解为中央"进"地方"退"，各地必须保留和发展一批具有地方优势和特色、实力雄厚、竞争力强的国有大企业，使之成为本地区国民经济的支柱。中国是一个大国，许多省、直辖市的土地与人口，超过欧洲一个国家。有人建议在省市自治区一级建立一地一个或数个、或数地联合建立一个类似淡马锡模式的控股公司，来整合地方国企。这个建议是可行的。新加坡那样国土面积小、人口少的国家都能做到，为什么我们做不到。前些时候国企改制地方出的问题比较多，也可以通过新的"改制"梳理一下。

3. 国有经济改革决策要受各级人大的制衡监督。这个意见人们多次提出，并有专门的建议案。国有经济改革涉及全体人民利益，不能总在工会实际管不了，人大又不严加审议和监督，由行政机构少数人确定国有企业留多少、不留多少的情况下来进行。由他们来决策国资的买卖，极易造成决策失误和国资流失。以保护私权为主要使命的《物权法》已经通过了。而研究开始在《物权法》之前，以保护"公权"为使命的《国资法》，研究了多年，人们仍在翘首企望，希望早日出台，让各级人大能够像英国、俄罗斯、波兰、日本等类型的市场经济国家的议会那样，有权审议国有资产产权变动的方案。

4. 扩大国有产权改革的公共参与。国有资产产权改革不单纯是一个高层的理论问题，而且是关系各方面利益的公共政策问题。所以这个问题的讨论与决策，不但要有官员学者精英参加，而且要有广大公众参与。某国资研究机构有人认为，这是不应当由公众来讨论的潜规则问题，郎咸平掀起的讨论是"引爆了公众不满国资流失和社会不公的情绪，是反对改革"。讲这种话的精英，是把大众当做阿斗。对于国资产权改革，公众有知情权、发言权、监督权，少数精英把持是非常危险的。据报道，汪道涵临终时与人谈话说，"我的忧虑不在国外，是在国内"，"精英，社会精英"。其背景就是他对苏共及其领导干部变质的长期观察和研究。"苏联主要是亡在它自己的党政领导干部和社会精英身上。这些干部和精英利用他们手上的权力和社会政治影响，谋取私利，成了攫取和占有社会财富的特权阶层，他们不但对完善改进社会主义制度没有积极性，而且极力地加以扭曲。公有制度改变才能使他们的既得利益合法化。这只要看看各独立共和国当权的那些干部和社会名流大约有百分之八十都是当年苏联的党政官员和社会精英，事情便清楚了。"①

十　发展私营经济的正道

谈基本经济制度，不能不谈私有经济，私有经济是非公有制经济的一部分。其与公有制主体经济的共同发展，构成我国社会主义初级阶段的基本经济制度。非公有经济在促进我国经济发展，增加就业，增加财政收入，满足社会各方面需要方面，不仅在当前，而且在整个社会主义初级阶段很长的历史时期内，都有不可缺少的重要积极作用，因此我们必须鼓励、支持和引导非公有制经济发展，而不能忽视它、歧视它、排斥它。所以，党和政府对非公有制包括私有制经济非常重视，对它们的评价，从十

---

① 香港《信报财经新闻》2007年6月23日。

三大、十四大的"公有制经济的补充",到九届人大二次会议称为"社会主义市场经济的重要组成部分",十六大还提出了"两个毫不动摇",足见中央充分肯定非公有制包括私有制经济的重要作用。

我国非公有制经济由两个组成部分,一部分是个体经济。个体经济占有少量生产资料,依靠个人辛勤劳动,服务社会,而不剥削他人,属于个体劳动性质的经济。这部分经济目前在我国经济中占的比重不大,将来也不可能很大,据工商局说,最近有一些年份,我国实有个体工商户还有所减少。但是现在已经恢复正增长。另一部分是私营经济和外资经济。自改革开放以来,广大私营企业主受党中央"让一部分人先富起来"号召的鼓舞,先后投身商海,奋勇创业拼搏,用心血耕耘多年,为国家经济发展、社会稳定和丰富人们的物质生活作出了重要贡献,应当受到社会公正的评价。当前私营企业主要面临的突出问题,是融资困难较大,税收尤其是非税收负担较重。此类问题亟待有关部门切实解决。

私有经济与个体经济是有区别的。私营企业主与现在所称新社会阶层中的管理技术人员、自由职业人员等等其他成分也不一样。大家都是"社会主义事业建设者",但个体劳动者、管理技术人员、自由职业人员等等,一般是不剥削他人劳动的劳动者,而私营企业主雇佣劳工生产经营,他们与雇工之间存在剥削与被剥削的关系。因为私营企业的生产经营是为社会主义现代化建设服务,所以这种剥削关系也受到我国法律的保护。私有经济在促进生产力发展的同时,又有占有剩余价值的剥削性质,这种由剥削制度所制约的私有制本性目的所必然带来的社会矛盾,无时无刻不在政治、经济、社会、文化、思想道德上,人与人的关系上表现出来。私有制在社会主义初级阶段下表现的两重性,是客观上必然存在的,只能正视,不能回避。应该把私有经济的性质与作用分开来讲。只要是私人占有生产资料,雇佣和剥削劳动者,它的性质就不是社会主义的。至于它的作用,要放到具体历史条件下考察,当它处于社会主义初级阶段,适合生产力发展的需要时,它就起积极作用,以至构成社会主义市场经济的一个重要组成部分。由于它不具有社会主义的性质,因此不能说它也是社会主义经济的组成部分。

有人说"非公有制经济人士已不是过去的民族资产阶级"了。不错,非公有制经济中的个体劳动者，从来不属于资产阶级。但雇工剥削的私营企业主按其性质应该归属到哪一类呢？恐怕除资产阶级以外，没有地方可以归属。当然，同时，按其作用，还可以把他归入"社会主义建设者"、"新社会阶层"这些不同层次的概念。这是非常实事求是的科学分析，容不得半点虚假。

对于社会主义初级阶段的私有经济，应当从两个方面来正确对待。一方面是不应轻视，不应歧视；另一方面，不应捧抬，不应护短。现在对私营企业轻视歧视的现象的确是有，特别是前面提到的融资问题和负担问题。例如我国大银行对中小企业（主要是私营），除了"重大轻小"、"嫌贫爱富"外，还存在"重公轻私"的所有制歧视。所谓企业"三项支出"（交费、摊派、公关招待费用）负担加重，某些部门少数官员对企业勒索骚扰，成为企业不得不应付的"潜规则"；当然这里边也有企业借此减轻正规税费之苦衷。而在"吹捧"、"护短"方面，人民网2006年4月19日有人撰文说，不少地方党政官员将我们党的支持民营企业的政策，错误地执行成"捧——求——哄"，给私营企业主吹喇叭、抬轿子、送党票……不一而足。媒体报道，东南某省会城市，在百姓看病存在困难的情况下，拨出专项资金，选定民营企业家享受公费健康体检和疗养休假，"充分体现了党和政府对民营企业家的关爱"。有关部门高层人士为少数企业主确实存在的"原罪"行为开脱，并打不追究的保票。某些理论家则把非公有经济是"社会主义市场经济的重要组成部分"，偷换为"社会主义经济的重要组成部分"，认为"民营经济"（即私营经济）"已经成为"或者"应当成为"社会主义经济的主体，以取代公有制经济的主体地位。这明显地越过了宪法关于基本经济制度规定的界线。

对私有经济，既不应当轻视、歧视，又不应当吹捧护短，那么应当怎样正确对待，才符合坚持社会主义基本经济制度的要求呢？毫无疑问，我们要继续毫不动摇地发展私有经济，发挥其机制灵活，有利于促进社会生产力的正面作用，克服其剥削性产生的不利于社会经济发展的负面作用。如有些私营企业主偷逃税收，压低工资和劳动条件，制造假冒伪劣产品，破坏自然资源环境，借机侵害国有资产，以及其他欺诈行为，都要通过教育监督，克服清除。我想广大私营企业主，本着"社会主义建设者"的职责和良心，也一定会赞成这样做，这对私有经济的发展只有好处，没有坏处。

在鼓励、支持私有经济发展的同时，还要正确引导其发展方向，规定能发展什么，不能发展什么。比如竞争性领域，要允许私有经济自由进入，尽量撤除限制其进入的藩篱。特别是允许外资进入的，也应当开放内资进入。而对关系国民经济命脉的重要部门和关键领域，就不能允许私有经济自由进入，只能有条件、有限制地进入，不能让其操纵这些部门和行业，影响国有经济的控制力。私有经济在竞争性领域有广阔的投资天地，在关系国民经济命脉的一些重要部门现在也可以参股投资，分享丰厚的盈利，应当知足了。作为"社会主义建设者"群体和"新社会阶层"，私营企业主大概不会觊觎社会主义经济的"主体地位"。但是确有某些社会精英明里暗里把他们往这方面推。要教育他们不要跟着这些精英跑。

总之，我们要毫不动摇地发展包括私有经济在内的非公有经济，但这必须与毫不动摇地坚持发展公有制经济并进，并且这种并进要在坚持公有制经济为主体、国有经济为主导的前提下进行，真正实行两个毫不动摇，而不是只实行一个毫不动摇。这样做，才能够保证我国社会主义基本经济制度的巩固发展，永远立于不败之地。

（本文旨在论述，调整收入分配关系，缩小贫富差距，不仅要从分配领域本身着手，特别是从财政税收转移支付等再分配领域着手；还要从基本生产关系，即所有制关系，从坚持基本经济制度来处理这一问题，才能最终地阻止向两极分化推进的趋势。文章分析了我国目前所有制结构面临的情势，指出当前要在事实上坚持公有制为主体，坚持社会主义基本经济制度的必要性、紧迫性。

文章报送中央领导同志后，《求是》杂志社红旗文稿编辑部来函称："根据中宣部的安排，您送给中央领导同志的文章《关于分配与所有制关系若干问题的思考》，将在我刊发表。"该刊 2007 年第 24 期发表时作了一点删节。这里发表的是《中国社会科学内刊》2007 年第 6 期刊载的全文。原载《中国社会科学内刊》2007 年第 6 期。）

六

社会主义市场经济追求目的：
公平与效率并重
更加重视社会公平
实现共同富裕

向实行"效率与公平并重"的
分配原则过渡

我国自改革开放以来，改变大锅饭平均主义，实行按劳分配和按生产要素分配相结合，让一部分居民，一部分地区先富起来，带动和帮助后富的政策。收入分配发生了巨大的变化，一方面，居民收入普遍提高，生活有了很大改善；另一方面，收入差距逐渐扩大，贫富鸿沟逐渐拉开。

据国家统计局测算，1990 年全国收入分配的基尼系数为 0.343，1995 年为 0.389，2000 年为 0.417。其中 2000 年已超出国标公认的警戒线 0.4 的标准，应该引起注意。基尼系数 0.4 作为监控贫富差距的警戒线，是对许多国家实践经验的概括，是有一定的普遍意义。但各国情况千差万别，社会价值观念和居民的承受能力不尽相同。拿我国来说，基尼系数涵盖城乡居民，而城乡之间的收入差距扩大幅度明显大于城镇内部和农村内部差距扩大幅度。1978 年到 2000 年城镇内部居民收入差距的基尼系数，由 0.16 上升到 0.32；农村内部由 0.21 上升到 0.35；基尼系数都小于国际警戒线，比较适中合理。但城乡之间居民收入差距幅度甚大，基尼系数由 1988 年的 0.341 上升到 2000 年为 0.417，高于国际警戒线。我国城乡居民收入差距悬殊，现时为 3.1∶1，若考虑城乡福利补贴等差异，差距进一步扩大到 5—6 比 1（国际经验，相当于现时我国人均收入 800—1000 美元时，城乡居民收入平均差距为 1.7∶1）。由此看来，我国城乡居民是两个根本不同的收入群体和消费阶层。虽然目前我国城乡居民收入差距非常不合理，消灭城乡差距是我们努力的目标，但历史形成的我国城乡居民收入巨大差距的客观现实，使农村居民一时难以攀比城市生活，其承受能力有一定的弹性。所以我国的收入分配警戒线，不妨比国际警戒线更高一些。

究竟可以高多少，是一个值得研究的问题。

撇开国际警戒线问题的讨论，关于我国居民收入分配目前的差距程度，究竟是基本适当，处于合理范围；还是差距太大，已经发生了两极分化。持前一种观点者所考察的依据，主要是官方统计提供的居民正常收入的数据。而持后一种观点者则考虑了非正常收入因素和社会上出现的贫富分化现象。

随着经济市场化程度的不断加深，通过按劳分配或按生产要素分配所获收入，特别是初次分配收入差距的扩大，一般地说是正常的，总的来说也有利于经济效益的提高。但是问题在于，现实生活中收入差距拉大，并非全是合理制度安排的结果，其中不乏许多不合理的、非规范的、非法的因素，这就造成了非正常的收入。尤其是在初次分配领域中，存在许多不平等竞争，最为突出的是各种形式的垄断，市场秩序混乱中的制假售假、走私贩私、偷税漏税，以及权力结构体系中的寻租设租、钱权交易、贪污受贿等各种形式的腐败，这些现象带来大量非法收入，造就了一批暴富者。

随着市场经济理念和运行规则的深入人心，经由合法途径取得的高收入和扩大的收入差距，逐渐被人们理解、认同和接受。引发不满的是体制外的灰色收入和法制外的黑色收入。由于这些非正常收入都是通过非规范的，违背法律法规的途径所获取，具有很大的隐蔽性，因此，常规的收入分配统计资料中，一般都不能涵盖这些非正常收入。这部分非正常收入在我国居民收入中占了一定的比重，是我们当前收入差距扩大的不容忽视的重要因素。一项测算表明，如果把 1999 年全国居民基尼系数 0.397 作为正常收入差异程度，若把垄断租金、非法经营收入、政府公务人员租金收入、社会成员偷漏逃骗税收入，公共投资及公共支出转移形成的非规范和非法收入等估算在内，居民基尼系数将达 0.45 左右。另一项测算认为，1988—1999 年我国正常收入的基尼系数基本处于 0.3—0.4 之间，属于比较合理的收入差距范围；但如考虑非正常收入因素，基尼系数则进入 0.4—0.5 的差距较大的区间。由此可见，这些非正常收入因素对我国收入差距扩大的影响，是不可小视的。有人提议，国家对收入分配调节的重点，首先应放在解决非正常收入方面，这个意见我看是对的。

　　鉴于居民收入差距不断扩大，贫富拉开的现象已经形成，作为改革开放以来收入分配原则效率优先、兼顾公平，是否需要重新考虑呢？这似乎已经摆上经济学者的议事日程。

　　改革开放以来，先是理论界，后是政府，都推出效率优先、兼顾公平这一指导思想，它是针对大锅饭平均主义带来效率低下这一传统体制的弊端，旨在建立市场经济体制，用按劳分配和按生产要素分配的办法，促进效率提高和经济发展。所以从传统计划经济体制到完全建立社会主义市场经济体制的历史时期，这一指导思想都是适用的。现在市场经济体制虽已初步建立，但尚不完善，这一分配原则似乎无立即调整的必要。但有人认为，即使在建立了社会主义市场经济体制之后，效率优先、兼顾公平，也是"顺应社会发展实际，符合社会公正要求的，所以必须一以贯之"地贯彻这一原则，似乎这个一定时期收入分配的指导思想是整个市场经济时期不易的分配法则。但这是与历史事实不符的。一些成熟的市场经济国家，并无这种提法。他们为了缓解社会矛盾，致力于实行社会公正的措施，使其收入差距比较缓和，基尼系数保持在 0.3—0.4 的合理区间（如英、法、德、加等国）。尤其北欧诸国，是公认的市场经济高度发达的国家，它们建立庞大的公共财政部门，推行宏伟的贫富拉平计划。其基尼系数 2002 年，挪威为 0.258，瑞典为 0.250，芬兰为 0.256，均属世界上收入差距最小的区间。尽管人们认为巨额公共开支会对经济增长和经济竞争力造成一定负担，但北欧各国的竞争力在工业化国家中并不落后。调查显示，这些国家的经济表现，商业效率，政府效率，在 72 个工业国家中均居前列，并继续提升。在高税收环境下，还产生了大批如诺基亚、爱立信、沃尔沃、ABB 等这样的跨国大企业。这些国家把公平放在显著地位而非兼顾地位，并仍然可以保持高效。我国当然不能与发达的市场经济国家相比，更不能不自量力地采取福利国家的政策。但上述事实启发我们，不能迷信"效率优先，兼顾公平"的口号，不能视其为市场经济分配的唯一准则。我国这一提法的准确性、时效性，仍可以有讨论的余地。

　　"效率优先，兼顾公平"这一原则在分配上提供激励机制，意在把蛋糕做大，让一部人在诚实劳动和合法经营的基础上先富起来，以支持和带动整个社会走向共同富裕。现在这一原则已实行一段时期，一部分人确实先富起来了，其中既有靠诚实劳动或合法经营起家的，也不乏非正常途径发财致富的，但在支持和带动社会中低收入阶层共同富裕的效应上不甚显著，甚至有因失业、下岗等原因而致绝对收入水平下降者。由于把公平放在兼顾从属地位，社会底层生活即使受到关注，也只能处于被照顾的境地。农民义务教育经费长期得不到解决，失学辍学现象不断发生，即是明证。由于提倡效率优先，不少地方追求微观经济效益，在生产建设中片面追求机械化、自动化，不适当地处置资本与劳动的替代关系，对发展中小企业、民间企业、第三产业不力，加深失业的压力。"更不重视公平，守住民众不闹事的底线就可以了"。在这样的背景下，基尼系数逐年迅猛上升，就不奇怪了。

基尼系数迅猛上升和收入差距迅猛扩大的后果日益明显。其一是国内需求受到严重影响，富者有钱但消费增量小于收入增量，贫者无钱消费，有效需求不足的问题成为长期制约我国经济增长的瓶颈；其二是因非规范非正常收入占相当比重，人们对由此而来的收入差距拉大愤愤不平，影响工作和生产效率；失业问题使相当一部分资源得不到利用，影响宏观资源配置效率；其三是已形成一部分社会不安定因素。

因此，此时重温一下邓小平若干年前的告诫，是非常必要的，随着效率问题逐步获得相对的解决，公平问题会逐步成为需要考虑和解决的问题。面对中国的总体情况，邓小平在1992年就作出了前瞻性的论断。他说，对于贫富差距，"什么时候提出和解决这个问题，在什么基础上提出解决这个问题，要研究。可以设想，在本世纪末到达小康水平的时候，就要突出地提出解决这个问题"。

20世纪末我国居民生活已经从总体上达到小康水平。与此同时，居民收入差距问题也很突出地表现出来，正如小平同志所指示的，现在已经到了突出提出解决这个问题的时候了，并且解决这个问题的条件也基本成熟。一方面我国经济实力和财力经过20多年的改革，得到大大加强；另一方面，收入差距过大已经成为影响当前社会阶层关系和社会稳定的重大问题。

当然，解决贫富差距问题，并不是要忽视效率，抹杀差距。在现阶段中国生产力发展水平仍然较低的情况下，提高效率仍要依靠把市场取向的改革进行到底，坚持按劳分配，按生产要素分配的政策。目前我国居民基尼系数大约在 0.45，根据其他国家发展的经验，人均 GDP 达到 1500 美元左右时，基尼系数才开始下降。我国现阶段人均 GDP 只达到 1000 美元左右，基尼系数还处于倒 U 形曲线的上升阶段，随着市场经济体制的深化，客观上还有继续上升的趋势。所以我们不能一下子强行提出降低基尼系数，实行公平分配的主张，而只能逐步加重公平的分量，先减轻基尼系数扩大的幅度，再适度降低基尼系数本身，逐步实现从"效率优先、兼顾公平"向"效率与公平并重"或"公平与效率的优化结合"过渡。根据预测，我国 2020 年实现全面小康社会时，人均 GDP 可达 3000 美元以上。在此之前的大约 2010 年，人均 GDP 可达 1500 美元左右。此时，基尼系数将倒转为下降趋势，我国社会主义市场经济体制也将趋于完善。那时我们可以将耳熟能详的口号淡出。如果一定要提什么口号的话，即提"公平与效率并重"，应该不会引起大多数正直人们的反对。

关于如何缓解收入差距的扩大，以及进一步缩小收入差距的对策、思路，理论界已有很多讨论并提出很好的意见，这里不一一重复细说，重点谈三个问题。

1. 关于初次分配调节与再分配调节的分工问题。普遍认为，初次分配管效率，由市场来调节；再分配管公平，由政府来调节。但初次分配中有许多不合理的扩大差距，起因于市场本身不完善或市场缺陷，需要政府插手来管，如垄断行业部门凭其垄断地位，占有并支配优势资源，获得超额利润，转化为本部门职工高收入，这种垄断收入就应由政府来监管、限制。某些行业应尽快消除市场准入的障碍，最大限度引入市场竞争机制，使利润率平均化。要建立符合市场经济规则的自然垄断行业中的有效竞争机制。在一定时期必须保留垄断经营权的行业、企业，其产品价格，收入分配方案，薪酬标准等均应纳入国家监管部门的控制。又如目前城镇下岗失业已成为拉开收入差距的一项重要原因，农村收入高低的重要背景之一也在于农村居民从工业和其他企业获得就业机会。发展劳动密集型产业是当务之急，也是中国长期解决就业问题的有效途径。尤其是发展中小企业，发展民间企业，发展第三产业，这些都需要政府产业政策的支持。例如对于高就业低利润或一时亏损的劳动密集型行业，对于各种灵活就业劳动组织，实行多种形式的优惠政策。没有政府政策的扶持与指导，这些产业发展不起来，会引致更大规模的失业与贫困。这些都不是再分配领域事情，在初次分配领域，在生产领域，就要解决这个问题。

2. 再分配问题核心是要发挥财税制度的作用。税收制度，税务法制的不健全，是目前收入差距不能缓解的重要原因，所得税的纳税主体仍然是工薪阶层，而高收入者偷税逃税，较为普遍。要彻底改革税制，完善个人所得税，积极创造条件，开征不动产税、遗产税等财产税，逐步扩大对高收入群体的税收调节力度，缩小不合理的收入差距；有人担心对高收入者加强税收征管，是"劫富济贫"，会影响非公经济。我同意国税局发言人的说法：依法惩处违法经营、偷逃税款的不法高收入者，正是为了保护合法经营，有利于非公经济的发展，也有利于普遍提高公民的纳税意识。要加大财政转移支付的力度，解决城乡之间、地区之间收入差距过大的问题。政府要与社会共同负责保障低收入者、无收入者、丧失劳动能力者的生存条件与基本生活需要。要以稳定的财政拨款支持社会保障基金的运转。经常性财政支出要向人民生活与公共福利倾斜，建设性财政支出限于非营利性公共建设项目，营利性项目转由民间投资。今后如有必要继续实施积极财政政策，发行赤字国债，其使用方向也应更多向改善农村生活条件、增加城镇就业机会、改进社会福利等方面使劲，以缓解收入差距的扩大。

3. 重视收入分配公平问题，当然不是追求收入平等，重要的是各阶层居民能享受平等机会。强调机会平等就是要保证起跑点平等，不过分追求结果的平等。在中国社会，收入的不平等多源于机会的不平等，结果的不平等多源于起点的不平等。不同的人存在不可否认的智愚才能的差别。其中不能忽视的是因教育培训程度不同形成不相等的知识水平和专业技能，由此使个人就业机会不均等，收入高低不平等。农村低收入户多么期望下一代能够读书受教育，不再重蹈自己贫困的命运。四川农村低保调查，很多低保家庭的小孩没有上完9年义务教育，村民们说，孩子们的时间还长啊，难道他们还当下一辈子的低保户吗？进城打工仔也为子女上学担忧，他们由于文化水平较低，在城市往往干着最脏最累收入最低的活，但沉重的小孩借读费是压在他们心头的一块巨石，许多人只好让子女失学，以至儿女一开始就输在起跑点上。是彻底改革义务教育制度，解决义务教育经费的时候了！国家财政只要减少一些锦上添花的开支，增加雪里送炭，就有能力解决让所有儿童接受9年义务教育的使命。

党的十六大提出扩大中等收入者阶层，提高低收入者的低收入水平。这两件事其实是一致的。要改变金字塔形的收入分配状况为两头小中间大橄榄形的收入分配状况，关键还在教育培训。目前社会上有两股低收入人群，一股是每年以千万人次计的农村剩余劳动力向城市涌动的打工仔；一股是每年以百万人次计的城市下岗人员向就业市场涌动。这两支低收入大军以青壮年居多，文化较差，知识技能匮乏，就业能力和收入能力较差。要使他们找到职业并上移至中等收入人群，关键也在提高其基础教育水平并实行职业培训，加强对低收入人群的人力资本投资。这种事情靠低收入人群自身的力量是办不到的。只有政府组织社会力量并切实地认真地逐步地把城乡所有居民子女9—12年义务教育办起来，并组织普遍的专业培训，才能在起跑点上解决机会平等的问题。

（本文系2003年中国经济形势分析与预测春季讨论会上的发言。）

进一步重视社会公平问题

[**作者按**] 两年前在中国社会科学院经济形势分析与预测 2003 年春季讨论会上，我曾以《研究宏观经济形势要关注收入分配问题》为题作了一个发言。当时讨论之一焦点是"效率与公平"的关系。这两年这个问题的讨论有了一些新的进展。社会公平问题受到社会上日益增多的关注。这与构建社会主义和谐社会的提出不无关系。最近，我写了《进一步重视社会公平问题》一文，作为 2005 年春季座谈会发言的续稿，在 2005 年春季座谈会上发言，敬请读者批评指正。

社会公平是构建社会主义和谐社会的一个重要问题。如果社会公平状况不好，就难以推进社会主义和谐社会的建设。重视社会公平，一个十分重要的问题是要正确处理经济效率与社会公平的关系。

一

经济效率与社会公平的关系在我国的讨论，已有好些年头了。2004 年夏天以来，国企产权改革的大辩论，在一定意义上讲是又一次效率与公平关系的讨论。这次讨论不是完全无效果。讨论中出现了不少精彩的文章。讨论的成果有助于改善我国公平与效率关系的现状。

在效率与公平的天平上，争论的一方强调的是效率，而较少注意公平。认为只要能够使社会财富总量增加，什么改革手段都可以用，诸如在我国现有情况下，MBO 即管理人收购的办法也可以用。如果有能干的管理人收购了国有企业并把它搞活，总比让它逐渐"冰棍消蚀"为好。因此，"纠缠分配问题没有意义"。争论的另一方则以社会公平的名义，竭力反对在目前法律缺位和国有资产真正主人翁也缺位的情况下，将国有资产贱价或白送给少数人，让他们一夜暴富。

国有资产产权改革不是一个单纯的学术问题，而是一个强烈的公共政策问题。所以争辩不但有学者参加，而且有公众参加，这是应该肯定的。这次讨论大量公众参与了网络媒体的活动，是我国公民公共政策意识增强的表现。他们几乎一边倒地倾向于赞成上述后一方的意见，表明从公众舆论的角度来说，后一方是占了辩论的上风。所以前一方就责难对方，"引爆了公众不满国资流失和社会分配不公的情绪"，把不应当由公众讨论的"潜规则"拿出来公开讨论！

再从对政府决策的影响来说。国资委经过众多机构的调查研究，确认了 MBO 在我国现行情况下问题很多，总之造成国有资产大量流失。于是对 MBO 的政策调整了说法，由过去"从来没有说过反对管理者收购"，到"国有及国有控股的大企业不宜实施管理者收购"，到最后断然宣布"国有大型企业不准搞管理者收购"，中小企业只能在极严格的条件下公开、公正地试行。这也可以看成是对公众舆论的回应，虽然官方没有那么说，但是如果说一下，也不见得有损我们权威机构的尊严，反而会获得反映民心和民众支持的好誉。总之，这次争论的结果，无论从舆论上说或从决策上说，都在效率与公平的天平上，添加了公平的分量，略微校正了过去偏于一方的倾向。

二

本来从学理上说，公平与效率这一对概念，是一个矛盾统一体。常识告诉我们，收入分配越平均，人们的积极性越削弱，效率自然会低；适当拉开收入差距，只要分配程序规则公正，就会有助于提高效率。从另一方的说，不提高效率，蛋糕做不大，难以实现持久的更多的公平措施，难以解决社会增多的矛盾；但是如果不讲公平，收入差距拉得过大，特别是分配程序规则不公，也会导致效率的下降，甚至影响社会稳定。所以效率和公平从来就是既矛盾又统一的，处理好这两者的关系不容易。现代资本主义国家为了缓和社会阶级矛盾，吸收了社会主义思潮，推行了社会保障、福利的措施。现代自由主义国家既强调效率，也不得不讲公平；现代福利主义国家很强调公平，但也讲效率。它们的效率和公平，都达到相当的水平。有的资本主义国家实施社会公平、福利的措施，实比我们这个社会主义国家还要完备得多。当然这有历史发展的背景，不好简单类比的。

我国改革开放前，是一个绝对平均主义的国家，大锅饭的分配体制，使效率大受影响。二十多年前实行市场取向的改革后，逐渐讲求效率，拉开收入差距，"让一部分人先富起来"，从农村到城市，经济活跃起来，非常见效。于是经过十多年，就把"兼顾效率与公平"作为经验总结，写进了党的"十四大"的决议。但是从十四届三中全会开始，在效率与公平关系问题的提法上有一个新的变化。就是把以前的"兼顾效率与公平"，改变为"效率优先、兼顾公平"。使这两者关系，由效率、公平处于同等重要地位，改变为效率处于"优先"的第一位，公平虽然也很重要，但处于"兼顾"即次要地位。两个"兼顾"意义很不相同。所以说，这是一个很重要的变化。

"效率优先、兼顾公平"的提法，从十四届三中全会决议开始，每次中央重要会议文件都这么提，直到如今。所以，它是我国在收入分配政策领域的正式精神。

共产党向来主张社会公平和公正。为什么一个共产党领导的国家，在分配政策上要把公平与效率相比放在"兼顾"次要地位呢？这与我国经济长期落后，难以迅速提高人民生活水平和解决众多社会矛盾有密切的关系；与我国在20世纪90年代到21世纪初叶面临的国内外形势的深刻变化和发展趋势给我国带来巨大机遇与挑战也有密切的关系。这种情势迫使我们积极进取，尽一切努力增大我国的国民财富和综合国家实力，所以邓小平南方谈话要求，"思想更解放一点，改革与开放的胆子更大一点，建设的步子更快一点，千万不可丧失时机"，强调"发展是硬道理，是解决中国所有问题的关键。"这样就把增加国民财富总量和国家经济实力的问题突出地提出来，效率成为第一位的问题。另一方面，制约我国提高效率的主要因素，当时仍然是过去计划经济时代遗留下来的平均主义的影响。为了更快地提高效率，增加国民财富总量，就必须进一步"打破平均主义，合理拉开差距，坚持鼓励一部分地区一部分人通过诚实劳动和合法经营先富起来的政策。"这一句话也正是十四届三中全会文件中提出"效率优先、兼顾公平"时所作的说明。

所以十四届三中全会关于效率与公平关系的新提法，是适合我国当时实际情况和发展需要的，是完全正确的。经济理论界阐述和宣传这一分配政策的精神，也是正确的。在这个过程中，随着中国经济发展，中国社会阶层结构逐渐发生变化，经济理论界也出现代表不同利益的声音。有些人借"优先"和"兼顾"之差异，有意无意地贬低、轻视社会公平和社会公正，单纯为一切聚敛财富的过程辩护，这就不符合改革的精神了。因为在这一时期，中央一再强调，"先富要带动和帮助后富"，"要注意防止两极分化"，丝毫没有忽视社会公平的意思。

三

回过头来看国资流失造成少数人暴富问题。为什么经济理论界有人宽容这种现象甚至为此辩护呢，除了别的客观原因和主观原因外，这与20世纪90年代以来国企改革进入了"产权改革"阶段有关。"理顺产权关系"是1992年"十四大"提出的。十四届三中全会决定提出了建立包括"产权清晰"在内四个特征的现代企业制度，此后到十六届三中全会，发展为"建立现代产权制度"。"产权改革"是一个新概念，探索产权改革的理论和途径，是一个很复杂的问题，我们缺乏经验。要借鉴现代市场国家的理论和经验。于是西方新自由主义经济学应运输入。西方新自由主义经济学在市场经济运作机理的分析上，不是没有可以借鉴的东西。但在中国传播这一学派的部分学者，却借此转换命题，在产权改革问题上曲解国有产权不清晰，暗地或公开地宣扬和推行（通过他们的影响）国企私有化的主张，利用国有企业改制之机，制造大量社会不公的事实。这就大大与我国经济体制改革的精神相悖了。西方新自由主义经济学在我国改革中，只能"适我所需，为我所用"，断断不能让它主导中国经济的改革和发展。这不仅是我国经济学界应有的认识，也是一些经济部门的决策官员应该注意的问题。

四

我在 2003 年《关注收入分配问题》一文中指出，"效率优先、兼顾公平"是我国一定时期收入分配的指导方针，而不是整个市场经济历史时期不变的法则。许多同志把这一方针视为市场经济不易的法则，这是与历史事实不符的，一些成熟的市场经济国家，就没有这个提法。我指出我国这一提法的准确性，时效性，仍可以有讨论的余地。

随着总量发展、经济效率问题逐步得到相对的解决，社会公平的问题会逐步上升为突出的问题。不能忘记，邓小平在 1992 年就对突出解决贫富差距问题作出前瞻性的论断。他曾设想，在 20 世纪末到达到小康水平的时候，就要突出地提出和解决这个问题。

但是到世纪之交，我们并没有按照邓小平的预示，突出提出和解决贫富差距问题，调整经济效率和社会公平的关系。在前述文章中，我曾以我国目前基尼系数处于倒 U 形曲线的上升阶段，收入差距客观上还有继续扩大的趋势，一时难以倒转，隐含地解释邓小平的预言可能乐观了一点；看来要到 2010 年人均 GDP 达到 1500 美元左右，基尼系数才有可能倒转下降，那时才有可能开始突出解决这一问题，实现"效率优先、兼顾公平"向"效率与公平并重"或"效率与公平优化组合"的过渡。

当时学术界就有人针对我的意见，认为不能把突出解决贫富差距和改变效率与公平关系推迟到 2010 年以后，因为"中国人对贫富差距的承受能力已达到极限，目前改变适当其时"。最近也有文章指出十年前就有人惊呼中国收入差距已经过大，这不符合中国发展的实际。收入差距是否已经扩大到中国人承受能力的极限问题，当然也可以讨论。在上述文章中，我曾说中国收入差距过大主要受城乡之间差距过大的影响，虽然消灭城乡差距是我们今后努力实现的目标，但是历史形成的巨大城乡差距是一个客观现实，农村居民知道一时难以攀比城市生活水平，所以承受能力还是有较大的弹性。我国人民对基尼系数在客观上继续上升还有一定的承受能力。

不过我现在重新考虑，收入差距扩大是否到达承受极限的问题，同校正效率与公平的关系，进一步重视社会公平问题不是同一层次的问题。收入差距扩大达到承受极限，很可能与达到两极分化相联系。我们现在显然不能说已经达到两极分化（这是邓小平所说的改革失败的标志），也不能说达到承受极限。基尼系数客观上还处在上升阶段，如不采取措施，则有迅速向两极分化和向承受极限接近的危险。所以我们必须从现时起进一步重视社会公平问题，调整效率与公平关系，加大社会公平的分量。可以第一步逐步减少收入差距扩大的幅度，以后再逐步降低基尼系数的绝对值。所以"效率优先、兼顾公平"的口号现在就可以开始淡出，逐渐向"公平与效率并重"或"公平与效率优化组合"过渡。

五

为什么现在就应加大社会公平的分量，进一步重视社会公平问题呢？

经过20多年的改革与发展，我国经济总量，国家综合经济实力大大增强。现在已经完成 CDP 第一个翻番和第二个翻番，正在进行第三个翻番，在我国居民生活总体上已经达到小康水平的基础上向全面实现小康水平过渡，已经有一定的物质基础和能力，逐步解决多年来积累形成的贫富差距；就是说，突出提出和解决邓小平提出的问题，进一步重视公平问题的时机条件，已经基本成熟。

收入差距扩大迅速，已经成为影响当前社会和谐和社会稳定的重大问题了。20多年来基尼系数从 0.2—0.3，提高到 0.4—0.5，几乎倍增，速度之快，举世无双。国内外一些机构和专家，指出这已经超过国际警戒线。不管这些论断是否符合我国实际，但其引起警惕，还是值得注意。尤其需要注意的是，已公布的基尼系数，难以计入引发人们不满的不合理、非规范、非法的非正常收入。如果把这些因素计算在内，则基尼系数又会加大，在原来 0.4—0.5 之间又升高 0.1 左右，即比现在公布的基尼系数增大20%以上。这些不正常收入对我国收入差距扩大的影响不可小视。有人说这不属正规收入政策的范围，可以化外置之。但对收入差距影响如此之大的不合理、不规范、不合法收入，不尽是也不仅仅是刑法问题，难道不构成我国当前收入分配政策所要处置的重中之重的问题？

中国改革之初，各阶层人民受改革之惠，生活改善，没有分化出明显的利益集团，普遍积极支持改革。以后，特别是 20 世纪 90 年代以后，不同利益人群逐渐形成，有的在改革中受益较大，有的受益较少，有的甚至受损，对改革支持的积极性也有所变化。各阶层居民对改革都有自己的诉求。比如得益较多的利益集团中有人说：改革必须付出代价，必须牺牲一代人，这一代人就是几千万老工人。同时也就有另一种对应的声音说：为什么就是我们，不是你们。对立的情绪可见。国企改革过程中一度出现"瓜分风"，引起社会震荡，引起国资委负责官员的"心情沉重"，其主要领导也在 2004 年 12 月 13 日一次会议上说，这样做民愤太大了，我们一直从来都说改革要效率优先、兼顾公平，我看近来要强调些公平。为了使改革获得更广泛的支持，今后要长期强调有利于社会和谐和稳定的社会公正和公平，而不仅限于"近来"。

毋庸讳言，从目前的情况看，中国社会结构已经逐渐形成以占有财富、权力和知识为特征的强势群体，和以贫困农民、城市农民工、城市失业者与下岗人员等为主的弱势群体。强势群体在公共政策的制定和实施中有很强的影响，在社会舆论和话语权中也很有影响。但弱势群体则缺乏相当的组织形式表达他们的利益要求，除了用上访等形式，申诉其遇到的不公外，很难在媒体上发出自己的声音。这种社会缺陷亟待弥补，如果令其发展下去，则只能扩大社会鸿沟，而不利于建设和谐社会。强势群体特别是其权势集团的代言人，公然鼓吹"腐败是改革的润滑剂"，钱权交易（美其名曰"官员索取剩余"）是"一种帕累托改进"。另有一位经济学家，竟然违背现代国家利用税收杠杆来调节社会收入分配，实施社会福利的常识做法，公然反对对高收入者多征税，说这是"劫富济贫"（我想懂得累进税道理的理性高收入者也不会赞成此说），这一立场鲜明的说法理所当然地遭到一些正直学者和公正舆论的反驳。

六

导致收入差距迅速拉大、社会分配问题丛生的因素十分复杂。体制上的弊端，法制上的漏洞，和政策本身的不尽完善等都是重要原因。这些方面近几年来政府做了很大的努力，情况有所改善。但是由于广大干部经验不足，由于一部分干部误解把公平放在兼顾从属地位，还有一些地方与部门官员受自身利益的驱动，使许多能解决的社会分配问题迟迟得不到解决。例如行政性垄断收入问题。垄断行业的个人收入比非垄断行业相差几倍，同样素质、同等努力的人群待遇不公正，久已为社会所诟病，也讲了好多年要改正这个弊病。但是对垄断行业高个人收入的调节只限于个人所得税这个调节力度较小的措施，不发生什么影响。而没有从源头上、从初次分配环节解决垄断利润产生和分配问题。

个人所得税制度本来是一种调节过高收入、抽肥补瘦的税制，但是多年来中低收入工薪阶层却成了个人所得税的纳税主体，税法不严使一些富豪逃避交纳个人所得税，连国家领导人也出面表示不满。个人所得税从抽肥补瘦变成了劫贫帮富的税制。现在抓紧完善个人所得税制度改革，步伐应当加快。就遗产税而言，许多国家都把它当做调节收入分配的重要工具。据保守估计，中国资产总量在100万元以上的高收入家庭，至少已超过1000万个以上，开征遗产税、赠与税已有雄厚的现实经济基础。中国目前缺乏个人财产继承、赠与和转让的法规，没有建立个人财产登记和收入申报（后者只在很有限的范围内实行）制度等，这是实行遗产税和赠与税的前提，本来应当加紧研究，积极准备；但至今尚未见由政府部门牵头召集各方研究起草有关方案，不知要拖到什么时候。

国有资产划转给社会保障基金是实现社会公平福利的一项重要措施。也讲了多年，迟迟难以落实。现在地方国有资产大部分卖光，其收入有多少划拨到社保基金？国企改制中变现收入的用途，包括划拨给社保基金，要赶快立法，不然就要落空。有人建议为了缩小贫富差距，要向企业职工划转国有资产。划转国有资产给本企业职工，结合职工持股改革，是一个偿还国有企业职工社会保障性债务，是可以实行的。但国有资产不是本企业职工单独创造的，是全民努力的结果，划转给全国社会保障基金，也是顺理成章的。

政府职能和财政功能由经济建设型为主转变为公共服务型为主，这是与提高公民福利，促进社会公平有关的十分重要的改革。因为公共服务的受益者多是低收入者，包括教育、保健等在内的社会福利措施，可以提高人的素质，改善人们进入多种就业和社会生活的平等机会。但是政府职能和财政功能转变滞后，这一转变往往受到许多地方政府把主要精力放在经济建设上，热衷于大搞政绩工程的限制。重视经济建设，轻视公共服务，以致中国曾被世界卫生组织诟病为卫生资源分配最不公平的国家之一。教育经费占 GDP 比重在世界各文明国家排名居后，尤其义务教育供应不足，相当多老百姓没有基本能力进入劳动市场，被排斥在现代化进程之外。当然这些情况都在改进，但与投入经济建设的资源相比，改进的速度还是很不理想。此外，一些地方还借经济建设与改革之名，使居民财产权利、收入权利受到侵犯，在农村土地征用、城镇房屋拆迁、拖欠民工工资以及企业改制中损害群众利益浪潮的兴起中，可以看到政府权力过大，某些官员行为不正，吏治腐败的影子。现在以解决损害群众利益的突出问题为重点，深入开展廉政建设和反腐败斗争，中央加大了防治腐败的力度，坚持用改革的办法解决产生腐败现象的深层次问题，加快政府职能转变，加大制度建设，加大对权力的监督制约。大家深切期望，也相信在中央巨大决心和正确领导下一定能够做到，在反腐斗争中不再出现"道高一尺，魔高一丈"的现象，也不再出现交通系统那样"前仆后继，死而后已"的现象。

七

进一步重视社会公平，在效率与公平关系上加大公平的分量，是大家关心的问题。可是现在也有另一种忧虑，认为现在这样强调社会公平，会不会回到传统体制固有的平均主义，担心有些人"刻意渲染"中国收入差距过大会导致这样的后果。

这种忧虑不是没有来由的，确有中国人对收入差距的承受能力已达极限的说法，如我在前面已经分析过的。我们确实不宜"刻意渲染"收入差距的问题。但是研究者观点不同，估计有出入，也是可以理解的。我们不能忽视收入差距的迅速扩大可能发展为"两极分化"，不应忽视实际存在的严重社会不公会引发潜在的社会危机。居安思危、防患未然、未雨绸缪，不一定没有积极意义。

　　中国改革发展到现在这一步，很少有人想回到大锅饭的旧体制。随着市场经济理念和运行规则深入人心，经由诚实劳动和合法经营取得的高收入和扩大的收入差距，已为广大群众所理解、认同和接受，"能以比较宽宏的眼光看待由于工薪、技术专利和资本收益引起的收入差距的扩大"。引发不满的是体制外的灰色收入，法制外的黑色收入，以及体制内由于法律不健全和政策不完善造成的非规范收入。人们希望的无非是调整和纠正这些不公平现象，并改进运用再分配杠杆适当调剂贫富差距，而绝不是想触动那些合理合法的高收入。所以强调社会公平谈不上会重新唤起传统体制固有的平均主义，使改革开放以来达成的共识受到冲击。实际生活中，目前平均主义的残余，已限制在一些国有机构和产业部门中越来越少的部分，而且国有部门单位之间也出现相当大的收入鸿沟。残余的平均主义要继续清理，但目前矛盾的主要方面已不是平均主义，而在分配天平的另一端，需要适当的校正。

　　我倒有另一种忧虑。"十四大"提出建立社会主义市场经济新体制，是一个完整的概念，现在有些被割裂了。好像这些年来，强调市场经济多了一些，强调社会主义少了一些。而在说及社会主义时，则强调它"发展生产力"的本质即提高效率方面多一些，而强调它"共同富裕"的本质即重视社会公平方面少了一些。在中国这样一个法治环境和人治环境下建立的市场经济，如果不讲社会主义，如果忽视共同富裕的方向，那建立起来的市场经济必然是人们所称的坏的市场经济，权贵市场经济，两极分化的市场经济。邓小平告诫我们：改革造成两极分化，改革就失败了！我们要避免这个前途，我们一定能够避免这个前途，那只有一个办法，就是要更加重视社会公平的问题。

（本文系 2005 年中国经济形势分析与预测春季讨论会上的发言。）

把"效率优先"放到该讲的地方去

中共十六届五中全会文件有许多新的精神。其中一项是强调更加注重社会公平，而不再提"效率优先，兼顾公平"。其实如果我们注意，在十六届四中全会的文件中，已经不提这一说法。这次会议继续淡出此题，表明了中央贯彻科学的发展观，重视构建和谐社会的决心。这一举措深受广大群众的欢迎。经济理论界和媒体的一些同志，由于学习体会中央精神不够，囿于习惯，仍不时有宣传"效率优先，兼顾公平"的论述出现。为了深入领会中央关于收入分配问题的指导精神，有必要理清"效率优先，兼顾公平"并不符合当前形势要求的理由，并把"效率优先"这个提法，放到该讲的地方去讲。我以为，比较重要的理由有以下几点：

（1）"效率优先，兼顾公平"意味着把经济效率放在第一位，把社会公平放在第二位，兼顾一下。这怎么也同"更加重视社会公平"搭不上界。这个提法只适用于社会主义初级阶段的一段时期，不适用于初级阶段整个时期。

（2）小平同志讲"在本世纪末（即 2000 年）达到小康水平的时候就要突出地提出和解决这个（贫富差距）问题。"如"公平"放在兼顾即第二位的地位，就不可能突出地提出和解决社会公平问题。这与小平同志的指示相悖。

（3）现在收入分配差距过大，社会不公平造成许多矛盾紧张与社会不和谐现象，潜伏隐患，不时爆发。如继续把社会公平放在"兼顾"的第二位，与我党构建和谐社会的宗旨不符。

（4）按国际公认分配公平指标，中国基尼系数已达 0.45 以上，超过国际警戒线；超过资本发达国家如英、美、法（基尼系数 0.3—0.4）和资本福利国家如挪、瑞（基尼系数 0.2—0.3），我国收入分配差距不仅远大于资本主义国家，而且是中国历史上贫富差距空前大的时期。如果再拖下去，把公平放在"兼顾"的第二位，如何与"社会主义国家"的称号相匹配。

（5）"效率优先"不是不可以讲，但应放到应该讲的地方去讲，而不是放在收入分配领域。效率、效益、质量一系列概念是与速度、投入、数量一系列概念相对应的。我党转变增长方式（即发展方式）的方针要求把质量、效益、效率作为经济增长（发展）的最主要因素，而把投入、数量和速度放在适当重要地位。对生产领导来说，可以讲"效率优先""兼顾速度"，把质量、效益放在第一位，而不能主要靠拼投入、增数量来实现经济增长。这符合正确的"发展是硬道理"的大道理。因为不是任何发展都是大道理。不讲效益，不讲质量的发展就不是大道理，而且照这样粗放地发展下去，其后果很令人担忧。邓小平说"只要是讲效益，讲质量，就没有什么可以担心的"。所以，把"效率优先"放在发展生产的领域去讲，非常合适。这是它永远的存身之地。

（6）而在分配领域，效率与公平原先人们设想的是 trade off（交易）的关系，即在一定范围内扩大收入分配差距有利于提高效率，缩小收入分配差距不利于提高效率，所以有优先兼顾之说。但是后来大家研究，两者之间不单是 trade off 的关系，而且应当是辩证的矛盾统一的关系，这是马克思主义的观点。收入分配差距过大和过小都不利于提高效率。所以就不存在哪个优先哪个兼顾的问题，要辩证统一地考虑。

（7）有人说，初次分配可以讲"效率优先"，再分配再讲注重公平。难道初次分配社会公平问题就不重要？垄断行业和非垄断行业的畸高畸低的个人收入，不是初次分配问题？有些部门、企业高管人员与普通职工的畸高畸低收入，不是初次分配问题？一些外资、内资工厂，把工人（特别是民工）工资压得那么低，而且多年不怎么涨，过量剥削剩余价值，不是初次分配的问题？还有说不清道不明的许多不合理、不合法、不规范的黑色收入和灰色收入，不是初次分配中产生的？初次分配秩序混乱，初次分配中的社会不公问题难道不需要重视、处理，解决？还要等到财税等再分配杠杆来调节，这在中国是远远不够的，是解决不了分配不公问题的。

所以，在收入分配领域不用再提"效率优先，兼顾公平"，也不要再出"初步分配注重效率，再分配注重公平"，而要强调更加注重社会公平，正如这次五中全会文件所强调的。这符合改革的大势所趋和人心所向，也有利于调动大多数人的改革积极性。

（本文系 2005 年 10 月 13 日在中国社会科学院"经济形势分析与预测座谈会 2005 年秋季会"上的讲话，原载《经济参考报》2005 年 10 月 15 日。）

分好蛋糕比做大蛋糕更困难

这次十七届五中全会通过的"十二五"规划建议，耀眼的亮点之一，是突出保障和改善民生促进社会公平问题。

我粗粗查了一下，只有4800字的全会公报，竟有四处提到保障和改善民生。在"建议"中，讲保障和改善民生的地方就更多了，我查了出现民生字样的有七处之多，而讲调整收入分配的地方也有四处。可见五中全会公报和建议对民生和分配问题的重视。重视民生和分配问题，由温家宝总理在五中全会关于"十二五"规划建议的说明中，再次表达出来，就是："我们不仅要通过发展经济，把社会财富这个蛋糕做大，也要通过合理的收入分配制度，把蛋糕分好，让全体人民都能够共享改革发展的成果。"

在这里，我也想就"做大蛋糕和分好蛋糕"这个好像是ABC的话题，谈谈我自己的认识。

十一届三中全会以来，我们党工作重点转移到以经济建设为中心。这次会议公报没有提"以经济建设为中心"，大概是因为社会建设的分量加重了，但并不是否定"经济建设为中心"。而且经济建设与社会建设有的问题也不好分，例如民生分配问题，既是社会建设，也是经济建设。这个"经济建设为中心"，简单地说就是做两件事情，一件是要把蛋糕做大，把我们的经济实力做大，让国家富强；另外一件是同时要把蛋糕分好，做好社会产品和国民收入的分配，让大家共同享受发展成果。我们过去30多年，大部分时间是放在蛋糕做大上面，没有把它放在蛋糕分好上面。这是一个缺陷，当然这也有道理，因为我们国家穷。先把蛋糕做大，然后等到我们现在蛋糕慢慢地大了，再把蛋糕分好，这也说得过去。人们说把蛋糕做大是政府的责任，把蛋糕分好是政府的良知、良心。那么在蛋糕没有分好的情况下，政府就没有良知、良心吗？不能这样说。应该说这都是我们政府的责任，不仅仅是良知、良心的问题。但是政府在前一阶段不可能把这个蛋糕又做得大，又切得好。所以前一阶段我们要努力把这个蛋糕做大，到了一定的时候，就要两者并重，同时既要做大更要分好。

社会主义要把分好蛋糕放在更加注重的地位，因为我们社会主义是大家共同分享，不是少数人侵吞发展的果实。同时不这样做也不行，不这样做怎么能进一步做大蛋糕。不这样做，老百姓的不满意程度多起来，大家的积极性发挥不出来，蛋糕就没办法继续做大。而且现在要转变经济发展方式，首先要扩大内需；要扩大内需，也必须解决分好蛋糕的问题。不然多数人收入很少，手头没有购买力，何从扩大内需，调整结构，转变发展方式？所以，现在已经到了"做大"与"分好"两者并重，应当更加注重分好蛋糕的时候了。

应该强调我们现在已经到了这个时候。按照邓小平同志 1992 年南方谈话的精神，在上个世纪末达到小康水平的时候，就要突出地解决贫富差距问题。上个世纪末他是讲基本上达到小康水平，不是全部达到小康水平，那时就要突出地提出解决贫富差距问题。解决贫富差距的问题不就是分好蛋糕的问题吗？那么就是说从 20 世纪、21 世纪之交开始我们就应该在做大蛋糕的同时，从 2000 年左右就应该开始注意分好蛋糕，并且把后者放在经济工作的突出地位，这是邓小平同志讲的，不是我讲的。那么现在两极分化的趋势，要比 2000 年的时候严重得多。我前几年写文章一直在讲现在还不好说两极分化，由于种种原因我就不去讲了。但是现在比那个时候严重得多，现在的基尼系数已经到 0.5 左右了，所以更应该把分好蛋糕作为经济工作的重点，经济建设工作这个中心的重点。

经济建设这个中心包括两个方面：一个是把蛋糕做大，一个是把蛋糕分好。不是说现在不要再做大蛋糕了，还是要做大蛋糕，现在我国经济总量已超过日本，居世界第二，但是人均还不到日本的十分之一，所以还要继续做大蛋糕。但应该把经济建设这个中心的重点放在解决两极分化趋势问题方面，即放在分好蛋糕上面。所以中心的重点应该是这个问题。不能说重要的只是做大蛋糕，这跟社会主义性质不符。资本主义也做大蛋糕，人家的蛋糕做得还比我们的大。在社会主义分好蛋糕是更重要的。更加重视社会公平既是全体人民切身关心的问题，也是符合社会主义的本质、宗旨，也是我们政权合法性的根据。

邓小平说分配问题大得很，比生产问题更大，解决这个问题比解决发展起来的问题更困难，分配问题比发展问题更困难，这就是说分好蛋糕比做大蛋糕更难，这就是邓小平同志讲话的意思。不晓得我们注意到这句话没有。这个事情不是小事情，大家研究的还是不够。所以需要我们全党高度重视，因为解决这个问题比解决发展的问题更难。我们要细心研究这个中心之中的重点大难题、解决这个大难题。在这方面，马克思主义政治经济学有很大的责任。

马克思主义政治经济学分配理论的基本出发点是：所有制决定分配制，财产关系决定分配关系，但是，人们常常忽略这个观点。在分析我国贫富差距拉大的原因时，人们举了很多理由，诸如城乡差距扩大，地区不平衡加剧、行业垄断、腐败、公共产品供应不均、再分配调节落后，等等，不一而足。这些理由都能成立，也必须一一应对。但这些不是最主要的。造成收入分配不公的最根本原因被忽略了。

收入分配不公源于初次分配，初次分配中影响最大的核心问题是劳动与资本的关系。这就涉及社会的基本生产关系或财产关系了。财产占有上的差别往往是收入差别最重大的影响要素。改革开放30年来我国贫富差距的扩大，除了上举一系列的原因外，跟所有制结构的变化，跟"公"降"私"升有紧密的联系。

在调整收入分配关系，缩小贫富差距时，人们往往从分配领域本身着手，特别是从财政税收、转移支付等再分配领域着手，完善社会保障公共福利，改善低收入者的民生状况。这些措施是完全必要的，我们现在也开始这样做了，包括这次五中全会建议规定的改善民生和收入分配的措施。我们做得还远远不够，还要加大力度。但是，仅仅就分配谈分配，仅仅从分配和再分配领域着手，还是远远不够的，不能从根本上扭转贫富收入差距扩大的问题。还需要从所有制结构，从财产制度上直面这一问题，需要从基本生产关系，从基本经济制度来接触这个问题；需要从强化公有制为主体地位来解决这个问题，才能最终地阻止贫富差距扩大，向两极分化推进的趋势，实现共同富裕。这就是邓小平所说的"只要我国经济中公有制占主体地位，就可以避免两极分化"，他又说，"基本生产资料归国家所有，归集体所有，就是坚持归公有"，就"不会产生新资产阶级"。这是非常深刻的论断。它指明社会主义初级阶段容许私人产权的发展，容许非劳动要素（主要是资本）参加分配，但这一切都要以公有制为主体和按劳分配为主为前提，不能让私有制代替公有制为主体，也应该扭转按资分配代替按劳分配为主的趋势。那种让私人资本向高利行业渗透（关系国民经济命脉的重要部门和关键领域，连民主革命的先行者孙中山节制资本的口号也反对这样做），那种突出鼓励增加"财产性收入"（只能使富人越来越富，而大多数工农大众以微薄的财产获得些蝇头小利）之类的政策，只能促使收入差距和财富差距进一步扩大，都应该调整。只要保持这两个主体，贫富差距就不会恶性发展到两极分化的程度，可以控制在合理的限度以内，最终向共同富裕的目标前进。否则，两极分化、社会分裂是不可避免的。所以改革收入分配制度，扭转贫富差距扩大趋势，要放在坚持共和国根本大法的角度下考虑，采取必要的政策措施，保证公有制为主体、按劳分配为主的两个为主的宪法原则的真正落实。

（原载《江淮论坛》2010 年第 6 期）

关于国富、民富和共同富裕问题的一些思考

　　2010 年底到 2011 年初，"十二五"规划制定讨论期间，一个很热烈讨论的话题，是"国富"和"民富"的问题。有人说，过去我们长期实行的是"国富优先"而不是"民富优先"的政策导向，这造成现在我国"国富民穷"或"国富民不富"的现象。有人说，"国富优先"的政策导向，使国家生产力大大快于民众消费的增加，导致总需求不足。因此要从"十二五"起，把"国富优先"的政策导向转变为"民富优先"。

　　在研究制定"十二五"规划建议的时候，虽然有国家发改委个别官员讲，"十二五"规划与前面十一个五年规划的"本质差别是由追求国富转为追求民富"，但"十二五"规划好像并没有明确提出"国富转民富"的方针和字样。我认为有些学者和媒体把"国富"与"民富"并立和对立起来的提法，并不确切。就"国富"来说，经过改革开放，我国的经济实力也就是"国富"确实大大增强了，经济总量已超过日本，排到世界前二位。但是人均国民总收入仍列世界第 121 位，[①] 所以不能说国家已经很富。就"民富"来说，也不能简单地讲现在是"民不富"或"民穷"。我国人民生活水平总体上比过去有很大提高，部分人群已经很富很富，甚至富得冒油，堪比世界富豪。有报告显示，2010 年我国内地资产在百万美元以上的富人总数已达 53.5 万；[②] 2011 年我国内地资产超十亿美元的富翁有 146 人。[③] 但是大部分国民确实富得不够，甚至很穷。所以一方面内需不足，消费率低；一方面奢侈品市场热销，居世界第二。一方面"朱门酒肉臭"，一方面在菜市场、超市旁边可以见到拣拾菜帮子

---

① 参见《中国统计年鉴 2011》附录 2—13。

② 参见 http://news. cntv. cn/20110626/101326. shtml。

③ 参见 http：liftnance. people. com. cn/money/GB/15625212. html。

过日子的群众。所以说，国民有富有穷，不能一概而论，说什么"民穷"或"民不富"。

再说消费率低和内需不足的原因。这不是什么"国富优先"、"民富滞后"的结果。而是"让一部分人先富起来"，而多数群众未能跟着走上"后富"，反而陷于相对贫困、甚至绝对贫困的结果。按照联合国标准，每日收入一美元以下为绝对贫困，二美元以下为低收入，都属穷人之列。2010年中国估计有1.5亿人口的每日收入不足一美元，① 属于绝对贫困。这些人群收入低，买不起东西，才是消费率低和内需不足的主要群体。而居民之中另一部分特别富裕人士，他们之中有人可以花400万元买只藏獒，再用30辆奔驰车去机场接这个宠物；有人可花数百万元买一辆宾利豪华敞篷车，或者花更多的钱置办私人飞机。看来他们不是提高消费率和扩大内需的对象。

再说政策导向。究竟我国过去有没有所谓"国富优先"的政策导向？我的印象，过去从来没有明确宣布过或者实行过什么"国富优先"的政策，倒是明确宣布过并实行了"让一部分人先富起来"的政策。如果说这也算是"民富优先"，那也只是让一部分人优先富起来的政策。这一部分人主要是私人经营者和有机遇、有能力、有办法、有手段积累财富的人群。应当说，这一政策实行得非常成功。它导致中国经济结构发生了巨大变化，宏观经济上国退民进、公退私进的结果，使得民营经济在GDP中的比重，由改革开放前的近乎零，上升到2005年的65%。民营经济的增长大大超过国有、公有经济的事实，证明了我们这些年实际上实行的，不是什么"国富优先"，而是"民富（当然是一部分'民'）优先"的政策。在社会主义初级阶段，需要放开一些个体、私营经济，以促进生产力的发展。这种借助让一部分人先富起来以推动经济发展的政策，本来也可以说得过去，是可以尝试的。当初宣布实行这一政策的时候，就曾提出"先富带后富，实现共同富裕"的口号。但是多年的实践证明，"让一部分人先富"的目标虽然在很短的历史时期中迅速完成，但"先富带后富，实现共同富裕"，却迟迟不能够自动实现。在市场化的大浪淘沙下，这也不大可

① 参见 http://news.qq.com/a/20100818/000255.htm。

能实现。相反的，随着市场化的发展，贫富差距越来越大，两极分化趋势"自然出现"。反映贫富差距的基尼系数向着高危方向发展，我国已成为两极分化比较严重的国家之一。

为什么我们在实行让一部分人先富起来的同时，长时间地不能解决先富带后富实现共同富裕呢？光用"先做大蛋糕后分好蛋糕要有一个时间过程"来解释，是不足以充分说明的。邓小平早就指出，先由贫富差距的扩大，再到贫富差距缩小的问题，要在21世纪之初基本达到小康的时候，就应该着手解决。中国经济发展的实际进程表明，由于中国资本原始积累过程中财富来源路径的特殊性，中国富豪积累财富时间超短。从事财富研究的胡润曾说，在国外，挣一个亿的财富要15年，把一个亿的财富变成十个亿要10年时间，而中国只要3年，比外国短了很多。在中国，成功地完成一部分人先富起来的任务所花的时间极短，而先富带后富，实现共同富裕的任务却遥遥无期。一些为财富为资本辩护的精英们常常以分配问题复杂为借口，预言需要等待很长很长的时间才能解决分配的公平问题，要大家忍耐再忍耐，这真是奇怪的逻辑。要知道这是连邓小平也不能容忍的，因为他早就多次要求适时解决贫富差距扩大的问题，并警告说两极分化趋势将导致改革失败的危险后果。

为什么社会主义的中国会发生一部分人先富起来很容易，实现社会公平克服两极分化反而非常困难？我认为主要原因之一，在于我们集中精力进行以经济建设为中心的伟大事业以来，把主要的注意力放在效率优先做大GDP规模上面，而把社会公平和分配好社会产品的问题放在"兼顾"的次要地位，以至于一些同志逐渐把马克思主义关于社会经济发展规律的一些基本常识也模糊淡忘了。比如说社会主义初级阶段，对于个体、私营经济是应该允许发展的，但不能忘了列宁指出的小生产时刻不断产生资本主义的规律；又比如说，私人资本是应该允许存在的，但不能忘了马克思早已指出的资本积累必然引起两极分化的规律；又比如说，私营企业主对社会经济发展的贡献是应当承认的，但不能忘了他们作为资产阶级的两面性，特别是其嗜利逐利的本性，这一本性迫使他们不断为占有更多的剩余价值而奋斗，推动社会走向两极分化。"两极分化自然产生"，这是邓小平的又一个至理名言。但我们的一部分同志却竭力回避"两极分化"的字眼。党内一部分有影响的同志淡忘了上述一系列马克思主义关于社会经济发展规律的 ABC，所以在改革开放后实行让一部分人先富起来政策的时候，对于私人资本经济往往偏于片面支持刺激鼓励其发展社会生产力的积极方面，而不注意节制和限制其剥削和导致两极分化后果的消极方面，即与社会主义本质不相容的东西。先富带后富和共同富裕长期难以实现，贫富差距的扩大和两极分化趋势的形成，根本原因就在这里。

目前我国收入分配领域最核心的问题，是贫富差距急剧扩大，两极分化趋势明显。中心的问题不是什么"国富"与"民富"的矛盾，而是一部分国民先富、暴富与大部分国民不富或贫穷的矛盾。要克服和扭转贫富差距扩大和两极分化的趋势，需要的政策转向，不是什么"国富优先"转变为"民富优先"，而是明确宣布"让一部分人先富起来"的政策已经完成任务，今后要把这一政策转变为逐步"实现共同富裕"的政策，完成"先富"向"共富"的过渡。

再说，把"国富"与"民富"对立并提，是缺乏科学依据的。"国富"和"民富"是一双相对的概念，二者之间并非完全互相排斥，而是矛盾统一的关系，在一定意义上也可以水乳交融。什么叫"国富"？严复最早翻译亚当·斯密 The Wealth of Nation 一书，中文译名为《国富论》。但斯密在这本书里不但讨论了君主或政府（相当于国家）的收入和财富问题，也讨论了工、农、商子民（相当于国民）的收入和财富问题。后来郭大力、王亚南重译此书，书名改称《国民财富的性质和原因的研究》，这样"国富"的含义就推广为"国民的财富"了。但是书里面并没有删掉政府或国家的收入和财富问题，可见"The Wealth of Nation"的含义，可以是国家的财富，也可以是国民的财富。国富和民富并不完全是非此即彼的东西。

现在我国流行语汇中的"国富"，是什么含义呢？大体上是指政府直接掌握和可分配的收入，相当于斯密书中的第五篇所说君主或国家的收入。斯密讨论了各类名目繁多的税负的利弊，其目的在于试图说明，君主（政府）的收入和国民的收入并非一直是矛盾。交给国家的收入多了，并不意味着国民的收入就减少了。因为君主和国家需要必要的费用，以保护和增加国民财富。《国富论》用大量篇幅论证了国家的三项基本职能，即保护社会、保护社会里的每一个人、建设公共事业和公共福利设施。如果我们把国家和政府所代表的统治阶级利益和官员的挥霍浪费暂时存而不论，可以说这大体上也是现代国家与国民、政府与人民之间财富与收入关系的写照。

现代国家政府可支配收入转化为居民可直接支配的收入，只是其用于民生支出中的一部分（如补贴、救济、社保等）。其用于公共福利（教育、文化、卫生等）、基础设施、经济建设、安全保卫、行政管理等费用，其效益虽然是全民共享，但不直接由居民支配而由政府支配。政府可支配收入与居民可支配收入毕竟不是一码事。有些同志把居民可支配收入占国民收入之比与政府可支配收入占比的升降，作为"国富"与"民富"对比的评价标志。这一对比有它本身的分析意义，但不能反映收入分配关系的根本问题，即贫富差距和两极分化问题。如前所述，"居民收入"是一个混合概念，居民中包括富民与贫民。从居民收入占比和政府收入占比的对比中，完全看不出贫富差距。贫富差距和两极分化，首先要在居民内部，划分为劳动报酬（劳动力要素所有者的收入）和非劳动报酬（其他非劳动要素特别是资本要素所有者的收入）的对比中表现出来。这才是当今社会分配的核心问题。

若干年来，随着所有制结构的公降私升，随着市场化大潮中"拥抱资本、疏远劳动"的风气盛行，宪法中规定的"按劳分配为主"，事实上逐渐被"按资本分配为主"所代替。因此劳动者报酬占比不断下降，而资本所得占比不断上升。由于劳动者报酬在居民收入中占最大份额，劳动者报酬在 GDP 中占比的下降，就决定了居民可支配收入在 GDP 中占比的下降。居民可支配收入占比的下降，主要是由劳动者报酬占比下降和企业利润所得占比上升造成的，主要不是由政府收入上升所造成的。所以，要扭转居民收入占比的下降趋势，核心问题在于提高劳动者报酬和中低收入者的收入，关键在于调整劳动收入与资本所得的比重，而不在于调整政府收入的比重。

政府收入在 GDP 中所占比重，或者所谓"宏观税负"问题，曾是"国富"与"民富"争议中热议的话题。目前我国宏观税负水平是不是过高，肯定的意见和否定的都有。现在以既包括纳入一般预算管理的公共财政收入，又包括政府基金收入、国有资本经营预算收入、社会保险基金收入等宽口径的政府收入来说，财政部业务部门按我国全口径财政收入计算，政府收入占 GDP 比重 2007 年为 27.6%，2008 年为 27.9%，2009 年为 30.0%。中国社会科学院财贸所也按 IMF《政府财政统计手册》标准，计算了中国全口径政府收入占 GDP 之比，2007 年为 31.5%，2008 年为 30.9%，2009 年为 32.2%，比财政部的数字稍高。按 IMF《政府财政统计年鉴》对 2007 年 53 个国家宏观税负的计算，这些国家实际宏观税负平均为 39.9%，其中 24 个工业化国家实际宏观税负平均为 45.3%，29 个发展中国家实际平均税负为 35.5%。同这些实际数字比较，我国平均宏观税负即使用社科院 2009 年 32.2% 的较高数字，也大大低于工业化发达国家的平均水平，与发展中国家相比也不过高。根据国际经验，随着生产力向发达水平发展，政府承担的社会民生、公共福利和收入再分配等任务越来越重，我国政府收入占比或所谓宏观税负水平，还有继续提升的必要和空间。

所以，目前我国宏观税负问题，主要并不在于政府收入占比高低，而在于财政收支结构是否合理，是否能够通过政府收支的运作，一方面实现"国富"与"民富"的良性交融，一方面推动"民富"中"先富"向"共富"的转化。目前我国国家财政收支结构上的主要问题，在于财政收入的负担偏重由中低收入者或劳动阶层来承担，而在财政支出的使用上，用于社会民生和公共福利方面的开支偏低。

我国现行税制的格局是以间接税为主，其在税收总额中占七成以上。间接税包括增值税、营业税等税额，隐藏在商品和服务的价格之内，最终由消费者埋单。即使消费者因收入低而免于交纳所得税，他也不能摆脱生活所需的米、油、盐、服装、餐馆用餐、水电煤气等价格与付费中内含的间接税负担。由于低收入者需要将可支配收入的很大部分用于基本生活开支，因此他们承担的间接税负与其收入之比，要比高收入者为基本生活所承担的税负与其收入之比大得多。个人所得税收入结构也存在明显的不合理。个税征收对象主要是工薪阶层的劳动收入，而对股息、红利、财产租赁等资本所得征收甚少，占有大量财富的富人只负担了少量税收份额；没有被统计到城镇居民收入中的数额巨大的隐性收入，主要发生在高收入富户，这也严重影响了税负公平。在我国财政支出结构上，一方面行政管理开支过高，占国家整个财政支出的比重，远高于英、日、美等发达国家，每年公车、公款吃喝、公费出国即"三公"费用惊人；另一方面用于教育、医疗和社会保障的公共服务支出占财政总支出的比重，明显低于人均GDP超过3000美元的国家。

以上情况表明，如果像一些人士所说，我国宏观税负过高，那也只是对中低收入的劳动阶层负担偏重，而他们应当得到的补偿或该分享的社会福利却感到不足；以资本和财产所得为主的富裕阶层的财富的收入，则大都游离于国家财政税收调节的国民收入再分配过程之外。这种逆向调节的机制，只能助长贫富差距的扩大，迫切需要扭转。对此一些学者专家都有共识，主张改弦易辙。在财政收入方面，提高直接税收的比重，降低间接税收的比重；在直接税方面，提高资本财产与非劳动所得的税负，考虑家庭负担，降低中低收入者的所得税负；开征遗产税、赠与税等财产税种。在财政支出方面，厉行节约，大力减少行政费用占比，增大社会民生、公共福利、再分配转移支付占比，等等。这些主张集中起来就是要国家财政重回"调节收入分配、促进社会公平"这方面的职责，问题在于决策决心和实施步骤，需要抓紧进行。

应当指出，缩小贫富差距，扭转两极分化趋势，不能单纯靠国家财政调节手段。贫富差距扩大的原因甚多，如城乡差距、地区不平衡、行业垄断、腐败、公共产品供应不均、再分配调节滞后等等，必须一一应对。但这不是最主要的，按照马克思主义观点，所有制决定分配制，财产关系决定分配关系。财产占有上的差别，才是收入差别最大的影响因素。30多年来我国贫富差距的扩大和两极分化趋势的形成，除了前述原因外，所有制结构上和财产关系中的"公"降"私"升和化公为私，财富积累迅速集中于少数私人，才是最根本的。

我国社会主义初级阶段的经济结构，随着让一部分人先富起来和效率优先政策的执行，非公有经济的增长必然超过公有经济和国有经济，从而形成了多种所有制经济共同发展的局面。这是有利于整个经济发展的。但这种非公有经济超前发展和公降私升、"国"降"民"升的势头一直延续下去，"到一定的时候问题就会出来"，"两极分化自然出现"（邓小平语）。① 随着私人产权的相对扩大，资本财产的收入份额会相对扩大，劳动的收入份额则相对缩小，从而扩大贫富差距，促成两极分化趋势。

在调整收入分配关系，缩小贫富差距时，人们往往从分配领域本身着手，特别是从财政税收、转移支付等再分配领域着手，完善社会保障公共福利，改善低收入者的民生状况。这些措施是完全必要的，我们现在也开始这样做了，还要加大力度。但是，仅仅就分配谈分配，仅仅从分配和再分配领域着手，还是远远不够的，不能从根本上扭转贫富差距扩大的问题。还需要从所有制结构上直面这一问题，需要从强化公有经济为主体，国有经济为主导着手，扭转生产资料所有制"公"降"私"升和"国"退"民"进的趋势，阻止化公为私的所有制结构转换过程。这也是调整"国富"同"民富"关系的一个重要方面。小平同志强调："只要我国经济中公有制占主体地位，就可以避免两极分化。"② 又说，"基本生产资料归国家所有，归集体所有，就是坚持归公有"，就"不会产生新资产阶级"。③ 这是非常深刻的论断。这表明，社会主义初级阶段容许私人产权的发展，容许非劳动要素（主要是资本）参加分配，但这一切都要以以公有制为主体和以按劳分配为主为前提。那种让私人资本向高利行业渗透（关系国民经济命脉的重要部门和关键领域），那种盲目地鼓励增加"财产性收入"之类的政策，只能促使收入差距和财富差距进一步扩大，都应该调整。只要保持公有制和按劳分配为主体，贫富差距就不会恶性发展到两极分化的程度，可以控制在合理的限度以内，最终向共同富裕的目标前进。否则，两极分化、社会分裂是不可避免的。

（原载《经济研究》2011 年第 10 期）

---

① 《邓小平年谱（1975—1997）》下，中央文献出版社 2004 年版，第 1364 页。
② 《邓小平文选》第三卷，人民出版社 1993 年版，第 149 页。
③ 同上书，第 91 页。

改革开放新时期的收入分配问题

进入新世纪，随着收入差距扩大的趋势日益明显，收入分配问题受到关注。在继续做大社会财富这个"蛋糕"的基础上，如何通过合理的收入分配制度，把"蛋糕"分好，让全体人民共享改革发展的成果，成为中国面临的一个重大命题。我曾发表几篇文章，研讨收入分配问题，为"效率优先，兼顾公平"逐渐淡出，进一步重视社会公平鼓与呼。现在看来，我的观点和中央在这一问题上最终决策的精神是一致的。这里我想梳理一下改革开放新时期收入分配政策演变，侧重谈谈对效率与公平关系的认识，并对今后改革收入分配制度提出一点思路。

收入分配政策的演变

改革开放新时期的分配政策，从最初打破平均主义，为按劳分配恢复名誉，到现在文件上继续坚持以按劳分配为主体、多种分配方式并存，经历了一个渐进的变化过程。

1956 年社会主义改造完成以后，社会主义制度建立，按劳分配成为中国最基本的收入分配制度，即使在"文化大革命"期间，1975 年宪法也规定要实行按劳分配制度。但是，十一届三中全会之前，中央一些高层领导，误读了马克思关于按劳分配中等量劳动相交换的原则仍然是资产阶级式的"平等的权利"的论述，把战争环境中实行过的带有平均主义色彩的供给制度理想化了。在"文化大革命"中，张春桥等人又把这种认识推向极端，把按劳分配视为资产阶级法权进行批判，把八级工资制等社会主义政策看成是产生新的资产阶级的基础和温床。因此，平均主义盛行，泛滥成灾。这种平均主义的分配制度是对按劳分配原则的歪曲，带来的不是普遍的富裕，而是共同的贫困，这个现在大家都很清楚。

因此，粉碎"四人帮"以后，经济学界拨乱反正，最早就是从为按劳分配正名开始的。1977—1978年，由于光远同志倡议，先后召开了四次全国按劳分配理论研讨会。通过讨论，大多数同志认为，按劳分配不但不产生资本主义和资产阶级，而且是最终消灭资本主义和资产阶级的必由之路。我国不存在按劳分配贯彻过分的问题，而是贯彻不够。

从中央的政策来讲，当时也是强调坚持按劳分配的社会主义原则，我手头有几份材料，可以说明这个问题：一是1977年8月，党的十一大报告提出："对于广大人民群众，在思想教育上大力提倡共产主义劳动态度，在经济政策上则要坚持实行各尽所能、按劳分配的社会主义原则，并且逐步扩大集体福利。"二是五届全国人大政府工作报告，也专门就这一问题进行了论述："在整个社会主义历史阶段，必须坚持不劳动者不得食、各尽所能、按劳分配的原则……在分配上，既要避免高低悬殊，也要反对平均主义。实行多劳多得，少劳少得。"三是1978年5月5日，在邓小平鼓励和指导下，国务院政治研究室的同志撰写了《贯彻执行按劳分配的社会主义原则》一文，以"特约评论员"名义在《人民日报》发表，使按劳分配的名誉得到了正式的恢复。

不久，1978年12月13日，邓小平在十一届三中全会前夕召开的中央工作会议上，提出了允许一部分人、一部分地区先富起来的思想："在经济政策上，我认为要允许一部分地区、一部分企业、一部分工人、农民，由于辛勤努力成绩大而收入先多一些，生活先好起来。一部分人生活先好起来，就必然产生极大的示范力量，影响左邻右舍，带动其他地区、其他单位的人们向他们学习。这样，就会使整个国民经济不断地波浪式地向前发展，使全国各族人民都能比较快地富裕起来。"邓小平说："这是一个大政策，一个能够影响和带动整个国民经济的政策，建议同志们认真加以考虑和研究。"

当时，很多人有顾虑，一部分人、一部分地区先富起来，会不会导致两极分化呢？1984年十二届三中全会《关于经济体制改革的决定》里面讲了一句话："只有允许和鼓励一部分地区、一部分企业和一部分人依靠勤奋劳动先富起来，才能对大多数人产生强烈的吸引和鼓舞作用，并带动越来越多的人一浪接一浪地走向富裕。"这句话中"依靠勤奋劳动"很重要，是避免两极分化的关键所在。邓小平也多次说，"坚持社会主义，实行按劳分配的原则，就不会产生贫富过大的差距。再过二十年、三十年，我国生产力发展起来了，也不会两极分化"。

1987 年 1 月 12 日，中共中央政治局通过《把农村改革引向深入》，这是当年的中央一号文件。该文件提出，"在社会主义社会的初级阶段，在商品经济发展过程中，在较长时间里，个体经济和少量私人企业的存在是不可避免的"。这是在中央文件中第一次肯定了发展私营经济。到 1988 年，宪法修正案加了一条，允许私营经济存在发展。当然，个体经济的合法地位早在 1982 年宪法当中就已经得到确认了。

按照马克思主义理论，分配关系是由生产关系决定的。上述生产关系的变化，必然带来分配关系的变化。因此，在 1987 年党的十三大报告中，明确提出"社会主义初级阶段的分配方式不可能是单一的。我们必须坚持的原则是，以按劳分配为主体，其他分配方式为补充"，"在共同富裕的目标下鼓励一部分人通过诚实劳动和合法经营先富起来"。"其他的分配方式"，十三大报告中列举了好几种，包括债券利息、股份分红、企业经营者部分风险补偿、企业主因雇佣带来的部分非劳动收入。这和以前就有了很大不同，既有"诚实劳动"带来的收入分配，又有了"合法经营"带来的收入。

1997 年，党的十五大报告提出"坚持按劳分配为主体、多种分配方式并存的制度。把按劳分配和按生产要素分配结合起来"，"允许和鼓励一部分人通过诚实劳动和合法经营先富起来，允许和鼓励资本、技术等生产要素参与收益分配"。这个提法和十三大相比又有较大变化，主要是两点：一点是"多种分配方式并存"，而不再是"其他分配方式为补充"。这是在此之前，1994 年十四届三中全会第一次提出来的。另一点是"允许和鼓励资本、技术等生产要素参与收益分配"。我觉得，从一定意义上讲，经营收入、技术作为生产要素参与收益分配都可以看做是一种复杂劳动收入，应当包括在按劳分配的范围以内。依照邓小平的见解，在这个范围内实行按劳分配原则，就不会产生贫富巨大差距。但资本收入作为一种财产性收入，情况就与劳动收入不一样了。由此，在收入分配中，形成了一个劳动与资本相互逐利的关系，近些年来呈现国民收入分配中劳动收入份额相对缩小、资本收入份额相对扩大，贫富差距逐步扩大的趋势。收入分配政策的变化大致就是这么一个过程。

"效率优先，兼顾公平"口号的由来

从学理上说，公平与效率这一对概念，是一个矛盾统一体。常识告诉我们，收入分配越平均，人们的积极性越弱，效率自然会低；适当拉开收入差距，只要分配程序、规则公正，就会有助于提高效率。从另一角度说，不提高效率，蛋糕做不大，难以实现更多的公平措施，解决社会增多的矛盾；但是，如果不讲公平，收入差距拉得过大，特别是分配程序、规则不公，也会导致效率的下降，甚至影响社会稳定。所以，收入分配差距过大和过小都不利于提高效率。处理好这两者的关系不容易，要辩证统一地考虑。

我国改革开放前，"大锅饭"的分配体制使效率大受影响。实行市场取向的改革后，逐渐讲求效率，拉开收入差距，"让一部分人先富起来"，从农村到城市，经济活跃起来，非常见效。于是经过十多年，就把"兼顾效率与公平"作为经验总结，写进了1992年党的十四大的决议。据我所知，这是中央文件中第一次明确提到效率与公平关系的问题。在此之前，无论是中央文件，还是学术界，都没怎么谈这个问题。

但两年以后，从十四届三中全会开始，在效率与公平关系问题的提法上有一个新的变化，即把以前的"兼顾效率与公平"，改变为"效率优先，兼顾公平"，使这两者关系，由效率、公平处于同等重要地位，改变为效率处于"优先"的第一位，公平虽然也很重要，但处于"兼顾"的次要地位。这两次会议的两个"兼顾"意义很不相同。所以说，这是一个很重要的变化。"效率优先，兼顾公平"的提法，从十四届三中全会决议开始，一直到2003年十六届三中全会，每次中央重要会议的文件都这么提。所以，在相当长的时间里，它是我国在收入分配政策领域的正式精神。在党的十六大报告中，又补充了一句，提出"初次分配注重效率，再分配注重公平"，这也是很重要的分配政策。

共产党向来主张社会公平和公正。为什么一个共产党领导的国家，在分配政策上要把公平与效率相比放在"兼顾"的次要地位呢？这与我国经济长期落后，难以迅速提高人民生活水平和解决众多社会矛盾有密切的关系；也与我国在20世纪90年代到21世纪初面临的国内外形势的深刻变化和发展趋势，及其带来巨大机遇与挑战，有密切关系。这种情势迫使我们积极进取，尽一切努力增大我国的国民财富和综合实力。所以，邓小平南方谈话要求，"思想更解放一点，改革与开放的胆子更大一点，建设的步子更快一点，千万不可丧失时机"，强调"发展是硬道理，是解决中国所有问题的关键"。这样就把增加国民财富总量和国家经济实力即"做大蛋糕"的问题突出地提出来，效率成为第一位的问题。另一方面，制约我国提高效率的主要因素，当时仍然是过去计划经济时代遗留下来的平均主义的影响，比如奖金人人有份，奖励先进轮流坐庄，特别是脑体倒挂很严重，知识分子常常感叹"搞导弹的不如卖茶叶蛋的"。因此，为了更快提高效率，增加国民财富总量，就必须进一步"打破平均主义，合理拉开差距，坚持鼓励一部分地区一部分人通过诚实劳动和合法经营先富起来的政策"。这一句话也正是十四届三中全会文件中提出"效率优先、兼顾公平"时所作的说明。

因此，十四届三中全会关于效率与公平关系的新提法，把"做大蛋糕"放在经济工作的第一位，而把"分好蛋糕"放在第二位，这是适合我国当时实际情况和发展需要的，当时是完全正确的。在这一时期，中央文件中一再强调，"先富要带动和帮助后富"，"要注意防止两极分化"，主观上并没有忽视社会公平的意思。

淡出"效率优先，兼顾公平"，突出社会公平

长时间以来，我研究宏观经济问题多一些，不大研究收入分配问题。但是进入新世纪以后，收入差距问题日益显露，国际公认的公平分配指标基尼系数从改革开放之初的0.2—0.3，已提高到0.4国际警戒线以上，从而引起广泛关注。这时候，我开始思考，"效率优先，兼顾公平"是不是该淡出了？

我的研究认为，"效率优先，兼顾公平"是我国一定时期收入分配的

指导方针，而不是整个市场经济历史时期不变的法则。许多同志把这一方针视为市场经济不易的法则，这是与历史事实不符的，一些成熟的市场经济国家，就没有这个提法。现代资本主义国家为了缓和社会阶级矛盾，吸收了社会主义思想，推行了社会保障、福利的措施。现代自由主义国家既强调效率，也不得不讲公平；现代福利主义国家很强调公平，但也讲效率。它们的效率和公平，都达到相当的水平。有的资本主义国家实施社会公平、福利的一些措施，实在比我们这个社会主义国家还要完备得多。当然这有历史发展的背景，不好简单地类比。

经过改革开放二十多年的发展，经济总量发展、效率问题逐步得到相对的解决，蛋糕是逐渐地做大了，而分好蛋糕即社会公平的问题已逐步上升为突出的问题。不能忘记，邓小平临终前就提出了中国"富裕起来以后财富怎样分配"这个"大问题"，他在1992年就对突出解决贫富差距问题作出前瞻性的论断。他曾设想，在20世纪末达到小康水平的时候，就要突出地提出和解决这个问题。

基于上述考虑，2003年，我写了一篇题为"研究宏观经济形势要关注收入分配问题"的文章，提出"逐步淡出'效率优先，兼顾公平'的口号，向实行'效率与公平并重'的原则过渡"，并将这一意见在党的十六届三中全会文件起草组提出（当时我是起草组成员之一）。

当时我认为，我国基尼系数尚处于"倒U形"曲线的上升阶段，收入差距客观上还有继续扩大的趋势，一时掉不下来，邓小平的预言可能乐观了一点；看来要到2010年人均收入达到1500美元左右时，基尼系数才有可能倒转下降，那时才有可能开始突出解决这一问题，实现"效率优先，兼顾公平"向"效率与公平并重"或"效率与公平优化结合"的过渡。因此，当前应该逐步淡出"效率优先，兼顾公平"，增加公平的分量，降低基尼系数提高的速度、幅度。

应该讲，我的主张是非常缓和的，不是像有些同志提出的马上采取措施把基尼系数强行降下来，比如降到0.3，很好啊！但做不到。即便如此，在十六届三中全会时，大家的认识还不一致，没有接受我的意见，还是坚持写进了"效率优先，兼顾公平"的字样。

这次会议之后，我没有停止对收入分配问题的思考。学术界也有一些同志针对我的意见，提出批评。比如有人认为不能把突出解决贫富差距和改变效率公平关系推迟到 2010 年以后。因为"中国人对贫富差距的承受能力已达到极限，目前改变适当其时"。也有人发表文章指出，10 年前就有人惊呼我国收入差距已经过大，这不符合我国发展的实际。中国作为发展中国家，在建立市场经济体制过程中基尼系数上升是自然现象，真正解决需要长期等待，现在不要去管。

经过反复考虑，我的观点有所改变。收入差距扩大是否到达承受极限的问题，同校正效率公平的关系、进一步重视社会公平问题，不是同一层次的问题。收入差距扩大到承受极限，很可能与到达两极分化相联系。我们那时还不能说已经到达两极分化（这是邓小平说的改革失败的标志），也不能说到达承受极限。但基尼系数客观上还处在上升阶段，如不采取措施，则有迅速向两极分化和向承受极限接近的危险。所以，我们必须从现时起进一步重视社会公平问题，调整效率与公平关系，加大社会公平的分量。第一步可以逐步减少收入差距扩大的幅度，以后再逐步降低基尼系数的绝对值。所以"效率优先，兼顾公平"的口号现在就可以淡出，逐渐向"公平与效率并重"或"公平与效率优化结合"过渡。

为什么现在就应加大社会公平的分量，进一步重视社会公平问题呢？

经过二十多年的改革与发展，我国经济总量、国家综合经济实力大大增强。已完成 GDP 第一个翻番和第二个翻番，正在进行第三个翻番阶段，已有一定的物质基础和能力，逐步解决多年来累积形成的贫富差距。也就是说，突出提出和解决邓小平提出的收入分配问题的时机条件，已基本成熟。

收入差距扩大迅速，已成为影响社会和谐与社会稳定的重大问题。二十多年来基尼系数几乎倍增，速度之快，举世无双。基尼系数超过资本发达国家如英、美、法（基尼系数 0.3—0.4）和资本福利国家如挪威、瑞典（基尼系数 0.2—0.3）。国内外一些机构和专家，指出这已经超过国际警戒线。不管这些论断是否符合我国情况，都应引起警惕。尤其需要注意的是，已公布的基尼系数，难以计入引发人们不满的不合理、非规范、非法的非正常收入。如果把这些因素计算在内，则基尼系数又会加大，在原来 0.4—0.5 之间又升高 0.1 左右，即比现在公布的基尼系数增大 20% 以上。社会不公平造成许多矛盾紧张与社会不和谐现象，潜伏隐患，说不定什么时候就会爆发。

我国改革之初，各阶层人民受改革之惠，生活改善，没有分化出明显的利益集团，普遍积极支持改革。但20世纪90年代以后，不同利益人群逐渐形成，有的在改革中受益较大，有的受益较少，有的甚至受损，对改革支持的积极性也有所变化。各阶层居民对改革都有自己的诉求。比如，得益较多的利益集团中有人说：改革必须付出代价，必须牺牲一代人，这一代人就是几千万老工人。同时，也就有另一种对应的声音说：为什么就是我们，不是你们？对立的情绪可见。为了使改革获得更广泛的支持，今后要长期强调有利于社会和谐和稳定的社会公正和公平。

导致收入差距迅速拉大、社会分配问题丛生的因素十分复杂。广大干部经验不足，特别是一部分干部误解，过于强调"效率优先"，把公平放在兼顾从属地位，是重要原因之一。"效率优先"不是不可以讲，但应放到发展生产的领域去讲，非常合适，而不是放在收入分配领域。我党转变发展方式的重要方针要求把质量、效益、效率作为经济发展的最主要因素，而把投入、数量和速度放在适当重要地位。这符合正确的"发展是硬道理"的大道理。

我还考虑，初次分配里不仅仅是一个效率的问题，同样也有公平的问题。资本与劳动的收入比例关系就是在初次分配里面形成的，垄断企业和非垄断企业的收入差距也是初次分配的问题，企业的高管与一般劳动者收入悬殊仍是初次分配的问题。还有说不清道不明的许多不合理、不合法、不规范的黑色收入和灰色收入，不是初次分配中产生的？因此，收入差距问题必须要从源头、初次分配环节着手解决，光靠财税等再分配杠杆来调节，这在中国是远远不够的，是解决不了分配不公问题的。

至于有人提出，现在这样强调社会公平，会不会回到传统体制固有的平均主义的忧虑，我倒是不担心。我国改革发展到现在这一步，很少有人想回到"大锅饭"的旧体制。引发不满的是体制外的灰色收入、法制外的黑色收入，以及体制内由于法律不健全、政策不完善造成的非规范的过高收入。人们希望的无非是调整和纠正这些不公平现象，并改进运用再分配杠杆适当调剂贫富差距，而绝不是想触动那些合理合法的高收入。在目前实际生活中，平均主义的残余已限制在一些国有机构、产业部门中越来越少的部分，而且国有部门单位之间也出现相当大的收入鸿沟。残余的平均主义要继续清理，但目前矛盾的主要方面已在分配天平的另一端，需要适当地校正。

我倒有另一种忧虑。在我国这样一个法治环境和人治环境下建立的市场经济，如果忽视共同富裕的方向，建立起来的市场经济必然是人们所称的坏的市场经济、权贵市场经济、两极分化的市场经济。按照邓小平的提法，改革就失败了。我们要避免这种情况，我们一定能够避免这种情况，那就只有一个办法，要更加重视社会公平的问题。

基于上述考虑，2005 年，我发表了《进一步重视社会公平问题》一文，后来又写了《把效率优先放到该讲的地方去》一篇短文，提出"效率优先，兼顾公平"要淡出，把公平置于"兼顾"的次要地位不妥，初次分配也要注重公平。

我的文章发表以后，社会反响比较强烈。很多同志发表意见。多数同志还是赞成我的看法的。但是，也有同志很激烈地反对，批评我的主张是民粹主义，效率仍应放在第一位，社会公平放在兼顾地位。对这种批评意见，我的看法很简单，他没有站在劳动人民的一面说话，而是站在资本财富的立场说话。照他说的搞下去，中国的改革就要走向权贵资本主义的道路，就要失败了。当然，这是我个人的看法，可以讨论。

2005 年以后，我年纪大了，参加社会活动少了，中央文件起草工作也没再参加。我把文章的原稿呈送给了中央。中央主要负责同志很重视，批给了十六届五中全会文件起草组。但是，十六届五中全会报告征求意见稿当中又出现了"效率优先，兼顾公平"和"初次分配注重效率，再次分配注重公平"的字样，遭到各方面很多同志的非议。我在中国社科院也提了反对意见。十六届五中全会文件最终定稿时，勾掉了这两个提法，同时突出了"更加重视社会公平"的鲜明主张。据我所知，这是中央文件中第一次提"更加重视社会公平"，毫无疑问，符合改革的大势所趋和人心所向，也有利于调动大多数人的改革积极性，无疑是我们收入分配理论和政策领域的一个重大进步。

实现收入分配公平的基本思路

十六届五中全会是一个重大转机。"更加重视社会公平"表明，中央从重视发展和效率问题转向同时关注更加重视分配公平问题。2006年中央政治局专门召开会议研究解决贫富差距问题。十六届六中全会又强调了要更加重视社会公平。2007年十七大报告进一步提出了"合理的收入分配制度是社会公平的重要体现"，并将初次分配也要实行社会公平这一原则写进了中央文件。近年来，国家高层不断表达"调整收入分配结构"的政治决心，进入2010年，"调整收入分配"一词以前所未有的密集度出现在中国的官方表述中。政府主要领导人在与网民的对话时，也承诺了政府不仅有"做大蛋糕"的"责任"，而且有"分好蛋糕"的"良知"。这些，都是基于忧患严重的收入分配不公和贫富差距拉大而表达出的深化改革的信号，深得人民大众的欢迎，希望由此得到共享改革发展的成果。

如何缩小贫富差距，实现收入分配公平，目前政府正在研究解决途径，采取适当措施。今年2月4日，在中央举办的省部级主要领导干部专题研讨会上，国务院总理把改革分配制度、逐步扭转收入差距扩大趋势，归结为三条：一是加快调整国民收入分配格局，逐步提高居民收入在国民收入分配中的比重、劳动报酬在初次分配中的比重；二是加大税收对收入分配的调节作用；三是对城乡低收入困难群众给予更多关爱。3月5日在本届人大政府工作报告中，又将改革收入分配制度，分好"蛋糕"的原则措施，概括为三个方面：一是抓紧制定调整国民收入分配格局的政策措施；二是深化垄断行业收入分配制度改革；三是进一步规范收入分配秩序。两次提法略有不同，互为补充，都是切合当前我国收入分配改革的要求，有助于遏制贫富差距扩大的趋势，迫切需要制定切实可行的具体措施，加以贯彻。

我考虑，扭转收入分配不公，由收入差距不断拉大转为差距缩小，直到合理分配的程度，涉及许多方面关系的调整，是一个非常复杂的改革过程，需要深入研究分配问题的机理，选择改革收入分配制度的思路，方能取得预期的社会共富的效果。在有关改革收入分配的众多复杂的关系中，我认为最重要的是分配制与所有制的关系。我在 2007 年《红旗文稿》第 24 期发表了《关于分配与所有制关系若干问题的思考》，分析了这个问题，或者对当前收入分配制度的改革有参考意义。拟概要介绍如下：

所有制和分配制都是生产关系。按照马克思主义观点，所有制决定分配制。但是，人们常常忽略这个观点。在分析我国贫富差距拉大的原因时，人们举了很多理由，诸如城乡差距扩大，地区不平衡加剧、行业垄断、腐败、公共产品供应不均、再分配调节落后，等等，不一而足。这些理由都能成立，也必须应对。但这些不是最主要的。造成收入分配不公的最根本原因被忽略了。

收入分配不公源于初次分配。初次分配中影响最大的核心问题是劳动与资本的关系。这就涉及社会的基本生产关系或财产关系了。财产占有上的差别往往是收入差别最重大的影响要素。有些人看不到这点，却津津乐道人的才能贡献有大有小，贡献大的人应该多拿，贡献小的人应该少拿，好像收入多少仅仅是由于才能、知识、贡献决定的。马克思主义不否定个人能力等因素对收入高低的影响（复杂劳动）。但是即使西方资产阶级资产经济学家萨缪尔森都承认，"收入差别最主要的是拥有财富多少造成的，和财产差别比，个人能力的差别是微不足道的"。他又说，"财产所有权是收入差别的第一位原因，往下依次是个人能力、教育、培训、机会和健康"。改革开放 30 年来我国贫富差距的扩大，除了上举一系列的原因外，跟所有制结构的变化，跟"公"降"私"升、化公为私的私有化过程有紧密的联系。

我们认为，西方经济学大师的上述说法，是公允的，科学的。如用马克思政治经济学的语言，可以说得更加透彻。根据马克思主义原理，分配决定于生产，任何消费品的分配，都是生产条件分配的结果。生产条件的分配本身，表明了生产方式，生产关系的性质。不同的生产关系决定了不同的分配关系，分配方式。与资产主义私有制的生产方式相适应的分配方式，是按要素分配（主要是按资本分配，和按劳动力的市场价格分配）；而与社会主义公有制生产方式相适应的分配方式，则是按劳分配。在社会主义初级阶段，只能以按劳分配为主，按资本和其他要素分配为从。

在调整收入分配关系、缩小贫富差距时，人们往往从分配领域本身着手，特别是从财政税收、转移支付等再分配领域着手，完善社会保障公共福利，改善低收入者的民生状况。这些措施是完全必要的，我们现在也开始这样做了，但是做得还很不够，还要加大力度，特别是个人所得税起征点和累进率的调整，财产税、遗产税、奢侈品消费税的开征，并以此为财源来增强对社会保障、公共福利、消除"新三座大山"的医改、教改、房改和改善低收入者民生状况的支付等等。但是，仅仅从分配和再分配领域着手，还是远远不够的，不能从根本上扭转贫富收入差距扩大的问题。还需要从所有制结构，从财产制度上直面这一问题，需要从基本生产关系，从基本经济制度来接触这个问题，需要从强化公有制为主体地位，弱化私有化趋势来解决这个问题，才能最终地阻止贫富差距扩大、向两极分化推进的趋势，实现共同富裕。这就强是邓小平所说的"只要我国经济中公有制占主体地位，就可以避免两极分化"，他又说，"基本生产资料归国家所有，归集体所有，就坚持归公有"，就"不会产生新资产阶级"。这是非常深刻的论断。它指明社会主义初级阶段容许私人产权的发展，容许按要素（主要是资本）分配，但这一切都要以公有制为主体和按劳分配为主体。只要保持这个主体，贫富差距就不会恶性发展到两极分化的程度，可以控制在合理的限度以内，最终向共同富裕的目标前进。否则，两极分化、社会分裂是不可避免的。所以改革收入分配制度，扭转贫富差距扩大趋势，要放在坚持共和国根本大法的角度下考虑，采取必要的政策措施，保证公有制为主体、按劳分配为主的两个为主的宪法原则的真正落实。

（刘国光口述，《百年潮》杂志社汪文庆、刘一丁整理，
原载《百年潮》2010 年第 4 期。）

七

附　录

论社会主义经济中计划与市场的关系

社会主义国家经济体制改革，理论上往往是从探索计划与市场的关系上起步的。这篇文章写于中共十一届三中全会揭开中国经济改革序幕之时，较早地提出引进市场以结合计划进行经济管理之必要。文章受到国内外的重视，引发广泛的讨论。当时的中共中央总书记阅后称："这是一篇研究新问题的文章，也是一篇标兵文章。在更多理论工作者还没有下最大决心，做最大努力转到这条轨迹上的时候，我们必须大力提倡这种理论研究风气。"中央党校、国家计委、中国社会科学院等内部刊物全文刊载。此文改写本提交 1979 年 5 月在奥地利召开的大西洋经济学年会，年会执行主席 Helment Shuster 给胡乔木的电函称，该文章受到年会的"热烈欢迎"，认为"学术上有重要意义"，并决定将此文同诺贝尔奖得主英国詹姆士·E. 米德的论文一同发表于 1979 年 12 月《大西洋经济评论》。

当前，全党工作的着重点正在转移到社会主义现代化建设上来。为了适应这样一个转变，保证我国国民经济稳步发展，我们必须总结将近 30 年来经济建设的经验和教训，对经济管理体制和经营管理方法进行认真的改革。怎样完成我们面临的这项改革任务，有许多重大的理论和实际问题迫切需要我们去研究和解决。其中一个对社会主义的经济管理带有全局性的问题，就是如何处理好计划和市场的关系①。这篇文章拟对这个问题作一初步探索。

---

① 这篇文章所讲的计划，不是指作为意识形态的计划，而是指人们自觉地调节和控制社会经济发展的客观过程，这一客观过程过去经济学文献中曾用"计划化"一词来概括。另外，这篇文章所讲的计划，凡未注明是企业计划的，都是指国家计划或社会计划。

一　社会主义经济中计划和市场相结合的必然性

长期以来，在社会主义政治经济学中存在这样一种看法，即认为，既然社会主义经济是计划经济，资本主义经济是市场经济，因此社会主义经济与市场是不相容的，把社会主义计划经济理解为对市场的一种简单的和绝对的否定。尽管后来逐渐承认了社会主义经济中商品生产和价值规律的存在，但仍然把商品生产、价值规律、市场机制的作用同计划的作用置于绝对排斥的地位，似乎计划起作用的地方，市场机制就不起作用，或者反过来说，计划作用到不了的地方，市场机制才起作用。按照这种观点，社会主义的优越性不能表现在对市场的利用上，而只能表现在对市场的限制或排斥上，仿佛计划的作用越大，市场的作用越小，社会主义的优越性才能显示出来。这样一种把市场视为同社会主义经济的本性不相容的观点，给我们经济生活的实践带来了一系列消极后果。例如：

1. 生产与需要脱节。由于片面强调计划和忽视市场，企业生产什么和生产多少，主要按照从上而下的指令性计划指标，而不能很好地按照社会的实际需要来安排。照道理说，按计划生产与按需要生产应当是一致的。但是，在社会主义条件下，离开了市场机制，一个统一的计划中心事实上无法精确地反映对千百万种产品的千变万化的需要。这样，按上面布置下来的计划生产出来的东西，往往货不对路，造成积压，而社会上需要的东西又供应不足。再加上企业生产的产品大部分是由国家统购包销的，企业所需生产资料大部分又是由国家统一分配计划调拨的，生产企业同消费者之间缺乏横向联系，不能直接见面，以致生产者不了解消费者的需要，消费者也不能对生产施加影响，计划指标不符合实际需要的缺陷不能通过市场机制灵活地反映出来，并得到及时的纠正，使产供销脱节的问题长期难以解决。

2. 计划价格脱离实际。由于在制定价格时忽视价值规律的客观要求，使得许多产品的计划价格长期地、大幅度地同价值相背离。在这样的价格条件下，企业在产值、利润等指标上表现出来的经营成果不能反映企业本身经营状况的好坏；由不合理的价格因素而引起的亏本和盈利，也无法据以辨别企业经营的优劣。计划价格很少考虑供求的变化，长期固定不变。当出现商品不足、供不应求的时候，往往不采用调整价格的办法来促使增加供给和控制需求，而是采用票证来限额供应，使票证起了补充货币的作用，造成价值尺度的多元化①。人们还把凭票限额供应叫做"计划供应"，似乎它就是社会主义计划经济本质的一种体现。殊不知，这是任何一个被围困的城防司令都会想出来的办法，同社会主义计划经济毫无本质联系。当然，社会主义计划经济不是不可以在一定时期和一定条件下利用这种限额限价的供应办法。但是，由于这种办法不能从经济上鼓励增加这些供应不足的商品的生产，而且往往会巩固和加深这些商品的生产者的不利地位而使生产和供给减少，所以，它不但不能从根本上解决供需矛盾，而且往往进一步加剧这个矛盾。

3. 资金分配上的供给制。我们不但在产品的生产和交换上，而且在资金的筹措和分配上，也忽视了市场的作用，突出的表现是财政上统收统支。过去，我们企业的收入，包括企业的纯收入和基本折旧基金，全部或大部上缴；企业发展生产、改进福利等开支，则都伸手向上面要。国家对企业无偿供给全部固定资产和大部分流动资金，企业对资金的使用效果可以不负任何经济责任，不管经营好坏、盈利亏本，工资基金不少拿，企业是吃"大锅饭"，职工是靠"铁饭碗"。由于物质利益与经营成果脱节，企业的经济核算不能不流于形式，单纯为记账而核算，而不是利用职工集体的物质利益来促进生产效果的提高。在这种情况下，尽管发出许多行政命令和政治号召，企业和职工对于节约生产消耗、改进产品质量、增加品种以适应市场消费者的需要，也难以有持久的内部动力，各方面的拖拉浪费，就长期难以克服。

4. 企业结构上的自给自足倾向。社会主义经济是建立在社会化大生产基础上的，企业之间、地区之间、部门之间都存在着广泛的专业分工和协作的关系。特别是随着科学技术的进步，生产专业化和协作也将进一步

_____

① 马克思指出，"价值尺度的二重化是同价值尺度的职能相矛盾的"，"凡有两种商品依法充当价值尺度的地方，事实上总是只有一种商品保持着这种地位"。（《马克思恩格斯全集》第23卷，人民出版社1972年版，第114—115页）我们的许多无价票证，不是事实上也变成了有价票证吗？

发展。但是，由于忽视市场关系，用小生产的经营方式来对待社会主义的大生产，使得我们许多企业不是向专业化和协作的方向发展，而是向万事不求人、自给自足的方向发展。因此，我国的工业企业普遍存在着"小而全"、"大而全"的情况，许多企业不仅办成了"全能厂"，而且办成了一个社会。当然，这种情况，并不是完全由企业内部的原因所造成的。供产销的不平衡，协作单位不遵守合同，协作件得不到保证等原因，往往也迫使企业向"全能厂"方向发展。但从全社会来看，这些都是与排斥市场关系有关的。

上述种种情况表明，忽视商品生产、价值规律和市场机制的作用，实际上并不利于社会主义计划经济的发展。社会主义计划经济的一个重要特征就是要正确地安排和保持国民经济的适当比例，求得生产和需要的平衡。列宁说："经常地、自觉地保持平衡，实际上就是计划性。"① 但是，在社会主义经济中，如果排斥市场机制，就往往会带来供产销的脱节，而难以求得生产和需要之间的平衡；如果各类产品计划价格长期违背价值规律的要求，各类产品的比价关系安排得不合理，那就往往使这些产品的生产不能按照客观要求的比例协调地发展。社会主义计划经济的另一个重要特征就是节约活劳动和物化劳动的消耗。当然，节约劳动时间和按比例地分配劳动时间是相互联系的。正如马克思所指出的："时间经济以及有计划地分配劳动时间于不同的生产部门，仍然是以集体为基础的社会首要的经济规律，甚至可以说这是程度极高的规律。"② 但是，在社会主义条件下，如果否认商品货币关系，拒绝利用价值规律，不讲经济核算，就必然导致高消耗、低质量和低效率，不能实现用最小限度的劳动消耗取得最大限度的效果这一社会主义计划经济的本质要求。

从实践看，是否承认市场的存在并积极利用它来为计划经济服务，对于社会主义经济的发展关系极大。近 30 年来，在我国社会主义建设过程中，有两次经济发展比较快，一次是第一个五年计划时期，一次是三年调整时期。这两个时期都比较注意利用价值规律，利用市场，其结果是城乡

---

① 《列宁全集》第 3 卷，人民出版社 1959 年版，第 566 页。
② 《政治经济学批判大纲》第 1 分册，人民出版社 1975 年版，第 112 页。

协作较好，农轻重的关系比较协调，各方面也比较重视经济核算和经济效果。但是，在我国国民经济的发展中，有两次受到比较大的挫折，一次是第二个五年计划时期，一次是在 60 年代中期至 70 年代中期。这两次大的挫折，在政治上是同林彪、陈伯达和"四人帮"等人的破坏分不开的；在理论上则往往同他们在商品、货币、价值规律问题上制造混乱、抹杀市场的作用有关。应该指出，那种否认社会主义社会中商品货币关系的积极作用，把计划和市场看做互不相容的观点，不但在实践上造成了很大的危害，而且在理论上也是站不住脚的。

以生产资料公有制为基础的社会主义经济是有计划发展的经济。经济的有计划发展并不是同市场经济关系相对立的，而是同自发的或生产的无政府状态相对立的，后者是一切以私有制为基础的社会经济的一个基本特征。而市场经济关系却不是私有制的社会经济所特有的。同市场经济关系相对立的是自然经济而不是计划经济。自然经济中不存在商品货币关系，只存在实物分配关系，这是一切自给自足和闭关自守的社会经济的一个基本特征。而市场经济关系却是建立在社会分工和协作的基础上的。市场经济关系并不一定都是自发性的和无政府状态的，这要看它存在于什么样的所有制条件之下。在社会主义公有制的条件下，市场经济关系是可以由人们自觉地加以控制，为社会主义计划经济服务的。市场经济关系既然是以社会分工和生产的社会化为物质前提的，从这一点来说，它与建立在社会化大生产基础上的社会主义计划经济非但不是互相排斥，而且是有共通之处的。社会主义的计划经济是存在于商品货币关系条件下的计划经济，它只能同自发的市场经济以及自然经济相对立，而不能同人们自觉地加以控制的市场经济关系相对立。

长期以来，人们之所以片面强调计划而忽视市场，主要是因为有这样两个传统观念在作祟：一个是把市场同自发性等同起来，特别是同资本主义市场经济的无政府状态等同起来；另一个是把计划经济同自然经济混为一谈。前一个传统观念，往往成为一些人反对利用市场的武器，谁要一谈利用市场，他们就说谁是在搞资本主义；后一个传统观念，则往往成为一些人用自然经济来冒充社会主义计划经济的理论依据。在这两个相互联系的传统观念的保护伞下，在貌似坚持社会主义计划经济和反对资本主义市场经济的口号下，许多不符合社会主义经济发展利益的东西得到了繁育滋长：单纯的行政办法管理经济代替了经济办法管理经济；按"长官意志"办事代替了按客观经济规律办事；宗法家长式的统治代替了人民群众当家做主；适合于自然经济的封建衙门式的管理代替了适合于社会化大生产的科学管理，等等。在我们这样一个原来商品经济很不发达、目前依然有80%的人口是半自给农民的国家里，上述一些传统观念和做法是有其深厚的社会基础的。我们现在面临着的历史任务是实事求是地按照客观经济规律，发展商品经济来为实现社会主义的四个现代化服务。我们要在社会主义建设中利用商品货币关系，正确处理计划和市场的关系，改革种种不符合社会主义客观经济规律的管理制度，就必须打破上述那些根深蒂固的传统观念。

为了彻底打破这些传统观念，把计划和市场很好地结合起来，还必须进一步探索社会主义条件下商品货币关系和市场存在的原因问题。对于这个问题，相当多的经济学者一直是用生产资料的两种形式的社会主义所有制即集体所有制同全民所有制的并存来解释的。我们认为，在现阶段，两种形式的社会主义所有制之间的商品货币关系对于社会主义的经济发展是很重要的。特别是在我国现在农业人口比重还很大，集体所有制在农业生产中占有举足轻重地位的情况下，更要重视两种公有制之间的商品关系，尊重集体所有制单位作为商品生产者的自主权。但是，单纯地用两种公有制的并存来解释社会主义制度下之所以存在商品货币关系和市场，则是不够本质的。因为，这种看法实际上仍然认为商品和市场关系同社会主义公有制最重要的部分即全民所有制的性质是不相容的，它只能从来自全民所有制外部的影响，而不能从全民所有制内部本身来说明为什么必然存在着商品和市场关系。经济学界历来流行的一些观点，诸如全民所有制内部调拨的生产资料实质上已不是商品而仅仅留有商品的外壳（"外壳论"）；价值规律对生产不起调节作用，它已被国民经济有计划按比例发展规律所代替（"代替论"）；价值规律以及有关的价格、利润、成本、利息等价值范畴不被看做客观的经济机制，而只当做可用可不用的核算工具（"工具论"），等等，实际上都是从上述"外因论"的基本观点所派生出来的。应当指出，所有这些被称为概括了社会主义各国经验的种种观点，并不符合所有社会主义国家的实际经验，而继续坚持这些观点给实践带来的危害，则是越来越清楚了。

我们认为，社会主义全民所有制内部之所以还存在着商品和市场关系，是由社会主义阶段所特有的物质利益关系所决定的。在生产资料公有制的条件下，虽然人与人之间剥削与被剥削的关系即物质利益上的对抗已经消灭了，但是，由于在社会主义阶段，劳动还不是像在共产主义阶段那样是生活的第一需要，而仅仅是谋生的手段，人们劳动能力和贡献又不相同，因此人们物质利益上的差别还存在。而且人们之间物质利益上的这种差别，不仅表现在个人与个人之间，还表现在全民所有制内部不同企业之间。不同企业凡不是由于客观因素而由于自身经营所造成的生产成果上的差别，要给不同企业及其职工带来物质利益上的差别，否则就不利于生产的发展。因此，全民所有制内部各个企业（相对独立的经济核算单位）之间的经济关系，必须采取等价补偿和等价交换的原则。不遵守这种原则，就意味着否认人们物质利益上的差别，从而就会打乱人们之间的物质利益关系。社会主义条件下所特有的这种物质利益关系，正是社会主义条件下商品和市场关系存在的直接原因（当然，分工、生产的社会化是物质前提）。这样一种商品关系或市场关系，其根源深藏于人们的物质利益的差别之中，反映这种关系的有关的经济范畴，绝不是可用可不用的工具，也不是徒具形式的外壳，而是一种客观存在的、有实际内容的经济机制。这里还要看到，所谓社会主义公有制条件下人们的劳动是直接的社会劳动，是仅就个别劳动同社会劳动的联系摆脱了私有制基础上的自发市场的阻隔而言的。实际上，在社会主义阶段，由于个别劳动者把自己的劳动仅仅当做谋生手段才能同社会所有的生产资料相结合，劳动者与劳动者之间、企业与企业之间还不能不实行等量劳动相交换即等价交换的原则，所以劳动的直接社会性，还不能不通过有计划的市场来表现。也就是说，人们有计划地分配社会劳动和节约社会劳动，还不能不通过反映社会主义阶段所特有的物质利益关系的市场机制来实现。

由此可见，社会主义经济中计划和市场的关系，既不是相互排斥，也不是由外在的原因所产生的一种形式上的凑合，而是由社会主义经济的本质所决定的一种内在的有机的结合。如果说，生产资料的社会主义公有制带来的人们之间的物质利益上的根本一致是社会主义经济能够实行计划的客观依据的话，那么，人们之间物质利益上的上述差别，则是社会主义经济中还存在着市场的直接原因。社会主义经济中人们之间物质利益上的这种一致与不一致，正是社会主义经济中计划与市场在矛盾中实现统一的客观基础。实践证明，如果片面地强调计划，忽视市场，就容易只看到人们之间根本利益的一致而忽视他们在利益上的差别，容易只看到全局的利益而忽视局部的和个人的利益，从而不利于调动企业和职工群众的积极性；如果片面地强调市场，忽视计划，则往往会产生相反的倾向，使基层和群众的积极性流于盲目和无政府的混乱境地。因此，要正确处理社会主义经济中各方面的物质利益关系，调动一切积极因素来加速社会主义建设，就必须从理论上和实践上解决计划和市场相结合的问题。

二　关于社会主义计划经济条件下如何利用市场的问题

由以上的分析可知，在社会主义制度下计划同市场非但不是互不相容的，而且一定要相互结合，才能充分发挥社会主义的优越性。在考察社会主义经济中计划与市场的问题时，既不能离开计划孤立地来谈市场，也不能离开市场来谈计划。由于迄今为止我们在这个问题上的主要偏向，是片面地重视计划而轻视市场，当前为了纠正这一偏向，首先要着重解决如何在社会主义经济条件下发展商品经济、利用市场机制的问题。

商品经济的发展和市场机制的作用，离不开市场舞台上出现的各个商品生产者的活动。社会主义市场的主体，除了集体所有制的企业单位外，主要是全民所有制（有的国家是社会所有制）的企业单位。这些企业单位既向市场提供各种消费品和生产资料，又从市场购买各种生产资料。要发挥市场的作用，全民所有制企业单位不具有一定的经济自主权力，不能够作为相对独立的商品生产者相互对待，是不行的。如果全民所有制的企业单位老是处在束手束脚、无权无责的地位，所谓利用市场就不过是一句空话。所以，当前这个问题是同扩大企业权限的问题密切联系在一起的。

同时，在计划经济条件下利用市场，又离不开发挥同价值范畴有关的经济杠杆和经济机制（诸如供求、价格、成本、利润、信贷、利息、税收等）的作用，把各个生产单位的经营成果同生产者的物质利益联系起来。这正是用经济办法管理经济的实质所在。如果不重视利用这些经济杠杆和经济机制的作用，不注意企业和个人的经济利益，而单纯地用行政办法来管理经济，那也根本谈不上什么利用市场。所以，我们当前这个问题又是同用经济办法管理经济的问题密切联系在一起的。

总之，在计划经济条件下利用市场，既同管理权限上扩大企业权力有关，又同管理方法上充分运用经济办法和经济手段有关。所有这些，都是为了使社会拥有的物力、财力、人力资源，按照社会的需要，得到合理的分配和节约的使用。那么，在物力、财力、人力资源的安排和使用上，应当怎样紧密地联系管理权力的下放和经济办法的运用，更好地发挥市场机制的作用呢？

物力资源的安排和使用。这主要是指商品的产供销问题。在这方面，要加强市场机制的作用，就要以销定产、按产定供，做到产需结合。

企业生产什么，生产多少，根据什么来确定？企业生产的产品，按照什么方式来销售？企业进行生产所需的生产资料，按照什么方式供应？现在实行的基本上是按照自上而下的指令性计划指标进行生产，按照统购包销的方式进行产品的销售，和按照统一分配、计划调拨的方式进行生产资料的供应，所有这些组织产供销的办法，往往造成社会生产和社会需要的脱节，使社会主义生产的目的不能得到很好的实现。大家知道，社会主义生产的目的是满足社会的需要，根据社会的需要来决定生产什么和生产多少，这是社会主义经济的一个根本原则。按国家计划来安排生产和按社会需要来安排生产，从根本上来说是一致的，但实际上却存在着矛盾。因为，国家计划主要考虑国家的需要，只能从总体上反映社会的需要，而不可能具体地、灵活地反映社会经济生活各个方面千变万化的需要，也不可能考虑到每个企业单位的具体生产技术条件。要解决这个矛盾，做到产需对路，使社会生产在产品数量、品种、质量上都符合社会需要，企业生产计划就不能一一由上面下来的指令性指标定死，而要在国家计划的指导下，根据市场的具体需要和企业本身的具体情况来确定。与此相应，无论是消费资料的流通还是生产资料的流通，都要改变那种不管有无销路，都由国营企业或物资机构统购包销的做法。除极少数短缺而在短期内不可能保证充分供应的物资要由国家组织供需部门协商分配外，其他物资都通过市场买卖。

消费资料的流通要逐步实行商业选购和工业自销相结合的办法，以适应消费者的需要，做到以销定产；生产资料的流通也要逐步商业化，实行产销双方直接挂钩，或者通过中间批发商业企业来进行，以适应生产者的需要，做到按产定供。供应不足的物资，企业可以联合或单独投资发展生产，满足需要。这些在产供销问题上加强利用市场机制的办法，对于消除货不对路、商品积压和短缺并存的现象，对于促进不断提高产品质量、降低产品成本、改善花色品种，对于增进生产者的利益，以及对于保障消费者的权利[①]，都是十分必要的。

为了实现按需生产，产需结合，一个十分重要的问题是加强合同制。合同一般是产需双方直接签订的。他们对各自的经济利益考虑得比较周到，提出的要求和措施比较切合实际，合同中规定的产品品种、规格、数量、质量，既考虑了需方的要求，又考虑了供方的可能。它是解决产供销平衡的一个很好的工具，又是制订计划的一个可靠的依据。企业要保证合同的完成，完不成的要承担经济责任。企业完成了合同规定的任务，既满足了市场的需要，同时也实现了计划的要求。

当然，我们强调生产要更多地反映市场的需要，供销要更多地采取市场的方式，并不意味着要取消国家统一计划的指导。因为，个别消费者的抉择和个别企业的抉择，由于种种原因，并不一定符合全社会的利益。而且消费者需要本身并不是一成不变的东西，生产并不是消极地反映消费的需要，往往能够创造出新的需要。社会可以通过对生产和分配的调节来影响需要的改变。这些情况以及还有别的一些原因，决定了产供销的市场调节，必须在国家统一计划的指导下去进行。上面所说的产销合同和购销合同，在反映了市场的需要的同时，也不能离开计划的指导。通过这样的合同所联结起来的供产销之间的市场平衡关系，是有计划的社会主义再生产过程得以顺利进行的必要条件。

财力资源的安排和使用，即财务管理和资金管理的问题。在这方面要

---

① 黄范章：《"消费者权力"刍议》，《经济管理》1979 年第 2 期。

加强市场机制的作用，就要实行企业的财务自理和自负盈亏，实行资金的有偿占用和按经济效果投放资金的原则。

迄今为止我们在财务管理上基本上实行的是统收统支办法，在基本建设投资和部分流动资金的分配上是实行财政无偿拨款的供给制办法，使企业经营成果同企业集体和职工个人利益脱节，使企业对合理地有效使用国家资金没有任何物质上的兴趣和责任，助长了企业在制订计划时讨价还价，争投资、争物资、争外汇的倾向。财政资金管理上的这种单纯行政办法，不利于提高投资效果和促进企业精打细算。要纠正这种状况，在这个方面也要在国家统一计划的指导下加强利用市场机制，主要的是要改变统收统支为企业财务自理和自负盈亏，并加强银行信贷的作用。企业自负盈亏的比较彻底的方式，是在合理调整价格和税收的前提下，企业除按国家规定缴纳各项税收、费用和贷款本息外，不再上交利润，剩余收入全部由企业按国家的统一法令政策，自主地决定用于扩大再生产的投资，提高职工收入和集体福利。作为过渡的办法，目前可以实行在企业保证国家规定的上交税收和利润等经济任务下，从企业利润中提取一定比例的企业基金，用于职工的物质鼓励和集体福利，并与基本折旧基金留成和大修理基金一道，用于企业的挖潜、革新、改造等发展生产方面的需要。

改变资金的无偿占用为有偿占用，首先是对那些用国家财政拨款建立的固定资产由国家按照资金的一定比例征收资金占用税。这种占用税或付款的办法同企业利润留成制结合在一起，就能使那些资金利用和经营效果比较好的企业能够从实现的较多的利润中得到较多的留成，从而得到较多的物质利益。而那些资金利用和经营效果不好的企业，就只能得到较少的利益或得不到利益。因此，实行有偿使用资金的制度，有利于促进企业和职工挖掘一切潜力，努力节约使用资金，充分发挥占用资金的效果。

在实行比较完全的企业财务自理的情况下，应该考虑逐步废弃全部基本建设投资和一部分流动资金由国家财政拨款的办法。除了企业从纯收入或利润留成中提取生产发展基金，自筹解决一部分外，基本建设投资基本上应改由银行贷款来解决，流动资金改行全额信贷。银行在发放基建投资和流动资金贷款时，要接受国家计划的指导，同时要考虑各个部门和各个项目的投资效果，实行有选择的发放贷款的制度。

在自负盈亏、财务自理的条件下，企业以自留的收入和必须还本付息的银行贷款来发展生产，自然不会再像资金无偿供给时那样不负责任、满不在乎，而非要兢兢业业、精打细算不可。在这里，我们还要注意银行利息的杠杆作用，利用它来动员社会暂时闲置的货币资金，控制信贷资金的投放，促进企业加强经济核算，加速资金周转，讲究资金的使用效果。为此，我们要从调节资金供需以有利于发展商品生产和商品流通出发，采取差别的利率政策，适时调整银行利率，改变过去那种长期固定不变或只降不升的利率政策。

劳动力资源的安排和使用。在这方面要加强市场机制的作用，就要实行择优录用，容许一定程度的自由择业，用经济办法来调节劳动力的供需。

过去，在人财物资源的安排分配上，单纯地、完全地用行政的手段，离开市场机制最远的，要算是劳动力资源的分配了。通过劳动部门按计划指标分配劳动力的办法，虽然花了不少力量，在一定程度上保证了一些部门对劳动力的需要，解决了一些人员的就业，但这种单纯的行政分配方式带来不少问题。从企业来说，往往不能按照自身的需要来招收工人和裁减不需要的工人；从个人来说，往往不能按照自己的所长和兴趣选择职业，做什么样的工作完全取决于上级的分配，在实际工作中难免出现"乔太守乱点鸳鸯谱"的现象。这种状况显然不利于合理地使用劳动力，调动人的积极性；不利于贯彻经济核算制，提高经济活动的效果。在劳动就业领域存在的专业不对口、长期两地分居以及还存在一定数量的待业人口等问题，固然在相当大的程度上是林彪、"四人帮"极"左"思潮的干扰和破坏所造成的，但同劳动力资源分配上的缺乏市场机制也有密切的关系。在劳动力的调配和使用上存在的走后门、裙带关系等怪现象，不但同社会主义经济制度的本性不相容，而且是一种在资本主义的商品经济中也难以见到的、比资本主义更落后的封建性的东西。

要扫除劳动力分配和使用上种种不合理不经济的现象，做到人尽其才，我们认为，在劳动力安排上应当实行择优录用的原则，实行计划分配和自由择业相结合的原则。企业在国家计划的指导下和国家法律规定的范围内，有权根据生产技术的需要和择优录用的原则，通过劳动部门，招收合乎需要的职工。也有权裁减多余人员，交劳动部门调剂给需要的单位，或组织培训，适当安排。职工待业期间的生活费从社会保险基金中支付。个人在服从社会总的需要的前提下，应有一定程度的选择工作岗位的自由。应当看到，择业的自由，是每个人的自由发展的一个重要组成部分。而每个人的自由发展，诚如科学的共产主义理论奠基人所指出的，乃是一切自由发展的条件。在社会主义阶段，特别是在我国现在这样生产力水平比较低的情况下，要实行共产主义阶段那样充分自由地选择工作岗位是不可能的。但是，社会主义还默认每个个人的劳动能力是他的天赋特权，而且在实行按劳分配原则的情况下，劳动力简单再生产乃至扩大再生产（包括抚育、培养、进修等）的费用，在不同程度上还是由劳动者个人和家庭来负担的。因此，我们不能不承认每个劳动者对自己的劳动力有一定程度的个人所有权，从而允许人们在一定程度上有选择工作岗位的自由。这对于更好地实现各尽所能、按劳分配原则，对于个人才能的发挥和整个社会的发展，都是有利的。

当然，个人择业的一定程度的自由，并不意味着容许劳动力无控制地在企业之间、部门之间、城乡之间和地区之间自由流动。对于劳动力流动的控制，主要的不应该采取行政和法律的手段，而应该采取经济办法。例如，可以采用连续工龄津贴的办法，以鼓励职工长期留在一定企业单位工作；可以按照实际情况调整地区工资差别和采取改善生活条件的措施，以稳定职工在边远地区工作，等等。此外，还可以根据国内外市场需要，利用我国劳动力丰富、工资成本低的条件，采取各种灵活方式，广开就业门路，如广泛发展服务事业，发展各种形式的劳务出口事业，等等，这既有利于解决待业人口的就业问题，又有利于改善市场供应、增加外汇收入和提高生产技术水平。

以上我们从商品的产供销、从人财物的安排和分配上论述了在社会主义计划经济条件下如何利用市场机制的问题。应当指出，在市场机制的利用中，有两个综合性的问题需要特别提出，即价格问题和竞争问题。下面我们就这两个问题作一概略的探讨。

价格问题。长期以来，由于否认价值规律对社会主义生产的调节作用，把同价值规律有关的经济范畴仅仅看做是一种计算的工具或形式，以便于核算等为理由，主张价格要长期固定不变，把计划价格相对稳定的方针变为长期冻结的方针。但是，由于经济生活在不断变化，影响各类产品价格的各种客观因素也在不断变化，价格也不可能是固定不变的。人为地冻结物价，就会使价格越来越脱离客观实际，违背客观规律的要求。例如，劳动生产率的变化从而导致产品价值的变化，是决定价格变动的一个根本性因素。大家知道，各部门之间劳动生产率的变化是不一致的，就我国现阶段的情况来说，工业部门的劳动生产率要比农业部门增长得快一些。但是价格的长期固定不变，就使得各类产品的比价关系不能反映这些产品的劳动生产率从而导致的价值的变化情况。目前我国存在的农业产品价格的"剪刀差"，实际上并不完全是由历史的因素所造成的。工农业产品之间的交换比价，本来就是一种相对关系，在工业劳动生产率的提高快于农业的情况下，保持原来的比价关系不变就意味着"剪刀差"的扩大。又如，供求关系是影响价格的一个重要因素。但是，不容波动的固定价格却不能反映供求关系的变化。许多产品长期供求失衡，也无法通过价格的变动来调整供需。对于一些因价格过于偏低而亏损的产品，用财政补贴来维持它们的价格固定不变，固然在一定时期内对于保证生产的进行和人民生活的稳定有积极作用，但这种办法从根本上来说不利于促进经营管理的改善和生产的发展，它毕竟是一种治标的办法。只有通过发展生产、增加供给的治本办法，才能从根本上解决供不应求的矛盾。过去，我们为了保持价格的固定不变付出了极大的代价，大量的票证和排队所换来的是低标准的平均分配，而不是生产和供给的迅速增长。而且往往造成一种恶性循环：什么东西实行了限额限价的供应，什么东西的生产就由于缺乏必要的刺激而上不去，从而这种东西的供应紧张也就愈难解决。尽管三令五申地下达计划指标也无济于事。大量事实证明，价格如不合理，计划的目标也难以实现。我国目前许多产品价格与价值背离越来越远，它已影响到某些部门特别是农业和原材料燃料工业的发展，影响到农轻重关系的协调。

为了改变这种状况，除了按照三中全会关于缩小工农产品交换差价的精神，继续调整国民经济各主要部门的产品比价关系外，还要允许企业对产品的计划价格有一定程度的浮动之权。这实际上是承不承认价格是一种市场机制的问题。允许价格在一定幅度内的浮动，有利于调节供求关系和促进生产的发展，这正是在计划的指导下利用市场机制的一个表现。当然，允许价格的这种浮动并不意味着不要任何价格控制。价格浮动幅度的规定和变动，实际上是离不开计划指导的。对于少数同广大群众生活有密切关系的主要消费品和对生产成本影响面大的重要生产资料，在一定时期内由国家统一定价实行价格控制，是更有必要的。

此外，为了衡量各部门的经济效果，还涉及价格形成的基础问题。这里不可能详细地讨论这个问题。我们赞成用资金利润率作为评价一个企业和一个部门生产经营状况的标准，为此必须有一个可资比较的价格前提，这就是以生产价格为基础制定的价格。只有这样，才能对物质技术装备不一样、资金占用不一样的部门和企业，按照一个统一的尺度进行衡量，使不同部门和企业生产经营状况的优劣，通过它们实际资金利润率的高低综合地反映出来。也只有这样，才能给我们以客观的根据来确定资金的投放方向和社会劳动的合理分配，为发展社会主义经济创造更为有利的条件。

竞争问题。只要存在商品经济，就意味着有竞争。一定程度的竞争，和上面所说的一定程度的价格浮动，是互相联系、互为条件的，它们都是市场机制的有机组成部分。没有价格的浮动和差别，就没有竞争；反过来，没有竞争，价格的浮动和差别也不能真正实现，市场的供求规律就不能正常运行，价值规律也难以得到贯彻①。在社会主义计划经济条件下，在物力、财力、人力资源的分配上利用市场机制，就不能不容许有一定程度的竞争。上面所说的按照市场需要进行生产和组织供销，按照投资效果来决定资金的投放，按照择优录用的原则进行人员的安排，以及按照市场供求情况容许价格有一定的浮动，等等，实际上都离不开竞争。

一讲起竞争，人们就容易把竞争简单地同资本主义联系在一起，特别是同资本主义所带来的消极后果联系在一起。其实，竞争并不是资本主义所特有的经济范畴，而是商品经济的范畴。早在奴隶社会和封建社会里，竞争就随着商品生产和商品交换的发展而出现了。封建社会的手工业行会

① 恩格斯说："只有通过竞争的波动从而通过商品价格的波动，商品生产的价值规律才能得到贯彻，社会必要劳动时间决定商品价值这一点才能成为现实。"（《马克思恩格斯全集》第21卷，人民出版社1965年版，第215页。）

制度，就有限制竞争的作用，如果没有竞争，也就谈不上对竞争的限制。随着资本主义的发展，行会也就逐步消失了。可见，资本主义只不过是随着商品关系的普遍化而把竞争也推向普遍化罢了。而且，从历史的观点来看问题，即使资本主义商品经济条件下的竞争，也并非只有消极的作用，而无积极的作用，它曾经促进了资本主义生产力的巨大发展。社会主义制度下客观上既然存在着商品生产和商品交换的必要性，如果我们否认竞争，实际上就是否认商品经济的客观存在，否认价值规律的作用。社会主义社会中各个企业是以商品生产者的身份在市场上出现并相互对待的，它们生产的商品的质量和花色品种是否为市场为消费者所欢迎，它们在生产商品中个别劳动消耗是高于还是低于社会必要劳动消耗，以及高多少低多少，都要影响企业及其职工的物质利益。各个企业间进行的竞争，对于改进生产技术、改善经营管理、降低各种消耗、提高劳动生产率、提高产品质量、改进花色品种，都起着积极的作用。这种竞争使企业的经营成果得到市场的检验，使消费者对价廉物美品种多样的商品的需求得到满足，并促进整个社会生产力的向前发展。如果说，争取更多的物质利益是企业生产发展的一种内在动力的话，那么，企业彼此之间的竞争是企业生产发展的一种外在的压力。如果我们不容许竞争，做什么生意办什么事情都是只此一家别无分号，一切都统得死死的，那只能使商品的花色品种越来越少，质量越来越差，生产和流通中的浪费越来越大。总之，竞争促进进步，垄断造成停滞和倒退，这在一定意义上对社会主义也是适用的。不仅全民所有制的企业之间要容许一定程度的竞争，更要容许集体所有制单位之间及其与全民所有制企业之间的一定范围的竞争，还要容许集市贸易在国家法律规定范围内的竞争。这种竞争，不仅对增加市场上价廉物美的商品的供应、增加农民的收入有好处，而且对于督促全民所有制企业单位改善经营管理和服务质量也大有好处。

当然，社会主义市场的竞争同资本主义市场的竞争存在着原则的区别，最根本的一条就是社会主义公有制条件下的竞争是建立在根本利益一致基础上的竞争，而资本主义私有制条件下的竞争是建立在根本利益相对抗的基础上的你死我活的竞争。社会主义的竞争不但不排斥合作，而且以合作为基础，同合作相结合，因此它必须受社会主义法律的约束，在国家计划的指导下进行。只有这样，社会主义的竞争才能在促使后进赶先进、先进更先进的同时，避免无政府的混乱、贫富的两极分化和劳动者的失业等资本主义竞争所造成的种种恶果。

社会主义制度下的竞争，同我们历来讲的社会主义竞赛，既有共同点，也有区别。社会主义的竞赛和竞争，都是促使后进赶先进、先进更先进的手段。但是，社会主义竞赛不一定同参加竞赛者的物质利益相联系，也不发生淘汰落后的问题。而社会主义的竞争则必然同竞争者的物质利益紧密相连，并且有淘汰落后的问题。那些在竞争中证明不能适应市场需要，不是由于客观原因长期不能维持简单再生产的亏损企业，就必须为维护全社会的整体利益而加以淘汰，或关或停或并或转，并且追究有关的失职人员的物质责任。这种被淘汰企业的职工通过国家劳动部门另行安排工作，不会像资本主义社会企业倒闭时那样发生失业。但在调整转移过程中，他们的收入当然不能同经营正常的企业职工相比，他们的物质利益不能不受到企业关停并转的影响，这也是促使企业全体职工关心企业命运的一种有力的经济手段。当然，要使全体职工对企业的经营后果担当经济责任，就必须给他们以管理企业的真正充分的而不是形式上的民主权利。

总之，社会主义计划经济下市场因素可以发挥积极作用的领域是相当广泛的。在商品的产供销上，在资金的管理上和劳动力的安排上，都可以充分利用市场机制来为社会主义建设服务。在这当中，一定限度内的价格浮动和一定程度上的竞争，是必要的。运用得当，就能使市场有利于计划目标的实现，使各种社会资源得到合理的有效的利用，使各种社会需要得到应有的满足。

三　关于在利用市场机制的条件下加强经济发展的计划性的问题

在我国社会主义经济建设的过程中，由于受到极"左"思潮的干扰，忽视市场、否认利用市场机制来为社会主义计划经济服务的倾向，曾经是长时期内的主要错误倾向；不反对这种倾向，就不能发挥市场的积极作用，就不能把社会主义经济中的计划同市场很好地结合起来。但是，为了正确地解决计划和市场的关系问题，我们还必须防止和反对另一种倾向，即片面夸大市场的作用，忽视乃至否定计划的作用的倾向。应该指出，在讨论这个问题的时候，国内外都曾出现这类倾向。例如，有人笼统地把计划经济称做官僚主义的经济，认为人们只能在市场和官僚主义之间进行选择；有的人把计划管理同用单纯的行政手段管理等同起来，等等，都是把计划经济看成某种有贬义的东西。

这样看来，把社会主义经济计划中计划和市场视为互不相容的东西，否认两者相互结合的可能性，可以来自两个不同的方向，立足于两个不同的极端：一个是立足于计划来排斥市场，认为只有一切都听从于上面下来的计划才算是社会主义经济；另一个是立足于市场来排斥计划，认为只有市场的需要才能反映社会的需要，计划则是阻碍市场需要的满足官僚主义的东西。这后一种看法显然也是错误的。我们认为，必须强调社会主义经济的计划性，尤其是在我们重新认识社会主义经济中市场的意义的时候，更加不能忽视国家计划或社会计划的指导作用。在利用市场机制条件下的计划指导，这是同官僚主义的管理风马牛不相及的。只有单纯地按行政命令、"长官意志"办事的所谓"计划管理"，才是官僚主义。而我们这里讲的计划管理既然是通过市场的作用来实现、来校正的计划管理，这种计划管理当然是不能与官僚主义混为一谈的。

为什么在利用市场的同时要加强国家计划的指导作用呢？因为，社会主义公有制条件下的市场同资本主义私有制条件下的市场是根本不同的。资本主义的市场是在生产无政府状态下盲目地起作用的。马克思指出："资产阶级社会的症结正是在于，对生产自始就不存在有意识的社会调节。合理的东西和自然必需的东西都只是作为盲目起作用的平均数而实现。"① 社会主义经济中尽管还存在着市场，但社会主义经济的本质特征，不是无政府状态，而是对再生产过程的有意识的社会调节即有计划的调节。正如恩格斯所指出的："当人们按照今天的生产力终于被认识了的本性来对待这种生产力的时候，社会的生产无政府状态就让位于按照全社会和每个成

---

① 《马克思恩格斯选集》第 4 卷，人民出版社 1972 年版，第 369 页。

员的需要对生产进行的社会的有计划的调节。"① 这种社会的有计划的调节，从社会主义发展的实践来看，对于社会主义制度下存在的市场因素也是适用的。所以，社会主义经济中的市场，是不能离开国家计划的指导和调节而自发地运行的。尽管我们需要大力发展社会主义的商品生产，加强利用市场因素来为社会主义建设服务，但我们毕竟不是自由放任主义者，我们不能让亚当·斯密所说的"看不见的手"来左右我们的经济发展，因为那只手的作用是以资产阶级利己主义为出发点的；而社会主义经济中的物质利益关系却是以个人利益、局部利益同整体利益相结合，个人利益、局部利益服从整体利益为特征的，这只有经过国家计划或社会计划的调节才能得到正确的处理。因此，社会主义经济的发展单凭市场的调节而没有计划的指导是不行的。

例如，如前所述，作为市场主体的一个个消费者根据自己的消费偏好所作的选择，一个个生产者单位根据自己的利益所作的抉择，不一定都符合社会的总体利益。由于这些市场主体自由决策的结果，社会的人、财、物资源的分配利用，不一定都是经济合理的，不一定符合社会发展的要求。在加速实现社会主义工业化和现代化的过程中，往往要求社会产业结构和生产力布局在短期内有一个较大的改变，而如果任由一个个市场主体自由决策和行事，往往不能适应这种迅速改变产业结构和生产力布局的要求。诸如此类社会主义经济发展中带有全局性的问题，单凭市场机制是解决不了的，而必须依靠国家或社会计划来进行调节，实现这种转变。可以设想，如果没有国家计划的协调，任由市场去调节，要实现生产力布局的合理化，特别是发展边远落后地区的经济，那将是非常缓慢和非常困难的。

又如，在社会主义经济中，还存在着不同的生产单位因客观条件（如自然条件、市场销售条件、装备程度等）的不同所带来的收入上的差别，这种级差收入如果任凭市场去调节和分配，国家计划不加干预，就会不合理地扩大不同单位之间物质利益上的差别，违背社会主义的分配原则。如果从更宽的角度来看，社会主义应该既反对收入差距上的过分悬殊，又反

---

① 《马克思恩格斯选集》第 3 卷，人民出版社 1972 年版，第 319 页。

对平均主义，而且为了反对平均主义的倾向，在一定时期还要实行差别发展，使一部分人先富裕起来，然后带动大家共同富裕，造成一种大家都往前赶的局面，而不是都往后拖的局面。像这种对于利益差距有时要扩大有时要缩小（从整个社会主义历史时期的长期趋势来看是要逐步缩小的）的控制和调节，完全交给市场而不要计划，显然是做不到的。

还有一些从局部来看是有利的但从整体来看是不利的，或从局部来看是不利的但从整体来看是有利的经济行为，也必须由社会进行有计划的调节。像保护环境、解决公害的问题，就个别生产单位来说，会增加开支、减少收入，放任市场去管，就难以妥善解决。又如产品的标准化，对于促进生产的专业化、提高劳动生产率、合理地利用资源，无疑是有利的，但在容许市场竞争的情况下，某些生产单位为了取得技术上的有利地位，就有可能产生一种逃避标准化的倾向。没有社会统一控制的、工团主义式的合作社企业之间的竞争，虽然处于生产资料公有制的条件下，也不能避免无政府的混乱以及由此产生的其他恶果。因此，在利用竞争的积极作用的同时，为了防止竞争可能带来的消极作用，也不能不要社会统一计划的调节。

总之，为了确保经济发展的社会主义方向，为了确保国民经济各部门、各地区的协调发展，为了维护整个社会的公共利益和正确处理各方面的物质利益关系，都必须在利用市场机制的同时，加强国家计划的调节。有人对计划和市场的关系作了这样一个形象的比喻：计划的决策好像是站在山顶上看问题，市场的决策好像是站在山谷里看问题。前者看不清细节，但能综观全貌；后者看不到全貌，但对自己、对近处却看得很仔细。从一定意义上看，这一比喻是有道理的；社会的经济计划领导机关所作的决策往往侧重于考虑整体的全局的利益，而市场上一个个商品生产者和消费者的抉择则侧重于考虑个人和局部的利益。社会主义社会处理国家、集体和个人三者利益关系的原则是统筹兼顾、适当安排，而不能只顾一头。因此，在三者利益的协调中，既需要市场机制的调节，又需要统一计划的指导，不能只取一方；在计划与市场的结合中，计划的指导作用是绝对不能忽视的。

那么，应该怎样加强国民经济的计划管理，发挥统一计划的指导作用呢？这个问题的回答，同人们对于什么是计划经济的理解，有着密切的关系。前面说过，过去长期流行着一种观点，即认为只有国家从上而下下达指令性计划指标，才算是社会主义计划经济，有时还认为指令性计划包括的范围越广，指标越多，就表明了计划性越强。在对计划经济的这种理解下，一讲加强统一计划和集中领导时，往往就想到要把企业的管理权力收到上面来，把财权、物权、人权收到上面来。这样，国民经济领导机关就把该由地方和企业去管的事情越俎代庖地揽上来，把基层和企业的手脚捆得死死的，这显然不利于社会主义经济的发展。党的十一届三中全会决议中批评的管理权力过于集中，就是指的这种情况。对于计划经济的这种传统的理解，是与排斥利用市场机制的观念相表里的。那么，在承认市场与计划相结合的必要性并积极利用市场机制来为社会主义建设服务的情况下，究竟应该如何加强计划指导呢？

我们认为，在利用市场机制的条件下，加强国家统一计划的指导，首先要把计划工作的重点放在研究和拟定长远规划特别是五年计划上来，解决国民经济发展的战略性问题，主要是确定国民经济发展的主要目标和重大比例关系，如国民收入中的积累和消费的比例，基本建设规模、投资分配方向和重点建设项目，重要工农业产品的发展水平和人民生活水平提高的程度。五年计划要列出分年指标，年度计划在此基础上略作调整，重点放在研究制定实现计划的政策措施上。国家计划应当加强对国民经济发展的科学预测与提供信息，加强对企业和地方经济活动的计划指导。各个企业根据国家计划的要求，参照市场情况，在充分挖掘内部潜力的基础上自主地制订自己的计划。在这里，我们不要看轻了国家计划的指导意义，因为一个个企业对国民经济发展的全貌和方向，是不清楚的，他们所据以拟订自己计划的市场情况变化，是同国民经济发展的全局和方向息息相关的。企业要尽可能准确地对市场情况作出判断，也离不开国家计划提供的情报。国家计划拟订得愈是科学，愈是符合实际，就愈能对企业的经济决策和行动给予可靠的引导，而企业就愈是要考虑使自己的决策和行动符合国家计划的要求，从而国家计划的威信也就愈高。反之，那些主观主义的、凭"长官意志"拍脑袋拍出来的计划，明眼人都看出来是不可能完成的，这种计划即使具有百分之百的"指令性"和"严肃性"，却是没有任何真正的威信的。在这方面，我们过去的经验教训难道还不够辛辣吗？所以，研究和拟订能够给企业的经济活动以可靠指导的、尽可能符合科学要求的国民经济计划，对于经济计划领导机构来讲，任务和责任不是减轻了而是真正的加重了。

为了提高国家计划的真正权威，使国家计划同基层企业计划很好地结合起来，国家计划还要在企业自主计划的基础上经过层层协调来制订。计划协调工作要自下而上、上下结合，逐级平衡。凡是企业之间、公司之间经过横向的市场联系、通过经济协议能够解决的产销平衡问题、资金合作和劳动协作问题，就不必拿到上一级去解决。只有那些下面解决不了的问题，才逐级由国家去平衡解决。这样，既可使基层企业摆脱从上面来的无谓的行政干扰，又可以使国家经济领导机构摆脱烦琐的行政事务，致力于研究和制定方针政策，致力于协调一些关系国民经济全局的重大的发展任务。

为了保证社会生产的协调发展，使国家计划规定的目标能够实现，一个十分重要的问题是发挥各项经济政策措施对经济活动的指导作用。这些政策措施主要有：价格政策、税收政策、关税政策、信贷政策、投资政策、收入分配政策、外贸外汇政策等。国家通过这些经济政策，鼓励那些社会需要发展的生产建设事业，限制那些社会不需要发展的事业，使企业的经济活动有利于国家计划的完成，以达到计划预定的目标。例如，为了克服我国目前原材料、燃料工业落后于加工工业的状况，加速原材料、燃料工业部门的发展，国家必须在各种经济政策上对这些部门开放绿灯，诸如给予优惠贷款、调整价格和减免税金等，使其有利可图。相反，为了限制普通机床工业的发展，国家则可以采取限制贷款数额、实行高息、课以高税、降低产品价格等办法。这样，通过经济政策的调节，促使企业从自身经济利益考虑，也必须沿着国家计划所规定的方向来安排自己的各项经济活动。由此可见，通过经济政策来指导经济的发展，运用经济手段来实现国家计划的目标，这是同利用市场机制分不开的，从一定的意义上也可以说，经济政策乃是使国家计划与市场机制沟通起来的一个结合点。

有些同志往往担心，社会主义社会中实行利用市场机制的经济体制，对于市场上千千万万的商品生产者和消费者分散作出的抉择和行动，究竟能否加以约束控制，使其不离开社会主义轨道和不破坏国民经济的协调发展。从我们刚才所讲的计划指导、计划协调、政策指导，以及我们在前面论述利用市场机制的时候所讲的一些限制，这种担心是可以解除的了。在实行以上体制的同时，国家还要通过健全法制，特别是严格经济立法，广泛建立各种形式的群众监督和社会监督的制度，来协调市场关系和指导整个国民经济的发展。关于这方面的问题，本文不打算详论了。这里只提一下作为计划管理的一个十分重要的工具的银行簿记监督的问题。关于簿记监督和银行对于社会主义计划管理的极其重要的意义，马克思和列宁曾经作过多次指示。马克思说："在资本主义生产方式消灭以后，但社会生产依然存在的情况下，价值决定仍会在下述意义上起支配作用：劳动时间的调节和社会劳动在各类不同生产之间的分配，最后，与此有关的簿记，将比以前任何时候都更重要。"① 列宁说："统一而规模巨大无比的国家银行，连同它在各乡、各工厂中的办事处——这已经十分之九是社会主义的机关了。这是全国性的簿记机关，全国性的产品的生产和分配的统计机关，这可以说是社会主义社会的一种骨干。"② 在存在着商品经济的条件下，如何使一个个相对独立的商品生产者的分散活动及时为社会所掌握和控制，并采取措施使之不离开社会主义的方向和国家计划的轨道，就更加需要既严密又灵敏的银行簿记体系的监督。我们要遵照马克思的指示，按照我国的具体情况，在今后的经济管理体制的全面改革中，建立相应的簿记监督体系，以促进我国社会主义建设中的市场因素与计划因素得到更好的结合。

　　社会主义经济中的计划与市场的关系问题，虽然不能概括社会主义经济管理体制的全部问题，但确实是一个带有全局性的问题，牵涉到社会主义经济管理的各个方面，也涉及政治经济学社会主义部分中的许多根本理论问题。目前经济学界接触的问题，首先是弄清一些有关的概念和阐明计划与市场结合的必要性。说明这些问题无疑是很重要的。但是，我们的研究和讨论还远远赶不上实践的需要，党的工作着重点的转移和我们面临的经济改革的重大任务，迫切要求我们从理论与实践的结合上进一步深入探

---

① 《马克思恩格斯全集》第 25 卷，人民出版社 1974 年版，第 963 页。

② 《列宁全集》第 26 卷，人民出版社 1959 年版，第 87—88 页。

索如何按照社会主义的方向正确地解决计划与市场的关系问题。由于这个问题牵涉面甚广，十分复杂，它的解决不可能是一蹴而就的，而需要一定的条件，要通过一定的步骤。当前，我们首先要搞好整个经济的调整和整顿，逐步安排好一些主要的比例关系。我们要在前进中调整，在调整中前进，在调整和整顿的过程中探索改革的具体途径，为今后的全面改革做好准备。计划与市场关系的正确处理，也只有通过这一调整、整顿和改革的过程才能逐步实现。

（本文的不同摘要曾载于《经济研究》1979 年第 5 期等报刊。
这里发表的是全文，是作者与赵人伟合写。）

再论计划和市场关系的几个问题

市场调节不是权宜之计

　　党的十一届三中全会以来，许多地方和部门认真贯彻中央关于按经济规律办事的指示精神，对现行经济体制进行了一些初步的改革。其中一项重要改革，是在坚持社会主义计划经济的前提下，对部分产品的生产和流通开展了市场调节。这项改革同其他改革如扩大企业自主权等结合在一起，对于搞活我们的经济，开始显示了其重要作用。

　　本来，市场活动并不是一个新的现象。由于国家计划不可能包罗万象，一些产品的生产和流通，实际上多年来总有一部分不是由国家计划直接安排，而是在计划外由企业通过各种方式的市场购销活动来进行的。但是由于思想上理论上的禁锢，这一部分"市场调节"在社会主义经济中一直没有取得合法的地位，整个经济活动仍然受着传统的单一的计划调节框框的束缚，经济生活中的官僚主义逐渐滋长，使我们的经济体制逐渐僵化，各方面都搞得很死。去年（1979 年）春天经济理论界开始在这方面突破了一些禁区；同时，实际工作中提出了计划调节与市场调节相结合，以计划调节为主，注意充分发挥市场调节的作用的方针。在这以后，市场调节活动有了新的开展。一年多的时间中，我们开始在计划分配（生产资料）和统购包销（生活资料）制度上打开一些缺口，开始自觉利用市场机制对于流通和生产的调节作用。

　　开展市场调节活动所带来的积极后果，除了弥补国民经济调整中某些产品计划任务的不足外，最重要的是开始改变长期以来无法解决的产需脱节问题。开展市场调节以后，生产和需要脱节的现象开始有所改善。同时，由于出现了竞争，对企业形成一种外在的压力，加上企业从扩大自主权中得到的内在动力，有力地促进了企业经营管理的改善，在提高产品质量、增加品种花色、降低成本消耗、改善服务态度等方面，都出现了一些可喜的进步，一扫过去那种靠行政号召推一下动一下，甚至推而不动的沉滞局面。这些新情况还刚刚开始。随着市场调节的继续发展，它的效果将会更加显示出来。

市场调节以合法的身份走上我国经济生活的舞台，毕竟是冲破多年来老框框的一个新事物。迎接它的，并不完全是一片欢呼声，中间也夹杂着怀疑和犹豫。有的人习惯企业靠上级命令办事的老路，一旦不给计划任务而让企业自己在市场上找门路，总感到别扭："在工厂干了30年，没听说工厂要自己找活干。"有的人认为，搞点市场调节是国民经济调整时期为了弥补计划任务不足而不得不采取的"权宜之计"，指望在苦熬它三五年之后，随着经济调整的结束，计划任务饱满了，市场调节也将取消。还有的人因为看到在实行市场调节和竞争的过程中，行业之间、企业之间的利润留成出现了过分悬殊、苦乐不均的现象，一些地区和部门为了保护本地区本部门的利益而采取了某些封锁性的措施，某些不合理的重复生产重复建设有所发展，一些企业为了保持自己的竞争地位而搞技术封锁，以及竞争中的某些不正之风，等等，就认为市场调节特别是竞争是"造成浪费、造成无政府状态"的东西，不如早日回头，取消市场调节。

应该承认，在实行市场调节的过程中，上述一些现象确实是有的，但它们并不是市场调节本身必然带来的，其中不少是实行市场调节以前就有的。存在这些问题的主要原因，是由于老的以部门和地区的行政管理为主的经济体制，特别是不合理的价格体系没有根本改变，与新的改革发生矛盾，同时由于改革的指导工作没有及时跟上去的结果。这些问题是前进中的问题。只要我们一步一步地把各项改革推向前进，在总结经验的基础上加强指导，问题是不难解决的。

因此，对市场调节的种种疑虑，是不必要的。初步改革的实践证明，尽管有这样那样的问题，计划指导下的市场调节比单一的指令性的计划调节具有明显的优越性。拿机电产品的生产与流通来说，实行市场调节的那一部分，由于产需衔接较好，基本上未发生什么产品滞销、库存大量积压的现象（相反的，市场调节有助于消除原来指令性计划调节造成的库存积压现象），供货合同完成得也比较好；而仍然纳入国家机电产品生产和分配计划的许多产品，据 1980 年上半年的统计，则库存积压继续增加，供货合同完成的情况也不及企业自销合同的完成情况。如果我们放弃市场调节，回到单一的计划调节的老路上去，那么，产需脱节以及与之相伴随的效率低下、人财物资源的大量浪费的现象就将长期得不到解决，我国现代化的进程将遇到极大的阻碍。所以，在国家计划指导下开展市场调节，绝不仅仅是调整时期的权宜之计，而应该是我们今后体制改革的一个十分重要的组成部分，是应该长期坚持的。归根结底，这是由于现阶段的社会主义经济不仅是计划经济，而且同时具有商品经济的特征所决定的。

要有一个买方的市场

如何使市场机制和市场调节不只是在调整时期发挥其作用，而且能够成为我们今后较长时期的新的计划经济体制的不可分割的部分呢？从初步改革的经验看，利用市场机制，实行市场调节，是需要一定的思想条件和物质条件的。如果思想上不突破一系列禁区（诸如生产资料不是商品、价值规律不起调节作用、计划与市场是互相排斥的等等传统观念），市场调节是不可能顺利开展的。为了扫清各种疑虑，进一步开展计划指导下的市场调节，我们要继续深入探讨有关社会主义经济中计划与市场的理论问题，在此基础上结合改革成功的实践，广泛进行有说服力的宣传教育，这是一方面。另一方面，一年多改革的经验还告诉我们，如果我们不讲综合平衡，计划不留余地，经济生活继续处于紧张状态，那么市场调节也是很难开展的。现在我们来看看这方面的情况。

这段时期一些行业的市场调节是在什么样的经济背景下开展起来的呢？简单地说，是在国民经济的调整过程中，计划任务不足的背景之下开展起来的。仍以机电行业为例，由于贯彻调整的方针，1979 年机电行业面临的情况是：国家计划大幅度削减，用户纷纷退货，许多企业任务严重不足，它们不能不面向市场，向市场要任务，这样很快改变了产品销不出、任务"吃不饱"的局面。许多产品与市场需要对了路，生产很快就上去了。如四川宁江机床厂年产仪表机床的能力是 500 台，1979 年，国家计划任务只有 260 台。该厂解放思想，大胆主动地开展市场活动，结果年产量达到六百多台。不仅机电行业如此，其他一些通过市场购销活动来开展其业务的行业都有类似的情况。例如纺织工业，1979 年初发生许多地区纺织企业产品积压、商业收购减少、资金短缺，不少企业停工减产、生产下降的情况，后来开展了各种方式的市场调节，企业停产减产的现象才缓和下来。又如冶金工业，像钢材这样一直是统购包销的一类物资，现在也有一部分进入了市场，就是由于有些钢材计划分配不出去，物资部门又不收购，企业只好自找出路。这一来，打破了物资部门的一统天下，从而出现了某些钢材供销两旺的局面。

上述一些例子的共同点，就是这些行业的市场调节，都是国民经济的调整"逼出来的"。所谓国民经济的调整主要是解决比例严重失调的问题。为了做到这一点，就必须把过去那种不切实际的速度调下来，把以基建投资为枢纽的社会需求压下来。这样，一些行业和企业由于压缩社会需求而形成的长线产品和多余的生产能力，就不能不在计划任务以外从市场上自寻出路，否则不但利润留成要受到影响，而且连工资都发不出，不能适应扩大企业自主权试点的新局面。这恰好为开展市场调节创造了一个有利的条件。这种情况给我们以启示，就是要把市场调节坚持下去。我们不仅在调整时期，而且在今后长时期的计划平衡工作中，都要注意不要搞不切实际的高指标，给国民经济造成各种缺口，把各种关系绷得十分紧张，而要量力而行，留有余地，留有后备，使国民经济能够在一个比较宽松的状态中稳步地前进。

不久以前，一位研究东欧各国经济改革的外国经济学家来我国访问时提出：分权化的经济体制改革同紧张的经济是不相容的。就是说，在经济紧张的情况下，分权化的体制改革是不能实现的。因为，经济越是紧张，就越会暴露出国民经济的薄弱环节，一旦出现薄弱环节，国家为解决这种问题就不得不采用行政干预的手段。这样做，使分权的经济改革向相反的方向发展，形成了恶性循环。我认为，这个分析是有一定的道理的。在单一的计划调节体制下，各项经济活动基本上都由国家决策；在引入了市场机制和市场调节的因素后，经济活动的决策权就必须适当地下放给众多的企业和劳动者个人。但是在国民经济失去平衡、各种产品处于求大于供的紧张情况下，这是难以做到的。因为这时国家要把有限的资金和物资用于重点（即薄弱环节）部门或项目上，并按轻重缓急的次序进行统一的限额分配，这样国家就不可能放松指令生产、统购统销、计划调拨等制度，也不可能放松对生活资料价格和生产资料价格的计划控制，让企业和个人自行作出市场抉择，这就大大限制了市场机制的运行，从而堵塞了市场调节的作用。同时，在求大于供的紧张经济中，市场关系只能是由供给者或卖方主宰的关系，消费者或买方都是没有发言权的，他们只能听命于供应者或卖方。在这种情况下，供应者对消费者的需求可以漠然视之，对产品质量、花色品种、服务态度等毫不关心，因为反正是"皇帝的女儿不愁嫁"，有货不愁无人买。实行正常的市场调节所必要的卖者之间的竞争，在这种情况下是不能出现的。这种正常的卖者竞争，只有当供过于求，市场不再由卖方主宰，而买方得以行使其应有的消费者权利的时候，才能形成。

　　这样看来，使社会生产大于社会的直接需要，使商品供给大于有支付能力的需求，从而建立一个消费者或买方的市场，是正常开展市场调节的一个前提条件。当然，我们需要的"买方市场"，是一种有限制的买方市场，因为正如任何事情都有一个限度一样，这里讲的生产大于直接需要、供给大于需求，也不能超过一定限度。这个限度就是能够保证必要的卖者竞争局面的出现和合理的社会后备的形成。超过了这个界限的过剩生产，也会造成浪费。因此，这里讲的生产略大于直接需要，与资本主义经济中由于购买力不足而造成的生产过剩危机，是根本不同的。生产略大于直接需要、供给略大于需求的原则，不仅对于个别产品的生产和流通的市场调节是必要的，对于整个国民经济范围更为必要。要造成社会商品的总供给略大于总需求的局面，才能在国民经济范围内出现有限制的买方市场，为实行市场和计划相结合提供一个良好的条件。这只有通过控制积累和消费所形成的购买力，使之不要大于而要略小于国民收入的生产额，才能做到。这正是国家的宏观经济决策和国民经济计划的综合平衡所要解决的首要问题。如果我们不是这样，而仍像过去那样，老是把基本建设投资规模搞得过大，战线拉得过长，由此通过一系列连锁反应，使社会总需求膨胀得大大超过社会商品的总供给，在国民收入的生产和使用之间留下一个很大的缺口，那么，我们所需要的那种有限制的买方市场的局面就不可能出现，市场调节也就不可能正常地开展。所以，经常注意在国民经济发展速度上留有余地，在国民经济计划中留有后备，对于开展市场调节，搞活经济，是极其重要的。由此可以看到，社会主义经济中的正常的市场调节，不但不能离开国家宏观计划的框框而单独存在，并且要以国民经济计划中的正确的宏观决策和综合平衡为前提。

板块？渗透？胶体？

1979 年，经济学界讨论价值规律问题时，一个重大收获，就是比较彻底地抛弃了过去那种把计划与市场看成互相排斥互不相容的观点，比较一致地认为这两者在社会主义经济中是可以结合起来的。但是，它们是怎样性质的结合？是板块式的结合，还是互相渗透式（"你中有我，我中有你"）的结合呢？人们的认识并不完全一致。经过讨论，不少同志似乎接受了后一种观点，即两者应当是互相渗透式的结合的观点。我也是持这种观点的。但是所谓互相渗透的关系，也有两种情况：第一种是国民经济的总体分为两个部分（两块），一部分是计划调节，一部分是市场调节，同时每种调节部分都渗透有另一种调节的因素。第二种情况是整个国民经济不再分为两块，计划机制和市场机制胶合成为一体，在统一的国家计划指导下发挥市场机制的作用。我们应该怎样看待这两种情况的互相渗透呢？

从近两年来体制改革的实践来看，开展市场调节的过程，往往是从打破单一的计划调节的控制，在指令性计划调节的旁边出现一块"市场调节"开始的。计划与市场这样一种"板块式"的结合，现在还是一个不能否认的客观的必要，比之过去排斥市场机制的单一的计划调节来说，它还是一个前进。例如，一年多来，生产资料开始突破了不是商品的框框，逐渐进入市场，这就是一个重要的进展。人们把企业按照市场需要自己安排生产或销售的那一部分经营活动，叫做"市场调节"，而把仍然由国家指令性计划来安排生产、收购或分配的那一部分，叫做"计划调节"，并且用百分比来表示这两种调节的结合状态。比如说江苏省 1979 年工业总产值中，市场调节部分占 40%，计划调节部分占 60%。这里的"市场调节"，指的就是通过各种方式自产自销的部分，"计划调节"则是指国家指令性计划安排的任务。这便是计划调节与市场调节"板块式"结合的一个鲜明的例子。

上述意义的计划与市场的"板块式"结合，是在国民经济总体中的外部结合。这种外部的结合在今后一个相当长的时期是必要的，但是单有这种外部结合是不够的，还要有它们的内部结合，就是互相渗透式的结合。一方面，对于目前已经实行市场调节部分出现的某些盲目性等消极现象，国家应当加强计划指导，自觉地利用各种经济手段和行政手段进行干预，就是说要把计划调节的因素渗透到市场调节那一块去，使市场调节能够符合国家宏观计划的要求。另一方面，对于目前仍然由国家计划安排的那一块中存在的产销脱节等弊病，也要通过加强利用价格、税收、信贷等价值杠杆的办法进行调节，即加强市场机制的运用，并且在坚持必要的指令性计划的同时，逐步扩大指导性计划的范围。随着指令性计划范围的缩小、指导性计划和利用价值杠杆进行调节范围的扩大，最终将形成在统一的国家计划指导下充分利用市场机制、把计划和市场紧密胶合在一起的统一体。

在整个国民经济范围上实行国家集中计划指导下发挥市场机制的作用，这是从方向上、原则上说的。体制改革中将要形成的经济调节体系，当然要比这里所说的复杂。一方面，对于一些关系国计民生而在短时期内又难以解决其供不应求状况的重要产品，取消指令性计划是不适宜的。即使在全面改革完成以后，对某些特别重要产品的生产和流通，为了保证重点需要，仍需指令性计划的直接调节。尤其是在一些紧急的情况下，指令性计划的直接调节比通过市场机制要来得快，便于国家掌握，这种强制性的手段是不能放弃的。另一方面，在国家计划之外要允许一部分产品的自由生产和自由流通，即自由市场的调节。这样看来，通过全面改革，我们在调节体系方面将面临三种情况：一是指令性的计划调节，它将存在于有限的但是关键的场合；二是自由市场的调节，这是少量的补充的；三是指导性的计划调节或者在国家计划的指导下运用市场机制来进行调节，这一部分的范围随着改革的进展将逐步扩大。区别这三种调节情况的标志，有些同志认为在于是否自觉地利用价值规律及与价值范畴有关的经济杠杆上。他们以为只有在计划指导下运用市场机制进行调节，才具有自觉地运用价值规律的特征，而指令性的计划调节和自由市场的调节都没有这个特征。这种看法是不确切的。一方面，因为今后即使在采用指令性计划的场合，我们也不能忽视价值规律，不去运用价格、税收、信贷等调节手段来配合。另一方面，所谓自由市场并不能完全摆脱国家经济政策和计划调节的影响。在社会主义经济中，完全意义的自由市场是不存在的。我认为，这三种调节情况的区别，主要是在调节的组织手段上。第三种调节即计划指导下运用市场机制进行调节，除了自觉利用价值规律和运用与价值范畴有关的经济杠杆外，同时还要通过各级经济管理机构和社会协调机构、各科形式的经济联合体和基层经济单位，按照国家宏观计划的要求，自下而上、上下结合地进行层层协调、逐级平衡这样一种计划协调、协商、协议的过程。而第一种调节即指令性计划的直接调节，则是以行政命令下达任务，辅之以经济手段，但却不必一定有这种协商、协议和协调的过程。至于第二种即自由市场的调节，就更没有这种有组织的计划协调了。

要不要以计划调节为主

在计划调节与市场调节的结合中，要不要以计划调节为主？有些同志不赞成这样提，但是我认为，目前在开展市场调节的过程中提两种调节相结合并以计划调节为主，这不过反映了当前体制改革的实际状况和客观需要。在现阶段，相当一部分重要产品的生产和流通，要由国家下达计划指标来直接控制。所谓市场调节的部分（即由企业根据市场需要自己安排生产和销售的部分）在社会生产中所占份额还是不大的。1980 年全国工业总产值中通过市场调节来实现的部分，据上半年的一个初步估计不过占 15%，就是说，五分之四以上的工业产值还是由国家计划直接安排的。所以，说"以计划调节为主"，不过反映了当前的实际情况。即使今后指令性计划范围逐渐缩小，比如说缩小到生产总值的 50% 以下，但是在一个时期由这种指令性计划直接调节的将是关系国计民生的最主要产品的最主要部分，国家对这部分产品的生产和流通的直接计划控制，在相当大的程度上影响着整个国民经济的发展，因此这种计划调节在国民经济的总体中仍将起着主导的作用。

但是如果我们说的不是计划与市场的"板块式"结合，而是计划与市场紧密结合为"统一胶体"的内部，那么还要不要以计划调节为主呢？1979年，我们曾在一篇文章中对这个问题作了点分析。大意是说，无论是计划调节还是市场调节，都要反映社会主义经济中客观规律的要求，来调节生产和需要的平衡，以使社会劳动（活劳动和物化劳动）按照社会需要的比例得到合理的有效的利用。从这一点看，社会主义经济中市场调节与计划调节两者作用的方向是一致的。但是由于这两种调节的客观依据是不一样的，决定了这两种调节在客观上又存在着矛盾。市场调节和计划调节的统一和矛盾，实际上反映着社会主义经济中企业、个人的局部利益与国家、社会的整体利益的统一和矛盾。在两者利益发生矛盾的时候，局部的眼前的利益要服从整体的长远的利益。相应的，市场调节就必须服从计划调节。正是在这个意义上，我们在实行计划调节与市场调节相结合的体制中，要以计划调节为主，同时充分发挥市场机制的作用。

对于"以计划调节为主"的提法持完全否定意见的同志，一是没有看到两种调节从"板块式"的结合到"统一胶体式"的结合的过渡是一个客观必然的过程；二是只看到两种调节的一致性而未看到它们之间的矛盾。这种情况同他们对于社会主义经济和经济规律的性质的认识是分不开的。持这种观点的同志，有的只承认社会主义经济是商品经济而回避承认社会主义经济首先是计划经济，或者把有计划的发展贬低为只是社会主义商品经济的一个属性；有的同志则把计划调节像市场调节一样简单化为价值规律调节的表现形式。但是，我认为，一方面，社会主义经济是不是计划经济，这是一个不能回避的重大原则问题。由社会主义公有制决定的利益一致的基础上建立的计划经济（尽管它还不完善），是社会主义经济区别于资本主义经济的基本特征，这是不能否认的。另一方面，计划调节也不能简单地归结为价值规律调节的一种表现形式（即使冠以"国家自觉运用"的字样）。我们知道，市场调节的确是价值规律的调节，市场上一个个商品生产者和消费者按照价值规律的要求来选择自己的行动时，他们主要考虑的是自己的切身利益，而不管他们的抉择会对全局的、长远的利益带来怎样的影响。我们这里大概谁也不会明白地主张把这种全局的、长远的利益交给"看不见的手"去管。国家或者社会对经济生活进行有计划的调节的时候，也不能仅仅"模拟"那只"看不见的手"的动作，即仅仅限于自觉地运用价值规律，它还应当考虑社会主义基本经济规律和其他客观规律的要求，把经济的发展纳入社会主义的轨道和方向。要知道，价值规律尽管是一个极其重要的规律，我们要特别重视，但它毕竟不是社会主义经济发展的唯一调节者，光靠它，是不能保证社会主义的轨道和方向的。

宏观经济决策和微观经济活动的衔接

国家的计划管理一般是从宏观经济的角度，从整个国民经济发展的利益来考虑问题，而企业和劳动者按照市场行情和供需关系的变动来选择自己的活动目标和行动方式时，一般是从自身的局部利益来考虑。怎样把体现在中、长期计划中的国家宏观决策的意图贯彻到企业与个人的微观经济活动中去，并使前者受到后者的检验和校正？这个问题同时也就是计划与市场如何结合的一个核心问题。

目前在讨论这个问题时，有些同志列举了一大串沟通宏观经济决策与微观经济活动的途径，从控制基建投资规模、重大项目、主要物资到利用价格、税收、信贷等经济杠杆，到建立信息、预测系统，到经济立法司法，到社会监督制度，等等。这些当然都是非常重要的。但何者是沟通宏观和微观的最主要的渠道，则不是很清楚的。另一些同志把两种调节的结合概括为自觉地运用价值规律来调节，就是说把自觉运用与价值范畴有关的经济杠杆（价格、税收、信贷、工资等）看成是沟通宏观经济决策与微观经济活动的最主要的渠道。这个看法是值得重视的，因为自觉运用价值规律进行调节，既体现了计划调节（自觉的因素），又体现了市场调节的因素（价值规律的调节）。但是，我总觉得这种看法还有不足之处，就是忽视了社会主义经济调节中的一个重要方面，即调节的组织手段方面。如前所述，在这方面，把计划与市场相结合的调节体制同指令性计划的调节和自由市场的调节区别开来的一个非常重要的标志，就是前者要通过有组织的计划协调的过程来进行调节，而后两者则不一定有这个过程。看来，有组织的计划协调同自觉地运用价值杠杆，应当是把国家在中、长期计划中的宏观决策同企业、个人通过市场进行的微观经济活动衔接起来的两个主要的途径。通过这两条渠道，国家宏观决策的意图贯彻到企业与个人的微观经济活动中去，并受到后者的检验和校正。

如前所述，计划协调工作主要是由下而上、上下结合、逐级平衡。凡是企业之间、各种形式的经济联合体内部或它们相互之间，经过横向的市场联系，通过协议能够解决的产需平衡问题、资金联合问题和劳动协作问题，在不妨碍国家宏观决策的实现的限度内，由它们自己协议签订合同去解决，而不必拿到上面去解决。只有那些下面实在解决不了的问题，才逐级通过经济管理机构和社会协调机构去平衡解决。当然，中、长期计划中某些关系国民经济发展全局的少数重大发展任务和项目，也要从上而下，通过行政的以及协商协议协调的方式落实下去。这样，既可以使基层企业摆脱从上面来的无谓的行政干预，又可以使国家经济领导机构摆脱烦琐的行政事务，致力于研究和制定方针政策，研究解决经济发展中的战略问题。

在计划协调的同时，自觉地利用各种价值杠杆，也是使国家计划的宏观目标同企业、个人的经济活动沟通衔接的极其重要的渠道。一方面，国家要对价格、工资、税收、利率等进行灵活而有效的控制，通过这些"参数"来影响企业和个人的经济活动，使之符合国家宏观决策的要求。特别是在从下而上逐级平衡和从上而下逐级落实的计划协调过程中，如果国家宏观计划的目标同基层单位、个人的经济选择发生比较大的矛盾，更需要通过这些"参数"的变化和利益关系的调整来进行协调，或者校正国家宏观计划的目标使之符合实际。单有计划协调而无价值杠杆的自觉运用，各方面的利益关系得不到调整，计划协调也将成为空话。另一方面，单有对经济"参数"的某些控制，而无有组织的计划协调，那就同资本主义国家对经济的干预没有多少区别，同自由市场的调节也没有多大区别（因为自由市场也受到国家经济政策的影响但却无有组织的计划协调）。所以，有组织的计划协调和价值杠杆的自觉运用，这两条对于衔接国家的宏观经济决策与企业、个人的微观经济活动来说，对于计划调节与市场调节的结合来说，都是至关重要的。当然，这不是说其他手段是不重要的。经济立法司法、信息预测系统、社会监督机构等制度措施，也要尽可能同步解决，配合成套，经济体制改革才能收到成效。

　　做好计划协调和运用好价值杠杆，本身有许多问题要研究解决。但总的前提是要有一个经过科学的综合平衡、留有余地的中长期计划。在计划协调和运用经济杠杆进行调节的过程中，国家不应也不可能不分巨细，什么都抓。它的注意力应该集中体现于中长期计划中的宏观经济问题上，如国民经济的发展方向、增长速度、国民收入在积累与消费之间的分配、投资规模和主要分配方向、主要产业结构、收入结构，等等。如果中长期计划本身科学论证不足，宏观决策内部互相矛盾，国民经济总体失去平衡，光从局部来想办法是无法矫正和补足的，无论怎样的计划协调、价值杠杆或其他市场手段，都将无济于事。反之，如果由宏观计划决定的国民经济总体是平衡的，局部无论怎样发挥其积极性也不会乱到哪里去。如果我们再运用好计划协调和经济杠杆等手段，就有可能做到活而不乱、管而不死。这里一个关键问题就是要安排好积累、消费的规模和比例，严格控制投资购买力和消费购买力的增长，使之不要超过，而要略低于国民收入的增长，保持财政、信贷、物资和外汇四大平衡，使国民经济能够经常出现一个前面所说的消费者市场或有限制的买者市场。这一条好比"如来佛的手掌"，控制好了这一条，任凭企业和个人变成怎样活蹦乱跳的"孙悟空"，都不可怕，都跳不出"如来佛的手掌"。

　　当然，如何掌握好积累和消费的规模和比例，控制好投资购买力和消费购买力的增长，这是一个十分复杂的问题。有些经济学者曾经指出，高度集权的经济体制易于造成过高的积累、过多的投资，及其相伴随的种种恶果。但是我们看到，经过体制改革、实行了企业分权管理的某些国家，也没有能够完全解决这个问题。这是需要我们在总结国内外正反两个方面的经验的基础上，在理论与实践的结合上，认真地进行研究，找出解决的途径的。

（原标题是《略论计划调节与市场调节的几个问题》，

原载《经济研究》1980 年第 11 期。）

宏观调控与计划平衡

这几年由于我国经济发展和经济改革的需要，经济学文章中出现了不少新的词汇。其中有自创的，也有引进的。引进的当中，有来自"东方"的，也有来自"西方"的。人们对于从西方经济学中借来的东西，自然更加警惕。例如，当"宏观"、"微观"的概念最初用于我国经济问题的分析的时候，就遇到过不以为然的意见。其实，"宏观""微观"的概念并非"西方"经济学专有，它们原来在自然科学里面就有，大约在20世纪三四十年代，才在"西方"经济学中开始盛行起来。60年代后，"东方"经济学者的论著中，也逐渐多地碰到这对概念。我国经济学开始使用这对概念，大约是在七八十年代之交的时候，时间稍微晚了一点，这也从一个侧面反映了我国经济科学发展的实际状况。

在我国，宏观经济和微观经济问题，起初是在讨论经济决策权力结构问题时提出来的。我国经济学者在分析旧的经济体制的弊病时，察觉到经济决策权力过于集中在国家行政机构手中，遏制了基层经济单位和生产者的积极性，于是提出要把这种一元化的决策权力结构改变为多层次的经济决策结构，国家机构主要管理宏观经济，而微观经济中的产供销活动则主要让企业自主经营管理。几年来的改革，大体上是沿着这条思路前进的。随着简政放权措施的逐步实施和市场机制作用范围的逐步扩大，企业在微观经济活动中的活力逐渐展现出来。但是，在国家减少对微观经济直接控制范围的同时，宏观管理的措施没有及时配套跟上，以至于近年来发生了宏观经济的某些失控的现象，于是又提出了加强宏观控制的任务。最近许多经济学文章都在着力探讨如何加强宏观控制的问题，这是一个可喜的现象，反映了我国的经济体制改革正在步入一个新的阶段。

"宏观管理"、"宏观控制"这些概念，虽然是这几年经济体制改革过程中应运而生的，但是我们过去不是没有这类问题，对于这类问题我们过去也不是没有相应的概念。宏观经济问题是指国民经济总体的、全局性的问题。宏观经济管理也就是从总体上、全局上管理国民经济。就这个意义来说，相应于"宏观经济管理"，我们长时期以来使用的是"国民经济计划管理"的概念；相应于"宏观控制"，我们在长时期中使用的是"国民经济综合平衡"的概念。

既然过去长时间里我们已经实行了并且现在还在实行着"国民经济计划管理"，而且"国民经济综合平衡"这一套武器从来没有人明言放弃，那么为什么还要"标新立异"，提出什么"宏观管理"、"宏观控制"那一套概念呢?

问题在于，传统的国民经济计划管理不只是从总体上对国民经济全局的管理，而且还直接管理到基层企业的产供销、个人就业和重要消费品分配这样一些非全局的经济活动。也就是说，它不仅管理宏观经济活动，而且还直接管理微观经济活动。在改革中，我们要把微观经济活动的决策权力逐步放到下面去，逐步缩小国家对微观经济活动直接控制的范围，这就有必要在整个国民经济计划管理中突出宏观经济方面的问题，把宏观经济管理作为国民经济计划管理的主要内容。

至于传统的国民经济综合平衡，其内容也是多层次的，它包括社会总产品和国民收入的生产和分配的综合平衡，财政、信贷、物资的综合平衡；也包括众多的实物产品的"综合平衡"，而且往往以实物产品的分配作为综合平衡工作的主要内容。在改革中，随着指令性的实物产品生产分配计划范围的缩小和市场机制作用范围的扩大，越来越需要强调价值总量及其构成的平衡，首先是社会总需求与总供给之间及其主要构成之间的平衡，把对于社会经济活动价值总量的宏观控制作为国民经济综合平衡的主要内容。

所以，对于改革传统的国民经济计划管理和综合平衡工作来说，突出经济活动的宏观方面，提出宏观管理和宏观控制的概念，是必要的，有益的。这不是对于社会主义计划平衡工作的否定，而是使计划平衡工作更加科学化、现代化，符合我国经济改革和经济发展的要求。

由此也可以看到，在探讨如何加强宏观管理和宏观控制的问题时，应当放到如何改革我国的计划平衡工作这个大角度下面来考虑，而不应撇开国民经济计划管理来谈这个问题。"西方"经济学（宏观经济学）却不是这样的。他们在讲到宏观管理和宏观控制的目标时，着重总需求和总供给的平衡目标，往往不提经济计划的目标；他们在讲到宏观管理和宏观控制的手段时，着重财政政策、货币政策等政策手段，往往不提计划手段。这也不奇怪，因为西方国家实行的是市场经济，除了法、日等少数国家编有某些经济发展计划外，一般都不制订计划。他们的宏观控制一般是用间接的政策手段，通过市场机制的自动调节，求得市场供需的总量平衡。这种总量平衡在资本主义私有制为基础的市场经济中往往难以达到。经济活动总量及其主要构成的实际运行轨迹，即经济发展和结构变动的方向，都不一定要有计划的预先的指导。我们是社会主义国家，我们通过改革要实行的是有计划的商品经济。对于市场供需的宏观控制，就必须要有国家计划的指导。要知道宏观平衡本身并不是目的，而是为了实现国家计划的战略目标和发展意图的，所以要根据国家计划的要求，组织综合平衡，实行宏观控制。陈云同志最近指出："计划是宏观控制的主要依据"，这对于我们社会主义国家的宏观经济管理来说，是一个十分重要的原则。当然，这里讲的计划，已经不是传统理解的、指令性计划为主的、年度短期为主的、策略性的发展计划，而是经过改革的、指导性计划为主的、中长期为主的、战略性的发展计划。这种中长期计划，对于总供给及其构成的变动，尤其具有决定性的意义，而宏观控制则更多地着眼于对于总需求及其结构的短期调整，使之适应于总供给变动的要求。就这个意义来说，宏观控制更需要置于国家计划的指导之下，才能收到资源合理配置的效益，并达到满足有效需求的综合平衡。

当前我国宏观经济管理改革的一个核心内容，就是国家对于经济的控制和调节，逐步从直接控制为主转为间接控制为主，这同计划体制的改革，逐步从指令性计划为主转为指导性计划为主是相应的。有一种意见认为，既然宏观管理的改革要向间接控制过渡，那么当前我国稳定经济所采取的措施，按照改革的方向，就不应当采取作为旧体制特征的直接的行政手段，而应当采取作为新体制特征的间接的经济手段。但是要知道，即使在新体制中，也不排除必要的行政手段。尤其是在当前模式转换时期，新旧双重体制并存的条件下，市场机制还很不完善，企业行为对经济参数（利润、价格等）变动的反应还很不灵敏，在某些场合强化某些直接行政手段的运用（如规定信贷额度等），更是必要的。在这样做的时候，不能忘记这是为了改革创造良好的经济环境，而不是回到老的体制上去。只要条件具备，我们就应当尽快地向间接控制过渡。

在以宏观控制为主要内容的综合平衡工作中，财政政策和货币政策的综合运用是一个非常重要的问题。一些主要国家财政政策和货币政策的结合，大致有四种情况。第一种是松的财政政策和松的货币政策的结合，这是刺激经济增长和扩大就业的手段，由此往往带来通货膨胀的后果。第二种是紧的财政政策和紧的货币政策的结合，这是实行紧缩性的政策，制止通货膨胀的有效手段。第三种是紧的财政政策和松的货币政策的结合。第四种是松的财政政策和紧的货币政策。后两种政策结合除了旨在从总量上平衡需求与供给外，还有调节需求结构和生产结构的作用。在我国财政政策与货币政策应当如何结合呢？当前，由于旧体制固有的"扩张冲动"、"投资饥渴"等倾向依然存在，而微观经济放活后由于企业和职工追逐短期利益的行为而引起的"消费饥渴"又起着作用，形成了总需求膨胀的巨大压力。在这种情况下应当采取紧的财政和紧的货币相结合的政策，即不但要实现财政平衡，而且要组织好财政和信贷的综合平衡，以制止过度需求，为改革创造一个供给略大于需求的良好的经济环境。财政与信贷的综合平衡不仅是为当前的改革创造良好环境所应采取的政策，也是为我国经济长期持续稳定协调的增长所应采取的政策。有些经济学者认为，从长期来看，中国今后应当实行紧的财政政策和松的货币政策的结合，因为紧缩财政能够限制公共消费和个人消费，而放松货币则能够鼓励投资，这是有利于经济增长的。但是，中国的社会主义经济常处于亢奋状态，不像西方发达国家总需求不足需要货币供应的刺激，也不像非社会主义的发展中国家经济处于停滞状态时期也需要通货膨胀的刺激。中国需要经常注意的是控制包括消费需求特别是投资需求在内的总需求的问题。是否可以用松的货币政策来刺激投资，即使从长期来看，也是有疑问的。当然，中国需要实行灵活的货币政策，需要运用灵活的利率杠杆和建立资金市场，以完善宏观控制的机制。这些都要在改革的过程中逐步解决。

　　最后，简单谈谈宏观管理的理论基础即宏观经济理论问题。有些同志认为，宏观经济理论只有"西方"经济学中才有，马克思主义经济学中没有。这至少是对马克思主义经济学的一种误解。当然，在马克思主义经典著作中，没有使用宏观经济的术语，当时还没有出现这个概念。但是，《资本论》中关于社会总资本再生产的理论，关于社会总产品平衡条件和市场实现条件的理论，以及关于总生产过程的一些理论，都是涉及资本主义经济总体和全局的，即宏观经济范围的理论。马克思说过这样的意思：生产大于直接需要，供给大于直接需求的"生产过剩"，在资本主义制度下是引起危机的一种无政府因素，一种"祸害"；而对于社会主义的有计划经济来说，则是一种"利益"，因为它有利于社会对再生产过程中出现的不平衡进行控制和调节。这对于今天我们的计划平衡与宏观控制工作来说，多么贴切。"西方"经济学中的宏观分析方法，对我们有用的，当然不应排斥。但是，我们要立足于马克思主义的理论，结合当前改革和建设的实践，挖掘其中的宝藏，建立起我们自己的、马克思主义的宏观经济理论。这需要我国经济学界的共同努力。

（原载《财贸经济》1986 年第 1 期）

计划与市场问题的若干思考

一 关于加大改革分量

党的十三届中央委员会第七次会议通过的《中共中央关于制定国民经济和社会发展十年规划和"八五"计划的建议》(简称《建议》)和第七届人大四次会议通过的《中华人民共和国国民经济和社会发展十年规划和第八个五年计划纲要》(简称《纲要》),把建立社会主义有计划商品经济新体制和计划经济与市场调节相结合的经济运行机制,作为今后十年我国经济发展战略的一项基本要求。不久前举行的全国经济体制工作会议文件指出,要抓住时机,因势利导,加强对改革的领导,加大改革的分量。"加大改革分量",有时叫做"加大改革力度",也有叫做"进一步加快改革步伐",意思都是一样,现在已经成为举国上下一致的共识。这是两年多来治理整顿的必然结果,也是进一步治理整顿和今后十年经济发展的客观要求。现在提出加大改革分量,当然不是也不应该是低估治理整顿的重要意义和成效。在治理整顿期间,我们坚持改革的方针并未改变,不少改革措施保持了稳定性和连续性,并且在理顺价格等方面陆续出台了一些比较显著的改革措施。经过治理整顿,社会总需求与总供给失衡状态已有改善,国民经济总体上向着好的方向发展。如果说在治理整顿的初始阶段,为了解决使过热经济迅速降温这样一类比较浅层次的问题,有必要多采取一些行政手段和比较集中的措施,那么在治理整顿的后续阶段中,为了解决经济结构中比较深层次的问题,就需要采取更多的经济办法,更多地涉及经济体制和机制本身的改革,因此要适时加大改革分量。

加大改革分量不仅是治理整顿取得更大成功的重要一招，而且也是实现 20 世纪 90 年代我国经济社会发展战略目标的必由之路。"八五"时期和整个 90 年代我国经济发展的着重点，一是在总量上保持平衡和持续稳定增长；二是在结构上实现协调发展，实现结构的合理化和现代化；三是在效益上要致力于国民经济整体素质的提高。无论是稳定增长也好，调整结构也好，提高效益也好，关键都在于经济机制。经济机制不理顺，90 年代的上述几项任务都不好解决。所以，文章最后要落到加大改革分量、实现机制转换上来。经过治理整顿，出现了相对宽松的经济环境，这也为进一步加大改革分量创造了一个十分有利的条件。我们应当紧紧抓住这个有利时机，并且在今后"八五"和十年的发展速度和建设规模的安排上，注意保持和巩固得来不易的相对宽松环境，把我国的经济体制尽快地转到有计划的商品经济的新体制轨道上去。

《建议》和《纲要》在形成过程中，吸收了各方面的意见，包括加大改革分量的意见。如果把现在公布的《建议》和《纲要》有关改革的部分，同研究"八五"计划与十年规划基本思路时的认识相比，同治理整顿前一阶段的认识相比，可以看出改革方向的分量确实加大了不少。所谓加大分量不一定是表现在字数上，而是表现在内容上。下面我举几点前些时候人们思想上不大明确，而这次《建议》和《纲要》中重新明确和进一步明确了的问题。

第一，《建议》和《纲要》明确提出了"今后十年要建立有计划商品经济的新体制"。关于在不长的时期内建立有中国特色的新体制的问题，早在中共中央关于"七五"计划《建议》中就已经提出了，当时说"力争在 5 年或更长一些时间建立新体制的基础"。所谓"更长一些时间"究竟多长，那时并没有界定。众所周知，后来的改革进程遇到了一些曲折，人们对于何时才能基本建成新经济体制，思想上也有些模糊。这次《建议》和《纲要》根据前几年改革的曲折历程和新的情况，明确提出了要在今后十年即 20 世纪内初步建立新的经济体制和运行机制，这是很鼓舞人心的。

第二，在计划经济与市场调节的关系上，有关指令性计划、指导性计划和市场调节这三种经济管理形式之间的关系，过去曾经确定的缩小指令性计划范围，扩大指导性计划和市场调节范围的改革方向，有一段时间没有提了，只强调要根据不同情况适时调整三者的配比关系。这次《建议》和《纲要》重申了缩小指令性计划、扩大指导性计划和市场调节的提法，澄清了人们对这一问题的疑虑。

第三，与上述的变化相应，在价格问题上，《建议》和《纲要》重新强调了物价改革的目的不仅仅是理顺价格，更重要的是建立合理的价格形成机制，除了少数重要产品价格由国家掌握管理外，大量的一般商品和劳务的价格要由市场调节。

第四，在市场问题上，前一段时期曾经强调要扩大国家掌握物资的数量，现在重新提出扩大生产资料市场，并进一步明确提出要发展包括资金市场、技术市场、信息市场、房地产市场和劳务市场在内的生产要素市场，使之与商品市场的发展相协调。

第五，在企业改革方面，除了继续完善承包责任制外，重新提出"政企分开、两权分离"的原则作为企业改革的方向，这是一个带有根本性的问题。能不能真正实现政企分开并妥善解决两权分离中的产权组织和经营机制问题，关系到企业改革的成败乃至整个经济体制改革的成败。重新明确企业改革的这个方向是十分必要的。

第六，在宏观经济管理问题上，过去"七五"计划《建议》中开始提出的宏观管理要从直接调控为主向间接调控为主过渡，也有一段时期没有提了。这次《纲要》重新提出直接管理要同间接管理相结合，并强调要注重间接管理。不久前全国体制改革工作会议，更明白地肯定了要向间接管理为主过渡的宏观经济管理的改革方向。

第七，与各项改革相配合，着重强调了包括住房商品化在内的社会福利和社会保障制度的改革，等等。

总起来看，"八五"计划和十年规划的《建议》和《纲要》，以及不久前召开的全国体制改革工作会议有关文件，对于改革方面的阐述，可以明显看出加大改革分量的精神。它消除了前一时期人们对于改革的某些疑虑，增强了人们坚持改革的信心。说改革的分量加大了，主要就表现在上面所列举的以及没有列举的一系列加快改革的方针和措施上。这些方针措施总的精神就是根据发展社会主义有计划商品经济的要求，在坚持计划经济原则的同时，强调更多地运用市场机制、扩大市场调节范围，转向间接调控为主的宏观管理体制。

二　改革的市场导向

上述加大市场机制作用的改革取向，过去经济学界不少同志称之为"市场取向"的改革。从总体上讲，改革使我们的经济体制所起的变化，就是从过去的自然经济、产品经济为基础的、排斥市场的过度集中的计划经济体制，向着计划与市场相结合的、有计划的商品经济新体制过渡。从一定意义上讲，这样一种改革不是不可以看做市场取向的改革。改革的成果，首先就表现在我国的计划经济在市场取向上的进步。我们知道，改革前，由于所有制结构的单一化，"越大、越公、越纯"越好，那时经济运行机制实行的主要是指令性计划管理和直接的行政控制，这种体制在本性上就是排斥市场和市场机制的作用的。改革以后，我国的所有制结构出现了以公有制为主体的多元结构，公有制内部企业自主权有了扩大，这就为它们能够按照市场规律进行活动提供了一定的条件。同时，我们的市场体系、市场机制也开始逐渐发育成长，宏观管理开始注重间接管理。所谓"间接管理"，无非是通过市场、利用市场手段和价值杠杆来进行的管理。这些变化处处表现了改革的过程就是市场取向的不断扩大和深化的过程。当然这里所说的"市场取向"，不是以私有制为基础的，而是以公有制为主体的；不是取向到无政府主义的盲目的市场经济中去，而是取向到有计划指导和有宏观控制的市场体系中去。有的同志把"市场取向"作为与"计划取向"相对立的概念，赋予前者所没有的"反计划"的含义，这至少是出于一种不甚精确的理解。

过去十多年改革的进展和成就，究竟是加强行政指令计划的结果，还是扩大市场作用的结果？看来答案还是偏向后者。如果我们考察比较一下，就可以看出这个答案恐怕是不错的。拿中国的改革同苏联东欧过去的改革相比，为什么中国改革以来经济生活变得相当活跃，市场商品十分丰富，人民生活得到实惠；而苏联东欧却没有做到这一点？苏联和东欧一些国家现在经济十分困难，市场商品比过去更为匮乏，为什么出现这种情况？撇开其他政治经济因素不说，很重要的一条就是这些年来中国进行了比较认真的市场取向的改革，尽管遇到了这样那样的困难和问题，但在改革中取得了真正切实的进步；而比如苏联前几年尽管改革的口号提了不少，但并没有认真地搞市场取向的改革。最近某些学者又来个大转弯，曾经想用300天、500天进入市场经济，看来困难很大而未果。从我们国内看，哪个地区、哪个部门、哪个企业的市场取向越大，经济就越活跃。最近经济回升中也是这种情况，回升比较快的省份、部门和地区，主要是与市场联系比较密切的部分，而离市场关系比较远的、渗入市场比较少、利用市场比较差的部分，回升就慢一些。这些都是明摆着的事实，不能回避的。这样看来，今后十年的改革，应当继续朝着前十一二年走过来的改革道路前进，就是要继续发展有计划指导、有宏观控制的市场取向的改革，在前十一二年已经取得相当程度发展的基础上，把这种改革推向前进。

改革前，我国行政性的计划管理几乎覆盖了全部经济生活，市场只存在于大一统的计划管理的某些缝隙之中。经过十多年的改革，就微观经济管理层次来说，现在计划调节与市场调节在国民经济中的领地大约各占一半，有人说市场调节部分的比例实际上已占了一多半。当然，各个领域不大一样，工农业产品中，农副产品的市场调节比重高些，工业消费品的市场调节比重次之，工业生产资料的市场调节比重低些。现在各地情况还在不断地变化，前几天报载中国最大的工业城市——上海市——生产资料物资流通中，依靠市场的部分达到70%，依靠计划的部分只有30%。现在很自然地提出一个问题，就是经过"八五"计划、"九五"计划，即5年、10年以后，计划与市场的配比关系会变成怎样呢？这个问题也是不能回避的，事实上《建议》和《纲要》已做了回答，就是市场调节的范围（以及与市场因素连接更紧的指导性计划的范围）将要进一步加大。就是说，市场调节的范围要从现在大约占一多半的基础上，"八五"期间将增加若干个百分点，到"九五"期末的2000年，再增加若干个百分点，最后达到多少，现在还很难说，但总的趋势是清楚的。我的看法是，即使到了十年末尾初步建成了有计划商品经济新体制的时候，不要说宏观经济管理领域始终将是国家计划调节的天然领地，拿微观经济领域来说，市场调节的范围不能也不应该扩大到百分之百的覆盖程度。因为，尽管将来宏观管理在新体制中达到了间接调控为主，毕竟"为主"还不是"全部"，国民经济中总还有一些关键性的部位、环节，一些自然垄断性的产业和部门，一些供求弹性极小的重要产品和服务，等等，还需国家直接管理起来。至于市场取向的步子哪里大点，哪里小点，这要区别不同地区、部门、产品，区别不同的情况，定出不同的规划，作出不同的安排，这当然是毫无疑义的。

三　实行市场取向,但不要迷信市场;
坚持计划经济,但不要迷信计划

建立有计划的商品经济新体制和计划经济与市场调节相结合的经济运行机制，其目的就是如党的十三届七中全会文件所讲的，要把计划与市场两者的优点和长处都发挥出来。计划的长处就是能在全社会范围集中必要的财力物力人力，干几件大事，并且可以调节收入分配，保持社会公正。市场的长处就是能够通过竞争和优胜劣汰的机制，来促进技术和管理的进步，实现产需衔接。把这两方面的长处都发挥出来，这是从理论上讲计划与市场两者结合的好处。但是在实践中，两者往往结合得不好，不是把两者的优点和长处结合起来，而是把两者的缺陷和短处结合在一起了；或者我们主观上是要把计划和市场很好地结合起来，实际经济生活中却出现了既无计划，或者有计划而贯彻执行不下去；又无市场，优胜劣汰的竞争机制根本运转不起来。所以，在讨论建立计划经济与市场调节相结合的经济运行机制问题的时候，我提出两条意见，一条是我们要坚持计划经济，但不要迷信计划；另一条是我们要推进市场导向的改革，但不能迷信市场。总之，要破除两种迷信。首先讲讲不要迷信市场。

所谓市场调节，就是亚当·斯密说的"看不见的手"在调节，价值规律在自发调节。我们应当重视价值规律，但不要认为价值规律自己能够把一切事情弄好，我们就把一切事情让给价值规律自行去调节。我想，有这么几件事是不能完全交给价值规律去管的。第一，经济总量的平衡。如果这件事完全让市场和价值规律自发去管，结果只能是来回的周期振动和频发的经济危机。第二，大的经济结构的调整。我们希望在一个较短的历史时期内，比如说在10年、20年、30年内以比较小的代价，实现我国产业结构的现代化、高度化。通过市场机制配置资源的自发途径，不是不可能做到这一点，但这将是一个十分缓慢的过程，要经过多次大的反复、危机，可能要付出很大的代价。我们等不起这么长时间的拖延，也花不起那么沉重的代价。第三，公平竞争问题。认为市场能够保证完全竞争，不过是一种神话，即使在自由资本主义时代也不可能。市场的规律是大鱼吃小鱼，必然引向垄断和不公平竞争。针对这种情况，连西方资本主义国家政府也制定反垄断法、保护公平竞争法，等等。第四，有关生态平衡、环境保护，以及经济学上讲的"外部不经济"的问题。对这一类问题的处理，市场机制是无能的，甚至是有害的，如果完全听凭市场自发起作用，那就会带来危害社会利益，乃至子孙后代利益的后果。第五，公正与效率的关系问题。市场不可能实现真正的社会公正，市场只能实行等价交换和一定程度的平等竞争，这有利于促进效率提高。但是，市场自发的作用，必然带来社会两极分化，贫富悬殊。现在，在市场取向的改革过程中，这方面已经出现了某些苗头，引起社会的不安，影响人们的积极性。对此政府不能不注意，要采取有效措施，防止这种现象的恶性发展。

由此可以看出，至少有以上列举的几个领域，是不能完全交给市场那只"看不见的手"去操纵的，还必须由看得见的手，即国家计划和政府管理来干预这些事情。所谓完全的、纯粹的市场经济，根本不是我们市场取向的改革方向。这种市场经济在西方资本主义国家中也在变化，通过政府的政策或计划干预，使之变成不那么完全、不那么典型的市场经济。提出完全市场化的改革主张，撇开意识形态方面不说，至少也是一种幼稚的想法。我们实行的是社会主义的有计划商品经济，在市场取向的改革中，就更不能迷信市场，要重视国家计划和宏观调控的指导作用，也就是要看到陈云同志所讲的"笼子"的重要作用。

1990年夏天，我在一次座谈会上讲了自己对于陈云同志经济思想的体会，提到陈云同志曾把计划与市场的关系比喻为笼子和鸟的关系，我说，这个比喻引起了海内外人士探讨的兴趣。后来《人民日报》发表了这个讲话，招来了海外报刊很多非议，称之为"鸟笼经济理论"。一些外国人士就这个问题纷纷进一步探询我的看法。我说，这有什么大惊小怪，哪一个国家管理经济都要有笼子，国家财政收支预算就是一个很硬的笼子。1990年由于美国国会和总统在几个月里未能就预算取得一致意见，10月初有好几天人们不知道美国政府是否付得起它的工作人员的工薪，国家公园和养老金管理当局面临关闭的危险，在纽约港口的"自由女神"也不得不向一切游人关闭了两天。那时我和中国社会科学院一个代表团正在旧金山访问，差一点遇到机场关闭，不能按期飞行的危险。我对访问我的外国人说，西方国家的货币政策、财政政策都有笼子的味道。联邦储备银行的利息率一提高，经济活动的笼子就缩小，因为投资成本提高了；利息率一降低，银根一放松，经济活动的笼子就放大了。计划的笼子可大可小，这要看部门、产品等具体情况而定。再者，笼子可以用不同的材料来做。它可以是用钢铁做的，是刚性的；也可以是塑料、橡皮做的，是有弹性的。指令性计划就是刚性的，指导性计划、政策性计划就是弹性的。我在美国看到政府管理经济的笼子，有的比我们实行计划经济的国家还要硬实。比如对城市的"增长管理"，为城市的扩张画一个圈子，只准在圈子内开发，圈子外开发要课以禁止性的高税。俄勒冈州就是这么做的。那圈子真是个笼子。把话题转回来，就是我们在实行市场取向的改革时不能迷信市场，不能忽视必要的计划指导和政府管理的作用，也就是不能忽视必要的笼子的作用。为此我们实行市场取向的改革，本来就应当包含计划体制改革，注意加强有效的计划管理。

另一方面，我们要坚持计划经济，但也要注意不能迷信计划。迷信计划同样会犯错误。计划经济只是在公有制的基础上，提供了自觉地按比例发展的可能性，但它并不保证经常按比例发展的必然性。如果计划工作不考虑市场供求和价值规律，它同样会出现失控、失误，这方面我们的经验教训很多。在我们过去传统的计划经济中，不止一次地出现重大的比例失调，大起大落。在改革的过程中也出现过宏观失控。我国这些年县以上固定资产投资项目审批权都在各级政府手里，都是经由各级计划机构来审批的。我们现在有一百六十多条彩电生产线、九十多条电冰箱生产线，许许多多乳胶手套生产线、啤酒生产线等，许多生产线的重复引进，盲目上马，不是各级计划部门、各级政府审批的吗？同样发生失控。要看到，计划工作也是人做的工作，凡人难免有局限性，计划工作难免有局限性，有许多不容易克服的矛盾。比如主观与客观的矛盾，这是计划工作中的一个主要矛盾。一是由于主观认识上存在局限性，对于客观情势的认识、对于客观规律的认识，都会有局限性，在这方面我们曾经犯过诸如脱离国情、超越国力、急于求成的错误。二是由于客观信息上的局限性。计划工作要依靠信息，而信息的收集与传递，任何时候都不可能完善，即使将来电子计算机经过几次更新换代，性能更高了、更普及了，也不可能把所有的经济信息及时搜集、加工、处理。三是在利益关系上、观察问题的立场和角度上也有局限性。因为计划机构、宏观管理机构，不是属于这个地区就是属于那个地区，不是属于这个部门就是属于那个部门，不是站在这个角度就是站在那个角度，它们各自代表一定的利益关系，受到一定利益关系的约束，政府领导和计划工作人员不可能是万能无误的。上述各种局限性都使它们的行为不能完全符合而可能大大偏离客观情势和客观规律，造成计划工作和宏观管理工作的失误。所以，坚持计划经济必须不断提高我们自己的认识水平和觉悟水平，不断改进改善我们的计划工作，使计划工作符合客观规律和客观情势的要求，特别是要考虑市场供求情势和价值规律的要求。

总之，我们要坚持计划经济，但不能迷信计划；我们要实行市场取向的改革，但不能迷信市场。通过计划与市场的结合，我们不仅要发挥两者的优点和长处，还要克服两者的缺陷和短处。这当然是个非常复杂的任务，需要做很多方面的探索研究。需要我们的计划部门、财政部门、银行部门，还有市场部门、商业部门、物资部门等各方面的共同努力，逐步解决好这个问题。

四 一些理论概念问题

计划与市场的关系不是一个新问题。党的十一届三中全会以来，我们不断地讨论这个问题，已有 12 年了。上溯到 1956 年陈云同志在我国社会主义改造基本完成的时候，首先提出了这个问题；再上溯到 20 世纪 20 年代，苏联实行新经济政策的时候，也曾遇到过这个问题。我国自实行改革以来，一些重要的会议，一些重要的讲话，一些经济学者的讨论文章，对于计划与市场的关系，前后有一些不同的提法。比如说有过"计划调节与市场调节相结合"的提法，有过"计划机制与市场机制相结合"的提法，有过"计划经济与市场经济相结合"的提法，很多人把这些提法简化为"计划与市场相结合"。1989 年 6 月 19 日以来，官方文件定为"计划经济与市场调节相结合"这样一个提法。中共十三届七中全会文件中在讲到这个问题的时候说，对计划经济与市场调节必须而且能够结合这一点，我们在制定或者执行政策的时候，不应该再有怀疑和动摇了，至于学术界专家学者有不同的看法可以保留自己的观点。我觉得这个意见讲得很好，我很赞成。我在 1983 年写的一篇文章中说过，计划与市场的关系问题，是一个世界性的问题，也是一个要长期讨论下去的问题。对于计划与市场关系的一些比较具体的做法、具体的提法，我们不必急忙作出结论来约束后人，也不必约束当代人的理论探索。实际上这个问题我们只宜通过实践，不断地探索，找出适合于当时条件的答案。比如在经济治理整顿时期对这个问题的答案，就会不同于经济正常发展时期的答案。现在没有一位大改革家或者大理论家敢说他已经把计划与市场关系问题解决好了，解决完了，因为人类历史的发展还没有成熟到这个程度来完全彻底地解决好这个问题。但是在实际工作中要有一个准绳、一个规范的说法，所以还是应当按照中央的提法去执行，不要再有任何怀疑和动摇。这不妨碍在理论上不下最后定论，不妨碍学术上的百家争鸣。

比如，最近争论较多的这样的一个问题，尽管有些敏感，但我以为不是不可以继续讨论的，就是能不能提"社会主义市场经济"、"市场经济"是资本主义社会专有的概念，还是社会化生产和商品经济社会可以共有的概念？如果回顾一下，过去孙冶方提出社会主义利润概念时引起的争论和后来的结局，再回顾一下，改革初期对社会主义经济只可提"商品生产和商品交换"而不能提"商品经济"时所引起的争论和后来的结局，就不难预见"市场经济"这一概念最后能否在社会主义政治经济学中落户，或者只能成为被否定的少数经济学者的偏执之见。不要说社会主义市场经济的概念难以被广泛接受，就连社会主义商品经济和市场调节的概念过去在社会主义政治经济学中也是站不住脚的。随着改革的前进，我们不断刷新理论认识，不断丰富社会主义政治经济学的内容。我们逐渐认识到，社会主义经济是公有制基础上的有计划商品经济，需要市场调节，需要把市场同计划结合起来，于是出现了种种不同的计划与市场关系的提法。

现在我们研究讨论计划与市场关系问题，已经不是十一二年以前的水平了。十一二年以前，改革刚刚开始时讨论这个问题，要从计划与市场概念的 ABC 谈起。现在经过十一二年的探索，我们不必那么讲了，而且计划和市场两个概念本身也有了很大的变化，其内容比过去更加丰富了。拿计划概念来说，过去认为，第一，计划只能是指令性计划，斯大林说过，计划不是预测，计划是命令，必须完成。第二，计划是无所不包的，是管制一切的，宏观要管，微观也要管，人、财、物、产、供、销，都要管。第三，计划就是指标管理，而且主要是实物指标的管理，如生产指标、调拨指标，规定你生产多少某种产品，分配你多少某种物资，通过这些实物指标来体现计划。现在，我们的计划概念已大大变化和丰富了：第一，计划不单单是指令性的，还是指导性计划、政策性计划，比如产业政策也是一种计划指导。第二，计划不是无所不包的，国家计划应当只管大的问题，管宏观的问题；至于微观的、企业的问题，主要应让市场、让企业自己去管。第三，计划主要不是或者不完全是指标管理，即使有指标管理，主要也不是实物指标，而是价值指标。当然，有些少数重要的部类、部门、企业方面还需要某些实物指标，但国家计划主要抓的应当是总量的控制、大的结构控制。如总需求与总供给的平衡，农轻重三大产业的结构；又如投资、消费，等等，这些都要用价值指标来体现。同时，实现总量控制和结构调整，也需要价格杠杆，要用价格、利率、汇率、税率这些工具，从实物指标为主转为价值指标为主，大大改变了计划概念的内容。

同样，我们现在所理解的市场，也同十一二年以前的理解大不一样。第一，过去认为，市场和公有制是不相容的，只能以私有制为基础。现在认为，不仅仅私有制才有市场，也不仅仅资本主义才有市场，公有制经济也可以有并且需要有市场的运作，市场与公有制是相容和可以结合的。市场、市场机制、市场调节，都是社会化生产和商品经济发展的产物，它们与计划、计划机制、计划调节，都是资源配置的不同方式，不是区别资本主义与社会主义的标准。社会主义之所以区别于资本主义，不在于这些市场概念，还是要按照小平同志历来讲的两条：一条是公有制为主体，一条是共同富裕。第二，过去认为市场只能是无政府的、盲目的，是同计划相对立的、不相容的。你要加强计划，就要减少市场；你要发展市场，就要缩小计划。现在认为，市场不一定是无政府的、盲目的，它可以是有计划指导和有宏观控制的，因而计划和市场是可以相互结合的。第三，过去认为，商品市场如果有的话，只是存在于计划经济的缝隙中作为补充的部分，是很小的一部分消费品市场，而很大一部分消费品要凭票证定量供应，那不是真正意义的商品，不进入真正意义的市场。现在除了极少数例外，差不多整个消费品流通都在市场化。生产资料过去不认为是商品，现在生产资料的流通也愈来愈多地商品化。第四，过去连做梦也不会想到社会主义经济里面还有什么生产要素市场，土地、资金、劳动力都不是商品，怎么能够有市场呢？现在，要素市场的概念随着改革实践的发展而逐步形成，包括资金市场、劳务市场、房地产市场、信息市场、技术市场，等等，这在十一二年前是根本不可能想象的。当然，这类市场从理论认识到实际政策都还很不完善，社会主义市场体系的新概念还在继续形成之中。

总之，经过十一二年改革实践和理论的探索，我们对于市场与计划概念的认识已经大大深化了。所以我们不能够再像过去一样，老是拘泥于纠缠在某些词句的提法上。比如，到底是"计划调节与市场调节相结合"的提法好呢？还是"计划经济与市场经济相结合"的提法好呢？还是"计划机制与市场机制相结合"的提法好呢？还是现在的正规提法——"计划经济与市场调节相结合"的提法更好？有的同志说，计划经济是指经济制度，市场调节是指调节方式，不是一个层次的东西，这怎么能够结合呢？诸如此类的问题，我个人认为，现在争论这一类词句上的问题，没有太大的意思，不必去纠缠某些词句、提法，更重要的是要总结经验，从实质上来研究探讨计划与市场相互之间到底怎么结合？结合的方式、途径是怎样的？要把讨论引到这方面来。

关于计划与市场的结合方式，过去有过多种提法，有的提法着眼于理论模式，有的提法着眼于管理操作。比如，把计划与市场结合方式划分为三种，指令性计划、指导性计划和市场调节，这主要是把微观经济管理的操作划分为三块，其中指令性计划一块属于直接管理，指导性计划一块属于间接管理，市场调节一块名义上不属计划管理，实际上也在宏观计划调控范围之内，受到覆盖全社会的宏观综合平衡计划的间接管理。微观经济管理中这三块的趋势已经明确，指令性计划这一块将进一步缩小，指导性计划和市场调节这两块将进一步扩大。至于宏观经济管理方面，覆盖全社会的综合计划和总量控制，一般具有指导性计划的性质。

在破除了计划与市场的"对立论"或"排斥论"以后，这若干年来理论界对计划与市场的关系，也有多种说法，诸如"板块结合论"、"渗透结合论"、"胶体结合论"、"有机结合论"，以及"叠加论"、"双重覆盖论"，等等，这些都是从理论模式的角度提出来的（其中如胶体论、叠加论、覆盖论等，含义差不多，说的都是计划与市场的有机结合）。所谓板块式结合，就是计划（主要是指令性计划）与市场两块，界限分明地拼合。传统体制中的计划，不考虑或很少考虑市场因素，比如长期固定的计划价格，离市场实际供需关系太远了。而自由市场则是计划外面作为补充的一块，不受计划的管束。所谓渗透式结合，计划与市场仍是两块，但是计划一块要考虑市场供求的因素，市场一块要受经济政策的指导和宏观计划的影响。这两块是你中有我，我中有你，界限不大分明，不像板块式结合那样界限分明。至于计划与市场的有机结合（或胶体式结合、叠加式结合，等等），就不是两块了，而是融为一体，计划与市场都覆盖全社会，覆盖整个国民经济。党的十三大文件中提出了一个公式，"国家调节市场，市场引导企业"，这样就把计划、市场、企业融为一体了，十三大文件把这种有机结合又叫做"内在结合"。过去曾经有过这么一种观点，这也是我的观点，就是，从计划与市场关系角度来看经济体制改革的过程，大体呈现出这样的进程：从改革前的大一统的计划管理出发，改革初开始出现一块作为补充的市场，发展为计划与市场的两个板块的结合。然后，从板块式结合发展到渗透式的结合。最后，由渗透式结合发展到胶体式的有机内在结合。现在看来，这一改革进程的描述，尽管从总体趋势上说是不错的，但不能过于机械地看待这一进程，不能界限分明地划分发展阶段。比如，不能认为最后覆盖全社会的就是一种胶体式的有机结合，而板块式和渗透式的结合，将会完全消失。看来这两种结合模式最终都不会完全消失，还将要在一定范围里长期存在。因为，如我在前面讲的，即使我国的经济体制将来过渡到以间接调控为主的宏观管理的新体制，那时国家还有必要保留一部分直接管理的对象，诸如某些自然垄断性的东西、供求弹性很小的东西、公用性的东西，等等。就是当今西方市场经济国家，对于一些公用性的事业，一些与生态环境保护有关的问题，等等，也是由政府直接管理的。但是现在直接管理的这一块，趋势上还是要逐步缩减，随着改革的深入和管理水平的提高，要尽量扩大间接管理的范围。

实行直接的行政管理当然也要尊重客观规律。现在都强调指令性计划也要反映市场价值规律的要求，就是说实行直接的计划管理这一部分，应当尽可能考虑市场供求关系，考虑价值规律的要求。从这个意义上说，板块结合同渗透结合根本是分不开的。界限分明的纯板块结合，在过去传统的计划经济中不是没有存在过，但是经济改革，今后不会再有。还要指出，实行直接的计划管理这一块，即指令性计划这一块，也不可能如现在一般所设想的，也要完全按照价值规律的要求去解决问题，如果真正能够完全按照市场价值规律去解决问题，那也就不需要什么直接的指令性计划了，就可以都转为间接的调控了。强制性的行政干预、直接的指令性计划控制之所以必须存在，就是因为我前面讲的市场调节不是万能的。市场机制有种种缺陷，有些具有长远和全局意义的事情，不可能完全按照市场供求和价值规律的要求去办，否则就会危害社会的利益，这些事情必须要有国家的直接干预。国家实行直接的计划管理这一部分，既然国家要直接管企业的生产建设而不是间接绕道市场去管，那么"国家调节市场，市场引导企业"这个公式，就不能适用了。当然，即使在这一场合，国家还是要考虑市场价值规律的要求，但是不可能完全按照市场价值规律的要求去办事，就是说国家在管理经济时要考虑市场因素，但不是通过市场去管理。从这个意义上说，"国家调节市场，市场引导企业"这个公式没有覆盖全社会的意义。但是在将要成为宏观管理主要方式的间接调控的范围内，不管提也好，不提也好，总是要通过市场来进行管理，通过调控市场来引导企业，就这个意义来说，"国家调节市场，市场引导企业"这个公式是绕不开的，它在计划经济与市场调节相结合的新的经济运行机制中的重要地位，是不能忽视的。

（本文系在全国计划学会第二次代表大会上的发言，原载房维中主编《计划经济与市场经济如何结合的探索》，中国计划出版社 1991 年版。写于 1991 年 5 月 4 日。）

就"市场取向"的改革问题答
《西南物资商业报》记者问

　　记者（史业）：对于我国经济体制改革的取向，人们的意见很不一致。前一个时期，就有人将改革的取向归纳为三种思路：计划取向论、市场取向论、计划与市场结合论。从目前的情况看，已经有不少人事实上接受了这样一种划分。对此您作何评价？

　　刘国光：把我国经济体制改革的取向归结为三种思路，的确给人以简洁明快的印象，但不尽确切，也不完全符合经济理论界的实际分野。按这种划分，前两种思路似乎不赞成计划与市场的结合。好像只有第三种思路才赞成结合，这显然不符合实际，因为现在经济理论界都承认（至少是口头上）计划与市场应该结合，而且也是可以结合的。另外，理论界提出"市场取向"的改革已经频繁地见诸文字（但我至今还没有见到哪一位学者明确提出"计划取向"的改革，当然，文字上见到的或讨论中听到的强调计划的一面也还是有的。所以，从严格意义上讲，我并不太赞成这种划分）。

　　记者：这中间恐怕有一个概念要首先弄清楚，即什么是改革的取向或者如何理解改革的取向，其内涵是什么？

　　刘国光：我估计，持上面三种划分法的同志可能对改革取向的含义有自己特殊的理解，似乎改革取向就是指对改革的目标模式中的计划与市场结合的重点选择问题，计划为主是计划取向，两者平起平坐就是计划与市场结合论。但我认为，改革取向并不是改革模式目标中计划与市场的重点选择问题，而是指改革的动向，改革中新老模式的转换方向，作为改革起点的模式与改革目标的模式在转换过程中的转换方向。总体上，改革使我国经济体制模式所发生的变化，从本质上说，是从过去自然经济、产品经济为基础的、排斥市场的、过度集中的计划经济体制，向着引进市场机制并按商品经济市场规律的要求运行的有计划商品经济体制转换。一方面，我们要引进商品经济，扩大市场调节范围；另一方面，我们在对传统的计划机制进行改造的过程中，要更多地考虑商品经济、市场规律的要求，以此实现向计划与市场相结合的有计划商品经济的新体制过渡。这种由原来排斥市场经济、否定商品经济到引进市场机制并按照商品经济和市场规律的要求来改造计划经济，简单地说就是从排斥、限制市场机制作用到发挥和强化市场机制作用的改革，从一定的意义上讲，我认为不是不可以视为"市场取向"的改革。

记者：现在讲"市场取向"改革的人越来越多，但不同的学者对"市场取向"又赋予了不尽相同的含义，甚至有些主张改革就是要推行市场经济的学者，也讲"市场取向"，您如何看待这一现象？

刘国光："市场取向"改革的内涵，我在前面已经谈过了。我想特别强调的是，"市场取向"不是以私有制为基础的，而是以公有制为基础的；不是取向到无政府主义的盲目市场经济中去，而是取向到有计划管理、宏观控制的市场体系中去。如果把"市场取向"赋予了反计划的含义，都是不甚精确的理解。"市场取向"的改革就是在计划指导和宏观控制条件下充分发挥市场机制和市场调节积极作用的改革。

记者：您是较早主张"市场取向"改革的，请您谈谈中国经济体制改革为什么要选择"市场取向"？

刘国光：说起来，道理并不是很深奥。我国的经济体制改革，从本质上讲，就是要大力扩展商品货币关系，发展市场关系，充分发挥市场机制的作用。新旧体制的根本区别，也就在于是发展还是排斥商品—市场关系。传统的经济运行机制主要是实行指令性计划管理和直接的行政控制，排斥市场和市场机制的作用，这种体制在经济水平比较低，结构比较简单而又需要集中力量解决重大任务时是有用的；但随着经济发展水平的提高，经济结构的复杂化和经济任务的多样化，这种体制越来越不适应有效配置资源的需要，妨碍经济效益的提高，不利于社会生产力的发展。而要使国民经济摆脱传统体制僵化半僵化的格局，增强经济活力，唯一的出路就是发展市场关系，借助市场力量，增大市场压力，在社会经济活动尤其是微观经济活动中，以市场协调为主取代以行政协调为主，逐步扩大市场调节的范围和比重。市场机制作为商品经济的内在机制，市场协调作为商品经济运行的主要形式，要发展商品经济，就要充分发挥市场机制的作用，这应该是不言而喻的。因此，我认为，坚持"市场取向"的改革是中国经济体制改革唯一正确的选择。

记者：从党的十一届三中全会算起，中国经济体制改革已走过了十多年不平凡的历程，您如何评价这十多年来的改革？

刘国光：十多年来，尽管我国经济体制改革出现过失误和挫折，但必须肯定我国经济体制改革的方向是完全正确的。改革以来，我国经济运行机制已经发生很大变化，市场调节的作用也越来越显著，具体表现在：目前已有一半左右的商品价格由市场决定，企业所需的原材料已有60%—70%由市场来解决，政府对企业的管理正在由直接管理向注重税率、汇率、利率等经济手段的间接管理转变，国家计委的指令性计划已由原来的120种减少到60种。全国工业总产值中指令性计划产品的比重已从1984年的80%以上，下降到16.2%，等等。显而易见，这些变化处处表现为改革的进程就是"市场取向"不断扩大和深化的过程。十多年来"市场取向"改革的成果也极其明显，它使中国经济迅速获得了巨大的发展，国民经济以年均9%左右的速度增长，贫困落后的农村开始转向温饱与富裕，短缺而萧条的市场开始变得繁荣而活跃，城乡居民生活获得了新中国成立以来所少有的改善和提高。这是每个生活在改革时代的人都能感受到的。再从更具体的情况来看，哪一个地区、部门、企业的市场取向越大，同市场联系越紧密，其活力也就越大，经济发展也就越快；相反，与市场比较疏远、渗入市场比较少、利用市场比较差的经济成分、经济部门、经济地区，其经济发展也较慢，这都是明摆着的事实。

记者：但也有人认为，前几年宏观失控和目前经济生活中出现的种种问题，都直接或间接地与强调市场的作用有关，甚至认为是"市场取向"改革的必然结果。对此您作何解释？

刘国光：改革以来，旧的传统的经济体制开始逐步打破，新的经济体制又还没有完全建立起来，中国经济处于新旧体制并存和相互交替之中，这样，矛盾和摩擦就难以避免，经济生活中也就难免出现这样或那样的问题。但这不能归咎于"市场取向"的改革，并不是市场搞得太多的结果，而恰恰是我们现在的市场很不健全，对旧的计划体制进行"市场取向"的改革不深入、不彻底、不配套所造成的。因此，解决我国经济生活中各种问题的出路还在于继续推进"市场取向"的改革，建立计划经济与市场调节相结合的有计划的商品经济新体制。

　　记者：还有一个问题想请您谈谈：为什么社会主义经济改革中的"市场取向"必须是有计划指导和宏观控制的？

　　刘国光：我们主张"市场取向"的改革，就是要充分发挥市场机制的调节作用，而市场调节即价值规律的自发调节本身有其局限性和缺陷，如自发性、盲目性、投机性、无序性等。所以，我们固然应当重视价值规律，但不要认为价值规律本身能把一切事情管好，并把一切事情交给价值规律去管。我想，至少有这么几件事情要坚持计划指导和宏观控制，而不能交给或者不能完全交给价值规律去管。第一件事是经济总量的平衡——总需求、总供给的调控。如果这件事完全让价值规律自发去调节，其结果只能是来回的周期震荡和频繁的经济危机。第二件事是大的结构调整问题，包括农业与工业，重工业与轻工业，第一、二、三产业，积累与消费；加工工业与基础工业等。第三件事是公平竞争问题。认为市场能够完全保证合理竞争，是不切实际的。第四件事是有关生态平衡、环境保护以及"外部不经济"问题。第五件事是公正与效率的关系问题。这五个方面，是不能完全交给市场由那只"看不见的手"自发起作用的，而必须由看得见的手即国家、政府的干预来解决这些问题。总起来说，我们推进"市场取向"的改革，实行有计划的商品经济，但不能迷信市场，要重视国家计划、宏观调控的作用，也就是要看到"笼子"的作用。当然，计划管理的"笼子"可大可小，要看部门与产品，根据具体情况而定。这里有必要说明的是，计划体制也要适应商品经济发展的要求进行改革，在经济发展战略切实可行，宏观经济政策选择得当，国民经济比例大体协调的环境下，推进"市场取向"的改革，就不但不会导致经济的自由化、私有化，而且会使国民经济更加生气勃勃、稳步发展。

　　记者：经过三年的治理整顿，我国宏观经济环境已大有改善，经济体制改革又进入一个新的大好时机。请您谈谈 20 世纪 90 年代我国经济体制改革的取向及大致设想。

刘国光：实践证明，党的十一届三中全会以来我国经济体制改革的取向是完全正确的。所以，90 年代，我们的改革还要朝着前十多年走过的改革道路，即有计划指导、有宏观控制的"市场取向"改革的方向前进；并且要在改革已取得相当程度成功的基础上，把"市场取向"的改革推向前进，进一步扩大市场机制的作用，继续按商品经济市场规律的要求改造我们的计划经济，逐步建立起计划经济与市场调节相结合的有计划的商品经济新体制。

从这一基本取向出发，我认为 20 世纪 90 年代我国经济体制改革的大致构想是：一是要真正建立起行之有效的宏观经济调控机制，也就是逐步建立符合计划经济与市场调节相结合原则的宏观调控体系。这就要求推进财政、金融、收入分配等体制改革，完善财政政策、货币政策和收入分配政策等。二是要逐步建立起反应灵敏的市场运行机制。这就要求逐步缩小指令性计划的范围，建立和健全各种市场体制和市场规则，维护市场秩序，加快全国统一市场的形成，加快价格改革的步伐，理顺价格关系，建立起及时、准确灵敏反映市场变动的市场信号系统。三是要构筑充满生机和活力的微观经济基础。这就要求转换企业经营机制，将企业推向市场，使企业真正成为一个自主经营、自负盈亏、自我发展和自我约束的商品生产者和经营者。

我坚信，中国的希望在于深化改革，扩大开放，改革开放的成功在于坚定不移地推进"市场取向"的改革。

（原载《西南物资商业报》1992 年 2 月 11 日）

试用马克思主义哲学方法总结改革开放经验

一个不会反思的民族，不可能成为伟大的民族。一个民族的伟大，与其百折不挠的民族精神息息相关。改革开放历时 30 年，对于这样一场关系全国人民福祉的伟大运动，我们更应该进行全方位的反思。反思就是总结历史的经验教训。然而，总结经验会有不同的立场、观点和方法。马克思主义者从来不掩饰自己的立场、观点、方法。从马克思主义哲学方法论的角度来分析问题，是我们共产党人的一贯做法和宝贵传统。既然改革开放是用马克思主义普遍原理指导中国具体实践的结果，既然是马克思主义普遍原理与中国改革开放具体实践相结合产生了中国特色社会主义理论体系，那么，总结改革开放 30 年的经验，当然可以用马克思主义的哲学方法。我用其中的一些观点方法，对改革开放 30 年作一个总体性的思考。

辩证地看待改革开放三十年

对立统一规律，就是说一切事物、现象、过程都可分为两个互相对立和互相统一的部分。一分为二是毛泽东对唯物辩证法对立统一规律的科学简明的表述。

中华人民共和国成立后近 60 年的历程极不平凡。前 30 年坎坷曲折，走了许多弯路，但有问题并不能掩盖所取得的伟大成就，更不能像某些人那样将历史成就一笔抹杀。改革开放以后的 30 年，取得了更大的成就，这是有目共睹的事实：经济保持平稳快速发展，经济总量迅速扩大，财政收入连年显著增长，国家经济实力大幅提升。到 1999 年，我国经济总量排名世界第七，此后一路赶超意大利、法国、英国，目前已超过德国，照此速度发展下去，五年内有望赶上日本。如果以购买力平价衡量，现在就已经是仅次于美国的世界第二大经济体。进出口贸易增速、占世界贸易的比重都在稳步提高，成为世界贸易不可忽视的重要力量，在世界贸易中的位次从 2001 年的第 6 位提高到了第 3 位，超过了英国、法国和日本。在迅速发展过程中，城乡居民收入显著增加，人民生活福利整体上有了巨大改善，改革开放和全面建设小康社会取得重大进展。

与过去相比，经济体制变活了。在国家的宏观调控下，市场起到配置资源的基础性作用，大大消除了传统僵化体制的消极影响，初步确立了社会主义市场经济体制。通过转换企业经营机制，大力推进传统产业的技术进步，增强了企业按照市场需求组织生产经营活动的能力，加快推进经济增长方式由粗放向集约的转变，经济增长的质量和效益都有了明显的提高。

总之，我们对这 30 年所取得的成就，无比欢欣鼓舞，成绩应当充分肯定。但同时，也要看到问题和潜在的风险。这就是一分为二。

30 年来，特别是最近一段时期，社会经济面临深刻变化，深层次矛盾逐渐显露，遇到了过去少有的问题；过去即便有，也是很小的问题，不是主要问题，现在则成了主要问题。这里列举几个：（1）贫富差距扩大。尽管基尼系数不足以说明问题，但是，近年来基尼系数上升速度很快，改革初期低于 0.3，现在却接近 0.5，达到了全世界少有的水平。社会阶层贫富差距悬殊，在世界上也是很突出的。（2）腐败盛行，经济案件愈来愈多，愈来愈重。（3）社会道德沦丧，重利轻义，世风渐衰。（4）环境破坏严重，资源越来越紧张。

对于这种发展态势，大家感到担忧，认为如果任其发展下去，后果不堪设想。生产力发展了，国家经济实力增强了，但是，如果生产出来的财富越来越集中在极少数人的手里，这样的改革，不是社会主义的成功，而是资本主义的成功。如果对于改革掌控不好，此种前景也不是没有可能的，不能完全排除。

但是，是不是像一些人说的那样，邓小平同志反复告诫的那些话"如果我们的政策导致两极分化，我们就失败了"① 已经变成了现实呢？我在

---

① 参见《邓小平文选》第三卷，人民出版社 1993 年版，第 111 页。

《关于分配与所有制关系若干问题的思考》① 一文中有个论证：虽然贫富
分化的趋势已经相当严重，但还没有达到两极分化而社会无法承受的程
度。我这里想强调的是，我们党和政府正在以百倍的努力和高度负责的精
神，解决收入差距扩大和其他种种社会民生问题。

总之，辩证地一分为二地看，改革总体上是成功的，有问题并不能掩
盖已经取得的伟大成就，不能说社会主义改革已经失败，不能倒退，改革
不容否定。

否定之否定——改革在更高层次上的综合

否定之否定规律也是辩证法的普遍规律。简单地说，就是正、反、
合。事物是矛盾的，事物矛盾的斗争，从量变到质变，是一重否定；由新
的量变再到质变，又是一重否定。矛盾发展，否定了前一个阶段的事物，
然后再发展，又否定了上一个阶段的事物。否定之否定，并不是回到过
去，而是在更高层次上的综合，由此推动事物向更高阶段发展。

对于中国的改革进程，也要辩证地看。如果说改革开放之前是"正"，
改革开放之后的一段时期就是"反"，这是一个否定。这里的"反"是纯
粹从方法论上、从逻辑上讲的正反，而不是价值判断，不是要否定改革开
放。

改革开放以前和改革开放以后的正、反很清楚地表现在社会经济生活
的各个层面、各个方面，主要有：（1）经济运行机制，由社会主义计划经
济体制转向社会主义市场经济体制，由计划为主转向市场为主，市场起基
础性调节作用。（2）所有制结构，过去是单一的公有制，越大越公越纯越
好，一切向国有制看齐，改革后是多种所有制共同发展，个体经济、私营
经济、外资经济以及其他各种混合所有制经济都出现了，这是以前没有的
新现象。（3）分配制度，过去名义上是按劳分配，实际上是"大锅饭"，
即偏于平均主义的"大锅饭"。平均主义遏制了大多数人的勤奋努力，改
革后变成了让一部分地区、一部分人先富起来，如邓小平所讲的"先富、

---

① 刘国光：《关于分配与所有制关系若干问题的思考》，《开放导报》2007 年第 5 期。

后富"已经出现了，收入差距拉开了，这是好现象，对社会进步、经济发展有很大的激励作用。

30年来，一正一反，才形成现在的局面，也积累了不少新矛盾。经过30年的发展，当前正进入一个新的阶段，要对一些新矛盾进行一些新的反正，从而在更高层次上转向新的综合。

关于经济运行机制，在继续坚持市场改革的同时，要重新强调国家宏观计划调控的作用

改革后，经济运行机制逐步由计划经济转向市场经济，市场逐渐取代了计划，向广度和深度进军，占领阵地，推动中国经济生动活泼地向前发展。在全部商品流通总额中，市场调节部分目前已占到90%以上。几年前有人估计，市场经济在中国整体上完成程度已达到70%左右。现在看来，社会主义市场经济已经初步建立。

目前，社会主义市场经济还不够充分、不够完善，市场经济还有一些不到位的地方，如资源要素市场、资本金融市场等，都还需要进一步发展到位。也有因为经验不足、犯了市场幼稚病，从而导致过度市场化的地方，如在教育、医疗、住宅等领域不该市场化的部分也搞市场化，以至于发展到对市场迷信的地步，带来一系列不良后果。

市场经济初步建立之后，市场的积极方面和消极方面都充分展现出来。市场经济在发挥激励竞争、优化资源配置等优越性的同时，它本身固有的缺陷，经过30年的演变，也逐步显露出来。特别是在总量综合平衡、环境资源保护以及社会公平分配上引发的问题，在中国不是市场经济本身能够解决的。因此，改革开放30年的结果，一方面，经济发展取得很大成绩，另一方面，社会经济出现新的矛盾，资源环境、分配民生等矛盾越积越多。这与国家宏观计划调控跟不上市场化的进程，有一定的关系。

本来，我们所要建立的市场经济，就是国家宏观调控下的市场经济，这一根本点在1992年就明确地写入了党的十四大文件。[①] 这些年来，国家

---

① 《中国共产党第十四次全国代表大会文件汇编》，人民出版社1992年版。

对经济的宏观调控在不断加强，我们在短期经济波动的控制上，先后取得了治理通货膨胀和治理通货紧缩两方面的成功经验。但是，国家计划对短期和长期宏观经济发展的导向作用明显减弱，计划本身多是政策汇编性的，很少有约束性问责的任务，计划的要求与执行的实际效果相差很大，国家计划控制不了地方的盲目扩张行为。总之国家计划失之软弱，变成可有可无的东西。这影响到宏观调控的实效，造成国民经济发展许多方面失衡。

现在是到了在继续坚持市场取向改革的同时，强调加强国家计划在宏观调控中的指导作用的时候了。针对国家宏观计划调控跟不上市场经济发展的现状，党的十七大提出要"发挥国家发展规划、计划、产业政策在宏观调控中的导向作用，综合运用财政、货币政策，提高宏观调控水平"。①十七大重新强调多年未提的发挥国家计划的导向作用，这有十分重要的意义。

众所周知，宏观调控有以下几种主要手段：财政政策、货币政策和计划手段。至于产业政策，则属于计划手段。规划也是一种计划。所以主要就是上述三种手段。尽管只有少数市场经济国家设有计划机构，并编有预测性计划，一般不用计划手段，但中国作为社会主义国家，有必要在宏观调控中利用计划手段。十四大报告明确指出："国家计划是宏观调控的重要手段之一。"② 在财政、货币、计划三者的关系中，计划应是财政、货币政策的指针，财政、货币政策要有计划的指导。国家计划与宏观调控不可分，计划是宏观调控的主心骨。国家计划有年度计划，还编制五年、十年的中长期发展规划。年度计划包含经济增长速度、投资总额、财政预算、信贷总额、外汇收支、失业率、物价上涨率和人口增长率等指标，每年都由国务院提出、经全国人民代表大会批准，应当是有法律和行政效力的。这些中长期规划和年度计划，都应该在宏观调控中起导向作用，具有约束力，关键之处还应问责和追究法律责任，这样的国家计划才能对宏观调控起到导向作用。

---

① 《中国共产党第十七次全国代表大会文件汇编》，人民出版社 2007 年版，第 26 页。
② 《中国共产党第十四次全国代表大会文件汇编》，人民出版社 1992 年版，第 23 页。

在市场经济初步建立之后，市场的积极作用和消极作用都充分展现了出来。然而，目前在"市场化改革"的口号下，迷信市场成风，计划大有成为禁区的趋向。在这种氛围下，重新强调社会主义市场经济要加强国家计划在宏观调控中的作用，看来是十分必要的。

这次十七大重新强调了国家计划在宏观调控中的导向作用，并不是如某些人所歪曲的那样，"要回到传统计划经济模式"。重新强调国家计划在宏观调控中的导向作用，不同于过去的"传统计划经济"，而是计划与市场在更高层次上的新的结合，这主要表现在：（1）现在的计划不是既管宏观又管微观的无所不包的计划，而是只管宏观，微观的事情主要由市场调节。（2）现在资源配置的基础性手段是市场，计划只是弥补市场缺陷与不足的必要手段。（3）现在的计划主要不再是行政指令性的，而是指导性、战略性、预测性的计划，同时要有必要的约束和问责功能。

国家计划导向下的宏观调控，是中国特色社会主义市场经济的应有之义，不能把"计划性"排除在社会主义市场经济含义之外。1992年5月9日，中共中央总书记在中央党校讲话中提到十四大将选择社会主义市场经济体制的时候，强调指出"社会主义市场经济就是有计划的"，[①] 讲得很明确。我们要在此精神的指导下，努力改进国家计划工作和宏观调控工作，使计划名副其实地起导向作用，指导社会主义市场经济的发展，实现市场与计划的更高层次的结合。

关于所有制结构，在坚持多种所有制共同发展的同时，
要重新强调"公有制为主体"

关于所有制改革，现在也到了否定之否定的合的阶段。改革前，是单一公有制形式，越大、越公、越纯，就越好，脱离了生产力而不断改变生产关系。改革后，是多种所有制形式共同发展。这是一个否定。这个正反变化的一般规律是公私比例关系"公"降"私"升。改革以前，中国的私有经济几乎为零，公有制占有绝对主体地位，因此，在相当一段时期

---

① 江泽民：《论社会主义市场经济》，中央文献出版社2006年版，第6页。

中，非公有制经济保持超过公有制经济的发展速度，从而增加非公有制经济在总体经济中的比重，公有制比例下降、私有制比例上升，是合理的变化过程。这个正反变化过程已经持续了30年。

现在是不是到了一个新的时期，"公"降"私"升是不是到了一个关头，到了一个关键阶段，需要重新考虑一下，来一个新的否定、新的综合？

关于公有制是否还占据主体地位，现在社会上有三种意见（这三种意见都是有文字可查的）。第一种意见认为，现在还是以公有制为主体。不过，这种计算方法有问题，它将自然资源、行政性资产等都计算在内。几年以前，有同志曾试图解答这一问题，把资源性资产都算作国有资产，那公有制资产当然可观，土地就是一大笔财富，其结论自然会是以公有制为主体。这个回答是远远不够的。我们这里讲的国有资产，应该是指经营性资产，不包括资源性资产。第二种意见认为，公有制地位已经动摇，在一些地区、一些部门，公有制已不占主体地位。第三种意见认为，公有制优势已经丧失，私有制占据主体地位已经是既成事实了。

持第三种意见的有两种人。一种人是担心这种情况出现会导致严重后果，认为不能这样。现在公有制丧失主体地位，国家应该想办法挽回。另一种人的意见是赞成私有化，认为在中国不宜再提姓"公"姓"私"的问题，既然已经不是公有制为主体，私有化目的已经达到，干嘛还要再提？理论界就有人提出，经济改革已经成功，现在应进行政治改革了。这些人所讲的经济改革成功，就是指公有制变成私有制已经基本完成。上述两种人的观点都认为公有制经济在中国已经不占主体地位，只是态度和倾向不同。

以上几种看法，都是各人根据自己的估计得出的。在国家综合部门、统计部门尚未拿出公私结构的正式的全面数据以前，难以准确判断我国的所有制结构现状。

但是，从十四大、十五大、十六大一直到现在，党的文件一贯坚持公有制为主体、多种所有制经济共同发展的基本经济制度，没有一个文件不要公有制为主体。十七大重申了党的这一主张，确认要"坚持和完善公有制为主体，多种所有制经济共同发展的基本经济制度"。① 这当然不是停留在字面上的空话，而是要坚决贯彻落实的经济方针。我国的所有制结构和各种所有制比例现在已经变成什么样，公有制是否还占据主体地位，社会上对此有很多议论，已经有人将这一意见提交到全国人民代表大会，要求我们国家的统计机构和有关部门公布这方面的材料，并希望人大监督这个事情。

现在到了需要进行新的综合的时候，要坚持"两个毫不动摇"，即毫不动摇地坚持公有制为主体，毫不动摇地发展多种所有制形式，不能只强调发展非公有制经济，不能只强调一个毫不动摇。首先要毫不动摇地坚持公有制的主体地位，同时要毫不动摇地发展非公有制经济。

有人攻击公有制效率低，是官僚经济，是权贵经济；不是国家的财富，而是少数人的财富。我在一篇文章中谈到这个问题。② 公有制并非注定效率低，六十年代我国的"鞍钢宪法"有很好的经验，日、美、欧企业管理都吸收了它的经验，这是众所周知的事情。资本主义国家的国有企业也有管理得很好的，并不是一概效率低。改革后，公有制的低效率，是与私有化预期联系在一起的；而且效率愈来愈低，也是与前几年经济调整、伴随"国退民进"发生的现象，国有企业经营不善，国有资产流失，巧取豪夺、改头换面通过各种渠道流失，一夜之间从地底下冒出千百万家财万贯的财富精英，与刮起来的这股私有化之风有着千丝万缕的内在联系。

国有经济的内部管理也存在问题。某些企业管理不善，变国有资产为少数企业高管人员的私有财产；就算没有 MBO，一些国有企业的领导层也在腐化变质，领取几百万年薪的高工资，而普通职工的月薪只有几百、几千元。这些违背了社会主义公有制固有的属性。人家攻击我们的国有经济已经不是公有制，并非完全虚指，也指出了一些问题。

国有企业本身应进一步改革，既不能变回到过去"大锅饭"的旧体制，也不能维持现在被扭曲的形象，而是要在社会主义条件下解决目前存在的垄断和腐败问题，解决企业内部的激励机制问题；要使得国有企业真

---

① 《中国共产党第十七次全国代表大会文件汇编》，第 25 页。
② 载《开放导报》2007 年第 5 期。

正体现社会公平，同时又有激励机制。这种探索，西方国家不是没有先例。西方国家也有国有企业，也有国家公务员，看看二者的收入比例，差距不会像我们现在拉得那么大。国有企业的领导与国家机关工作人员一样，都是国家的公职人员，不能完全按照私有经济的法则办事。所以，国有企业管理层的腐败一定要治理。

农村所有制的"否定之否定"，集中体现在邓小平同志所讲的"两个飞跃"上。第一个飞跃是废除了人民公社，实行家庭联产承包责任制，这是改革开始时的一个否定。家庭联产承包责任制促进了农村经济的大发展，经过了30年的发展，农村发生了翻天覆地的变化。现在应当着手实现第二个飞跃，即发展新的集体经济。集体经济也是公有制的实现方式。邓小平同志讲"两个飞跃"时就说，"公有制为主体，农村不能例外"。①这是又一个否定。但是，这是新阶段的新综合，不是回到过去吃"大锅饭"的人民公社制度和生产队体制，而是要充分考虑保障农民和农户的财产权益，在此基础上鼓励新的集体合作经济，包括专业合作和社区合作。

新型集体合作经济已经在中国大地上萌生，茁壮成长。如江苏的华西村、河南的南街村、山西的皇城村、山东的南山村，等等，还有苏南、浙江、广东一些农村最近兴起的社区股份合作企业，这些集体合作组织带动农民走共同富裕的道路，为加快建设社会主义新农村作出了贡献。对这些新型的集体合作经济，现在社会舆论、宣传部门的重视程度还不够，某些媒体还在找茬挑剔，冷嘲热讽。如果社会舆论和政府决策能给予更多的关心和支持，它们是可以为我国农村走社会主义道路开辟锦绣前程的。

关于分配关系，要从"让一部分人先富起来"转向"更加重视社会公平"

从分配上的平均主义到拉开收入差距，允许一部分人通过诚实劳动

---

① 1992年7月，邓小平同志在审阅中共十四大报告稿时说："我讲过，农业的改革和发展会有两个飞跃，第一个飞跃是废除人民公社，实行家庭联产承包为主的责任制，第二个飞跃就是发展集体经济。社会主义经济以公有制为主体，农业也一样，最终要以公有制为主体。"（参见《邓小平年谱（1975—1997）》（下），中央文献出版社2004年版，第1349页。）

先富起来，是完全正确的，是改革后一次最成功的否定。但是，如果收入差距拉得太大，以至于贫富分化造成难以逾越的鸿沟，出现两极分化，就不对了，那就需要来一个新的否定，让先富带后富，缩小贫富差距，走向共同富裕的道路，实现分配领域的更高的综合。

在改革开放后的一段时期内，强调效率优先、兼顾公平，有其正面的积极作用，可以促进效率，促进生产，促进经济发展。但是，过了这个阶段，贫富差距扩大，不能实现先富带动后富，不能实现共同富裕，不能实现公平的目标。这个时候，就必须强调效率与公平二者同时并重，而且更加重视和强调社会公平。我在 2003 年《研究宏观经济形势要关注收入分配问题》① 一文中提出"逐步淡出效率优先、兼顾公平的口号，向实行效率与公平并重的原则过渡"。十六届四中全会文件未出现"效率优先、兼顾公平"的提法。2005 年我在《进一步重视社会公平问题》② 一文中，再次阐明了这一主张，还写了《要把效率优先放到该讲的地方去》。③ 这篇短文，除了指出把公平置于"兼顾"的次要位置欠妥外，还认为初次分配也要注重公平。2005 年十六届五中全会报告征求意见稿中还有"效率优先兼顾公平"和"初次分配注重效率，再分配注重公平"的字样，受到一些同志的非议；但是，五中全会文件最终定稿时，消除了这两种提法，同时突出了"更加重视社会公平"的鲜明主张。十七大还将初次分配也要重视社会公平这一原则写入了中央文件。④ 我上述的这些观点主张，与党中央的最终决策精神是一致的。

淡化"优先、兼顾"提法，强调"更加重视社会公平"，不是要回到过去，不是回到过去的"大锅饭"，不是回到过去的平均主义，而是在更高层次上的综合与提高。从平均主义到拉开收入差距、先富带动后富，"效率优先、兼顾公平"，然后再转回到"同时注重公平与效率、更加重视公平"，"初次分配和再分配都要重视公平"，这也是明显的正反合的例子。

----

① 《刘国光文集》第 10 卷，中国社会科学出版社 2006 年版，第 498—513 页。
② 同上书，第 582—594 页。
③ 同上书，第 623—625 页。
④ 《中国共产党第十七次全国代表大会文件汇编》，第 37 页。

总之，无论是运行机制、所有制结构还是分配制度，都有正反合三个发展阶段。还有其他很多例子，也都经历了这样三个发展阶段，也都可以运用这个方法总结。

改革过程中否定之否定的"合"的阶段正在开始，能不能坚持正确的发展观，把这个更高层次的综合做好，到了非常关键的时刻。综合得好，社会主义能够坚持，中国经济能够继续发展；综合得不好，经济不能发展，社会主义也不能坚持到底。有人说经济可以照样发展，但是，我可以肯定地说，如果中国社会主义不能坚持，社会不可能稳定，经济就不能持续健康发展。

改革开放由正到反，进一步从反到合，走向更高阶段的过程，向着中国特色社会主义前进，这样的综合，决不是倒退。倒退没有出路，也不会有回头路。不坚持市场取向的改革，中国没有出路；市场化走过了头，也没有出路。完全市场化，不要国家宏观计划调控；完全私有化，不要公有制为主体；完全的两极分化，不要社会公平，不是我们社会主义的本质要求。这是邓小平同志讲的。不走中国特色社会主义道路，改革开放就会失败，走中国特色社会主义道路，改革开放的前途就灿烂光明。

以上是用一分为二、否定之否定规律，用唯物辩证法的要领和方法来回顾总结这 30 年。辩证唯物主义中的质量互变规律，也有丰富的内容，在改革开放过程中的例子也非常之多。因为篇幅所限，这里就不做专门论述。以下将用历史唯物主义的概念方法来看这 30 年的一些问题。

关于生产力与生产关系之间的矛盾

生产力与生产关系这一对矛盾是任何社会发展的根本矛盾，生产力和生产关系的总和构成一个社会的生产方式。改革开放过程也充斥着生产力和生产关系的矛盾。比如"社会主义市场经济体制"，就包含生产力和生产关系两个方面，一方面是"社会主义"，另一方面是"市场经济"，二者是矛盾的，也是统一的。

"市场经济"主要着眼于发展生产力。发展生产力，必须发挥市场在资源配置中的基础性作用，不然很难有效率。这是被实践证明了的正确的结论。"社会主义"主要着眼于强调生产关系，社会主义不同于其他社会的特殊性就在于公有制、共同富裕这些体现社会主义生产关系的主要特征。离开了这些本质特征，就不是社会主义。

第一，邓小平同志讲社会主义的本质是发展生产力，这是专门针对"四人帮"搞"贫穷的社会主义"来说的，不是对社会主义泛指的定义。发展生产力，是一切社会形态都具有的一般特征，是共性的东西，任何一个社会都要发展生产力。

第二，社会主义的目的是要全国人民共同富裕，不是两极分化。单讲发展生产力，不讲生产关系，不讲社会公平，让少数人占有财富，而大部分人不能分享财富和技术进步，产生了两极分化，产生了新的资产阶级，邓小平同志说这是改革的失败。① 所谓改革的失败，不是指发展生产力的失败，而是指生产关系的失败，生产力可能上去了，或在一个短暂的时期里上去了，而社会主义生产关系没有了。按资本主义的观点看，则是资本主义生产关系的胜利，是资本主义"改革"的成功。为此，对"社会主义"和"市场经济"一定要统一地看，不可偏废。这是很重要的原则，不然就会变成资本主义市场经济。

第三，不能什么都讲姓"社"姓"资"，生产力就不能讲姓"社"姓"资"，生产关系中一些共性的东西，也不必去问姓"社"姓"资"。要造大飞机，要信息化、高科技、管理现代化，就不能讲姓"社"姓"资"。但是，生产关系中非共性的东西，就不能不讲姓"社"姓"资"。资本主义有益于我们经济发展的东西，如"三资企业"等，也应当拿来"为我所用"，而不是"为资所化"。但是，资本主义腐朽没落的、与人类文明背道而驰的那些东西，必须予以批判。所以，对于姓"社"姓"资"，一定要具体分析，这也是马克思主义的 ABC。

有些人打着邓小平的旗号，反对讲姓"社"姓"资"，说什么思想解放就是要从姓"社"姓"资"的思想束缚中解放出来，这是根本错误的，

---

① "如果我们的政策导致两极分化，我们就失败了；如果产生了什么新的资产阶级，那我们就真是走了邪路了。"（参见《邓小平文选》第三卷，第111页。）

而且歪曲了邓小平讲话的精神。邓小平不是不讲姓"社"姓"资",而是在提出计划市场问题时,在讲"三个有利于"原则时讲到不要讲姓"社"姓"资"问题。他说:"计划多一点还是市场多一点,不是社会主义与资本主义的本质区别。计划经济不等于社会主义,资本主义也有计划;市场经济不等于资本主义,社会主义也有市场。计划和市场都是经济手段。"①仅此而已,不是说一般地讲不要姓"社"姓"资"。邓小平同志讲"三个有利于"的时候,特别指出"发展社会主义社会的生产力"和"增强社会主义国家的综合国力"。在这些原则问题上,邓小平同志分明是讲姓"社"姓"资"的。邓小平同志还说自己反对资产阶级自由化最积极,一再强调要坚持社会主义的根本原则,即公有制为主体和共同富裕。说邓小平同志一般地反对区别姓"社"姓"资"是断章取义、恣意歪曲邓小平同志的根本主张。

关于经济基础与上层建筑之间的矛盾

经济基础与上层建筑是又一对矛盾。

就改革开放来说,经济基础与上层建筑的矛盾主要表现为经济改革与政治改革的矛盾。政治改革属于上层建筑。经济改革与政治改革的矛盾,是 30 年来尖锐的问题。特别是最近几年,有一种议论,说经济改革已经成功了,问题在政治改革,上层建筑不适应经济基础。其意思是说所有制已经基本完成了私有制为主体的变革,但是,政权不适应这种经济基础,政权还要进一步适应私有化,即整个政权的资产阶级化、西方化。境内外都有一些别有用心的势力主张这种"政治体制改革",实际上是要我们放弃中国共产党的领导,放弃社会主义制度。

改革开放初期,党的工作重心从阶级斗争转移到经济建设上来,更多地强调经济改革,这是必要的,也是应该的。与此同时,党一贯地强调政治改革。十三大提出政企分开、党政分开。1989 年以后有所缓进,这是由于国际国内环境有所变化。党政分开、政企分开有所缓步,但是,选举制

---

① 《邓小平文选》第三卷,第 373 页。

度、基层民主、行政体制等改革还是稳步推进，民主法制建设逐步改善。这些方面不是没有进展、没有改革，而是不断进步。十六大以后，中央又不断强调政治体制改革，十七大报告提出要坚定不移地发展社会主义民主政治。①

当然，政治领域的改革，相对于经济改革来说是滞后了一些。有些方面大家感觉进展慢了些，要求加快改革。比如权力制衡问题。权力缺乏监督，主要领导干部个人说了算，"人治"代替"法治"的弊端还很严重。我们不提倡西方式的"三权分立"的"普世"模式，但权力制衡总得要有的。没有制衡的权力、缺乏约束的权力一定要腐败。十七大提出建立健全决策权、执行权、监督权既相互制约又相互协调的权力结构和运行机制，② 就是分权制衡原则的运用，这方面我们需要加大改革的力度。

又比如领导人选举制度改革。列宁所说的领导人从群众中产生，对群众负责，这一点还要逐步逐层推广。目前，差额选举、基层选举放开了许多，淘汰制、竞选制、普选制有些进展，但效果不尽理想。"选举民主"和"协商民主"如何更好地结合，如何在人大和政协的框架内，在社会主义的原则下，在中国共产党的领导下，积极推进这些民主程序，确实需要更大的努力。

与上述正确的改革思路背道而驰的错误思潮，是新自由主义和民主社会主义，两股思潮都反对"四项基本原则"，反对中国特色社会主义，其核心是反对共产党领导，主张多党轮流执政。

反对资产阶级自由化，邓小平同志最积极。邓小平同志说："在实现四个现代化的整个过程中，至少在本世纪剩下的十几年，再加上下个世纪的头五十年，都存在反对资产阶级自由化的问题。"③ 邓小平强调坚持社会主义基本原则，以公有制为主体，不能出现两极分化，他只提出从政治上解决资产阶级自由化，那时只解决到这一步，没有从经济上解决资产阶级自由化，还没有发展到这一步。但是，不能说经济领域没有自由化，没有

---

① 《中国共产党第十七次全国代表大会文件汇编》，第 27 页。
② 同上书，第 32 页。
③ 参见《邓小平年谱（1975—1997）》（下），第 1172—1173 页。

资产阶级化倾向。资产阶级自由化，不但政治领域有，经济领域也有。私有化的观点、完全市场化的观点、政府守夜人的观点等等，这一系列观点都是经济领域里资产阶级自由化的表现。防止经济领域资产阶级自由化，就是防止经济领域变质，经济领域如果变质，政治领域会跟着变质。这是马克思主义的基本常识。把住这一关口非常重要。有人提出经济（所有制）改革已经"成功"，现在要随势而发，搞与"普世价值"接轨的"宪政改革"，就是这方面的强烈信号。因此，那种认为经济领域没有意识形态问题的观点，是大错特错了。

邓小平同志提出反"左"防右。"左"是带引号的，是极"左"，那是要反的，特别是我国在民主革命时期和社会主义革命时期，都受到极"左"路线的干扰，损失很大，痛定思痛，不能不反。但是不带引号的左，邓小平同志是从来都不反对的。马克思主义、科学社会主义在世界思想潮流中就是左派理论，共产党是左派政党，邓小平也是左派，不能说邓小平是右派、中派。如果不带引号的左也要反，那还有什么马克思主义？那还有什么共产党的领导？见左就避之唯恐不及，是极不正常的现象。共产党要明确自己就是左派政党，态度要鲜明。共产党事实上执行的是中左路线，团结中右，反对极右，防止极"左"。共产党不明确自己是左派的政党，就会迷失方向。

起码在社会主义初级阶段的一百年内，还要坚持中国共产党的领导，坚持"四项基本原则"。只要党的工人阶级先锋队性质不变，坚持科学社会主义方向不变，没有变成像社会民主党那一类的政党，那么，我们仍然会坚持社会主义初级阶段的基本路线，坚持中国特色社会主义道路。坚持社会主义初级阶段的基本路线，没有中国共产党的领导，这条道路是走不通的。换了其他什么政党，都不会有社会主义初级阶段。至于一百年之后，即在社会主义初级阶段以后，会是什么样的政治状况，要根据那时的情况而定。但是，在社会主义初级阶段，在可预见的时期内，必须坚持中国共产党的领导，不能实行多党轮流执政。坚持"四项基本原则"还是我们的基本主张。多党轮流执政，社会主义初级阶段就完结了。换了政权，整个路线就全变了，就不能保证我们向社会主义高级阶段过渡。

关于生产力内部的矛盾

生产力的内部矛盾也很多，其中对经济发展全局最重要的一个矛盾，就是外延与内涵、粗放与集约之间的矛盾。到底是注重速度、数量，还是结构、资源、环境、质量，这是我国生产力发展中的一个突出问题。

由粗放发展方式转向集约发展方式，这是"双重模式转换"中的一重。"双重模式转换"包含体制模式的转换和发展模式的转换。发展模式转换指的就是生产力内部的矛盾。这是非常概括性的内容，也是很重要的实质性问题。过去讲求速度、数量，轻视结构、资源、环境、质量，现在仍然没有完全克服这种倾向，片面追求产值速度的现象还很严重，特别是一些地方还存在 GDP 崇拜，牺牲后代利益加速眼前的发展，这种发展实际上是不可持续的。这是改革开放 30 年来很大的一个问题，积重难返。现在正在大力扭转。特别是按照科学发展观的要求，提出促进经济增长由主要依靠投资、出口推动向依靠消费、投资、出口协调推动转变，由主要依靠第二产业带动向依靠第一、第二、第三产业协同带动转变，由主要依靠增加物质资源消耗向主要依靠科技进步、劳动者素质提高、管理创新转变。这是促使我们的经济发展由片面追求速度向全面协调持续发展转变的正确途径。

"双重模式转换"是 20 世纪 80 年代中期由理论界提出来的，"九五"以后，党的文件正式确定为"两个根本性转变"的方针，十六大以后更是非常强调这个方针。十七大报告将"增长方式"重新改回到"发展方式"。①

生产力的内部矛盾和生产关系、上层建筑是有联系的。30 年的经验证明，发展方式转变会受到生产关系和上层建筑中一系列关系的制约。地方上片面追求 GDP，与财政体制、考核制度等有关。如有的省份颁布县级领导考核指标，按 GDP 增幅给予奖金，还有些地方层层分解招商引资任务，这样的地方怎么会不片面追求 GDP 呢？资源环境问题，跟价格机制、竞

---

① 《中国共产党第十七次全国代表大会文件汇编》，第 15 页。

争状况都有关系。这些都需要从体制上解决。

关于生产关系内部的矛盾

生产关系内部的矛盾，也是千头万绪。这里只讲所有制和分配关系。这是我们改革过程中的一个重要问题。

所有制和分配制都是生产关系。按照马克思主义观点，所有制决定分配制。但是，人们常常忽略这个观点。在分析我国贫富差距扩大的原因时，人们举了很多理由，如城乡差别扩大、地区不平衡、行业垄断、腐败、公共产品供应不均、再分配调节落后等，不一而足。这些缘由都能成立，但不是最主要的。造成收入分配不公的最根本原因被忽略了。

财产占有上的差别，是收入差别最大的影响因素。连西方资产阶级经济学家萨缪尔森都承认，"收入差别最主要的是拥有财富多寡造成的，和财产差别相比，个人能力的差别是微不足道的"。他又说，"财产所有权是收入差别的第一位原因，往下依次是个人能力、教育、培训、机会和健康"。① 改革开放 30 年来我国贫富差距的扩大，除了以上列举的一系列原因外，跟所有制结构的变化，跟"公"降"私"升和化公为私的过程有紧密的联系。这种关系，被某些学者在分析收入差距原因时，故意忽略掉了。

在调整收入分配差距关系、缩小贫富差距时，人们往往从分配关系入手，特别是从财政税收、转移支付等再分配领域入手，完善社会保障，改善低收入者的民生状况。这些措施都是完全必要的，我们现在也开始这样做了。但是，仅从分配和再分配领域着手是远远不够的，不能从根本上扭转贫富差距扩大的问题。还需要从所有制结构，从财产制度上直面这一问题，从根本上阻止贫富差距扩大向两极分化推进的趋势。这就是邓小平所说的"只要我国经济中公有制占主体地位，就可以避免两极分化"。② 本文前面所讲的分配上的新综合，是以所有制上的新综合为前提条件的。所

---

① ［美］萨缪尔森：《经济学》下卷，高鸿业译，商务印书馆 1979 年版，第 231 页。
② 《邓小平文选》第三卷，人民出版社 1993 年版，第 149 页。

有制发展上要坚持"两个毫不动摇"，要坚持公有制为主体，毫不动摇地发展公私两种经济，不能只片面强调一个毫不动摇；要延缓"公"降"私"升的速度和程度，阻止化公为私的所有制结构转换过程。

社会意识形态与社会存在的关系

意识形态与社会存在的关系，也是历史唯物主义的一个重要问题。

社会存在决定社会意识，反过来，社会意识又反作用于社会存在。先进的社会意识推动社会进步，落后腐朽的社会意识阻碍社会进步。30 年来，我们在这方面经历了不少风雨，最重要的莫过于解放思想和改革开放的关系了。

邓小平同志很好地解决了解放思想和改革开放二者的关系。"解放思想，实事求是"思想路线的重新确立，与邓小平同志改革开放的思想紧密相关。邓小平同志指出："只有思想解放了，我们才能正确地以马列主义、毛泽东思想为指导，解决过去遗留的问题，解决新出现的一系列问题，正确地改革同生产力迅速发展不相适应的生产关系和上层建筑，根据我国的实际情况，确定实现四个现代化的具体道路、方针、方法和措施。"[①] 他所说的思想解放，是要正确地以马列主义、毛泽东思想为指导，解决我们前进中遇到的一系列问题。思想解放不能离开了这个根本。

我不厌其烦地引用邓小平同志的原话，是因为现在某些人的思想解放早已离开了这一根本，却还在"高举"邓小平的旗帜，高调提倡"进一步思想解放"。他们称当前"新的思想解放"或"第三次思想解放"，是从冲破姓"社"姓"资"，到冲破姓"公"姓"私"，概括起来就是冲破"所有制崇拜"。那就是不要公有制为主体，不要社会主义基本经济制度。所谓"新的思想解放"的实质就在这里，他们的思想解放就是要结束社会主义基本经济制度，从而结束社会主义。

某些观点的精神实质，就是要把中央在十七大提出的解放思想说成是"新"的思想解放，特别强调 30 年改革开放的伟大历史进程在意识形态领

---

① 《邓小平文选》第二卷，人民出版社 1994 年版，第 141 页。

域始终贯穿着姓"社"姓"资"、姓"公"姓"私"的争论，而每次改革开放的突破都是以解放思想为先导的。他们讲的"新"的思想解放，其"新"在何处呢？用他们自己的话来说就是，新在从姓"社"姓"资"的束缚中解放出来，不要用社会主义的观念阻碍向资本主义前进。不要提姓"社"姓"资"，那就意味着不要再提社会主义制度与资本主义制度的区别。这些人完全曲解了邓小平同志的原意。邓小平同志明确地把坚持社会主义作为改革开放的前提。他说："我们实行改革开放，是怎样搞社会主义的问题，作为制度来说，没有社会主义这个前提，改革开放就会走向资本主义，比如说两极分化。"① 因此，所谓的"思想解放"也分两种情况。一种是以马克思主义、科学社会主义为指导的思想解放，这是促进我们的改革开放向社会主义自我完善的方向前进的；另一种是以新自由主义、民主社会主义为指导的思想解放，这将把我们的改革开放推到一个不是我们党所规划的方向。所以，不能天真地认为凡是思想解放都能正确引导和推动我们的改革开放，要警惕有人想利用思想解放来误导改革开放。

当然，在社会存在、社会利益多元化以后，多种社会思潮的出现，非马克思主义、反社会主义思潮的出现，是不可避免的。历史经验证明，对于多种多样的社会思潮，放任自流不行，简单堵塞也不行。兼容并蓄似乎是和谐社会应有之义。但一切事情都要有一个度，不能让一些非常错误的思潮把人们的思想搞得乱七八糟、六神无主，不能让这些错误思潮像戈尔巴乔夫和雅可夫列夫导致灾难后果的"多元化"、"公开性"那样，把我国的改革和发展的方向引入歧途。所以，在实行多样化、包容一些非马克思主义、反社会主义思潮存在的同时，一定要强调"主旋律"，强调切实地而不是形式主义地宣传马克思主义，强调宣传科学社会主义，强调宣传坚持四项基本原则和改革开放的中国特色社会主义。用"主旋律"来教育人民，统一思想，筑牢社会团结进步的思想基础。要给宣传正确思想、批判错误思想以更多的话语权。批判与反批判从来就是追求科学真理的必由之路，各种思潮的和平共处并不有利于和谐社会的建构，这一点并不是像某些天真的同志所幻想的那样。当然，我们也要防止利用争鸣来制造社会

---

① 参见《邓小平年谱（1975—1997）》（下），第 1317 页。

不和谐的杂音。

　　30 年过去了，我们仍然要继续解放思想，要与时俱进，但要坚持邓小平同志所倡导的以正确的马列主义毛泽东思想为指导，就是要以马克思主义与当代中国实践相结合的中国特色社会主义理论为指导，解决过去积累以及新出现的问题，正确改革与生产力不相适应的生产关系和上层建筑。传统社会主义思想当中不适应社会主义自我完善的东西，如社会主义与商品市场经济不相容，所有制结构只能是"一大二公"不允许非公有制经济存在等教条，必须加以破除，建立符合社会主义初级阶段、建立社会主义市场经济体制的新观念。今后还要进一步扫除妨碍社会主义制度自我完善的意识形态，树立促进社会进步的新思想新观念。但是，思想解放是有底线的，不是无边无际地胡思乱想，这个底线就是发展了的马克思主义和科学社会主义。忽视了社会主义的底线、突破了社会主义初级阶段的思想解放不是我们所需要的，也不是我们所希望看到的。

　　（《中国社会科学》2008 年第 6 期发表时原题为"试用马克思主义哲学方法总结改革开放 30 年"，原载《中国社会科学》2008 年第 6 期。）

关于全面认识共和国六十年 历史的若干问题

前 30 年和后 30 年

今年是新中国成立 60 周年。60 年来，我国人民在中国共产党的领导下，对建设社会主义进行了艰辛的探索，包括前 30 年和后 30 年，都取得了辉煌的成就。后 30 年是在前 30 年的基础上进行的，取得成就更大一些，是理所当然的。同时，前 30 年和后 30 年也都走过曲折的道路，都有各自的失误。这些经验都值得我们总结，作为今后继续前进时，需要思考的宝贵财富。

去年庆祝党的十一届三中全会召开 30 周年。我们当时着重强调 30 年来改革开放的成就，这是很必要的。由于要突出后 30 年，对前 30 年的评价，就有不同的看法，这也是不奇怪的。可是值得注意的是，某些人，利用庆祝和总结后 30 年，乘机否定前 30 年，歪曲党的历史，否定党的领袖，要"抹掉 1949 年以后"，要"进行历史性清算"，"架上历史的审判台"。一些无良学者，假借探索历史分期学术研究的幌子，提出中国自 1840 年鸦片战争以来，只有两个划时代的标志性历史事件：1911 年的辛亥革命和 1978 年的改革开放；不承认中华人民共和国的成立为标志，其否定前 30 年的用心，十分明显。另有一些同志，虽然认可新中国成立是中国从半封建半殖民地社会转为社会主义社会的断代性标志事件，但同时也把十一届三中全会的召开与之并列，说它同样开辟了一个历史时代。这种看法表面上抬高了十一届三中全会的地位，实际上无形抹杀了共和国成立在中国近现代史上标志社会制度根本转变的划时代意义。十一届三中全会确实对共和国历史开启了一个新的阶段（改革开放阶段），具有十分重要的意义，但它毕竟是中国社会主义发展总的历史进程中的一个阶段，而不是一个划分历史时代的断代标志。

历史难免曲折。前30年的中国确实走过一些弯路，犯过这样那样的错误，主要是经济发展和社会改造有些过急造成的失误。如"大跃进"的急于求成，阶级斗争扩大化，包括"文化大革命"时期过"左"过乱的错误。但是这些缺点错误，盖不过新中国前30年的伟大成就，包括在半封建半殖民地极端落后的基础上建立崭新的社会主义制度，建立比较完整的工业体系和国民经济体系，能够独立自主地站在世界民族之林。前30年的缺点和错误是第二位的，成绩和成就是第一位的。同样，后30年的中国，在取得经济发展的飞速跃进，人民生活的总体提高和进入世界经济和政治重要一级的巨大成就的同时，在社会关系上发生某些倒退，如三大差距拉开，贫富鸿沟扩大，道德水平滑坡，等等；以及在社会与自然关系上，发生资源破坏生态环境恶化等问题。这些社会和自然问题，党和政府正在努力解决。这些缺陷同样盖不过后30年改革开放取得的巨大成就。后30年的缺点和失误是第二位的，后30年的伟大成就才是第一位的。

在新中国成立60周年之际，我们对前30年和后30年的辉煌成就和曲折失误，都应抱着客观的分析态度，绝不能只用后30年的成就来对照前30年的缺失，更不能抑后30年而贬前30年。这是不公正的。新中国的60年，统一于社会主义。新中国给我国人民最宝贵的东西，也是社会主义。60年前，新中国如旭日东升，跨入了社会主义时代。60年来新中国经历了前后30年的两个阶段。前30年新中国社会主义制度的确立，奠定了社会主义建设的基本方向；十一届三中全会以后的后30年，对社会主义建设事业的继承与发展，也是建立在前30年建成的社会主义的基础上的。这两个阶段的辉煌成就和曲折道路，无不与社会主义血肉相连。60年后的新中国，以中国特色社会主义的名义，仍然屹立于世界东方。社会主义中国没有改旗易帜，人民也绝不会让它改旗易帜，这是值得我们亿万人民欣慰的。

经济建设与阶级斗争

改革开放以后，我们党以经济建设为中心代替了以阶级斗争为纲的口号。这一转变，对近三十年来引导全党全国聚精会神集中力量搞经济发展，推动我国经济实力日益强大，起了巨大的推动作用。由此在社会上也产生一种看法，认为后 30 年才重视经济建设，不搞阶级斗争，搞出了一个富强的中国。而前 30 年则一味只搞阶级斗争，忽视了经济建设，搞得中国落后封闭。这种看法不尽符合新中国历史发展的实际。

（一）对国内主要矛盾认识的分歧

任务的提出与对国内主要矛盾的认识有关。社会主义中国的主要矛盾是什么？是无产阶级与资产阶级之间、社会主义道路与资本主义道路之间的矛盾，还是人民日益增长的物质文化需要与落后的社会生产之间的矛盾？1949 年新民主主义革命在全国胜利后，国内矛盾转变为工人阶级与资产阶级之间、社会主义道路与资本主义道路之间的矛盾，这是得到了全党的共识的。1956 年社会主义改造基本完成，社会主义制度基本建立之后，对国内主要矛盾的认识发生了一些曲折。党的第八次代表大会宣布，国内主要矛盾已转为人民日益增长的需要同落后的社会生产的矛盾，党和国家的主要任务已由解放生产力转变为保护和发展生产力，即工作重点应转移到经济建设。但在 1957 年反右斗争以后，根据当时的形势，毛泽东重新提出无产阶级与资产阶级之间、社会主义与资本主义之间的矛盾，仍然是我国国内的主要矛盾。他在 1962 年党的八届十中全会上，又发展和强化了这一观点。认为整个社会主义历史时期，都存在两个阶级和两条道路的斗争。到"文化大革命"时期，成为"无产阶级专政下继续革命"理论和路线的重要依据。这样就把社会主义社会在一定范围内存在的阶级斗争扩大化和绝对化，导致了"十年动乱"的严重错误。

（二）前 30 年不是只搞阶级斗争，不重视经济建设

尽管发生过过分夸大和扩大阶级斗争的曲折，但是不能认为前 30 年毛泽东和我们党只着重搞阶级斗争，而不重视经济建设。毛泽东早已提出一个政党的先进性在于是否通过上层建筑与生产关系的革新来推动生产力的发展。革命战争时期，他十分重视根据地的经济工作，以保证战争供给。接管城市之后，立即把工作中心转向生产建设。国民经济恢复和向社会主义过渡时期，抓对资的限制和反限制的斗争以及所有制的改造，也是围绕社会主义工业化建设的任务进行的。社会主义建设总路线，反映了广大人民迫切要求改变我国经济文化落后的面貌，其缺点是因求快过急，犯了主观冒进、忽视客观经济规律的错误。这在 20 世纪 60 年代经过调整经济，得到纠正。尽管八届十中全会把阶级斗争提到空前的高度，毛泽东还是指出要分开工作问题和阶级斗争问题，不要因为对付阶级斗争而妨碍了工作（包括经济工作），阶级斗争和工作平行，不要放在很重要的地位。所以虽然重新强调阶级斗争，但对经济工作的影响不大，国民经济的调整工作得以顺利完成。

"文化大革命"十年中，提出抓革命、促生产。尽管因阶级斗争的冲击受到一些损失，但国民经济只有两年有所下降，其余各年都是继续增长的，并且在一些重要领域，取得比较重要的成就。1975 年第四届人大会议上，周总理重申 1965 年第三届人大就已提出的四个现代化建设两步走的宏伟战略设想，成为后来（包括"文化大革命"以后）我国经济建设的纲领。所以，绝不应当否认前 30 年毛泽东领导下中国人民在经济建设上的努力和成就。不然，何来社会主义经济基础的建立？何来比较完善的工业体系和国民经济体系的建立？当然，前 30 年的经济建设是受到了一些扩大化了的阶级斗争的干扰，如"大跃进"中国民经济的倒退，"十年动乱"中也受到一些损失。如果没有这些曲折，我国经济建设的成就还会更大。

（三）1978 年重申工作重点转移，以经济建设为中心到科学发展观的形成

十一届三中全会提出把全党全国工作转移到经济建设上来。这是党的八大决议的重申。八大认为 1956 年社会主义改造基本完成后，国内主要矛盾起了变化，所以主要任务也要转移。这个决定在以后党的历次代表大会正式文件中并没有改变，但是由于另一个主要矛盾即阶级矛盾的重叠的结果，经济建设这个主要任务执行得不很理想。所以"文化大革命"结束后需要重提、恢复和延续。这一重提、恢复和延续极其重要。如前所述，它把全国全民的精力集中引导到经济建设上面来，一心一意发展社会生产力，使中国取得历史性世界性的空前进展。

工作重点转移之后，"发展才是硬道理"便成为我们一切工作的指针。同时出现了举国上下追求 GDP 增长速度的片面发展倾向。这要求我们进一步转变发展方式，实行以人为本、全面协调可持续发展的科学发展观，其基本方法来自毛泽东统筹兼顾、适当安排的思想，将其发扬光大，形成博大精深的理论体系，指导着我国今后的发展。

（四）阶级和阶级斗争主要存在于意识形态上层建筑领域，但在经济基础领域也有表现

阶级和阶级斗争问题不但存在于意识形态上层建筑领域，而且在经济基础中也有表现。30 年前剥削阶级作为阶级早已被消灭了。改革开放后，我们承认在社会主义初级阶段可以发展私营企业。1981 年我国重新出现第一个私营企业，到 2006 年就发展到 497.4 万户，为 1956 年私营企业 16 万户的 30 余倍。私营资本对社会生产力的发展无疑有很大的功绩，但它具有两面性，既有促进生产力发展的一面，也有剥削剩余价值的一面。私人资本剥削趋利的本性，给社会经济生活带来一系列问题。这个比新中国成立初期民族资产阶级还膨胀了几十倍的群体，够不够算一个阶级？"他们也是有中国特色社会主义事业建设者"，应当发挥他们的积极作用。同时，按其在生产关系中所处的地位，这个群体只能归属到资产阶级。现在只讲新的社会阶层，不讲阶级。但阶层分析只能补充而不能代替马克思主义的阶级分析。现在这个新资产阶级虽然邓小平不期望它再出现于中国，但毕竟出现了而且有自己的经济诉求（如要求进入垄断性关系国民经济命脉的领域）和政治诉求（如某些人大代表身份的资产阶级代表人物提出与共产党分庭抗礼的政治主张），难道还不足以说明问题？

生产资料所有制结构的变化，是否影响到公有制为主体的地位，已经引起了人们的注意和讨论。公降私升和私有化的发展趋势，官商勾结引致腐败丛生，等等，是使我国社会贫富差距扩大以及不断加剧的主要原因。

基尼系数的提高导致了居民有效消费需求的不足和生产过剩。这个现象是资本积累和贫富分化规律带来的后果，而与社会主义主要矛盾即人民需要与落后生产的矛盾所讲的道理也不相符合。

上层建筑意识形态领域和经济基础领域的上述种种问题，都与阶级、阶级矛盾、阶级斗争的存在有关。我们不能视而不见，淡化置之。美国原驻苏大使马特洛克在《苏联解体亲历记》一书中，说到苏联领导人抛弃阶级斗争学说时指出，"须要出现转变，其中最重要的莫如马克思的阶级斗争学说。如果苏联领导人真的抛弃了这个观点，那么，他们是否继续称他们的思想为'马克思主义'也就无关紧要了，这已是别样的'马克思主义'，这个别样的社会主义制度是我们大家都可以接受的"。

如何理解"改革开放"

改革开放的伟大事业是 1978 年党的十一届三中全会启动的。邓小平将"改革"和"开放"合起来，作为现阶段中国的国策，开创了中国大踏步前进的新时期，这是他的伟大功绩。但细考"改革开放"四字词组，并非出自十一届三中全会文件，而是有一个形成的过程。

（一）1978 年后改革开放四字方针的形成

十一届三中全会公报涉及"改革"和"开放"的文字，见于以下两句叙述："对经济管理体制和经营管理方式着手认真的改革"，和"在自力更生的基础上积极发展同世界各国平等互利的经济合作"。[①] 其中有"改革"的字样，也讲到"对外经济合作"，这都属于一般工作方针的叙述，并不处于文件的中心地位，文件没有出现"改革开放"的概括。当时还赞成人民公社体制，没有提出要实行家庭承包责任制。到 1982 年第二个中央一号文件才明确提出这一项改革任务。

在 1982 年党的十二大开幕词中，邓小平第一次发出"建设有中国特

---

① 《改革开放三十年重要文献选编》（上），第 16 页。

色社会主义"的号召。① 这次会议的政治报告在讲新的历史时期的总任务时，也没有提到"改革开放"。但指出 1981 年到 1985 年第六个五年计划任务时，要坚决贯彻"调整、改革、整顿、提高"的八字方针，把改革任务与调整、整顿和提高并列。② 这次报告中提到"改革"字样有十多处，包括经济管理体制、价格、劳动工资制度等改革，还提出了改革国家政治体制和领导体制，等等。报告中三次提到"对外开放"，并且把"实行对外开放"提到"我国坚定不移的战略方针"的高度。十二大文件没有把"改革"和"开放"两词作为一个完整的方针并到一起。这两个词搭配组合放在一起，直到 1987 年十三大报告中才出现。

十三大报告是在阐述社会主义初级阶段建设有中国特色社会主义基本路线时，将"改革开放"作为基本路线的两个基本点之一提出来的。这个词组在报告中多次频繁出现，成为正式的政治术语。报告称"坚持改革开放的总方针，是十一届三中全会以来党的路线的新发展"。以后我们就沿用了这个提法。

任何正确的理论和政策，都有一个探索和形成的过程。"改革开放"也不例外。十一届三中全会拨乱反正，确实开启了改革开放的新时期，但是"改革开放"作为一整套理论政策方针，也确实需要一段酝酿的时间。这从"改革开放"词语运用的演变上也可以看得出来。"改革开放"逐渐成为我国社会经济政治生活中统治的话语，成为支配人们行为活动的指针，是经过了一个过程才形成的。

（二）新时期将改革开放作为长期国策

社会主义改造完成后，1957 年毛泽东在《关于正确处理人民内部矛盾的问题》一文中，写了一段经典性的话："社会主义生产关系已经建立起来，它是和生产力发展相适应的，但它又还很不完善，这些不完善的方面是与生产力的发展又是相矛盾的；除了生产关系和生产力发展的这种又相适应又相矛盾的情况之外，还有上层建筑和经济基础又相适应又相矛

---

① 《改革开放三十年重要文献选编》（上），第 260 页。
② 同上书，第 268 页。

盾的情况。我们今后必须根据新的情况，继续解决上述矛盾。"① 这里讲的解决矛盾的方法，就有"改革"的意思。

我们知道，"改革开放"后，第一个关于经济体制改革的决定（1984年十二届三中全会决议）对于经济体制改革所做的经典定义，就是："我们改革经济体制是在坚持社会主义制度的前提下，改革生产关系和上层建筑不适应生产力发展的一系列相互联系的环节和方面。"② 这一改革定义的内涵精华，就出于毛泽东 1956 年的上述论断。

实际上，社会主义建设和改革是一个共同始终的过程。

不过应该承认，后 30 年我们把改革开放逐渐突出起来作为长期国策，把它列入建设有中国特色社会主义基本路线的两个互相配套的基本点之一，对中国的发展确实起了巨大的推动作用。党的十七大指出"改革开放"是十一届三中全会以来"新时期最鲜明的特点"。③ 作为一场新的伟大革命，与另一个四项基本原则结合在一起，改革开放的方向和道路是完全正确的。

为什么说改革的方向总是正确的？因为从根本上说，改革就是不断调整生产关系和上层建筑，使之适应和促进生产力的发展。这种意义的改革，如前所述，毛泽东早已大力提倡，在社会主义到共产主义整个历史阶段，改革都将是永久的使命和常态的存在。

但是改革还有一种含义，就是作为阶段性的国策，改革要实现某种制度、体制或者模式的转换。比如把高度集中的计划经济体制转变到社会主义市场经济体制；把单一的公有制体制转变为多种所有制并存的结构；以及从更广阔的意义上向建立初步现代化中国的转变，等等。一旦这种阶段性转换目标基本完成，作为阶段性国策的改革，就要纳入不断调整生产关系和上层建筑以适应和促进生产力发展这一永久性的常态的进步过程。

目前我们党提出的改革任务，应该说具有阶段性国策的含义。按照邓小平的思路，包括改革开放在内的基本路线所管的时间，从上世纪中叶建

---

① 《毛泽东著作选读》下册，人民出版社 1986 年版，第 768—769 页。
② 《改革开放三十年重要文献选编》（上），第 347 页。
③ 《改革开放三十年重要文献选编》（下），第 1716 页。

立社会主义社会算起，到本世纪中叶初步完成社会主义现代化任务，大约需要一百年左右的时间。本世纪中叶初步完成现代化建设任务后，改革开放这一阶段性国策就可以转为继续调整经济基础与上层建筑以适应生产力发展的各项政策。但在本世纪中叶前的若干年内，改革开放的总政策必须坚持，"动摇不得"。[①]

（三）正确掌握不同领域的改革进程

改革开放在今后相当一段时期不得动摇，是就改革开放作为总体来说的。但改革开放涉及领域甚广，内容浩繁，进度不一，有些方面进行得比较顺利，有些方面比较复杂。顺利的改革有的已经成功，转入完善的阶段。比较复杂的或者启动较晚的领域，则需要把改革坚持下去，争取最后的胜利。

比如，传统的高度集中的计划经济向社会主义市场经济的转换。现在在全部商品流通总额中，市场调节的部分，已占90%以上；前几年的估计，我国市场经济在整体上完成程度已达70%左右。所以，社会主义市场经济在我国已经初步建立。是否可以说，高度集中的传统计划经济体制向社会主义市场经济体制转换的改革已经基本完成。当然现在还有少数领域，市场化改革有不到位的地方；但也有不少领域出现了过度市场化的毛病。这些不足和过头都需要继续调整完善，但已经不属于传统计划经济向市场经济大转换的主流。今后按照十七大精神，要加强国家宏观计划对市场经济的导向调控，[②] 如邓小平说的 "计划和市场都是经济手段"，[③] 都要发挥它们在经济中的调节作用，而不再提不带限制词的 "市场化改革"。

又比如，所有制结构从单一公有制经济转变为多种所有制经济共同发展的改革。现在，非公有制经济蓬勃发展，大大超过新中国成立初期。并且，公有制经济与非公经济的公降私升的趋势，已影响到公有制为主体的临界点。所有制结构改革的任务，可以说已经基本胜利完成。今后的任

务，应该是巩固和完善社会主义初级阶段的基本经济制度，特别是要强化公有制为主体的社会主义方向，并且正确引导非公经济的健康发展。

再比如，从有大锅饭和平均主义倾向的分配制度，转向效率优先、拉开差距的改革，现在明显早已成功。"让一部分人先富起来"，早已提前超额完成。按邓小平的预期，"让一部分人先富起来"的改革阶段，应在上世纪末本世纪初结束，转向"逐步实现共同富裕"的方向。① 由于客观原因和主观原因，已将此项转变推迟。看来要抓紧研究这个问题，从根本上端正分配问题的改革方向，以解决邓小平临终遗言的谆谆告诫"分配不公，会导致两极分化，到一定时候问题就会出来"。②

再比如，农村改革从人民公社体制改为实行家庭承包责任制，早已成功，特别是以分为主的统分结合的双层经营责任制，得到事实上的推广。这是邓小平讲的农村改革的"第一个飞跃"。经过30年的演变，农村经济已获得巨大发展，现在是不是应该转为着重解决双重经营责任制的"统"的一面，发展新的农村集体经济，这是邓小平讲的农村改革的"第二个飞跃"。这是保证农村改革的社会主义方向的必由之路。在"第一个飞跃"阶段的改革胜利结束以后，应该认真考虑农村下一个阶段的"第二个飞跃"了。③

从新民主主义到中国特色社会主义

新中国60年，是怎么走过来的？前30年，从新民主主义走起，走向建设社会主义。"改革开放"后，又从中国原有的社会主义，走向"有中国特色的社会主义"。

（一）从新民主主义走向社会主义

根据毛泽东的新民主主义理论，原来新民主主义革命胜利后，要建立

---

① 《改革开放三十年重要文献选编》（上），第635页。
② 《邓小平年谱（1975—1997）》（下），中央文献出版社2004年版，第1364页。
③ 关于农村"两个飞跃"的思想，参见《邓小平年谱（1975—1997）》（下），第1310—1311、1349—1350页。

新民主主义国家，在一个较长时间实行新民主主义社会的建设。等到条件成熟时，再由新民主主义社会转向社会主义社会。

在毛泽东的新民主主义理论中，又有"两个革命阶段必须衔接"，新民主主义革命与社会主义革命之间不容横插上某一个阶段的论述。这可以理解为新民主主义革命一结束，社会主义革命就要开始。

实际情况的演变是：新民主主义革命在全国取得胜利，土地改革完成后，由于农村阶级分化的出现，城市资产阶级与工人阶级矛盾的发展，经过3年恢复时期，就提出了从新中国成立开始向社会主义过渡的总路线。到1956年，基本完成社会主义改造，宣布进入社会主义社会。这是"中国历史上最深刻最伟大的社会变革，是我国今后一切进步和发展的基础"①。

社会主义改造基本完成后，从1957年到1978年，继续进行社会主义建设，在曲折摸索发展中，取得了辉煌的成就。同时因为在生产关系和生产力两方面要求过急，也办了许多超越阶段的错事。主要表现是追求过高过纯的所有制结构和过分集中的计划经济，忽视了生产力不够发达的条件下，非公经济和市场经济存在的必要性。换言之，没有意识到我国社会主义还处在"初级阶段"的特点。

（二）社会主义初级阶段和有中国特色社会主义

关于社会主义初级阶段，过去，毛泽东在《读苏联政治经济学教科书的谈话》等文中曾经涉及。他说社会主义分为两个阶段，不发达的社会主义和发达的社会主义；又说，"中国的人口多、底子薄，经济落后，要使生产力很大的发展起来，要赶上和超过世界上最先进的资本主义国家，没有一百多年时间，我看是不行的"。② 我们党的正式文件中第一次提出"初级阶段"，是在1981年十一届六中全会关于历史问题的决议。决议中说，"我们的社会主义制度还是处于初级阶段"，③ 就是从毛泽东上述论断

---

① 《改革开放三十年重要文献选编》（上），第185页。
② 《毛泽东文集》第8卷，人民出版社1999年版，第116、302页。
③ 《改革开放三十年重要文献选编》（上），第212页。

中发展出来的。

这以后，在1982年党的十二大上，邓小平进一步根据中国国情，继续毛泽东把马克思主义与中国实际结合起来的传统，第一次宣布"走自己的路，建设有中国特色的社会主义"，① 把我国社会主义建设推向新阶段。党的十三大政治报告，系统地阐明了"初级阶段"的内涵和由此决定的"建设有中国特色社会主义基本路线"，即以经济建设为中心，坚持四项基本原则，坚持改革开放，把一个中心和两个基本点统一于建设有中国特色社会主义的实践。②

社会主义初级阶段的特征和有中国特色社会主义基本路线，在1997年党的十五大政治报告中，又得到全面的阐述，提出了建设有中国特色社会主义的经济、政治、文化的基本目标和基本政策。报告明确指出，公有制为主体，多种经济成分共同发展是我国社会主义初级阶段的一个基本经济制度；建设有中国特色社会主义的经济，就是在社会主义条件下发展市场经济。③ 这样，就把社会主义初级阶段和有中国特色社会主义的轮廓、框架和内涵，勾画得非常清晰。

在我们党一系列文件中已经明确指出并阐述了建设有中国特色社会主义道路，并在这条道路上已经取得非凡成就后多年，我国意识形态界直到现在还有人把"什么是社会主义，怎样建设社会主义"当做尚未解决的问题来讨论。一些人在提出花样百出的"社会主义"概念和口号，诸如"民主社会主义"、"人民社会主义"、"宪政社会主义"、"市场社会主义"等。这些"社会主义"还使劲儿地往我们党领导的"有中国特色社会主义"里面钻。例如说什么"我们这几年实行的中国特色社会主义正是民主社会主义"，"中国特色社会主义就是人民社会主义"。这些所谓的"社会主义"，不提四项基本原则，无视公有制为主体的社会主义基本经济制度，完全是与中国特色社会主义格格不入的东西。这些"主义"竟堂而皇之地在我们的公开媒体上嚣闹，说明我们党对"自由言论"的宽容，实在是够

---

① 《改革开放三十年重要文献选编》（上），第260页。
② 同上书，第477页。
③ 《改革开放三十年重要文献选编》（下），第899页。

大度的了。

（三）有中国特色社会主义是否新民主主义的回归

在中国发展道路问题上，近来又出现"中国特色社会主义"，就是"回归到新民主主义"一说。认为"1949 年夺取政权前，实行新民主主义成功了。夺取政权后，抛弃了新民主主义，急急忙忙搞社会主义，失败得很惨。1978 年以后重新回到新民主主义的建设思路，成功得举世瞩目"。又说"这可以用来总结共和国 60 年的经历"。[①] 作者丝毫不懂得新民主主义是向社会主义过渡的实质，全盘否定前 30 年社会主义革命和建设的成就，故意抬高后 30 年的成功将其归因于新民主主义的复归。这些说法漏洞太多，这里不拟详析。但要注意他说的一段话："有中国特色社会主义是从社会主义初级阶段演变而来，而'社会主义初级阶段'实际上是新民主主义的回归和发展。"[②]

这一段话有似是而非、混淆视听的作用，需要明辨。

应该说，拨乱反正后，十一届六中全会决议提出"社会主义初级阶段"的用意，在于纠正过去社会主义革命和建设中要求过急、犯了某些超越历史发展阶段的失误，如在所有制结构上要求一大二公三纯，等等。"改革开放"后用初级阶段的名义，将这些不适合于生产力发展的做法逐渐纠正过来。初级阶段理论的核心或基础，就是公有制为主体下多种所有制并存与发展，其中允许私人资本经营的存在和发展，又是关键的关键。就这一条来说，"社会主义初级阶段"确与"新民主主义社会"的政策是相通的。

1949 年七届二中全会和新中国成立前制定的"共同纲领"都规定了革命胜利后建立的"新民主主义社会"，是包括私人资本主义在内的五种经济成分并存的社会经济形态，并指出在一个相当长时期内尽可能利用城乡资本主义的积极性，以利于发展社会生产力。社会主义改造当时是势所必然，但是由于过急过头，造成私人资本经营从上世纪 50 年代后期完全

---

① 载《炎黄春秋》2009 年第 4 期。
② 同上。

消失，直到 80 年代初期政策松动以后，才逐渐恢复发展，现在又构成中国特色社会主义经济结构的组成部分。社会主义初级阶段理论为这一变化提供了理论前提和依据。在一定意义上，这一变化确实具有后退的性质，实行了某些类似新民主主义的政策，特别是对待私人资本的政策。但是我们不能把改革中的这一必要的后退看成是复归新民主主义，因为改革本身的实质是社会主义制度的自我完善，是在前 30 年建成社会主义制度的基础上进行的，不是推倒前 30 年建立的社会主义制度，退回到新中国成立初期曾经设想的"新民主主义社会"。

（四）两个时期对非公经济政策的差异

即使在对私人资本和非公经济领域，新时期的政策也与过去"新民主主义时期"的情况不尽相同。要而言之，在"新民主主义时期"，根据七届二中全会和"共同纲领"的决定，[①] 对于私人资本经济实行了"利用、限制、改造"的"节制资本"的方针，鼓励和扶持私人资本经营有利于国计民生，而有关国家经济命脉和足以操纵国民生计的事业均由国家统一经营，还鼓励私人资本与国家资本合作向国家资本主义的方向发展。所有这些，都是为了发展生产力，以向社会主义过渡。所以当时总的经济发展趋势，是国民经济中私人资本和其他非公经济所占比重逐渐缩小，而公有制经济比重则逐渐增大。这也是新民主主义经济的自然归宿。

新时期对非公经济采取的政策，与过去"新民主主义时期"的政策有很大的不同。要而言之，现时期的政策可以归结为毫不动摇地"鼓励、支持、引导"六字方针，而没有新民主主义时期的"限制"和"节制资本"的规定。并且，根据"国发 2005 年 3 号文件"，允许私人资本进入垄断行业等关系国民经济命脉领域。没有规定私人资本向国家资本主义发展，而让国有企业以股份化和私有化作为改革目标的选项。总之，新时期对非公经济的政策，比新民主主义时期宽松得多，甚至有些相反。致使改革开放至今，私人资本经营不但在绝对额上飞速增长，而且在国民经济部分所占

---

① 薄一波:《若干重大决策与事件的回顾》上卷第 1 册，印刷工业出版社 1997 年版，第 39—41 页。

比重一反新民主主义时期下降的总趋势，而一路上升。这种趋势目前尚在继续，许多人担心这会不会影响公有制为主体的地位。这里有改革初期非公经济起点低的原因，有改革以来阶级形势变化的背景，也有政策战略和策略的考虑，等等，本文暂不详论。总之，现时政策和"新民主主义时期"的政策有很大的不同，则是不容否定的。同时应该说，现时期对非公经济所采取的政策，不能离开公有制为主体的社会主义基本经济制度这个大前提，要时时考虑坚持社会主义的大方向。在毫不动摇地"鼓励、支持、引导"非公经济发展中，还有"引导"二字，可以运筹。我们党一定会根据具体条件的 变化，适时地调整我们的政策，以利于非公有经济的健康发展，保证公有经济的主体主导地位。所以说，初级阶段中国特色社会主义是新民主主义的复归，是完全站不住脚的。

（五）世界经济危机中的中国特色社会主义模式

随着我国国势的增强和加入全球化进程，中国特色社会主义也登上世界舞台，作为一种模式，成为热议的话题。各方面对中国模式有不同的解说，我个人认为中国特色社会主义模式的核心，就是容许资本主义因素和社会主义因素的存在，但同时坚持社会主义的主体地位和发展方向。

这也是理解这次世界经济危机中，中国的特殊表现的关键所在。为什么第一个社会主义国家苏联和改革开放前的中国没有卷入过去世界资本主义经济危机的旋涡？就是因为当时苏联和中国只有社会主义，没有资本主义因素的存在，因此不受资本主义周期性经济危机的干扰。为什么当前世界经济危机把中国也卷进去了，使中国发生前所未有的困难？除了过深陷入外向型经济的原因外，主要是由于自己内部经济随着市场化和私有化程度的加深，使资本主义因素大量生长起来，资本主义的经济规律也发生作用的影响。为什么中国在这次世界经济危机中能够表现相当不错，应付裕如，一枝独秀，为一些资本主义国家所羡慕称道。就是因为中国运用了社会主义制度中集中国家力量办大事、以计划导向来调控经济的能力。我在另一篇文章中对此做过分析，不再赘述。

有些人以中国模式中允许资本主义因素的存在，而把中国特色社会主义歪称为或者歪曲为资本主义模式，甚至说是"共产党领导下的资本主义"，我认为是没有根据的。中国因为坚持了特色社会主义模式，特别是坚持了这个模式中的社会主义因素，我们才能屹立于世界经济危机之中，处置较好。我们必须坚持中国特色的社会主义，坚持公有制为主体多种所有制经济共同发展，坚持在国家宏观计划导向下实行市场取向的改革，坚持按劳分配为主体，更加重视社会公平；用社会主义的基本原则来反对资本主义的私有化、市场化、自由化以及两极分化，把资本主义国家和资本主义市场经济规律的作用限制在一定范围。只有这样，我们才能不受资本主义经济周期规律的干扰，保持中国社会主义的特色！

（原载《中国社会科学内部文稿》2009 年第 5 期）

关于社会主义政治经济学的若干问题

一 社会主义政治经济学的阶级性和科学性

人们通常讲，马克思主义政治经济学体现了科学性和阶级性的高度统一，它代表无产阶级的利益，具有鲜明的阶级性，这是不错的。人们又通常讲，坚持马克思主义立场，就是要始终代表最广大人民的根本利益。一般地讲，这也不错。但是要分析，广大人民是划分为阶级的。社会主义初级阶段也是这样。现阶段，广大人民除了广大工农劳动人民，还包括小部分剥削阶级。应当说，马克思主义和共产党不能代表剥削阶级的利益，只能在一定历史条件下，如民主革命时期、社会主义初级阶段，关怀和照顾一部分剥削阶级（民族资产阶级、合法私营企业主阶层）的正当利益，以团结他们为革命和建设而努力。不能无条件地毫不动摇地毫无限制地支持剥削阶级。绝对不能为了迁就或成全他们的利益而损害劳动人民的利益。贫富差距的扩大，两极分化趋势的形成，就是这种损害的表现。这是同马克思主义的立场与共产党的宗旨格格不入的。政治经济学的社会主义部分，也要贯彻这个立场，处处不要忘了这个问题。

马克思主义政治经济学的科学性在于它揭示了经济社会发展的客观规律，运用的基本方法是辩证唯物主义和历史唯物主义的方法，把历史方法和逻辑方法统一起来。过去对于社会主义经济的研究，一般采用规范方法。学者的注意力集中在社会主义经济"应该怎样"，从给定的前提中合乎逻辑地推出结论。现在研究社会主义经济改革时，当然也不能不关心社会主义初级阶段的经济"应该怎样"的规范，但首先要分析清楚初级阶段的经济"实际上是怎样"的问题，即对客观存在的事实及其内在联系和规律表现予以实事求是的分析和说明。没有这种分析说明，就不可能对它面临的问题有明晰的概念和提出可行的方案。我们要注意经济学教学中的一个现实，即实事求是的实证分析，要比规范原理的说教更能够唤起学习热情和探索兴趣。为什么某些西方资产阶级教材能在社会主义国家大行其道，吸引了不少学生，而马克思主义政治经济学却在课堂里被边缘化，甚至被学生们嘲笑？我想，这与研究方法和叙述方法上存在的缺点，可能有一定的关系。我希望有关教材能在这方面有所改进，比如说增加一些定量分析，用方块事例解说一些经济原理等等，以达到更有效地宣传马克思主义。

二　社会主义初级阶段的矛盾

按党的文件论述社会主义初级阶段的主要矛盾，就是人民日益增长的物质文化需要同落后的社会生产之间的矛盾。这一主要矛盾，首先是1956年八大明确宣布的。当时刚完成社会主义改造，把这一矛盾当做进入社会主义建设时期的主要矛盾。十一届三中全会以来，重新确认这一主要矛盾，后来引入了初级阶段概念，就把它当做"社会主义初级阶段所面临的主要矛盾"。由于人民日益增长的需要大于落后的社会生产，才迫切要求我们聚精会神加紧经济建设，所以作为十一届三中全会全党重点工作转移决策的理论依据，初级阶段主要矛盾的提法是非常重要的。

不过，当前有一个理论上的疑难问题，就是出现了"内需不足"、"产能过剩"的现象，即国内生产能力大于国内需求，这好像同社会生产落后于社会需要的主要矛盾有点脱节，很需要政治经济学从理论上解释一下。

人民日益增长的"需要"，是指生理上和心理上的欲望，还是指有购买能力的需求？如果是前者，即主观欲望，那么社会生产总是赶不上欲望的需要，由此推动社会的发展和人类的前进。如果"需要"是指后者，即有购买能力的需求，那么社会生产和人民消费需求的关系，就要看是什么社会制度了。在资本主义社会制度下，社会生产与有效需求的关系受到资本主义经济基本矛盾的制约，人民有效需求总是落后于不断扩大的社会生产，因此经常发生生产过剩并爆发周期性经济危机。在社会主义社会制度下，公有制经济和按劳分配制度，再加上有计划的调节和综合平衡，一般不应发生有效需求不足和生产过剩问题。但在过去传统计划经济下，因大锅饭、软预算体制，导致短缺经济现象，往往出现有效需求过多而生产供应不足。这是传统计划经济的一个缺陷。但无论如何社会主义社会一般不应发生有效需求不足和生产过剩的与社会主义本质宗旨相扭曲的现象。问题在于现在初级阶段不是完整的社会主义。除了社会主义经济成分外，还允许私企外企等资本主义经济存在和发展，因此资本主义经济规律的作用就渗透到初级阶段社会主义经济中来，发生局部的生产过剩和内需不足的问题。对于这次世界资本主义周期性经济危机过程中，中国为什么被卷进去，为什么中国在这个危机中表现得比资本主义国家好些，也要从上述道理来解释，才讲得通。我在《求是内参》2009 年第 14 期发表的《当前世界经济危机中中国的表现与中国特色社会主义模式的关系》一文中，讲了这个问题。

初级阶段的主要矛盾，决定了十一届三中全会以来我党工作重点转移到经济建设为中心，这是万分正确的。"经济建设"或"经济发展"要做什么事情？简单地说主要是两件事情，一是把 GDP（或蛋糕）做大，经济实力做强；一是把 GDP（蛋糕）分好，让人民共享发展成果。从全局来看，当然要两者并重；但在初级阶段确有先后次序，先做大蛋糕，然后分好蛋糕，也说得通；但到一定时候就要两者并重，甚至把分好蛋糕放在"更加注重"的地位，因为不这样做就难以进一步做大蛋糕。政治经济学应该强调现在我们已经到了这个时期。按照邓小平的意见，在上世纪末初步达到小康水平的时候就要突出地提出和解决贫富差距问题，[①] 就是说，从世纪之交开始，我们就应在做大蛋糕的同时，开始注意分好蛋糕，并把后者放在经济工作的突出地位。现在，两极分化的趋势比 2000 年时严重得多，更应把这一方面的工作作为经济工作的重点，即中心的重点。当然，做大蛋糕还是很重要的，现在我国经济总量已超过日本居世界第二，但是人均还不到日本的十分之一，所以还要继续做大蛋糕，仍然包含在这个中心里面。不过中心的重点现在应当是分好蛋糕，更加重视社会公平。这是全体人民切身关心的问题，也符合社会主义的本质、宗旨。邓小平

① 《邓小平年谱（1975—1997）》（下），中央文献出版社 2004 年版，第 1343 页。

说，"分配问题大得很"，"解决这个问题比解决发展起来的问题还困难"。①　就是说，分好蛋糕比做大蛋糕更难，所以需要我们全党高度重视，悉心研究这个中心之中的重点的大难题，解决这个大难题。

社会主义初级阶段的主要矛盾不是阶级矛盾。但是不能否认社会主义初级阶段还存在着阶级、阶级矛盾和阶级斗争，在某种条件下还可能激化。当前的许多论述根本不提阶级、阶级矛盾和阶级斗争，变相宣扬阶级消亡和阶级斗争熄灭，这是不正确的。阶级矛盾和阶级斗争仍将"在一定范围内"长期存在。在哪些范围？首先，在政治思想领域和意识形态领域存在，这是很明显的，毛泽东早已指出过了。现在在我国很时髦的新自由主义思潮、民主社会主义思潮、历史虚无主义思潮、普世价值思潮……还有六四风波、西山会议、零八宪章等事件，不都是阶级斗争在意识形态和政治思想领域的表现吗？其次，在经济领域，不仅在私有企业存在着劳动和资本的矛盾、劳动人民受中外私人资本的盘剥压榨、此起彼伏的劳资纠纷；而且在某些异化了的国有企业中，随着工人阶级重新的被雇佣化，也可以看到高管阶层与普通职工的对立。如果政治经济学回避对中国新资产阶级客观存在的两面性做科学的分析，只讲他们是"社会主义建设者"的积极一面（这是对的），不讲他们具有剥削性的一面，甚至回避"新资产阶级"的名称，那还称什么科学？客观地分析初级阶段中的阶级、阶级矛盾和阶级斗争，是马克思主义政治经济学这门科学义不容辞责无旁贷的事情。不错，我们需要社会和谐，社会主义社会基本矛盾的性质是非对抗性的，它的解决不需要像资本主义社会那样采取剧烈的阶级斗争方式，而是可以依靠社会主义制度自身的力量，在社会主义制度的自我完善中得到解决。但是如果根据这一点，就淡化阶级、阶级矛盾和阶级斗争，默默地变相地宣扬阶级消灭论和阶级斗争熄灭论，这种理论只能掩盖和纵容别人明目张胆地不断地发动对劳动人民的阶级斗争，并使得代表劳动阶级的共产党在这种客观存在的阶级斗争面前陷于被动无力的地位。实际情况不是这样的吗？但愿不是。

---

① 《邓小平年谱（1975—1997）》（下），中央文献出版社2004年版，第1364页。

三　不同于其他社会制度的社会主义本质特征

社会主义本质是指社会主义制度不同于封建主义和资本主义制度等社会制度的最根本的特征。这个定义就生产关系来说，是正确的，但不能完整地解释邓小平 1992 年南方谈话提出的社会主义本质。① 邓小平那次讲的社会主义本质包含生产力和生产关系两个方面。生产力方面的特征是"解放生产力、发展生产力"。生产关系方面的特征是"消灭阶级、消除两极分化，最终达到共同富裕"。生产关系方面的社会主义特征确实是不同于资本主义等社会制度的特征。而生产力方面的特征则不能这么说，因为其他社会制度在成立的初期也是"解放生产力，发展生产力"。马克思和恩格斯在《共产党宣言》中，就描述过资本主义制度初期发展生产力的巨大功绩，说："资产阶级在它的不到一百年的阶级统治中所创造的生产力，比过去一切世代创造的全部生产力还要多，还要大。"②

邓小平这次谈话之所以把"解放生产力发展生产力"包括在社会主义的本质特征中，是针对当时中国生产力发展还极其落后，而"四人帮"又在搞什么"贫穷的社会主义"，阻碍着中国生产力的发展，提醒人们注意中国的社会主义更需要发展生产力，以克服贫穷落后的紧迫性。这样讲是必要的。如果设想社会主义革命在生产力高度发达的资本主义国家取得胜利，就不会有把"解放和发展生产力"当做社会主义的本质特征和根本任务的说法，而只能是"消灭剥削，消除两极分化，达到共同富裕"。

邓小平还有一篇讲话涉及社会主义"本质"问题。1990 年 12 月 24 日他同江泽民、杨尚昆、李鹏谈话时指出，"社会主义最大的优越性就是共同富裕，这是体现社会主义本质的一个东西"。③ 这是与南方谈话中讲的"消灭剥削、消除两极分化"是相通一气的，讲的都是生产关系，但是不包括生产力方面的东西。

---

① 《邓小平年谱（1975—1997）》（下），第 1343 页。
② 《马克思恩格斯选集》第 1 卷，人民出版社 1995 年版，第 277 页。
③ 《邓小平年谱（1975—1997）》（下），第 1324 页。

　　邓小平讲社会主义"本质"的地方并不多，只找到上面两例。他大量讲的是社会主义的"性质"、"原则"、"两个最根本的原则"、"最重要的原则"、"两个非常重要的方面"。① 概括起来，一个是公有制为主体，一个是共同富裕，不搞两极分化。他反复地讲这两点，而这两点同 1992 年南方谈话所谈社会主义本质的生产关系方面，又是完全一致的。

　　邓小平之所以反复强调社会主义本质、性质、原则的生产关系方面的东西，就是因为不同社会制度相区别的本质特征是在生产关系方面，不是在生产力方面。马克思主义政治经济学的研究对象是，联系生产力和上层建筑，来研究生产关系；着眼于完善生产关系和上层建筑，来促进生产力的发展。所以在社会主义本质问题的研究和阐述上，主要的工夫应该下在生产关系方面，强调社会主义区别于资本主义的本质在于消灭剥削和两极分化，它的根本原则在于公有制为主体和共同富裕。

　　事实上，目前的许多教材在社会主义性质问题分析上，对于发展生产力方面阐述比较周详，这当然是必要的；但对于生产关系方面的阐述偏弱，这是不足之处。为什么会有这种偏向？其原因大概是由于社会主义初级阶段的实践，实际上不能消除一切剥削，并且出现两极分化的趋向。一些就其性质来说不是社会主义的生产关系，只要适应社会主义初期阶段的生产力水平，能够推动生产力的发展，也应该存在和发展。这是容许资本主义剥削因素存在于初级阶段社会主义的理论依据。这样，为了发展生产力，我们必须容忍剥削关系和它所带来的两极分化后果，甚至回避谈论剥削关系和两极分化趋势的存在。但这同社会主义本质论是不相容的。社会主义本质论同社会主义初级阶段实践的矛盾，使得这个理论的阐述者只好强化它的生产力方面，弱化它的生产关系方面。但是，邓小平社会主义理论的重点核心，还是在生产关系方面。不然，为什么他说"如果我们的政策导致两极分化，我们就失败了"？② 这个理论上的假设，也是就生产关系来说的。"失败"是指在假设的情况下，社会主义生产关系就要遭受挫折，并不是指生产力。即使在那样假设的情况下，生产力短期内可能有很大的

---

　　① 《邓小平年谱（1975—1997）》（下），第 1033、1069、1078、1075、1091 页等处。
　　② 《邓小平文选》第三卷，第 111 页。

发展。

我们怎样才能解决社会主义本质论和社会主义初级阶段实践之间的矛盾呢？这是需要政治经济学来研究和解答的问题。

政治经济学对社会主义本质的内涵，应根据前述邓小平在众多场合所讲的精神，恢复其不同于其他社会制度的最根本特征，即生产关系方面的含义，而淡化他仅仅在一处（南方谈话）顺便提及的生产力方面的含义。当然发展生产力不论对于贫穷落后的中国建立社会主义来说，还是对于准备为未来共产主义社会奠定物质基础来说，都是非常非常之重要的，邓小平对这些问题也有丰富的论述。^① 可以另辟一个范畴，用邓小平自己概括的"社会主义的根本任务是发展生产力"，来专述发展生产力的重要性方面的问题，而让"社会主义本质论"专论生产关系的内涵。

在明确了社会主义本质就是区别于资本主义的特征即"消灭剥削，消除两极分化，最终达到共同富裕"之后，就可以进一步解决本质论与初级阶段实践之间的矛盾。社会主义本质是适用于整个社会主义历史时期的，包括初级阶段。在社会主义初级阶段，除了社会主义的主导因素包括公有制和按劳分配，还必须容许资本主义因素，如私有制和按资分配存在。因为有资本主义私有制和资本积累规律发生作用，所以必然有剥削和两极分化趋势的出现。社会主义就其本质来说是不容许这些东西存在的，但在初级阶段一时还做不到，为了发展生产力，只能兼容一些资本主义因素。社会主义就其本质来说，又是不能让剥削和两极分化过分发展的。所以要对资本主义因素加以适当的调节和限制。如果我们细心考察我国的根本大法就会发现，宪法已经对这个事情有了规定和对策。就是对基本经济制度规定了公有制为主体，对分配制度规定了按劳分配为主。这些规定就是为了节制私有经济和按资分配的资本主义因素的过度发展，使其不至于超过公有制为主体和按劳分配为主的地位，并演变为私有化、两极分化和社会变质。只有认真、坚决、彻底贯彻实行宪法的这两条规定，我们才能够在社会主义初级阶段保证社会主义本质的逐步真正实现。不然的话，就会发生前述邓小平假设的前景后果，那是我们必须防止出现的。

---

① 《邓小平文选》（第三卷），第 137、199、157、225、227 页等处。

四　社会主义市场经济是有计划的

马克思主义认为，在共同的社会生产中，国民经济要实行有计划按比例的发展。"有计划按比例"并不等于传统的行政指令性的计划经济。改革后，我们革除传统计划经济的弊病，适应初级阶段的国情，建立了社会主义市场经济体制。但是不能丢掉公有制下有计划按比例的经济规律。政治经济学尤其不能忘记这一点。

1992 年十四大提出建立社会主义市场经济体制的改革目标，是在邓小平"计划与市场两种手段都可以用"的南方谈话精神下制定的。江泽民十四大前在党校讲话，举了改革目标的三种提法：（1）社会主义有计划的市场经济；（2）计划与市场相结合的社会主义商品经济；（3）社会主义市场经济。这三种提法当时并无高下之分，都可以选择。当时中央总书记选择了"社会主义市场经济"，把"有计划"三个字去掉了。但是总书记随即说："有计划的商品经济也就是有计划的市场经济，社会主义经济从一开始就是有计划的，这在人们的脑子里和认识上一直是很清楚的，不能因为提法中不出现'有计划'三个字，就发生了是不是取消了计划性的问题。"[①] 十四大之所以在改革目标的文字上取消了"有计划"三个字，而由会前的口头解释中讲明这并不意味着取消社会主义的"计划性"，这与当时传统计划经济的影响还相当严重，而市场经济的概念尚未深入人心的情况有关；为了提高市场在人们心中的地位，推动市场经济概念为社会公众所接受，才这样提出来的——删掉了"有计划"三个字，加上"社会主义"四个字极有分量的定语，而"社会主义从一开始就是有计划的"！这样，十四大改革目标的精神就很完整了。我当时就认为党中央这样做用心良苦，非常正确。可是今天对十四大改革目标提法的精神能够真正理解的人却不多了。

现在市场经济在我国已实行将二十年，计划离我们渐行渐远。由于历史原因，我们过去过于相信传统的计划经济，时过境迁，一些同志从迷信

---

① 《改革开放三十年重要文献选编》（上），中央文献出版社 2008 年版，第 647 页。

计划变成迷信市场，从一个极端走到另一个极端。十一五计划改称为"规划"，一字之差就大做文章，说我们离计划经济更远了。我并不反对"计划"改称"规划"，反正都是一样，但是难道只有"规划"才有指导性、战略性、灵活性，"计划"不是也有指令性计划、指导性计划、战略性计划、预测性计划吗？

本来我们要建立的市场经济，如中共十四大所说，就是国家宏观调控下的市场经济。这些年国家对经济的宏观调控在不断完善。特别是十四大以来，我们在短期宏观调控上，先后取得了治理通胀和治理通缩的成功经验。但在宏观调控工作中，国家计划对短期和长期的宏观经济的指导作用明显减弱；计划本身多是政策汇编性的，很少有约束性、问责性的指标任务；中央计划与地方计划脱节，前者控制不了后者追求 GDP 情结；计划的要求与实际完成的数字相差甚远，完全失去了导向的意义。所有这些，影响到宏观经济管理的实效，造成社会经济发展中的许多失衡问题。

在这样的情况下，政治经济学教材重申社会主义市场经济也有"计划性"，很有必要。十七大重新提出"发挥国家规划、计划、产业政策在宏观调控中的导向作用"，[①] 就是针对我国经济实践中计划工作削弱和思想意识中计划观念的淡化边缘化而提出的。我们不仅要在实践中切实贯彻十七大这一方针，而且要在理论宣传工作中重新强调社会主义市场经济的计划性，恢复前述十四大关于改革目标的整体精神。这首先是政治经济学教材的任务。

社会主义市场经济必须有健全的宏观调控体制，这当然是正确的。但是 1985 年巴山轮会议上，匈牙利经济学家科尔奈建议我国建立宏观调控下市场经济体制的时候，法国经济学家阿尔伯特说他们法国就实行这种体制。所以宏观调控下市场经济并非社会主义国家经济体制独自的特色，资本主义国家也有。那么我们社会主义国家宏观调控下的市场经济怎样区别于资本主义国家呢？除了基本经济制度的区别外，就在于社会主义市场经济还有计划性，还有国家计划的指导。少数市场经济国家如日、韩、法曾设有企划厅之类的机构，编有零星的预测性计划。英美等多数市场经济国

① 《改革开放三十年重要文献选编》（下），中央文献出版社 2008 年版，第 1726 页。

家只有财政货币政策等手段，没有采取计划手段来调控经济。但我们的公有制经济为主体的社会主义大国，有必要也有可能在宏观调控中运用计划手段，指导国民经济有计划按比例发展。这也是社会主义市场经济的优越性所在。

宏观调控有几项手段，最重要的是计划、财政、货币三者。十四大报告特别指出"国家计划是调控的重要手段之一"，[①] 没有指财政、货币政策。不是说财政、货币政策不重要，而是财政、货币政策是由国家宏观计划来导向的。十七大也强调国家计划在宏观调控中的导向作用。所以，国家计划与宏观调控不可分，是宏观调控的主心骨。宏观调控下的市场经济也可以称为国家宏观计划调控下的市场经济，这就是社会主义有计划的市场经济，不同于资本主义在宏观调控下的市场经济的地方。

国家计划在宏观调控中的导向作用，不同于"传统计划经济"。现在我们在理论上说明了社会主义市场经济是有计划性的，实践上十七大又重新强调国家计划在宏观调控中的导向作用，这是不是如同某些人责难说的，"又要回到传统的计划经济去呢"？我认为不是这样的，这是计划与市场在改革更高层次上的结合。第一，现在的国家计划不是既管宏观又管微观，无所不包的计划，而是主要管宏观，微观的事情主要由市场去管。第二，现在资源配置的基础性手段是市场，计划是弥补市场缺陷的必要手段。第三，现在的计划主要不再是行政指令性的，而是指导性的、战略性的、预测性的计划，同时必须有导向作用和必要的约束、问责功能。就是说，也要有一定的指令内容，不是编制了以后放在一边不闻不问了。

十二五规划是十七大后第一次编制和执行的中长期计划，对扭转我国发展方式和社会关系存在的问题有十分重大意义。要在规划的制定和执行过程中，真正落实十七大和十七届五中全会精神，在十二五期间，努力改进国家计划和宏观调控工作，使其名副其实地对国民经济社会发展起指导作用。我们要在转变发展方式的前提下保持经济的适度增长；在巩固社会主义基本经济制度的前提下促进公私经济的发展；在更加重视社会公平的原则下扭转贫富差距两极分化的趋势。实现这些目标，单靠市场经济是做

---

① 《改革开放三十年重要文献选编》（上），中央文献出版社 2008 年版，第 660 页。

不到的，要借助于国家宏观计划调控。宏观计划调控的权力必须集中在中央手里，地方计划必须服从全国统一计划。我赞成一些同志的建议，地方不再制定 GDP 为牵头和无所不包的地方国民经济计划，而以地方财力和中央转移支付的财力为主，编制地方经济社会建设计划，加强地方政府的市场监督、社会管理、公共服务的功能。政府配置资源的作用仍要有，尤其是重大的结构调整、重大基础建设等。资本主义国家在危机时刻，也不排除暂时实行所谓"社会主义的政策"，如国有化，何况社会主义国家更不能一切交给市场，还要讲市场与计划两种手段相结合。

五　关于社会主义基本经济制度问题

社会主义市场经济与资本主义市场经济的又一个根本区别在于基本经济制度不同。前者以社会主义初级阶段的基本经济制度为基础，不同于资本主义私有经济制度。社会主义初级阶段的基本经济制度是公有制为主体、多种所有制经济共同发展的经济结构。坚持这一基本经济制度是维系社会主义市场经济的前提。十七届五中全会又再次重申"要坚持和完善基本经济制度"。坚持这一基本制度必须既不能搞私有化，也不能搞单一公有制。这是十七届四中全会提出要划清四个重要界限里面的一条，十分重要。不过要进一步研究，"私有化"和"单一化"这两个错误倾向，哪一个目前是主要的。单一公有制是过去片面追求"一大二公三纯"时代的产物，现在似乎没有人主张那一套，有也是极其个别的极"左"人士。当前主要错误倾向不是单一公有制，而是私有化。有大量的言论和事实证明，当前私有化的危险倾向确实严重存在。马克思主义的政治经济学不能不看到这些大量的言论和事实。对私有化和单一公有化两种倾向各打五十大板，不中要害，实际上是把私有化错误倾向轻轻放过。

马克思主义评价所有制的标准，并不只看所有制成分的比重。这是对的。但是马克思主义也不主张不看比重。公有制在国民经济中的比重不断降低，降得很低，以致趋近于零，那还算是什么社会主义？现在连国家统计局局长都在讲我国的经济成分一直是公降私升，国有经济比重不断下降，宏观上并不存在右派精英攻击的所谓"国进民退"；微观上"有进有退"，案例多是"国退民进"，局部个别案例中的所谓"国进民退"，也并非没有道理。总之，客观上我国经济这些年来一直是公降私升，"国退民进"究竟要退到什么地步，才算合适？记得江泽民讲过，公有制比重的减少也是有限制有前提的，就是不能影响公有制的主体地位。现在有不少人对公有制是否还是主体有疑虑。解除人们疑虑的办法之一就是用统计数字来说明。马克思主义政治经济学应当负起这个责任，解除公众的疑虑，坚定人们对社会主义初级阶段基本经济制度的信心。

基本经济制度不但要求公有制经济占主体地位，而且要求国有制经济起主导作用。而要对经济起主导作用，国家应控制国民经济命脉，国有经济的控制力、影响力和竞争力得到增强。在社会主义经济中，国有经济的作用不是像资本主义制度那样，主要从事私有企业不愿意经营的部门，补充私人企业和市场机制的不足，而且是为了实现国民经济的持续稳定协调发展，巩固和完善社会主义制度。为了实现国民经济的持续稳定协调发展，国有经济就应主要集中于能源、交通、通信、金融、基础设施和支柱产业等关系国民经济命脉的重要行业和关键领域，在这些行业和领域应该有"绝对的控制力"、"较强的控制力"，"国有资本要保持独资或绝对控股"或"有条件的相对控股"，国有经济对这些部门保持控制力，是为了对国民经济有计划地调控，以利于它的持续稳定协调发展。

除了帮助政府实行对国民经济有计划的协调外，国有经济还有另一项任务，即保证社会正义和公平的经济基础，对那些对于政府调控经济不重要，但是对于保障正义和公平非常重要的竞争性领域的国有资产，也应该视同"重要"和"关键"的领域，要力争搞好。所以，不但要保持国有经济在具有自然垄断性的关系经济命脉部门领域的控制力，而且同时要保障国有经济在竞争性领域的发展，发挥它们在稳定和增加就业、保障社会福利和提供公共服务的作用，增强国家转移支付和实行公平再分配的经济能力和实力。有竞争力的国有企业为什么不能在竞争性领域发展，利润收入只让私企独占？所以，中央对竞争性领域的国有经济一向坚持"有进有退"，发挥其竞争力的政策，而绝不是"完全退出"竞争性领域的政策，像一些新自由主义的精英们和体制内的某些追随者喋喋不休地叫嚷的那样。当然，竞争性领域应当对私营企业完全开放，尽量让它们相互竞争并与国企竞争。这些都要在政治经济学教科书中斩钉截铁地讲清楚。

私有化的主张者不仅要求国有经济完全退出竞争领域，他们还要求国有经济退出关系国民经济命脉的重要行业和关键领域。他们把国有经济在这些行业领域的控制和优势地位冠以"垄断行业"、"垄断企业"，不分青红皂白地攻击国有企业利用政府行政权力进行垄断。有人主张垄断行业改革措施之一就是创造条件鼓励私有企业进入这些"垄断行业"，这正是私有化主张者梦寐以求的。因为这些垄断行业一般都是高额利润行业。应当明确，在有关国家安全和经济命脉的战略性部门及自然垄断产业，问题的关键不在于有没有控制和垄断，而在于由谁来控制和垄断。一般说来，这些特殊部门和行业，由公有制企业经营要比私有制企业能更好地体现和国家的战略利益和社会公众利益。

行政性垄断的弊病是应当革除的。革除的办法与一般国企改革没有太大的差别，就是实行政企分开，政资分开，公司化改革，建立现代企业制度，收入分配制度的改革，健全法制和监管制度，等等。恢复企业利润上交国库和调整高管薪酬待遇，是当前国企收入分配改革中人们关注的焦点。另外还有一个完善职工代表大会制度的改革，使之成为真正代表劳动者权益的机构。如果职工真正有权监督国企重组，像吉林通钢那样的悲惨事情也不会发生了。

私有经济在社会主义初级阶段的基本经济制度中有其地位，应当充分重视包括私有经济在内的非公经济对促进我国生产力发展的积极作用。但是，私营经济具有两面性。即除了有利于发展生产力的积极一面外，还具有剥削性消极的一面。这后一面在初级阶段是容许的，但它应当受到社会的约束。由于剥削追逐私利这一本质所带来的一系列社会后果，如劳资纠纷、两极分化等，不可不研究。

针对私营经济和私营企业主客观存在的两面性，除了引导它们在适当的行业合法经营，健康发展外，还要对其不合法不健康经营的行为进行限制，对其经营的领域进行节制，如不允许控制命脉重要部门，不允许进入垄断部门。这些部门天然是高利润部门，而且关系国家和公众利益，应当由公有制经济来承担，不能让私人资本来发财。孙中山还有节制资本的口号呢。

六　关于收入分配

生产决定分配，不同的所有制关系决定不同的收入分配制度，只有在生产资料社会占有的基础上，才能形成按劳分配为主体的分配关系。这是马克思主义政治经济学的原理。个人收入划分为"劳动收入"和"非劳动收入"，这一对概念的引入很重要，它是与另一对概念"按劳分配收入"和"按要素分配收入"相对应的，但有些交叉。人们讲按生产要素分配时，生产要素包括了资本、知识、技术、信息、管理、土地等项。但马克思主义政治经济学是把技术和管理当做"复杂劳动"来看待，其所得收入也应看做"劳动收入"或"复杂劳动的收入"。知识、信息、专利等可以是资本化的产权，可以转让，属于资本的范畴，其所得收入也应视为资本收入。房地租收入也可以资本化，其性质可以等同视之。所以，个人收入划分为劳动收入和非劳动收入，按要素分配收入实质上是按资本分配收入。这一概念的澄清十分重要。它立刻把初次分配的核心，带到劳动与资本的关系，即 V∶M 的关系问题上来。由于国民收入初次分配中不同经济主体的收入获得是与生产要素的占有状况相联系的，尤其是非劳动生产要素（主要是资本）参与分配，在个人拥有非劳动生产要素的差异逐渐扩大，少数人财产性收入不断叠加累积的情况下，初次分配的结果必然产生越来越大的收入差距，出现分配的不公平现象。

在分析我国贫富差距不断扩大的原因时，人们列举了很多理由，诸如城乡差异扩大，地区不平衡加剧，行业垄断，腐败，公共产品供应不均，再分配措施落后，等等，不一而足。这些理由都言之有理，也是必须应对的。但这些原因不是最最主要的。收入分配差距扩大的根本原因被有意无意地忽略了。

收入分配不公源于初次分配，而初次分配中影响最大的核心问题在于 V∶M 的关系，即劳动收入等资本收入的关系。这就涉及生产关系和财产关系问题了。财产占有上的差别往往是收入差别最重大的影响因素。即使西方资产阶级经济学家萨缪尔森都承认，"收入差别最主要的是拥有财富多寡造成的，和财产差别相比，个人能力的差别是微不足道的"。又说"财产所有权是收入差别的第一位原因，往下依次是个人能力、教育、培训、机会和健康"①。西方经济学大师的这一说法是科学的。如果用马克思主义政治经济学语言，可以说得更加透彻。分配决定于生产，不同的生产方式、生产关系，决定了不同的分配方式、分配关系。与资本主义私有制生产方式相适应的分配方式是按要素（主要是按资本）分配，而与社会主义公有制生产方式相适应的分配方式则是按劳分配。马克思主义政治经济学历来是这样讲的。在社会主义初级阶段，由于我们在坚持社会主义道路前提下允许一些资本主义因素在一定范围内存在，所以允许同时实行按资本和其他非劳动要素分配，但这种分配方式只能处于从属地位，为主的应是按劳分配。这是由所有制结构以公有制为主决定了的。

以上是规范的政治经济学所论。但实证的政治经济学发现，"现在我国国民收入分配已由按劳分配为主转向按要素（即资本）为主"②。另一篇文章提出，"从资本主义市场经济一般规律和我国市场经济发展的实际进程可以知道，这一分配方式的变化所带来的后果，就是随着私人产权的相对扩大，资本的收入分配也相应扩大，劳动收入的份额相对缩小，从而扩大收入差距。绝对富裕和相对贫困的并行，秘密就在这里"③。我国贫富差距的扩大，除了前述的一系列重要原因外，跟所有制结构的变化，跟公降私升，跟化公为私的私有化和过度市场化过程，有着解不开的紧密联系。这已是不争的事实。

讲清了收入差距扩大形成的原因，就可以找到治理途径和政策措施。今年以来，调整收入分配一词以前所未有的密集度出现在我国官方表述中。政府领导人多次讲了改革分配制度的决心和方案思路。总的看来，在考虑调整收入分配关系和缩小贫富差距时，人们往往倾向于从分配领域本身着手，特别是从财政税收转移支付与再分配领域着手，改变低收入者的民生状况，完善社会保障公共福利等等。这些措施是完全必要的，我们现在也开始这样做了，但做得还很不够，还要加多措施加大力度。如个人所

---

① ［美］萨缪尔森：《经济学》（下卷），高鸿业译，商务印书馆1979年版，第231页。
② 武力、温锐：《1992年以来收入分配变化刍议》，《中国经济时报》2006年5月26日。
③ 刘国光：《关于分配与所有制关系若干问题的思考》，《红旗文稿》2007年第24期。

得税起征点和累进率的调整，财产税、遗产税、奢侈品消费税的开征，并以此为财源，增强对社会保障、公共福利和改善低收入者生活的支付等等。但仅仅从分配和再分配领域着手，还是远远不够的，不能从根本上扭转贫富收入差距扩大的问题，还要从所有制结构，从财产关系上直面这一问题。也就是说，我们要从巩固社会主义初级阶段基本经济制度的角度来接触这一问题，强化公有制的地位，发展多种经济成分，同时弱化私有趋势来解决这个问题，才能最终地阻止贫富差距继续扩大且向两极分化推进的趋势，实现共同富裕。这就是邓小平所说的"只要我国经济中公有制占主体地位，就可以避免两极分化"，又说"基本生产资料归国家所有，归集体所有，就是说归公有"，"就不会产生新资产阶级"。这是非常深刻的论断。政治经济学教科书不能丢了这个论断。它指明社会主义初级阶段容许私人产权的发展，容许按要素（主要是资本）分配收入，但这一切都要以公有制和按劳分配为主为前提，不能让私有制代替公有制为主体，也应该扭转按资分配代替按劳分配为主的趋势。那种让私人资本向高利行业渗透（关系国民经济命脉的重要部门和关键领域，连孙中山节制资本口号也反对这样做），那种突出鼓励增加"财产性收入"（只能使富人财产越来越富，而大多数工农大众只能从微薄财产中获得蝇头小利）之类的政策，只能促使收入差距和财富差距进一步扩大，都应该调整。只要保持和强化公有制这个主体，贫富差距就不会恶性发展到两极分化的程度，可以控制在合理的限度以内，最终走向共同富裕的目标，否则，两极分化、社会分裂是不可避免的。

（原载《政治经济学评论》2010 年第 4 期，2010 年 12 月补充修订）

关于市场经济与计划经济的争论

——山东电视台采访刘国光纪要

记者韩信（后略为记者）：您去山东有几次了？印象如何？

刘国光：我到山东诸城时，是 1995 年，是 16 年前的事了，那时候参加中小型城市企业改革的研讨会，是在诸城开的。那时候你们那个叫"×卖光"的也在那里，他叫什么名字我忘记了。

记者：××市长。

刘国光：现在在哪？

记者：现在是省长助理。那个时候是搞国企改革吧？

刘国光：那个时候小企业的改革他们是搞出一些路子来了，小企业改革各种方式办法，但是主要的一条路就是股份合作制。这是个很好的形式，劳动者也有股份。劳动者的劳动也好，劳动者的资本也好，这样的联合形式如果能够发展下去，那很好。但是后来我不知道怎么发展下去的，听说是卖光了，而且都是向大股东集中，向领导人集中，一起把它卖光，我听说是这样的。

记者：要不他怎么叫"×卖光"？争议很大。好像你最开始说的股份合作制就是劳动者的劳动和资本的一种合作。

刘国光：我们当时是很赞成这个东西的，我觉得这是个很好的路子，这是社会主义的路子，劳动者的劳动合作与劳动者的资本合作。劳动者参股问题不大。如果是变成少数人、少数大股东的个人财产，剥削别人，性质就变了。所谓卖光是个什么情况我不太清楚，但我知道逻辑上就是私有化。我不知道山东后来像诸城的老百姓是不是越过越好，可能越过越好；也可能一部分人越过越好，一部分人越过越差也很难说，所以现在不好来判断这个事情。这是不是市场化必然产生的，我说市场化确实助长了这个东西，就是我们的调控指导没有把合作化的精神贯彻在我们这个农村改革当中。完全私有化是不对的，我就认为不对，但是合作化若能够继续贯彻下去，搞股份合作制那是很好的。像河南的南街村还有好多地方我们还保持集体合作制，他们搞得很好，不一定就非要私有化。私有化的道路是两极分化道路，一部分人穷一部分人富的道路。还是要重新走集体化的道路，要走合作化的道路。当然不是像过去那样子人民公社那种，那种办法不行，让农民自愿合作还是要走这条路，这个才是中国的道路。

记者：你看改革开放这三十多年来关于市场和计划的争论一直都没有停顿过，是吧？

刘国光：没有停顿，这个世界性的问题一直没停顿，现在还在争论。

记者：改革开放之初的时候大家都不敢谈市场，大家都习惯了计划。

刘国光：现在大家不敢谈计划。

记者：那时候是不是说计划就代表着共产主义啊，市场就是资本主义啊？

刘国光：不能这样讲，邓小平也讲了，资本主义也有计划，社会主义也有市场，所以你不能说这个代表这个，那个代表那个。但是有一条真理就是社会主义、共产主义，社会化的生产就是以生产资料公有制为基础的生产，是可以而且必须要有计划按比例的发展，私有制经济不可能按有计划按比例发展，这是一个规律，只能这么讲，不能说谁代表谁。邓小平讲得很清楚，资本主义也有计划，有的国家编有局部的零星的预测性的计划。私营企业也有自己的企业计划，它没有我们这样的宏观的整体的计划。

记者：虽然邓小平这么说，但是在改革开放之初的时候，其实大家对市场经济，市场这俩字还是不敢提。

刘国光：是不敢提，那是过去。

记者：好像大家都觉得是精神污染。

刘国光：过去片面性是应该承认的，但是也不是所有的人，比方陈云，陈云当时他就是很清楚地讲要以市场作补充，但是我们过去实际生活里面却排斥这个东西，所以陈云的意见也没有能够实现，并不是说我们过去大家都排斥。

　　记者：记得你好像说过一句话，就是我们中国的改革要坚持马克思主义为指导。

　　刘国光：嗯，就是要坚持马克思主义为指导，只有坚持马克思主义为指导，才能够坚持社会主义道路。如果不坚持马克思主义为指导，就只有走资本主义制度道路了，如果我们这个社会都乐意走资本主义道路也很好，我想现在千百万的大多数劳动人民不愿意，劳动人民肯定是愿意走社会主义道路，不愿意走资本主义道路，而只有一部分有钱的人，资本家愿意走这个道路。我们现在给私人企业以发展的机会，但是我们不能让中国社会走资本主义道路。现在初级阶段我们允许非公经济的存在和发展，但不能让它做主体。但是确有些人希望以私营经济为主体，在媒体上或者杂志上这些主张都有的，斗争很激烈，不仅是意识形态里面的斗争，在经济里面的斗争也非常激烈。我们虽然不讲阶级斗争，实际上阶级斗争是存在的。我们党中央那是很高瞻远瞩的，现在大讲和谐，实际上不是这么回事，真正的社会还是在阶级斗争，但是我们要引导它向和谐发展，不要搞对抗，更不要以它为纲。

　　记者：在社会主义市场经济条件下，你说坚持马克思主义的指导，是不是就坚持我们马克思主义的信仰？

　　刘国光：对，坚持信仰。我们初级阶段的社会主义的路线也是坚持马克思主义；我们允许多种经济成分的发展，这也是马克思主义；我们允许市场经济的资本因素存在，这也是马克思主义；但是我们的市场经济是以公有制为主体，是有计划的。这些都是马克思主义。不是说只有讲计划才是马克思主义，讲市场就是非马克思主义，不能这么说。讲公有制就是马克思主义，讲私有制就不是马克思主义，不能这么讲的。我们马克思主义是包容很宽的，但是主旋律很清楚，特别是我们社会主义市场经济主旋律在什么地方很清楚，我们党中央很清楚，不管你怎么议论。现在大家很自由吧，议论也没什么关系。但是社会主义市场经济的主旋律，一是公有制为主体，二是有计划按比例，这两条不能含糊。

　　记者：嗯，作为一个经济学家你怎么理解我们共产党的？

　　刘国光：我不知道你是什么意思，你是从哲学的意思还是从什么其他意思讲？

记者：作为一个经济学家，也作为一个共产党员。

刘国光：共产党员有一个基本的东西，有一个立场的问题，这个立场就是劳动人民的立场，这是最重要的，这是马克思主义。人们又讲，我们马克思主义，共产党还代表广大人民的立场，这话也不错，因为大多数人民是劳动阶级。这个人民里还包含剥削阶级，他们是社会主义建设者，但是他们其中有些又是剥削者，有两面性。我们共产党马克思主义者对待他们什么态度？在一定的历史时期，在他们对我们的社会进步有利的时候有贡献的时候，我们也要团结他们，要支持他们要鼓励他们，在民主革命时期我们对民族资产阶级就是这样做的；社会主义初级阶段，对私营企业主也是这么做的，他们能够发展经济很好嘛，我们为什么不让他们发展，要鼓励他们发展。但是我们要看到他的两面性，他有剥削的一面，他有自利的一面，这一面使得我们社会的另一部分人受到剥削，这会使得我们社会分裂，分裂成为两极分化。现在你要绝对地限制这些消极方面，这不可能，现在市场经济不可能，但是我们要缓和这些消极方面，要防止它扩张，这也是马克思主义。马克思主义的立场就是我们不光是埋头赶路，还要抬头望远。埋头赶路那是我们在初级阶段，要把我们的国家搞强搞富，这个是对的。但是要看到我们还要建设社会主义中级阶段高级阶段，以至共产主义。好像初级阶段市场经济是万岁，不是这样的，我们过了初级阶段以后情况还有变化，这个要看到。我最近在考虑这个问题，如果共产党的领导人只埋头赶路而不抬头望远，那不是马克思主义。马克思主义的共产党最终是要建设高级社会主义的，建设共产主义的，不光是今天这个初级阶段，当然初级阶段也相当长，按照邓小平讲话是一百年，初级阶段路线坚持一百年不变嘛。一百年从哪里算起啊，大概从完成社会主义改造的1956年算起了，到2056年也差不多了吧，但是我们随着科学技术的进步，文化进步发展越来越快，不一定要一百年。我们现在经济总量上赶上美国的时间不远了，日本已经赶上了，现在第二位啊。但人均还要赶上。但是埋头在生产力上赶路是一个问题，我们要看到生产关系的变化，不能一天到晚地在毫不动摇地发展什么私营经济，毫不动摇地搞三十六条，而不注意巩固公有制为主体这个社会主义初级阶段基本经济制度的根本，这是不对的，有些东西不能够过分的，这是题外话。

记者：你在文章中提及这一次十七届五中全会通过十二五规划建议有一个很耀眼的亮点，就是突出保障和改善民生，促使社会公平，这些亮点体现在哪？

刘国光：这个问题谈起来话多了，我们今天就不谈这方面的问题了，这方面的问题比计划与市场还重要，我想另外找时间谈吧。我现在正在写一本书叫做《国富与民富的问题》。有人说，我们过去十一个五年计划都是搞的"国富"，我们十二五就转成要搞"民富"，就是民生。我觉得搞民生是对的，但是国富转民富不是那么回事。民富要细分，国富也要细分。我们国家并不是很富，现在我们人均 GDP 是日本人均的 1/10，这个不是很富。至于民穷，民也并不都穷，人民生活现在我们整体地提高了。民有一部分很富，现在我们千万亿万富豪人数居第二位第三位，奢侈品市场占世界第二位，民哪里不富啊？民很富啊，但这只是极少部分人的富，大多数人并不富，大多数人还是很穷的。中国人民大学一位教授估计中国有十亿人口是贫穷人口，按照联合国一美元以下是绝对贫困，两美元以下的是低收入，他算起来有十亿人口。中国是这样的一个情况，一方面富的有，一方面穷的也有。中国要解决这个问题，要解决两极分化的问题，不是解决国富民穷的问题，而是要解决民里面一部分先富起来的富跟另外一部分后富不富或贫穷的矛盾问题。首先就是我们观念上要有一个改变。我们发展方式的转变包括人与自然的关系和人与社会的关系都有很多问题。其中最重要的问题之一就是两极分化的问题。两极分化的问题解决了才能够解决内需不足的问题，内需不足的问题解决了才能够解决结构调整的问题，结构调整的问题解决了才能够解决我们整个的发展方式的转变。内需不足主要是一个群众的购买力不够，主要是这个问题。富人内需很足啊，奢侈品市场世界第二啊，人家买不起的东西中国人都能买，巴黎的游客伦敦的游客，伦敦的房地产市场，美国、新加坡房地产市场最多的外国顾客是中国人，中国大富豪，你说中国人富不富？中国的问题主要不是"国富转民富"，而是"先富转共富"，当然这需要一个过程，解决这个问题也不是一句话。我在这里不能详细去讲了。

记者：从什么时候你就开始关注市场和计划这一问题？

刘国光：五十年代我从苏联学习回来以后，正好我们国家社会主义改造已经顺利完成，按照苏联的一套搞传统的计划经济，我们开始的时候就是学习苏联的计划经济，但是我们国家周恩来、陈云等同志对市场也很注意，大计划小市场、计划为主市场补充这些论点都提出来过。那个时候强调计划经济，而对市场经济比较忽视，虽然后来毛主席讲了，要尊重价值规律，但总的讲起来我们在改革开放以前还是排斥市场的。这样的体制当然也不能说它一点效果没有，我们集中力量搞社会主义建设也取得伟大的成就，但同时也疏忽了经济的效率，激励机制不是很完善的。所以改革开放以后开始我们引进市场机制，搞市场来补充我们的计划，一直到1992年十四大提出来要把我们的经济体制建成一个社会主义的市场经济体制。当时搞市场经济是邓小平同志提出来的，他提出来时讲的是计划与市场两个手段都要用，因为我们过去是计划经济，所以当时特别强调市场。但是他还是两个手段都用。所以在十四大的时候改革目标模式到底怎么提？最后是提出来"社会主义市场经济"，把"有计划的"字样去掉了，但是加上了"社会主义"。就是说，要界定的市场经济不是一般的市场经济，是"社会主义"的市场经济，所以"计划"的字样虽然去掉了，但是"社会主义从一开始就是有计划的。大家都很清楚，不能因为我们提法上没有'有计划'的三个字就好像就存在问题了"，当时的中央总书记在十四大前夕的党校讲话里就是这么讲的。所以加上"社会主义"是很重要的，因为"社会主义一开始就是有计划的"。有些人主张去掉社会主义的字样，这是不能去掉的，很重要，社会主义的市场经济跟资本主义市场经济是不同的。我们坚持社会主义的市场经济。社会主义市场经济和资本主义市场经济有两个很重要的区别，两个市场经济都是要运用市场机制来调控资源的配置，都是要通过自由竞争来促进效率，这个都是需要的。但是又不同，我觉得有两点最重要的不同，一点是我们社会主义市场经济是以社会主义初级阶段的基本经济制度作为它的制度基础，这个制度是以公有制为主体，这个跟资本主义市场经济以私有制为主体，私有制为基础根本不同。现在有的人不要以公有制为基础，这是要变更我们社会性质，那是不行的，这是一个不同点。第二个不同点也是很重要的，社会主义市场经济我们十四大讲是国家宏观调控下的市场经济，是不是就跟资本主义一样呢？因为资本主义国家也有宏观调控。我在文章里面也讲了，1985 年的时候有个"巴山轮"国际会议，好多国家著名经济学者都参加了，匈牙利经济学家科尔奈建议我们中国要建立宏观调控下的市场经济，他分析了几种模式，其中一个模式就是这个模式。当时法国经济学家阿尔伯特说，他们法国就是实行宏观调控下的市场经济。这个宏观调控下的市场经济我们后来在十四大也提出来了。但是资本主义国家的市场经济也有宏观调控，它也用财政政策、货币政策来调控市场的运行。所以区别在什么地方呢？区别就在我们宏观调控手段还包括国家计划，国家计划是一个重要的宏观调控手段，十四大专门讲了一句话，"国家计划是宏观调控的重要手段"。十四大没有专门提货币政策和财政政策，但并不是货币政策、财政政策就不重要了，那是很重要的。问题是这些政策在我们中国要由国家计划来指导，这个是不同的。在资本主义国家像法国、日本、韩国、印度它们也有什么企划厅之类的机构，编制一些局部性预测性的计划。英国、美国这些国家就没有这些计划。中国不同，中国是社会主义大国，有必要也有可能在宏观调控中实行计划指导，让国民经济有计划按比例地发展。资本主义国家它们在宏观调控中无计划指导，所以它们经济危机周期性地爆发，我们不能允许这样。所以国家计划是宏观调控的重要手段，而且是宏观调控的主心骨，这是我们跟资本主义不同的。所以我总结两个基本不同，一个是公有制为主体的基本经济制度，作为我们社会主义市场经济的制度基础。第二个是国家计划的指导，这是我们社会主义市场经济区别于资本主义市场经济的地方。现在有些人希望所有制能够变成民营或私营为主体，取消社会主义；它也不要国家计划不要国家干预。一些主流经济学家都是这样主张。所以我们在所有制结构上以及在经济运行机制上，在经济学这两个重要方面，都要坚持社会主义方向。你说有没有社会主义与资本主义的区别这个问题？有，我就讲这点。现在我们大家都主张市场经济，但有的是主张资本主义，有的是主张社会主义市场经济，这是不同的。我讲清楚了吧？

记者：清楚。

刘国光：我再讲讲我们十四大宣布我们要建立社会主义市场经济的改革目标。大概在 20 世纪末 21 世纪初期这个就已经初步基本建立了，取得了伟大的成就，经济搞活了，国家搞强了，这是有目共睹的，现在GDP占世界上第二位，同时我们也发生了很多问题，有很多问题跟市场有关系。市场有两面性，一方面是在一定条件下它促进经济的发展，另外一方面它也有很多毛病。宏观总量的平衡它不能够解决，周期性发生危机。社会公平不能够解决，贫富两极分化是市场必然的规律。再一个就是环境保护问题它也不能解决。没有国家的干预，没有国家计划导向下的宏观调控，这些问题是解决不了的。

记者：就是说市场也出现了很多的问题。

刘国光：我们经过这么多年，人们习惯都来讲市场的好处，讲计划的坏处，计划慢慢地变成一个好像是要否定的东西，变成一个禁区，只讲市场不讲计划。我想应该是同时讲，因为邓小平就是讲我们计划跟市场是连着的，不要因为我们在十四大提出改革目标时没有提有计划这三个字就怀疑我们有没有计划，还要有计划。但是社会上许多人好像计划越来越臭，市场越来越香，但市场本身又有那么多问题，所以我们国家计划就慢慢地失去作用，慢慢地不起作用，国家计划现在基本是一个政策汇编，很少有一些约束性的指标。还有我们中央计划和地方计划有冲突，中央计划经济增速为7.5%—8%，地方计划可以百分之十几。还有我们计划距实践也脱离很远，我们计划是8%或者7.5%，实际却是完全10%以上。社会思想上认为计划是一个禁区，大家都不敢提了，连"十一五"计划都改称规划，连名字都改，媒体上还吹的一塌糊涂，说什么我们离计划经济更远了，离市场经济更近了。理论上是这样，而实际上我们的计划本身也削弱了。我认为是针对这样的情况，我们十七大提出来了，加强国家计划、规划和产业政策在宏观调控中的作用，这个计划在整个经济发展中它指导着，整个市场经济它指导着，我们国家计划是不是真在努力去做，我希望是这样的。

但是我们这个十七大强调这个，那些主流派的人说你们要回到传统的计划经济去。我说不是的，我说这不是回到过去，这是我们把邓小平讲的计划手段、市场手段两种手段同时用的话进一步提高。为什么这样讲？我讲三点，第一点，我们现在的计划跟过去的计划不同，过去的计划是高度集中无所不包的宏观微观统管的计划。现在不是这样了，现在我们国家计划只管宏观经济，微观事情应该由市场经济来管，这是一点。第二点，资源配置的机制主要是以市场为主，计划用来补足市场的不足，市场的缺陷，因为市场本身是有缺陷的，市场不是万能的，市场当然有很多好的地方，什么竞争、供求、激励的机制这些都是很好的，但是它还有不好的地方。第三点，我们过去的计划是指令性的，你必须完成，实际上过去也不是这样的，但是是比较死的，现在的计划，主要不是指令性的，但不能完全排除指令，有些约束性的指标，那还要指令，但主要的还是战略性的，指导性的，和预测性的。过去说我们的计划一般都是指令性的，说出来要做到的，同天气预测不同。当时我就不大赞成这个说法，我说天气预测是很科学的，不是随随便便的，虽然天气预测变化也很多，不一定完全能够准确实现，但是它是有一定科学依据的。我们经济上也是这样的情况，预测性的计划对指导市场是很有作用的，我们现在的计划又是战略性的又是指导性的又是预测性的计划，跟过去的完全指令性的计划不同，不一样，我们现在强调的计划不是过去的计划，我们现在的计划还需要有一些东西要有约束，你比方讲我们能源的节约指标，就是一个有约束性的指标。我相信我们收入分配的问题也应该这样。我们现在基尼系数现在差不多达到0.5了，我们要想办法把基尼系数在几年之内降到多少应该有个约束性的指标，像重庆市最近做的那样，"十二五"期间要降到0.35。不然我们收入分配的改革就是空话了，说得好听解决不了问题。指导性的计划也是需要的，这样一种计划可以指导我们社会主义的经济向前发展，不能够像资本主义经济无政府地这么混，这么地跳动，引起社会财富的浪费以及人们生活受到损害。

我最后要谈到一个问题，资本主义国家的经济危机没有办法避免，我们中国是社会主义国家，为什么这次卷进去了，过去并没有卷进去？过去的苏联作为社会主义国家30年代世界大萧条的时候也没有卷进去，苏联经济那个时候很好。这次我们中国社会主义经济卷进去什么道理？这个问题很复杂了，我有专门文章，我也不在这里详细讲了，其中有一个原因，就是因为我们体制的改革，我们现在实行中国的模式，中国的经济体制模式既有资本主义因素也有社会主义因素。以社会主义为主体，私有经济、个体经济、外资经济也有，跟外国的接触也很多，这样子资本主义国家的东西跟你的机制体制有关系，你的机制已经是局部资本主义化了，追求利润这一套东西，就很自然地卷进全球的资本主义经济规律，这是我的一个解释。但是另外一点，中国经济卷进世界经济的危机卷得不深，很快就复苏，这跟别的国家也不一样，我们复苏得比人家快，原因就在于我们中国的模式里面虽然有资本主义的东西，但是资本主义我们还限制它，限制在一定的范围，我们现在宪法上还坚持以社会主义，在所有制上面我们还是公有制为主，我们国有制还控制重要的经济命脉，我们还有国家计划，虽然国家计划削弱了，但是我们还有国家计划，还有庞大的发改委这样一个计划机构。几万亿投资不简单，就把这个经济稳住了，可以说，这是计划经济的好处。所以我们一方面为什么被卷进去，一方面为什么我们卷进得不深，又很快就能够出来，我的解释就在这一点。

（写于 2011 年 5 月 5 日）